KB217988

인간 불평등 기원론

인간 불평등 기원론

Discours sur l'origine et les fondements de l'inégalité parmi les hommes

장 자크 루소 | 이충훈 옮김

도서출판 b

| 일러두기 |

이 책은 장 자크 루소의 Discours sur l'origine et les fondements de l'inégalité parmi les hommes (인간들 간의 불평등의 기원과 토대에 대한 논고)를 완역한 것이다. 번역의 대본으로는 베르나르 가뉴뱅과 마르셀 레몽이 책임 편집한 플레이아드 판 『전집*Œuvres complètes*』 3권을 사용했다.

| 차 례 |

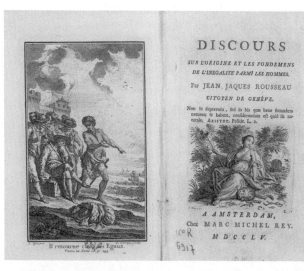

『인간 불평등 기원론』의 초간본 표지.

인간 불평등의 기원과 토대에 대한 논고

제네바의 시민

장 자크 루소[1]

자연적인 것을

타락하지 않고

본성을 견지하고 있는 존재에게서

찾도록 하자

Non in depravatis, sed in

his quae bene secundum

naturam se habent, considerandum

est quid sit naturale.

−아리스토텔레스, 정치학, 1권 2장[2]

제네바 공화국에 바치는 서문[3]

너그러우시며 마땅히 존경받으시고,

최고 권한을 가지신 지도자 여러분,

자기가 태어난 조국이 받아 마땅한 영예를 표할 수 있는 자격은 오직 덕성이 뛰어난 시민만이 가지는 것이라 믿고, 저는 삼십 년을 노력해서 조국에 공개적으로 경의를 표할 자격을 갖춘 사람이 되고자 했습니다.[4] 마침 이렇게 좋은 기회가 와서 제가 노력해도 채울 수 없었던 것을 부분적으로 나마 보충할 수 있게 되었으니, 저는 이 자리에서 제게 허용된 권리보다는 저를 고무하는 열의를 따라도 좋으리라 생각했습니다. 여러분의 품에서 태어난 행복을 누렸던 제가, 자연이 인간들 사이에 마련한 평등과 인간들이 만든 불평등을 깊이 생각할 때 어찌 평등과 불평등을 다행히 하나로 결합했던 우리나라의 심오한 지혜를 떠올리지 않을 수 있었겠습니까? 우리나라는 자연이 준 평등과 인간이 만든 불평등이 자연법과 거의 다르지 않고 사회와 공공질서와 개별자들의 행복에 더없이 유리하게 협력하고 있지 않습니까.5 저는 정부를 구성함에 있어 양식良識이 규정할 수 있는 가장 훌륭한 원칙이 무엇일까 찾아보다가 그 원칙들 중 어느 것 하나 제네바 공화국에서 시행되지 않는 것이 없음을 알고 놀라지 않을 수 없었습니다. 제가 제네바 공화국의 품에서 태어나지 않았다 해도, 이렇게 인간 사회를 그릴 때 모든 인민들 중에서 더없이 큰 장점을 갖추고 폐습이 생기지 않게끔 세심히 예방할 수 있었던 제네바 인민을 대상으로 하지 않을 수 없다고 생각했을 것입니다.

제 출생의 장소를 제가 선택해야 했다면6 인간이 가진 능력의 폭에 맞는 사회를 선택했을 것입니다. 그런 사회야말로 올바른 통치가 가능한 곳이며, 한 사람 한 사람이 자기가 맡은 역할에 만족하여, 누구도 자기가 맡은 일을 다른 사람들에게 떠넘길 수 없는 그런 사회입니다. 그곳에서는 모든 개별자가 서로 잘 알고 있어서 은밀하게 꾸며지는 악의 작업들도,

별것 아닌 듯 겸손해 하는 미덕도 대중의 시선과 판단을 피해 갈 수 없을 것이고, 서로가 서로를 바라보고 서로가 서로를 잘 아는 정다운 습관이 조국애를 국토에 대한 사랑이라기보다 시민에 대한 사랑으로 바꿔놓는 것입니다.7

그럴 수만 있었다면 주권자와 인민이 하나의 동일한 이익만을 갖는 나라에서 태어나고자 했을 것입니다. 그래야 국가기구machine가 공공의 행복을 위해서만 작동하게 되지 않겠습니까. 인민과 주권자가 하나의 존재une même personne여야 그리될 수 있습니다. 그러니 원만하고 온화한 민주정에서 태어나고자 했을 것입니다.

그럴 수만 있었다면 오직 법에만 복종하여 저도, 그 누구도 법의 명예로운 구속에서 벗어나지 않고 자유롭게 살다 죽고자 했을 것입니다. 이利롭고 다정한 이 구속은 자부심 강한 사람들이 더 고분고분 받아들입니다. 그들은 천성적으로 법의 구속과는 다른 어떤 구속도 견디지 못하기 때문입니다.8

그럴 수만 있었다면 국가의 그 누구도 법 위에 있노라고 말할 수 없고, 국가 밖의 그 누구도 법을 밀어붙여 국가가 승인하게끔 하지 않기를 바랐을 것입니다. 정부가 어떻게 구성되었든 법에 복종하지 않는 사람이 한 사람이라도 있다면 다른 모든 사람들은 반드시 그 자의 처분을 따르게 되기 마련입니다.[주석 1] 국가의 수장首長이 따로 있고 외국인 수장9

이 따로 있다면 두 사람이 권력을 어떻게 나누든 누가 두 수장에게 복종하겠으며, 그러니 국가가 제대로 통치될 수 있기나 하겠습니까?

그럴 수만 있었다면 새로이 체제를 갖추게 된 공화국에서는 살지 않고자 했을 것입니다. 그 공화국이 제아무리 좋은 법을 갖출 수 있더라도, 정부의 구성이 바뀐다면 아마 당분간만 그렇지 않을까 싶어도 그 정부는 새로운 시민들에게도 적합하지 않고 시민들도 새로운 정부에 적합하지 않으니, 그 국가는 생기기 무섭게 흔들리고 무너지지 않을까 우려됩니다. 자유란 단단하고 맛 좋은 음식이나 질 좋은 술과 같아, 그것을 섭취하는 데 습관이 든 사람들의 건장한 기질을 강화하고 키우는 데 적합하지만 습관이 들지 않은 약하고 섬세한 사람들에게 그러한 양식糧食은 소화가 힘들고 건강을 해치고 취하게 만듭니다.[10] 일단 인민이 주인들에게 길들여지면 더는 그들 없이 살아갈 수 없게 됩니다. 인민이 족쇄를 벗어 던지고자 할 때 그만큼 더 자유로부터 멀어지게 됩니다. 인민은 자유를 자유와는 반대편에 놓인 광적인 방종과 혼동하기 때문에 격변을 일으키면서도 구속을 점점 더 가중시키는 유혹자들에게 홀딱 넘어가기 일쑤이기 때문입니다.[11] 로마 민족이야말로 모든 자유로운 민족의 모델이 아니겠습니까. 그 로마 민족 역시 타르퀴니우스 가家의 압제에서 벗어났을 때 스스로 통치할 수 없었습니다.[12] 타르퀴니우스 가가 부과했던 치욕스러운 노동과 노예 상태로 인해 타락하고 말았으니, 해방된 초기에 그들은 그저 우둔하기 이를 데 없는 하층민에 불과해서, 그들을 통치하고 다루기 위해서는 더없이 신중한 지혜가 필요했습니다. 그래서 폭정 하에서 무기력하고, 더 정확히 말하자면 우둔한 상태였던 로마 사람들이 조금씩 자유의 이로운 공기를 숨 쉬는 데 익숙해지면서 점진적으로 엄격한 풍속과 긍지 높은 용기를 얻게 되어 마침내 세상 모든 민족들 중 가장 존경받는 민족이 되기에 이르렀습니다. 그러니 저 역시 행복하고 조용한 공화국을 하나 골라 제 조국으로 삼아보고자 했을 것입니다. 너무도 오랜 시간 동안 존속하여 언제 세워졌는지 짐작도 할 수 없습니다. 그 공화국이 받았던 공격이란 것이 오히려 그곳의 거주민들의 용기와 조국에 대한 사랑을 뚜렷이 드러내고 강화할 수 있었던 정도였을 뿐이고, 시민들은 오래전부터 평화로운 자족 상태에 익숙하여 자유로웠던 것은 물론이고 자유를 누릴 자격이 충분했던 그런 공화국을 말입니다.[13]

그럴 수만 있었다면 다행스럽게도 가혹한 정복욕만은 무력無力해서 그런 쪽으로는 관심도 두지 않고, 다른 국가에게 정복의 대상이 되지 않을까 하는 마음에 보다 더 좋은 입지 조건을 찾아 안전을 보장받은 한 국가를 제 조국으로 삼고자 했을 것입니다. 여러 민족들 사이에 끼인 자유로운 한 도시가 있습니다.[14] 그 민족들 중 누구도 이 도시를 점령하는 데 관심이 없고 이들 민족 각자는 자기 이익을 위해 다른 민족들이 그 도시를 정복하지 못하게 합니다. 한마디로 말해서 이웃 민족들에게 전혀 야욕의 대상이 되지 않지만, 그럼에도 필요시에는 당연히 이웃 민족들이 도와주리라는 기대 할 수 있는 공화국입니다. 이렇게 유리한 입지조건에 있으니 공화국은 자기 말고 두려워 할 것이 아무것도 없을지 모릅니다. 공화국 시민들이 군사훈련을 수행한다면 그 목적은 전사의 열의와 용기에 넘치는 긍지를 잃지 않기 위한 것이지 그들 스스로를 방어할 간절한 필요성 때문인 것은 아닙니다. 그러한 긍지야말로 자유에 적합한 것이며 자유의 취향을 길러줍니다.

그럴 수만 있었다면 모든 시민이 입법권을 공히 갖는 나라를 고르려고 했을 것입니다. 같은 사회에서 함께 살아가는데 어떤 조건이 적합한지 시민들보다 더 잘 아는 사람이 있던가요? 하지만 로마인들의 국민투표plebiscïtes와 같은 것은 반대하고자 했을 것입니다. 로마인들은 종종 국가의 안녕이 달린 심의에서 국가의 수장들이며 국가의 보존에 가장 관계가 깊은 사람들을 표결에서 제외했습니다. 그리고 터무니없이 모순된 일이지만 한낱 시민들이 누리던 권리를 행정관들은 갖지 못했습니다.

이와는 반대로 그럴 수만 있었다면 이렇게 바라보고자 했을 것입니다. 이해관계에 얽히고 잘못 구상된 계획들이며, 결국 아테네 시민들을 타락하게 만들기에 이르렀던 위험천만한 쇄신을 멈추게 하기 위해 각자 자신의 변덕에 따라 새로운 법을 제안할 권리를 갖지 않기를, 그 권리는 오직 행정관들만이 갖기를,15 행정관들은 신중에 신중을 기해 이 권리를 사용하고, 인민은 이렇게 제정된 법에 대단히 신중하게 동의하고, 그렇게 하여 법이 대단히 장엄하게 공포公布되기를, 국가의 정체가 흔들리기 전에 사람들이 법이 성스럽고 존엄한 것은 그것이 대단히 오래된 것이었기 때문이며, 인민은 법이 조변석개하는 것을 보면 이내 그것을 무시하게 되며, 더 훌륭한 법을 제정한다는 구실로 과거의 관행을 무시하는 데 익숙해지면 법의 대단히 사소한 부분을 고치는 데도 엄청난 힘이 들 수밖에 없다는 점을 납득할 시간을 갖기를 말입니다.

특히 그럴 수만 있었다면 인민이 행정관 없이도 잘 해나갈 수 있다거나 행정관에게 일시적인 권위만을 줄 수 있을 뿐이라고 생각해서 그 인민이 시민들의 사안affaires civiles을 관리하고, 시민법의 집행을 무분별하게 가지고자 하는 공화국은 피해보고자 했을 것입니다. 자연 상태를 바로 벗어난 최초의 정부들의 서투르기 짝이 없는 정체政體가 이러한 상태일 것이며, 아테네 시민들의 공화국을 타락하게 만들었던 여러 악

중 하나가 또한 그러한 것이겠습니다.

그러나 그럴 수만 있었다면 개별자들이 서로 동의하여 법을 비준하고, 대단히 중요한 공무公務를 수장들과 더불어 모두 함께 결정하여 존중받는 지방법원을 세우고, 이를 관할에 따라 세심하게 구분하고, 시민들 중에 가장 능력 있고 청렴한 인물을 해마다 선출하여 공정하게 재판하고 국가를 통치하도록 하는 공화국을 선택했을 것입니다. 그런 공화국에서 행정관의 미덕은 인민이 현명하다는 것에 대한 증언이나 같으므로 행정관과 시민 양자 모두 서로를 자랑스러워할 것입니다. 만에 하나 끔찍한 불행을 초래하는 오해가 생겨서 대중의 화합을 저해하는 일이 있더라도, 이 맹목과 과실過失의 시간에서조차 사람들이 중용을 지켰고, 서로 존중했고, 모두 법을 준수했다는 증언들로 수繡 놓아질 것입니다. 이것이 성실하고 영원한 화해를 내다보고 보증하는 것이 아니겠습니까.

너그러우시며 마땅히 존경받으시고, 최고 권한을 가지신 지도자 여러분, 제가 선택했을 조국에서 찾고자 했던 장점들이 이러한 것입니다. 여기에 더해 하늘의 섭리가 입지立地도 좋고, 기후도 온화하고, 토양은 기름지고, 하늘 아래 그보다 더 아름다울 수 없는 풍경을 추가했다면, 제 행복을 가득 채우기 위해 저 행복한 조국의 품에서 이 모든 이득을 누리는 것 이외의 다른 것은 바라지도 않았을 것입니다. 다정한 사회에서 동포와 평화롭게 살아가고, 동포들을 모범으로 삼아 인류애, 우정, 모든 미덕을 실천에 옮기고, 제가 죽고 난 뒤에 선한 사람과 정직하고 덕성스러운 애국자의 영예로운 기억을 남기고 싶습니다.

제가 덜 행복하거나 너무 일찍 현명할 능력이 못 되어 결국 제 허약하고 쇠약한 인생을 다른 환경에서 끝내게 되고, 그래서 후회해도 소용없겠지만 신중하지 못했던 젊은 시절에 제가 갖지 못했던 휴식과 평화를 아쉬워한대도, 적어도 제 마음속에서는 조국에서라면 해볼 필요도 없었을 그런 생각을 키우고, 멀리 있는 동포들에게 다정하고 담담한 애정을 느끼면서 마음속 깊은 곳에서 동포들에게 다음과 같이 이어지는 말을 했을 것입니다.

친애하는 동포 여러분, 아니 형제 여러분, 피로 이어진 관계와 법으로 우리는 하나나 다름없이 결합한 것이니, 여러분을 생각할 때마다 여러분 모두가 누리고 있는 그 모든 행복을 기쁘게 떠올리게 됩니다. 여러분 중 누구도 그 행복의 가치를 저보다 더 잘 느끼시는 분은 없으리라 생각합니다. 저는 그 행복을 모두 잃었으니 말입니다. 제가 여러분의 정치적이고 시민적인 상황을 깊이 생각해볼수록, 인간 만사의 본성상 더 나은 상황이 있을 수 있겠는가 생각하게 됩니다. 국가가 보장할 수 있는 가장 큰 행복을 다른 모든 정부들에서 고려해본다면 전부 머릿속 기획일 뿐이며, 고작해야 단순한 가능성에 불과한 것입니다. 하지만 여러분에게 행복은 완전히 갖춰져 있으니 그것을 즐기기만 하면 되지 않습니까. 완전한 행복을 누리기 위해서는 여러분의 행복에 만족할 줄 알면 그만입니다. 여러분이 얻은 주권은 결국 완전하고 보편적으로 인정되었습니다. 그것을 무력으로 되찾았고 용기와 지혜로 두 세기 동안 유지하지 않으셨던가요. 명예로운 조약들이 영토를 확정하고 권리를 보증하고 안정을 확립했습니다. 동포 여러분의 공화국은 탁월한 정치체제를 갖추고 있습니다. 더없이 숭고한 이성을 따르고 대단히 강력한 우호적인 권력들이 보호하고 있기 때문입니다. 동포 여러분의 국가는 평화롭습니다. 전쟁도, 두려워해야 할 정복자도 없기 때문입니다. 여러분이 모시는 주인은 오직 여러분이 제정한 현명한 법뿐입니다. 여러분이 가려 뽑은 청렴한 행정관들이 그 법을 집행하는 것입니다. 여러분은 무기력에 휩쓸려 짜증을 내고, 헛된 즐거움을 누리면서 진정한 행복과 공고한 미덕의 취향을 잃을 정도로 부유하지 않고, 여러분이 근면하게 일해서 얻는 것으로는 부족하여 외국의 도움을 받아야 할 정도로 가난하지도 않습니다. 대국大國에서 이러한 값진 자유를 유지하기 위해서는 터무니없이 많은 세금이 필요하지만, 여러분의 공화국에서는 돈이 들지 않다시피 합니다.

시민들의 행복을 마련하고 민족들의 모범이 되도록 이토록 분별 있게, 이토록 제대로 세워진 공화국이여 영원하여라! 바로 이것이 여러분이 빌어야 할 단 하나의 소원이며, 여러분이 신경 써야 할 단 하나의 책무라 할 것입니다. 여러분이 앞으로 해야 할 일은 여러분을 행복하게 만드는 일이 아닙니다. 여러분의 선조 덕분에 여러분은 굳이 수고스럽게 그럴 필요가 없습니다. 여러분이 해야 할 일은 지혜롭게 그 행복을 올바로 사용하여 길이 남기는 것입니다. 여러분이 영원히 존속하기 위해서는 계속 단결하고, 법에 복종하고, 법을 집행하는 이들을 존중하는 일뿐입니다. 여러분 가운데에 아무리 작더라도 원한이나 불신의 종자가 남았다면 서둘러 그것을 제거해 없애도록 하십시오. 그것은 해로운 누룩과 같아, 그로부터 조만간 여러분의 불행은 물론 국가의 몰락이 초래될 것입니다. 여러분 모두 마음 깊은 곳으로 들어가서, 양심의 비밀스러운 목소리에 귀 기울여보시기 바랍니다. 세상에 여러분의 행정관들보다 더 청렴하고, 더 개화되고, 더 존경받을 만한 존재를 알고 계신 분이 있습니까? 여러분은 그들 모두에게서 절제, 소박한 풍속, 법의 존중, 더없이 공정히 이루어지는 조정調停의 모범을 보지 않으십니까? 그러니 저 현명한 수장들에게 이성이 미덕에 주어야 할 그런 신뢰를 아낌없이 보내시기 바랍니다. 그들을 선출한 이가 바로 여러분이며,

그들이 여러분의 선출이 올발랐음을 증명하고 있으며, 여러분이 고위직을 맡긴 사람들이 마땅히 받아야 할 영예는 다시여러분 자신에게 돌아온다는 점을 잊지 마시기 바랍니다. 여러분 중 누구도 법이 더는 엄격하지 않고 법의 수호자들이더는 권위를 갖지 못하는 곳에서는 안전할 수도, 자유로울수도 없음을 모를 정도로 개화되지 못한 사람이 없습니다. 그러니 여러분에게는 진정한 이익, 의무에 따라, 이성에 부합하여 행해야 할 것을 진심으로, 정당한 확신을 갖고 행하는것 말고 다른 중요한 일이 무엇이 있겠습니까? 정치체제를유지하는 데 무관심한 것은 비난받아 마땅한 일이고, 불행을가져오는 일입니다. 그러니 필요한 경우 여러분 가운데 가장개화되고 가장 헌신적인 사람들의 현명한 의견을 소홀히 해서는 안 됩니다. 공정하고, 한쪽으로 치우치는 일이 없고, 정말 존경스럽게도 단호하게 행동하면서 여러분의 몸가짐을바로 잡아주고 여러분에게 자유뿐 아니라 영광을 갈구하는온화하고 자부심을 가진 민족의 모범이 있음을 세계만방에보여주어야 합니다. 마지막으로 제가 드리는 충고는 무엇보다도 신중하시라는 것입니다. 악의에 찬 해석과 독이 든 연설을 들으시면 안 됩니다. 그런 말들에는 그것이 목적으로 삼는행동보다 종종 더 위험한 동기가 숨어 있습니다. 도둑이 다가올 때만 짖는 성실하고 충실한 관리견이 내지르는 고함소리를 듣게 되면 집안 전체가 깨어나 경계태세를 취합니다. 하지만 끊임없이 사람들의 휴식을 소란스럽게 방해하는 동물들은 성가시다고 여겨 미워하게 되고, 그렇게 부적절한 경고가 계속되면 정작 필요한 순간에는 그 경고에 귀 기울일 생각을 하지 않게 됩니다.

너그러우시며 마땅히 존경받으시는 지도자 여러분, 여러분은 자유로운 민족이 가져 마땅한 존경스러운 행정관이시오니, 부디 제 특별한 존경과 경의를 받아주시기 바랍니다. 이 세상에 어떤 지위에 오른 사람들을 절로 빛나게 하는 그런 지위가 있다면, 그것은 분명 재능과 미덕이 마련하는 지위이며, 여러분 스스로 적합하게 된 지위이며, 여러분의 동포가 여러분을 드높여 올려준 지위입니다. 동포들의 공적이 여러분의 공적에 새로운 광채를 더합니다. 여러분의 동포들은 다른 사람들을 충분히 통치할 수 있는 능력을 갖춘 사람들입니다. 저는 여러분의 그런 동포가 자기를 다스릴 사람으로 여러분을 선택했으니 여러분은 다른 행정관들보다 우월한 분들이라고 생각합니다. 자유로운 인민인, 무엇보다도 여러분이 영예롭게 지도하는 그 인민이 다른 국가들의 하층민보다 지식의 면에서나 이성의 면에서 우월하기 때문입니다.

저는 더없이 아름답게 새겨졌던 한 사례를 언급하고 싶습니다. 그 사례는 언제까지나 제 마음 속에 남을 것입니다.

저는 그 덕성스러운 시민 분을 기억할 때마다 너무도 흐뭇한 감정을 느낍니다. 저를 태어나게 하신 분이고 여러분이 당연히 존중받아야 하듯이 그런 존중의 마음으로 제 유년시절을 돌보아주신 분입니다. 저는 그가 여전히 제 손으로 일하여 살아가고 더없이 숭고한 진리로 그의 마음을 살찌우는 것을 봅니다. 저는 그가 들고 있는 생업을 위한 도구들 앞에 타키투스, 플루타르코스, 호로티우스가 하나가 되어 있는 것을 봅니다.[16] 저는 그의 옆에 한 사랑스러운 아들이 세상에서 최고인 아버지의 다정한 가르침을 유익하게 받는 것을 봅니다. 하지만 제가 경솔한 젊은 시절에 미망에 빠져 잠시 그토록 현명한 가르침을 잊어버렸던 것도 사실입니다. 그렇지만 저는 아무리 악에 빠지는 성향을 가졌던들[17] 마음은 영원히 사라지기란 어렵다는 점을 기쁘게 느끼는 것입니다.

너그러우시며 마땅히 존경받으시는 지도자 여러분, 여러분이 통치하는 국가에서 태어난 시민들은 물론 평범한 거주민들[18]이 그러한 사람들입니다. 배움이 있고 분별력을 가진 이들이 바로 그들입니다. 다른 나라에서는 이들을 직공職工이며 민중이라는 대단히 천하고 대단히 부적절한 이름으로 부릅니다. 제 아버지가 동포들 가운데서 특별히 뛰어나신 분이 아니었음을 저는 기쁘게 고백합니다. 제 아버지는 지금 동포들 모두의 모습 그대로이신 분이셨으며, 예전 동포들 모두의 모습 그대로이신 분이셨습니다. 어느 고장에 가든 더없이 정직한 사람들이 당신과 교제를 원하고 돈독한 관계를 유지하고자 하고 좋은 결실도 맺었습니다. 하느님의 가호로 이런 강인함을 타고난 사람들이 여러분께 받고자 기대할 수 있는 존경심에 대해 말하는 것은 제가 할 일도 아니고 제가 할 수도 없는 일입니다. 그들은 교육을 받았다는 점에서, 출생의 권리와 자연의 권리에 따라 여러분과 동등한 사람들이지만, 마땅히 여러분의 공적을 우선시해야 했고, 기꺼이 우선시하면서, 그들의 의지에 따라 여러분의 아랫사람이 된 사람들입니다. 그러니 여러분은 그 점에 대해서 이번에는 그들에게 감사해야 할 것입니다.19 여러분이 법을 집행하는 사람들이 가져야 하는 엄격함을 얼마나 다정하고 얼마나 친절하게 완화하셨는지, 여러분이 법의 집행자들이 여러분에게 갖고 있는 순종심과 존경심을 얼마나 정중하고 경의를 다해 돌려주고 있는지 알게 되어 저는 얼마나 기쁜지 모릅니다. 대단히 정의롭고 현명한 처신을 본다면 과거 불행한 사건들을 점차 잊을 수 있을 것 같습니다. 그 사건들을 잊어야 재발하지 않을 것입니다. 이 정직하고 관대한 민족이 기쁘게 자신의 의무를 수행하고, 여러분에게 자연스러운 존경심을 즐겨 표시하고, 그들의 권리를 지키는 데 가장 열정적인 사람들이 여러분의 권리를 가장 잘 존중할 수 있는 사람들이기 때문에 그만큼 더 분별 있는 처신이라고 하겠습니다.

한 시민사회를 이끄는 수장들이 그 사회가 영광과 행복을 누리기를 바란다는 점에 놀라서는 안 됩니다. 정말 놀랄 일은, 사람들이란 마음의 안정을 추구하기 마련인데, 자기를 행정관으로, 더 정확히 말하자면 보다 성스럽고 보다 숭고한 조국의 주인으로 생각하는 사람들이 그들을 먹여 살리는 지상의 조국에 뜨거운 사랑과 같은 것을 보여준다는 점입니다. 우리로서는 참으로 드문 예외가 되고, 저 헌신적인 분들을 우리의 가장 훌륭한 시민들과 나란히 놓을 수 있다는 것이 제게는 얼마나 기쁜 일인지 모릅니다. 그분들은 법으로 규정된 성스러운 교리를 집행하는 임무를 맡으신 분이고, 영혼을 이끄시는 너무도 존경스러운 목사님들이십니다. 복음서의 말씀들을 스스로 실천부터 하시고 생생하고 다정한 웅변에 실어 표현하니 그만큼 더 시민들의 마음에 잘 들어옵니다. 저 위대한 설교의 기술이 제네바에서 얼마나 성공적으로 발전되었는지 모르는 사람이 없습니다만[20] 사람들은 한 가지 방식으로 말하고 다른 방식으로 행하는 것을 보는 데 너무 익숙해져서 기독교의 정신이, 성스러운 풍속이, 자기 자신에 부과하는 엄격함이, 타인에 대한 온화함이 어느 정도까지 사제회●에 널리 퍼져 있는지는 모르고 있습니다. 문인과 신학자들의 협회에 대단히 완벽한 결합의 모범 사례가 들어 있음을 보여줄 수 있는 곳은 어쩌면 제네바밖에 없을지도 모르겠습니다. 저는 영원한 평정을 얻을 수 있다는 희망을, 바로 누구나 알고 있는 그분들의 지혜와 절제에서, 국가의 번영에 대한 그분들의 헌신에서 찾습니다. 저는 그분들이 얼마나 저 야만적인 종교인들의 끔찍한 말씀들을 두려워하는지 놀라움과 존경의 마음을 함께 실어 기쁘게 말씀드립니다. 역사책만 넘겨본대도 그런 야만적인 종교인들의 사례는 쉽게 찾을 수 있습니다. 그들은 소위 신의 권리를 지킨다는 명목으로 — 결국 자기들의 권리를 지키는 것에 불과합니다만 — 그들의 권리가 항상 지켜지기를 바랐으므로 그만큼 인간의 피를 아낌없이 흘리게 만들었습니다.[21]

공화국을 이루는 절반, 다른 절반의 행복이 되고 그들의 애정과 지혜로 공화국의 훌륭한 풍속과 평화를 지켜주는 그 소중한 절반을 빼놓아서는 안 되겠습니다. 사랑스럽고 덕이 넘치는 여성 시민 여러분, 여러분은 우리 남성을 지배하게 될 운명입니다. 여러분의 정숙한 힘이 결혼 생활에서 행사되고 국가의 영광과 대중의 행복을 위해서도 효력을 나타내게 된다면 얼마나 행복한 일입니까! 고대 그리스의 스파르타는 여성들이 지휘했으니, 여러분들도 충분히 제네바를 지휘할 수 있습니다. 어떤 야만적인 남편이 다정한 아내의 입에서 나오는 도의와 이성의 목소리에 귀를 닫을 수 있겠습니까.

여성 여러분의 단출하고 수수한 차림을 보고 헛된 사치를 경멸하지 않을 사람이 어디에 있겠습니까? 여러분 자신이 뿜는 광채로 그런 소박한 차림이 더없이 큰 아름다움을 만들어내는 것 같습니다. 여러분의 사랑스럽고 순결한 영향력과 여러분의 말씀씨가 국가에는 법에 대한 사랑을, 시민들에게는 화합을 유지하게끔 해주고, 갈라진 가족들을 행복한 결혼으로 결합시킵니다. 무엇보다 젊은이들이 다른 나라에 가서 나쁜 버릇이 들어 와도 누구라도 설득되지 않을 수 없는 여러분의 다정한 가르침과 여러분의 정숙한 몸가짐에서 자연스럽게 배어나오는 멋을 본다면 마음을 고쳐먹을 것입니다. 젊은이들은 다른 나라에서 수많은 유용한 것들을 가져와 이용하지는 않고, 무언지 모를 소위 위세를 우러러보고, 비굴한 속박으로 주어지는 하찮기 짝이 없는 보상에 만족합니다. 그런 것들은 준엄한 자유에 댈 것이 못됩니다. 그것도 품행이 나쁜 여성들에게 형편없는 태도와 유치하기 짝이 없는 어조를 배워서 앵무새처럼 따라하는 것입니다. 그러니 풍속의 정숙한 감시자이자, 평화를 다정히 이어주는 여러분, 항상 지금 그대로의 여러분으로 계셔주십시오. 어떤 경우라도 의무와 미덕을 위해 마음과 본성의 권리를 내세워주십시오.

저는 결과에 따라 제 말을 번복하지 않을 것이라고 자신합니다. 그런 보증이 있으니 모든 시민이 행복하고 공화국은 영광을 누릴 것임을 충분히 희망할 수 있습니다. 이런 장점들이 많이 있더라도 공화국은 많은 사람들이 눈부셔하는 그런 화려한 빛으로 빛나지 않으리라는 점을 저는 인정합니다. 그런 광채를 좋아하는 유치하고 해롭기 짝이 없는 취향이 행복과 자유의 가장 치명적인 적이 됩니다. 품행이 좋지 않은 젊은이들은 쉽게 구할 수 있는 즐거움을 찾아 나섭니다만 남는 것은 오랜 후회뿐입니다. 좋은 취향을 가졌다고 자부하는 사람들은 거대한 궁전, 아름다운 의장儀狀, 화려한 가구, 성대한 스펙터클, 부드럽고 사치스러운 꾸밈새에 감탄을 아끼지 않습니다. 제네바에서는 이런 것 없이 보이는 것이라고는 사람들뿐입니다만, 사람들을 보는 일도 마땅한 가치가 있고, 그런 모습을 찾아 나서게 될 사람들도 정말이지 그것과는 다른 것에 감탄하는 사람들 못지않습니다.

　너그러우시며 마땅히 존경받으시는 최고 지도자 여러분, 제가 여러분의 공동의 번영에 갖는 관심의 정중한 표시를 친절하게 받아주시기를 부탁드립니다. 제가 이렇게 흉금을 털어 놓으면서 불행히 혹시라도 다소 경솔하게 흥분에 사로잡히는 잘못을 저질렀다면 진정한 애국자의 다정한 애정으로, 여러분 모두가 행복한 것을 보는 것보다 더 큰 행복을 생각하지 않는 자의 열정적이고 정당한 열의로 용서해주시기를 간절히 부탁드립니다.

더 없는 존경심으로,

너그러우시며 마땅히 존경받으시는 최고 지도자 여러분
께,

여러분의 겸손하고 순종적인 시민,

장 자크 루소 올림.
샹베리, 1754년 6월 12일.

서문

    인간의 모든 지식 가운데 가장 유용한 것이면서도 가장 진척을 보지 못한 것이 있다면 나는 그것이 인간에 대한 지식이라고 생각한다.[주석 2] 델포이 신전에 적힌 낙서22 하나가 모럴리스트들의 두터운 저서들보다 더 중요하고 더 어려운 가르침을 담고 있다고 나는 감히 말하겠다. 나는 본 논고의 주제가 철학이 제안하는 가장 흥미로운 문제 중 하나이면서도, 불행히도 철학자들이 해결하기에 가장 까다로운 문제 중 하나라고 생각한다. 인간 자체를 아는 것으로 시작하지 않고서 인간들의 불평등의 근원이 무엇인지 어떻게 알 수 있을 것이며, 시간이 흐르고 세상만사 유전流轉하여 인간의 원래 체질이 근본부터 바뀌었는데 자연이 만든 그대로의 자신을 인간은 어떻게 바라볼 수 있을 것이며, 자신의 본성에 속하는 것과 상황에 따라 또 진행에 따라 최초의 상태에 덧붙고 변화된 것을 어떻게 분간할 수 있을 것인가? 시간이 흐르고, 바닷물에 침식되고, 폭풍을 만나 모습이 일그러져 신이라기보다는 사나운 짐승에 더 가까워진 글라우코스 석상[23]처럼, 인간의 영혼은 사회 한가운데에서 끊임없이 일어나고 또 다시 일어나는 수만 가지 원인을 겪고, 수많은 지식과 오류를 얻고 또 얻으며, 몸의 체질이 변하고 또 변했고, 정념이 가하는 충격을 받고 또 받아 변형을 겪어, 말하자면 그 원래 모습을 알아보지 못할 정도로 외관이 변했다. 그리하여 불변하고 정해진 원리에 따라 한결같이 움직이는 존재가 아니라, 조물주가 새겨놓은 저 장엄한 하늘의 단순성이 아니라, 이치를 추론해 본다고 믿는 정념과 제 정신을 잃고 망상에 빠져 있는 지성의 저 기형적인 대비밖에는 더는 볼 수 없는 것이다.[24]

이보다 더 끔찍한 일이 있으니, 그것은 인간 종이 진보하면서 인간의 최초의 상태에서 끊임없이 멀어지게 되고, 새로운 지식이 쌓일수록 모든 지식 중에서 가장 중요한 지식을 얻을 방법을 잃었으니, 어떤 의미로 우리가 인간을 알 수 없게 된 것은 인간을 지나치게 연구한 결과라는 점이다.

인간들 사이에 만들어진 차이들의 최초의 근원을 체질이 연속적으로 변화를 겪었던 점에서 찾아야 한다는 것을 쉽게 알 수 있다.[25] 모두가 인정하는 의견에 따르면 인간은 자연적으로 모두 평등하니, 이는 한 종種에 속한 모든 동물이 평등한 것과 같다. 자연에서 일어나는 다양한 원인들이 작용하여 우리가 지금 보고 있는 몇몇 동물 종 내부에 다양성이 들어서게 된 것은 그 뒤의 일이다.[26] 사실 이들 최초의 변화들이 어떠한 방식으로 생겨났건 종에 속한 개체들 전부를 동일한 방식으로 동시에 변화시켰으리라고 생각할 수는 없다. 그렇더라도 어떤 개체들은 본성과는 전혀 무관한 좋거나 나쁜 다양한 자질을 획득하면서 완전해지거나 손상을 입고, 나머지 개체들은 보다 오랫동안 원래 상태 그대로 남아 있었다. 인간들이 갖게 된 불평등의 최초의 근원이 바로 이러했다. 그러므로 불평등을 낳은 실제 원인을 정확히 가려내는 것보다는 일반적으로 불평등이 존재한다는 점을 증명하는 편이 더 쉽다.

그러므로 독자들은 내가 그토록 알기 어려운 것을 발견했다고 의기양양해 한다고 절대 생각하지 마시기를 바란다. 나는 문제를 해결할 수 있겠다는 희망이라기보다는 그 문제를 조망해보고 있는 그대로의 상황으로 환원해보려는 의도로 몇 가지 가설을 세워봤던 것이다. 누구라도 끝까지 가보는 일이 쉽지는 않지만 같은 길을 걸어도 쉽게 더 멀리 가보게 될 사람들도 있을 것이다. 인간이 가진 현재의 본성에서 처음부터 존재했던 것과 인위적으로 추가된 것을 구분하고, 더는 존재하지 않고 아마 존재한 적도 없었고, 앞으로도 존재하지 않을 상태를 올바로 이해한다는 것은 결코 쉽지 않은 시도라고 하겠다. 그러나 그 상태를 정확한 개념으로 이해하지 않는다면 우리의 현재 상태를 올바로 판단할 수 없음이 틀림없다.27 본 주제를 진지하게 검토해보기 위해 필요한 모든 주의를 기울이려고 할 사람이라면 흔히들 생각하는 것 이상의 철학을 갖추어야 한다. 그래서 '자연인을 알기 위해서 어떤 경험이 필요하며, 사회 속에서 이 경험을 하기 위해서 어떤 방법이 필요한가?'28 라는 주제를 훌륭히 해결하는 사람이라면 그는 우리 시대의 아리스토텔레스와 플리니우스라는 명성을 마땅히 받을 만하다고 생각한다. 내가 이런 문제를 해결할 시도를 한다니 당치도 않다. 하지만 가장 위대한 철학자라도 그런 경험을 지도할 만큼 훌륭하지 않고, 가장 강력한 주권자라도 그런 경험을 수행할 만큼 훌륭하지 않으리라고 미리 답할 만큼 나는 이 문제를 충분히 깊게 생각해봤다고 믿는다. 철학자와 주권자가 협력하기를 기대하기란 가당치 않다. 특히 대단한 끈기를 기울이고, 성공에 이르기 위해서 양쪽 모두 필요로 하는 지식과 선의를 이어나가면서 그 둘이 협력하기를 기대하기란 정말이지 가당치도 않은 일이다.

그렇지만 수행하기 그토록 어렵고 지금까지 누구도 생각해 보지도 않았던 이러한 연구가 인간 사회의 바탕이 되는 실질적인 토대를 이해하지 못하게 만들고 있는 수많은 어려움을 극복하는 데 우리에게 남은 유일한 방법이라 할 것이다. 인간 본성을 우리가 알지 못했기 때문에 엄청난 불확실성과 모호성에 사로잡혀 자연법을 정확하게 정의할 수 없었다. 뷔를라마키 씨29가 말하듯 법의 관념, 더욱이 자연법이라는 관념은 인간의 본성과 관련된 것임이 틀림없다. 그런 이유로 그는 이 학문의 원리를 인간의 본성 자체, 인간의 체질, 인간의 상태에서 끌어내야 한다고 했다.

이토록 중요한 주제를 다뤘던 수많은 저자들이 본 주제에 대해 합의를 보지 못하고 있다는 점은 정말 놀라운 일이며 치욕스러운 일이기도 하다. 더없이 진지한 저자들 가운데에서 이 점에 대해 의견이 같은 두 사람을 찾을 수나 있을지 모르겠다. 가장 근본적인 원칙들을 두고 서로 반박하고자 노력했던 것 같은 고대의 철학자들까지 언급하지는 않더라도, 로마의 법학자들은 인간과 다른 모든 동물들을 구분하지 않고 이들 모두가 공히 자연법을 따른다고 말하고 있는데 그것은 그들이 자연법이라는 말을 자연이 규정하는 법이라기보다는 자연이 스스로에게 부과하는 법이라고 생각했기 때문이다. 더 자세히 말하자면 로마의 법학자들은 이 말의 특수한 의미를 내세웠던 것이다. 그들은 이 경우에 법이라는 말을 자연이 생명을 가진 모든 존재들 사이에 세운 일반적인 관계의 표현으로, 그 존재들이 공통으로 갖는 자기 보존의 원리30일 뿐이라고 봤던 것 같다. 반면 현대의 법학자들은31 법이라는 말을 사회적 존재un être moral, 다시 말하면 지성을 갖추고, 자유롭고, 다른 존재들과 맺는 관계 속에서 고려된 존재가 따르는 규칙으로만 생각하므로, 자연법은 이성을 갖고 태어난 동물, 즉 인간에게 국한되는 것으로 보았다. 그런데 이들 현대의 법학자들은 자연법을 각자 자기 방식으로 정의하면서 대단히 형이상학적인 원칙 위에 세워 놓았다. 그랬으니 우리들 중에 이 원칙들을 스스로 발견할 수 있기는커녕 그것을 제대로 이해하는 사람들이 그토록 적은 것이다. 그래서 저 박식한 사람들이 내린 정의들 치고 끝없는 모순에 빠져 있지 않은 것이 없어서, 겨우 합의를 봤다는 것이 위대한 추론가가 되고 심오한 형이상학자가 되지 않는 이상 자연법을 이해하고 자연법에 복종하기란 불가능하다는 것이었다. 이 점이 정확히 말하는 것은 사람들이 사회를 설립할 때 사용했음이 분명한 지식이라고 하는 것이 엄청난 수고를 들이지 않고서는 발전이 불가능한 것이며 사회 내부에서조차 극소수의 사람들만이 가졌던 것임이 틀림없다는 것이다.32

자연이 무엇인지 알지 못하다시피 하고 '법'이라는 말이 어떤 의미인지 합의도 되지 않았으니 자연법의 올바른 정의에 합의하기란 난망한 일이리라.[33] 그래서 책 속의 모든 정의들은 통일되지 못했다는 단점은 물론, 인간이 자연적으로 갖지 않은 지식이며, 자연 상태를 벗어나지 않고서야 품을 수 없는 관념을 이용함으로써 얻게 된 이점利點에서 끌어온 것이라는 단점도 가졌다. 그래서 사람들이 공동의 유용성을 위해 서로 합의하는 것이 필요했을 규칙들을 연구하는 것으로 시작하고, 그 다음에 이렇게 모인 규칙들을 자연법이라고 부르는 것이다. 자연법의 규칙을 보편적으로 실천하니 결과가 좋았다는 것 말고는 다른 증거가 없는데도 말이다. 정말이지 이는 임의로 맺어진 합의convenance를 통해 정의를 내리고, 사태의 본성을 설명하는 정말 편리한 방법이 아닌가.

그러나 우리가 자연인이 어떤 존재인지 여전히 모르는 한, 자연인이 얻게 되었던 법이나, 자연인의 체질에 가장 적합한 법이 무엇인지 정해보려고 해봤자 소용없는 일이다. 우리가 자연법에 관해 분명하게 알 수 있는 전부는 그것이 법이 되려면 그 법을 따라야 하는 사람이 자신의 의지로 분명히 의식하면서 법을 지켜야 하고, 그것이 자연적이 되려면 즉각적으로 자연의 목소리를 통해 말해야 한다는 것이다.

그러므로 나는 현재 살아가고 있는 인간이 이루어져 있는 모습만을 보여줄 뿐인 모든 학문적인 책들34을 버리고 인간의 마음에서 제일 먼저 일어나는 보다 단순한 작용이 어떤 것인지 깊이 생각했다. 그러면서 나는 이성에 앞서 존재했던 두 가지 원리35를 발견했다. 하나는 우리가 행복한 상태를 유지하고 우리가 자기 보존을 하는 데 열정적으로 매달리게 해주는 것이고, 다른 하나는 모든 감각을 지닌 존재는 물론 특히 우리와 같은 사람들이 죽어가거나 고통 받는 것을 볼 때 자연적으로 혐오감을 느끼게 만들어주는 것이다. 나는 자연법의 모든 규칙들은 우리의 정신 속에서 이 두 원리가 하나가 되고 결합되면서 만들어진다고 생각한다.36 그러므로 사회성la so-ciabilité이라는 원리는 여기서 고려할 필요도 없다. 이성이 계속 발전을 거듭하여 자연적인 감정을 억누르게 되었을 때 자연법의 규칙들은 앞의 두 원리를 다른 토대 위에 세우지 않을 수 없게 되었다.

이런 방식으로 인간을 한 인간으로 만들기에 앞서 철학자로 만들어서는 안 된다. 타인에 대한 인간의 의무는 그저 뒤늦게 배운 지혜의 교훈으로 따라야 했던 것이 아니다. 인간이 동정이라는 내적인 충동에 저항할 수 없을 때 다른 사람은 물론 감각을 가진 어떤 존재에게도 해를 끼칠 수 없을 것이다. 예외가 있다면 자기 보존이 걸린 정당한 경우이겠다. 그 경우에 인간은 다른 존재보다 자신을 우선시 할 수밖에 없다.

이런 방식을 취해보자면 동물도 자연법의 대상인가 하는 지긋지긋한 논쟁도 끝이 난다. 동물이 지식과 자유를 갖지 못해서 자연법이 무엇인지 알 수 없다는 것은 명백하다. 그렇지만 동물들도 감수성을 갖고 태어났으니 그것을 통해 인간의 본성을 고려해본다면 동물들도 당연히 자연법의 대상이고, 인간은 동물에 대해서도 어떤 종류의 의무를 따르지 않을 수 없다고 판단해야 한다. 사실 내가 나와 같은 사람들에게 아무런 해도 끼쳐서는 안 된다면, 그가 이성적인 존재여서라기보다는 감각을 가진 존재이기 때문이 아니겠는가. 동물도 인간도 이 특징을 함께 갖고 있으니, 최소한 한 쪽이 다른 쪽에게 불필요하게 학대당해서는 안 되는 권리를 갖는다.37

본래의 인간과, 그가 실질적으로 필요로 하는 것, 그가 따라야 할 의무의 근본 원칙들을 연구하는 일은 도덕적 불평등의 기원, 정치체corps politique의 실질적인 토대, 정치체의 구성원들의 상호 권리, 여전히 제대로 밝혀지지 않은 만큼 중요성을 갖는 다른 수많은 유사한 문제들에서 제시된 수많은 다른 난점들을 제거하기 위해 사용할 수 있는 유일한 올바른 방법이다.

인간 사회를 공정하고 차분한 시선으로 바라볼 때 그 사회는 처음에는 강자의 폭력과 약자의 억압만을 보여주는 것 같다. 인간은 강자의 냉혹함에 분격하고 약자의 맹목을 개탄

하지 않을 수 없다. 지혜보다는 우연이 더 자주 만들어내는 이들 외적 관계만큼 인간에게 불안정한 것은 없는데, 그 외적 관계를 우리는 무력과 권력, 부와 가난이라고 부른다. 첫눈에 보기에 인간이 창설한 사회는 움직이는 모래언덕 위에 세워진 것 같다. 그것을 가까이에서 바라보면서 건축물을 둘러싸고 있는 먼지와 모래를 분리한 뒤에야 그 건축물이 얼마나 흔들리지 않는 견고한 토대 위에 세워졌는지 알 수 있고 그 건축물이 세워진 토대를 존중하는 법을 배우게 된다. 그런데 인간이며, 인간의 자연적인 능력이며, 인간이 가진 능력의 연속적인 발전에 대한 진지한 연구 없이는 그것을 결코 구분할 수 없으며, 인간 만사가 현재 이루어진 상태에서 신의 의지로 만들어진 것과, 인간의 기술로 만들어졌다고들 하는 것을 구분하고 가려낼 수 없을 것이다. 그러므로 내가 검토하는 중차대한 문제의 원인으로서의 정치와 도덕의 연구는 어떤 방식에서도 유용하고, 정부들의 가설적 역사[38]는 모든 관점에서 인간에게 교훈을 주는 가르침이라고 하겠다. 우리가 앞으로 어떻게 변해갈지 생각해보면서, 믿을 것이라고는 우리 자신밖에 없으니, 은혜로운 손이 우리의 정치체제를 바로잡고 결코 흔들리지 않는 기반을 마련하여, 그 체제에서 생겨날 무질서를 예방하고 우리에게 닥칠 빈곤을 채워줄 수 있을 수단으로 우리를 행복하게 해주는 존재를 찬양할 줄 알아야 한다.

신이 당신이 무엇이 되기를 바랐으며,
인간 세상에서 당신의 자리가 어디인지를 알라.[39]

| 주석에 대한 일러두기 |

　내가 천성이 게을러 일을 하다 말다 하다 보니 본 저작에
주석을 추가하게 되었다. 이 주석이 간혹 주제를 벗어나는
경우가 있어 본문과 함께 읽기에 좋지 않을 때가 있었다.
그래서 나는 본 논고에서는 최선을 다해 정도正道를 걷고자
노력하고, 주석은 말미에 배치했다. 본 논고를 다시 읽어볼
용기를 가진 사람들이라면 이번에는 수풀을 뒤지듯 철저히
조사하면서 즐기고 주석들을 두루 살펴볼 수 있겠다. 그렇지
않은 사람들은 주석을 읽지 않는대도 상관없다.

인간들 간의 불평등의 기원과 토대에 대한 논고

〈디종의 아카데미가 제시한 문제〉

인간들 간의 불평등의 기원은 무엇이며,
자연법은 불평등을 허용하는가?

인간에 대해 나는 말하련다. 문제를 검토해보니 내가 여러 사람들에게 말하게 되리라는 걸 알았다. 진리에 영예를 바치는 걸 두려워한다면 그런 비슷한 문제를 절대 출제할 수 없는 것이다. 그래서 나를 이 문제로 이끈 현명한 분들 앞에서 자신 있게 인류의 이익을 대변할 것이며, 내 스스로 지금 다루는 주제와 나를 판단하시는 분들에 마땅한 자가 된다면 나는 그것으로 만족이다.[40]

인간의 불평등은 두 가지라고 생각했다. 하나는 자연적이거나 신체적인 불평등이라고 부를 수 있는 것이다. 그것은 자연이 만든 것이고, 나이, 건강, 체력, 정신 혹은 마음의 능력에 달려 있다. 다른 하나를 사회적moral이거나 정치적이라고 부를 수 있다면 그것이 일종의 합의에 달렸고, 모든 사람들의 동의를 바탕으로 이루어졌거나 적어도 허용되었던 까닭이다. 이 두 번째 불평등은 특권들을 갖는다. 다른 이들보다 더 부자이고, 더 존경받고, 더 큰 권력을 가졌거나 그들을 제게 복종하게 하는 사람들이 이 특권들을 누리지만 그것은 다른 이들에게 해를 입히면서이다.[41]

자연적인 불평등이 어디에서 비롯되었는지 물을 수는 없다. 그 말의 단순한 정의만 생각해도 해답이 이미 나타나 있기 때문이다. 이 두 가지 불평등 사이에 어떤 본질적인 관계가 있는지는 더욱 물을 수 없다.[42] 그것은 다른 말로 하자면 명령을 내리는 사람들이 복종하는 사람들보다 반드시 더 훌륭한지, 체력 혹은 지력, 지혜 혹은 미덕이 개인들에게 항상 권력과 부의 정도에 비례해서 존재하는지 묻는 일일 테니 말이다. 이는 주인들 듣는 데서 노예들이 서로 토의하기에 좋은 질문이기는 하지만, 진리를 찾고자 하는 이성적이고 자유로운 사람들에게는 적합한 질문이 아니다.

그러니 본 논고가 다루려는 주제는 정확히 무엇인가? 세상만사가 변화해나가면서 폭력이 권력으로 이어져 자연이 법을 따르게 된 순간이 언제인지 지적하고, 수많은 경이로운 일들이 어떻게 물고 물렸기에 강자가 약자에게 봉사하기로 결심하고, 인민은 실질적인 행복을 버리고 상상 속의 안녕을 얻기로 결심할 수 있게 되었는지 설명하는 것이다.

사회가 어떤 토대 위에 세워졌는지 고찰했던 철학자들은 누구나 자연 상태로 거슬러 올라갈 필요를 느꼈지만 그들 중 누구도 결국 그렇게 하지 못했다. 어떤 사람들43은 주저하지 않고 자연 상태에 살아가는 사람이 정의와 부정의의 개념을 갖고 있다고 가정하면서도 자연인이 그 개념을 실제로 갖고 있었는지, 그에게 그 개념이 유용한 것이었는지 보여줄 생각도 하지 않았다. 다른 사람들은44 각자 자기에게 속한 것을 보존하는 자연법에 대해 말했지만 속하다apppartenir라는 말이 무엇을 의미하는지는 설명하지 않았다. 또 다른 사람들은45 최강자에게 최약자의 권리를 몰아주고는 그걸 정부의 탄생으로 간주했지만 권위며 정부며 하는 말의 의미가 인간들 가운데 존재할 수 있기에 앞서 얼마나 많은 시간이 흘러가야 했을지는 생각하지 않았다. 마지막으로 이 모든 이들은 끊임없이 필요, 탐욕, 억압, 욕망, 오만에 대해 말하는데 그 관념들을 사회에서 취했으면서도 그것을 자연 상태로 이전해버렸다. 그들은 야만인에 대해 말했지만 그들이 그려낸 사람들은 문명인이었다. 우리들 대부분은 자연 상태가 존재했었을까하고 의심해볼 생각도 해보지 않았다. 성경을 읽어보면 최초의 인간은 신으로부터 즉각 지식과 가르침을 받았으므로 그 최초의 인간은 자연 상태에 있었던 것이 아니다. 구약성서의 모세의 책을 기독교 철학자들은 철석같이 믿는데, 이렇게 되면 대홍수 이전에도 인간들은 어떤 기상천외한 일이 벌어져 자연 상태로 떨어지지 않는 한 그들이 순수한 자연 상태에 있어 본 적이 없었다는 점을 인정해야 한다.[46] 이는 어떻게 옹호해볼 수도 없고 증명해볼 수도 없는 난감하기 짝이 없는 역설이다.

그러니 모든 사실들을 배제하는 것으로 시작해보도록 하자. 그것들은 이 문제와 전혀 관련이 없기 때문이다. 본 주제에 대해 우리가 시작할 수 있는 연구들을 역사적인 진리로 간주해서는 안 되고 그저 가설적이고 조건적인 추론으로 간주하는 것으로 그쳐야 한다. 실제 기원을 보여주는 것보다, 우리의 자연학자들이 지구가 어떻게 형성되었는지 매일 수행하는 것과 같은 이러한 추론들이 사태의 본성을 밝히는 데 더욱 적합하다.[47] 종교는 신이 손수 인간을 자연 상태에서 벗어나게 했고, 인간들이 서로 불평등하기를 바랐기 때문에 그들이 서로 불평등한 것이라는 점을 믿으라고 한다.[48] 그러나 우리가 인간과 인간을 둘러싼 존재들의 본성에서 끌어낸 가설들을 세워보는 것까지 종교가 금지하는 것은 아니다. 인류가 오직 홀로 남겨진 채였다면 어떤 모습을 하게 되었을지에 대한 가설 말이다. 이것이 내게 맡겨진 문제이고 본 논고는 이를 검토하고자 한다. 내가 다루는 주제가 인간 일반을 다루므로,[49] 나는 모든 나라 사람에게 적합한 언어를 사용하고자 노력하겠다. 더 정확히 말하자면 시간도, 공간도 모두 잊고 내 논고를 듣는 사람들만 고려해서 내가 아테네의 뤼케이온에 있다고 생각하겠다. 그곳에서 내 스승들의 가르침을 말하고 플라톤과 크세노크라테스[50]와 같은 철학자들을 재판관으로 삼고, 전 인류를 청중으로 삼으려는 것이다.

오 인간이여, 어느 고장 출신이든, 어떤 의견을 가졌든, 들으라, 이것이 바로 너, 인간의 역사이다. 거짓말이나 일삼는 너와 같은 인간들의 책에서가 아니라, 결코 거짓을 말하지 않는 자연에서 읽었다고 내가 생각한 역사인 것이다. 자연에서 비롯된 모든 것은 진리이리라. 거짓이 있다면 그러려는 생각도 없이 자연에서 비롯된 것과 내게서 비롯된 것을 뒤섞어버릴 때 나오는 것이다. 내가 앞으로 말할 시대는 정말로 까마득히 먼 시대이다. 인간이여 과거의 모습에서 도대체 얼마나 변한 것이냐! 내가 앞으로 그릴 것은 말하자면 네가 태어나면서 받았던 특징들을 따르는 인간 종의 생활방식이라 할 것이다. 그러나 그 특징들은 네가 받은 교육과 네가 물든 습관에 따라 타락할 수는 있었지만 결코 파괴될 수 없었다. 내 생각에는 개인으로서의 인간이 멈춰 서고자 하는 나이가 있는 것 같다. 인간이여, 너는 인간 종이 멈춰서버렸기를 바라는 나이를 찾아야 한다.[51] 네 현재 상태가 불만스럽기에, 네 불행한 후세는 훨씬 더 불만스러울 수밖에 없음이 자명한 이유들 때문에 네가 과거로 되돌아갈 수 있었으면 하고 바랄지도 모르겠다. 그런 생각을 갖기에 네 최초의 선조를 기리고, 네 동시대인들을 비판하고, 네 뒤에 살아가야 할 불행한 사람들을 두려워하는 것일 테다.

제1부

인간의 자연 상태를 올바로 판단하고, 인간을 그 기원에서 부터, 말하자면 인간 종이 비롯한 최초의 종자種子를 검토하는 일이 대단히 중요하기는 해도, 나는 인간의 신체기관이 연속 적으로 발달해온 과정을 추적하지는 않겠다. 나는 인간이 동물의 계통에서 처음에 어떤 존재였다가 지금의 모습이 되 었는지 밝혀보는 일은 그냥 넘어가고자 한다. 아리스토텔레 스가 생각한대로 인간의 길쭉한 손톱이 처음에는 갈고리 같 은 발톱은 아니었는지, 곰처럼 털로 덮여 있었던 것은 아니었 을지, 네 발로 걸으면서[주석 3] 시선이 땅을 향하고 시야는 몇 발자국 앞으로 제한되었으니, 그의 시선에 짧은 생각이며 성격도 비치지 않았음을 검토하지도 않겠다.[52] 이런 주제로 내가 세울 수 있는 가설이라고는 그저 모호하고 공상적인 것일 뿐이다. 비교해부학[53]은 아직 걸음마 단계이고 자연사가들의 관찰은 아직 너무 불확실한 상태에 머물러 있으니, 이런 학문의 토대 위에 견고한 추론의 원리를 세울 수는 없다. 그래서 이 점에 대해 우리가 알고 있는 초자연적인 지식에 손을 벌리지 않고, 인간이 자신의 신체를 새로운 용도로 사용함에 따라, 그리고 새로운 양식糧食을 섭취하게 됨에 따라 그의 외적인 구조는 물론 내적 구조에서도 일어날 수 있는 변화역시 고려하지 않고, 나는 인간을 오늘 보고 있는 것처럼 두 다리로 걷고, 우리가 사용하듯이 손을 사용하고, 자연 전체를 널리 바라보고, 광활한 하늘을 눈으로 헤아리도록 항상 형성되어 있다고 가정할 것이다.[54]

이런 신체를 가진 존재에게서 그가 받을 수 있었던 모든 초자연적인 능력과, 오랜 진보를 통해서만 얻을 수 있었던 모든 인위적인 능력을 제거해보면, 한마디로 말해서 그 존재를 자연의 손에서 막 벗어났을 때의 모습 그대로 고려해보면, 나는 어떤 동물들보다는 훨씬 힘이 약하고, 다른 동물들보다는 훨씬 민첩하지 못한 동물을 보게 된다. 그러나 모든 것을 고려해봤을 때 그 동물은 모든 동물 중에서 몸이 가장 유리하게 조직된 동물이다. 참나무 아래에서 포식하고 처음 만난 개울에서 목을 축이고 그에게 식사를 제공했던 바로 그 나무 밑에서 잠자리를 찾는 것이 보인다. 그는 필요한 것을 이렇게 채웠다.[55]

대지가 비옥한 자연 그대로[주석 4] 도끼날 한 번 닿지 않은 광대한 숲으로 덮여 있을 때 모든 동물 종은 발걸음 닿는 곳마다 먹을 것이 넘쳐나고 언제든지 쉴 수 있는 장소를 만나게 된다. 인간들은 동물들 사이에 흩어져서 살아가면서 동물들의 재주를 관찰하고 모방하다가 동물들의 본능을 얻는 데까지 나아간다. 동물은 자기가 속한 종에 고유한 본능을 가질 뿐이지만, 인간은 종에 고유한 본능을 갖고 있지 않아서[56] 그 모두를 습득하였으며, 또 인간은 다양한 양식糧食을 다른 동물들과 함께 나누어 섭취[주석 5]하였으니 어떤 동물들보다 쉽게 식량을 얻는 것으로 장점을 마련했다.

어릴 때부터 혹독한 기후와 계절에 익숙해지고, 고된 일에 단련되고, 벌거벗은 상태로 무기도 없이 맹수들에 맞서 생명과 먹이를 지키거나 힘껏 달려 그 맹수를 피하지 않을 수 없던 인간들은 체질이 강건하고 한결같다. 어버이의 탁월한 체격을 물려받아 세상에 태어난 아이들은 그런 체격을 만들어주었던 연습을 고스란히 반복하여 강화하게 되므로 인간 종이 가질 수 있는 최대한의 강건함을 얻게 되었다. 자연은 스파르타에서 법으로 시민들의 아이들을 살리고 죽였던 것과 똑같은 일을 수행한다. 체격이 좋은 아이들을 강하고 강건하게 만들고 다른 아이들은 전부 죽도록 내버려두는 것이 자연의 법칙이다.[57] 이런 점에서 자연은 우리들의 사회와 다르다고 할 것이다. 국가에서는 어버이들이 아이를 짐으로 여겨 태어나기도 전에 체격이 좋든 말든 무차별적으로 죽이니 말이다.

야만인에게는 자신의 육체가 곧 도구이니 다양한 용도로 육체를 사용한다. 육체가 단련되지 않은 우리들은 그들처럼 우리의 몸을 사용할 수 없다. 필요에 따라 육체에 힘과 민첩성이 생기는데 우리는 재주[58]를 얻는 대신 그러한 능력을 모두 잃었다. 도끼가 없었으니 손목으로 그렇게 단단한 나뭇가지를 부러뜨릴 수 있었던 것 아닌가. 새총이 없었으니 돌을 그렇게 강하게 던질 수 있었던 것 아닌가. 사다리가 없었으니 나무를 그렇게 훌쩍 기어오를 수 있었던 것 아닌가. 말馬이 없었으니 그렇게 빨리 달릴 수 있었던 것 아닌가. 문명화된 인간이 자기 손 닿는 곳에 이런 모든 도구[59]를 모아둘 시간이 있다면[60] 그가 야만인을 쉽게 능가하리라는 것이 자명하다. 하지만 여러분이 훨씬 더 불평등한 싸움을 보고자 한다면 그 둘을 벌거벗겨 놓고 무장하지 않은 채 마주보게 하시라. 그러면 언제나 자신의 모든 힘을 자유자재로 쓸 수 있고, 어떤 일이 일어나든지 대처할 준비가 되어 있고, 말하자면

자기 자신에게 항상 정신을 집중할 수 있다는 것이 얼마나 큰 장점이 되는지 금세 아실 것이다.[주석 6]

홉스는 인간의 천성이 대담하여 공격하고 싸우려고만 한다고 주장한다.[61] 반면 한 저명한 철학자는 홉스와 반대로 생각했다.[62] 컴벌랜드와 푸펜도르프도 자연 상태의 인간만큼 소심한 존재가 없어서 항상 두려움에 떨고, 별것 아닌 작은 소리가 들리고 별것 아닌 작은 움직임이 느껴지자마자 당장에라도 달아날 태세였다고 확신했다.[63] 전혀 본 적이 없는 대상을 볼 때도 마찬가지다. 자연 상태의 인간이 새로운 광경을 목격할 때 그것에서 자연적인 선이 나올지 악이 나올지 구분할 수 없고, 또 자기의 힘으로 제게 닥칠 위험을 감당할 수 있을지 없을지 모른다면 두려움에 사로잡히게 되리라는 것이 분명하다. 물론 자연 상태에서 이런 일들은 드물게만 나타난다. 자연 상태에서는 모든 일들이 수미일관하게 진행되고, 갑작스럽고 연속적인 변화가 일어난대도 지구의 모습은 그런 데 전혀 영향을 받지 않는다. 그런 변화는 한데 모인 여러 민족이 이합집산하고 정념에 사로잡힐 때 일어나는 것이다. 그런데 야만인은 동물들 가운데에서 흩어져 살아가고[64] 아주 일찍부터 자신이 센지 동물이 센지 재어보고 판단해볼 기회가 있었으니 금세 비교해보고 힘으로 이길 수는 없더라도 꾀를 써서 제압이 가능하다는 것을 감으로 알게 되니,

더는 동물들을 두려워하지 않는 법을 배운 것이다.65 건장하고 민첩하고 용기가 넘치는 야만인을 곰이나 늑대와 대결시켜 싸우게 해보시라. 그 야만인은 다른 모두들처럼 돌과 큼직한 몽둥이로 무장하고 있다. 여러분은 적어도 위험은 양쪽 모두에게 있고, 맹수들은 비슷한 몇 번의 경험을 해본 뒤 인간이 그들만큼 사납다는 것을 깨닫게 되어 인간과 싸우고 싶은 마음이 더는 없어지고 인간을 공격하는 일은 더는 없다시피 하리라는 것을 알게 될 것이다. 인간이 꾀를 부려도 소용없을 정도로 힘이 더 센 동물이라면, 그는 그 동물들을 마주할 때 자기보다 더 약한 동물 종과 자신이 마주하는 경우로 생각하게 된다. 그런 약한 동물들이라도 결국 살아남기는 한다. 인간에게는 그런 동물들만큼 가뿐하게 달려 나무 위에서 안전한 도피처를 찾을 수 있는 장점이 있으니, 어디서든 동물과 마주칠 때마다 제가 가진 그 장점을 취하거나 버리고, 달아날지 싸울지를 선택하게 된다. 덧붙여 천성적으로 인간과 싸우도록 태어난 동물이 없는 것 같다. 동물이 자기 방어를 하지 않을 수 없는 경우나 전혀 먹거리를 찾지 못한 경우를 제외한다면 말이다. 자연은 어떤 동물 종을 다른 동물 종의 먹이로 삼도록 했지만 어떤 동물 종이 인간에게 이러한 강력한 반감反感66을 갖도록 했던 것 같지 않다.67/68

보다 위험천만한 적으로, 인간이 방어할 수단이 전혀 없는 경우라면 그것은 태어날 때부터 갖고 태어난 신체장애, 아이, 노인, 모든 종류의 질병이라 하겠다. 우리가 얼마나 허약한 존재인지 보여주는 서글픈 표적들이라 하겠지만, 그 중 처음 두 가지는 모든 동물들에게 해당되더라도, 마지막 것은 주로 사회에서 살아가는 인간만이 갖는 경우이다. 내가 유년기를 주제로 관찰한 바에 따르면 새끼를 항상 어디든지 데리고 다니는 어미는 다른 여러 동물의 암컷보다 훨씬 수월하게 새끼를 먹일 수 있다. 새끼를 데리고 다니지 않는 암컷들은 제 먹을 것을 찾아야 함은 물론 새끼에게 젖을 물리거나 먹을 것을 주도록 녹초가 될 정도로 끊임없이 오가지 않을 수 없다. 그러니 어미가 죽기라도 하는 날에는 새끼도 어미의 뒤를 이어 죽을 위험이 대단히 높다는 것이 사실이다. 하지만 새끼들이 오랫동안 혼자 먹이를 구하러 갈 수 없는 다른 수많은 종의 경우도 위험하기는 마찬가지이다.[69] 인간의 유년기가 더 긴 것은 인간의 수명이 더 길기 때문일 테니 이 점에 있어서는 어느 쪽이나 마찬가지나 다름없다고 하겠다.[주석 7] 물론 유아기가 얼마나 지속되고 새끼들의 수가 얼마나 되는가[주석 8]에 대해서는 다른 규칙들이 있기는 하지만 이는 내가 다룰 주제는 아니다. 노인들은 활동하는 일도 적고 땀을 흘릴 일도 적으니 양식을 마련하는 능력에 비해 필요로 하는 양식도 줄어들기 마련이다. 야만에 가까운 생활을 하면 통풍이며 류머티즘을 앓을 위험이 적어지지만, 세상의 병 중에 노쇠야말로 무슨 도움으로도 그 고통을 덜어주기 가장 힘든 병이라 하겠으니, 노인들은 결국 숨을 거둔다는 것을 깨닫지도 못한 채, 그들 스스로 죽는지도 모른 채 결국 숨을 거두게 된다.[70]

질병 이야기가 나왔으니 말이지 나는 건강한 대부분의 사람들이 의학을 비판하면서 과장을 섞곤 하는 헛되고 거짓된 주장들을 여기서 되풀이할 생각은 없다. 그렇지만 의학이 대단히 정교하게 발달된 나라와 의학을 가장 소홀히 하는 나라 중에 인간의 평균수명이 더 높은 곳이 어디인지 결론을 내릴 수 있는 타당하고 확실한 고찰이 있는지[71] 나는 묻고 싶다. 의학으로 제공할 수 있는 치료약보다 우리가 앓는 질병이 더 많다면 어떻게 할 것인가! 삶의 방식은 정말이지 너무도 공평하지 않다. 어떤 사람들은 지나치게 한가하게 살아가는 반면 다른 사람들은 과도한 노동에 시달린다. 우리의 욕구와 감각을 쉽게 자극하고 채우는 사람들이 있는가 하면 그렇지 못한 사람들도 있다. 부자들이 즐기는 진귀한 음식이 마련해주는 양분은 변비와 소화불량을 일으켜 고통을 일으킨다. 가난한 사람들은 형편없는 양식으로 연명하지만 그나마 그것도 없는 경우가 흔하다. 먹을 것이 없으니까 기회만 있으면 엄청난 식탐으로 폭식을 하게 되니 위장에 무리가 간다. 여기에 더해 밤에 잠을 자지 않는 것, 온갖 종류의 정념에 무절제하게 빠져드는 격정, 피로, 신경쇠약, 시름, 신분을 막론하고 영혼을 조금씩 갉아먹는 수많은 괴로움도 있다.[72] 이런 것이 우리가 시달리는 대부분의 질병이 우리 스스로 만든 것이며, 자연이 우리에게 정해주었던 그대로 소박하고 단조롭고 고독하게 살아가는 삶의 방식을 보존한다면 그와 같은 질병을 피할 수도 있다는 점을 보여주는 불행한 증거이다. 자연이 우리를 건강하게 살아가도록 해준 것이 사실이라면 감히 확신컨대 성찰의 상태는 자연을 거스르는 상태이며, 깊이 사유하는 인간은 타락한 동물이 아닐 수 없다.[73] 야만인들이나, 적어도 독주毒酒를 마셨다고 죽지는 않는 사람들의 옹골찬 체격을 생각해보고, 그들이 겪게 될 질병은 부상이 아니면 노화밖에 없음을 알게 된다면, 시민사회들의 역사를 따라 인간의 질병의 역사를 쉽게 써볼 수 있으리라 생각하게 된다. 적어도 플라톤은 그런 입장을 취했다. 플라톤은 그리스 시대의 명의였던 포달레이리오스와 마카온[74]이 그리스 연합군이 트로이를 포위했던 시절에 사용했거나 인정했던 어떤 치료약들에 대해 그러한 판단을 내렸다. 그 약 때문에 생겼음이 분명한 다양한 질병은 아직 인간이 몰랐던 질병이었다는 것이다.[75/76]

그러므로 질병을 일으키는 원인이 대단히 적었으니 자연 상태의 인간에게 무슨 약이 필요했겠으며, 무슨 의사가 필요했겠는가. 이런 점에서 인류는 다른 모든 동물들보다 더 나쁜 조건인 것은 아니다. 사냥꾼이 사냥을 할 때 장애를 가진 동물을 많이 보게 된다는 사실도 쉽게 알 수 있다. 사냥꾼들은 대단히 깊은 상처를 입었지만 그 부위가 잘 아문 동물들이며, 뼈와 사지가 깨지고 찢겼어도 다시 회복한 동물들을 많이 본다. 그 동물들의 외과의사는 시간이며, 식이요법은 평소 생활 그대로 유지하는 것이지만 그런 것으로도 고스란히 치유가 된다. 고통스럽게 절개할 필요도, 약재를 복용해서 중독이 될 필요도, 절식絶食으로 수척해질 필요도 없는 것이다. 우리들에게 훌륭한 처방을 받아 약을 복용하는 일이 아무리 유용하다고 해도 병이 들어 혼자 남겨진 야만인이 오직 자연에서만 희망을 찾는다면 자신의 병 말고는 두려워할 것이 전혀 없으므로 이것 때문에 우리보다는 야만인이 처한 상황이 더욱 바람직해지리라는 점이 확실하다.

그러니 우리가 보고 있는 사람들과 야만인을 혼동하지 말도록 하자. 자연은 자신의 손길에 고스란히 맡겨진 모든 동물을 특히 편애한다. 이를 보면 자연이 얼마나 이러한 권리를 중시하는지 알 수 있다. 말이며, 고양이며, 황소며, 당나귀조차 우리들의 집에서보다 숲속에서 살아갈 때 더 키가 크고, 더 체격이 강건하고, 더 원기에 넘치고, 더 힘이 세고, 더 용기가 있다. 이들 동물은 길들여져 가축이 되면서 이런 장점들의 절반을 잃었다. 우리가 이들 동물을 정성껏 먹이고 관리를 잘 해줄 때 그들은 결국 퇴화되는 것 같다. 인간도 마찬가지이다. 인간은 사회적이 되고 노예가 되면서 약해지고, 겁쟁이가 되고, 비굴해지며, 인간의 유약하고 여성화된 삶의 방식은 결국 그의 힘은 물론 용기도 동시에 무력하게 만들어버리게 된다.[77] 여기에 야생의 조건과 노예의 조건 사이의 차이는 짐승과 짐승의 관계보다 인간과 인간의 관계에서 훨씬 더 크다는 점을 추가해보도록 하자. 예전에 자연은 동물과 인간을 똑같이 관리했으나, 인간은 자기가 길들인 가축보다 제자신을 위해 훨씬 더 큰 편의를 마련하므로 이것이 인간의 퇴화를 더욱 현저하게 만드는 특별한 원인이 된다.

그러니 이들 최초의 인간들이 벌거벗고 살고, 거주할 장소도 없고, 우리는 꼭 필요하다고 생각하는 그런 불필요한 것들을 전혀 갖고 있지 않지만 그것이 그들에게 대단히 커다란 불행인 것도 아니고, 그들의 자기 보존에 대단히 커다란 장애물이 되는 것도 아니다. 최초의 인간들의 피부가 털로 덮여 있지 않았대도, 더운 나라에서 그런 것이 뭐가 필요하단 말인가. 추운 나라에 살다보면 그들은 이내 자기들이 잡아 죽인 짐승들의 털을 차지해서 몸에 걸칠 줄 알게 된다. 그들이 달릴 때 두 발밖에는 없대도, 자기를 방어하고 필요한 것을 마련해주는 두 팔이 있지 않은가. 그들의 아이들은 아마 걸음

마가 늦고 힘겹겠지만 부모가 그들을 훌쩍 안고 다니면 그만
이다. 이것은 다른 동물 종은 갖지 못한 장점이다. 동물들의
어미는 맹수의 추격을 받는다면 새끼들을 버리거나, 달아나
는 자신의 보폭을 아이에게 맞추지 않을 수 없으니 말이다.[78]
[79] 마지막으로 나중에 다시 언급하겠지만 여러 주변 상황들
이 절대로 그런 식으로 일어날 수 없대도 특이하고 우연하게
서로 일치한다고 가정한다면 여하튼 의복이나 주거를 마련
한 최초의 인간은 이 점에 있어서는 전혀 불필요한 것을 마련
한 셈이라는 점이 분명하다. 그는 그때까지 그런 것이 없어도
잘 살아왔는데, 어렸을 때부터 잘 견뎠던 그런 생활을 왜
다 커서 견디지 못하게 되는지 이유를 알 수 없으니 말이다.

　야만인은 혼자 살아가고, 아무 일에도 얽매이지 않고 한가
하게 지내지만 위험은 늘 그의 곁에 있으니 잠자는 것을 좋아
하겠지만 얕은 잠만 잘 것이다.[80] 생각이 없다시피 하므로
말하자면 생각하지 않는 시간에 잠만 자는 동물들이 그렇다.
자기 보존이야말로 그 동물들이 각별히 신경을 쓰는 유일한
것이고, 그 동물들에게 가장 발달된 능력의 주된 목적은 먹이
를 잡거나 자기가 다른 동물의 먹이가 되지 않기 위한 공격
혹은 방어이다. 반대로 그 동물들에게 유약함과 감각적 쾌락
을 통해서만 완벽해지게 되는 신체기관들이 있대도 투박한
상태를 벗어나지 못할 것이므로 그 동물은 어떤 종류의 섬세

함도 느끼지 못한다. 또 그 동물의 오감은 이 점에서 서로 갈라져 촉각과 미각은 극도로 둔하지만[81] 시각, 청각, 후각으로는 대단히 미묘한 차이까지도 분간할 것이다. 보통 동물들이 이러한 상태이며, 여행자들의 보고를 읽어본다면 대부분의 야만인들도 같은 상태라고 한다.[82] 그래서 희망봉에 사는 호텐토트족 사람들은 맨눈으로도 네덜란드 사람들이 망원경을 이용해서 보는 것보다 더 먼 바다에 떠 있는 배를 발견하고, 아메리카의 야만인들은 가장 후각이 뛰어난 개들처럼 에스파냐 사람들의 흔적을 쫓고, 이 모든 미개인들의 나라에서 사람들이 벌거벗고도 아무렇지 않고, 매운 고추를 먹으면서 입맛을 돋우고, 유럽의 독주를 물처럼 마신다고 해도 전혀 놀랄 일이 아니다.[83]

지금까지 내가 고려한 인간은 자연적인 인간l'Homme Physique일 뿐이다. 이제부터는 형이상학적이고 도덕적인 측면에서 바라보도록 하자.

나는 모든 동물 속에 그저 기발한[84] 기계밖에는 찾을 수 없다. 자연은 그 기계에 감각을 부여하여 혼자 조립되고 기계를 파괴하거나 고장을 일으키는 모든 것에서 자기를 보호하게 했다. 나는 인간이라는 기계도 정확히 동일하다고 본다. 차이가 있다면 동물이 작동할 때는 오직 자연만이 모든 일을 맡지만, 인간은 자유로운 동인으로서 스스로 작동한다는 데 있다. 동물은 본능에 따라 선택하거나 거부하지만 인간은 자유로운 행동을 통해 그렇게 한다. 이 때문에 동물은 제게 규정된 규칙을 벗어날 수 없다. 그렇게 하는 것이 그 동물에게 이득이 될 때에도 마찬가지이다. 반면 인간은 자기에게 피해가 될 때는 그 규칙을 벗어던질 때가 자주 있다. 그런 이유로 비둘기는 최상급 고기가 가득 담긴 그릇을 옆에 두고 굶어 죽고, 고양이는 산더미처럼 쌓인 과일이나 곡식 위에서 죽어 간다. 어느 쪽이든 거들떠도 보지 않는 양식을 한번 먹어볼 생각만 했다면 배를 채울 수도 있었다. 방탕에 빠진 인간들은 극심한 흥분에 죽음까지 가져오기도 하는 무절제한 행동을 탐닉하는 것도 마찬가지다. 정신이 강해지면 감각이 둔해지고 자연이 침묵할 때에도 의지는 말하기 때문이다.[85]

모든 동물은 감각이 있으므로 관념을 갖는다. 상당한 지점까지 관념을 결합하는 동물도 있다. 이런 점에서 인간은 정도의 차이가 있을지언정 동물과 다르지 않다. 몇몇 철학자들은 인간과 동물의 차이보다 이러저러한 인간과 인간의 차이가 더 크다는 입장을 개진하기도 했다.[86] 그러므로 인간과 동물을 특별히 구분해주는 것은 지성이라기보다는 인간이 갖는 자유로운 동인에 있다고 하겠다. 자연은 모든 동물에게 명령하고 동물은 이에 복종한다. 인간도 똑같이 자연의 명령을 받지만, 인간은 이에 복종하거나 저항할 자유가 있다고 생각한다. 인간의 영혼이 갖는 영성靈性은 무엇보다도 이 자유의 의식에서 나타난다.[87] 자연학에서는 감각이 어떤 메커니즘을 갖는지, 관념은 어떻게 형성되는지 이런저런 방식으로 설명한다. 그러나 의지의 힘, 더 자세히 말하자면 선택의 힘에서, 또 그 힘이 작용함을 뚜렷이 느낄 때 우리가 볼 수 있는 것은 역학의 법칙으로는 전혀 설명이 불가능한 그저 순전한 정신적 행위들뿐이다.

그런데 이 모든 문제들을 둘러싼 난점들이 인간과 동물이 정말 차이가 있는지에 대한 논의의 여지는 남기지만, 인간과 동물을 구분해주는 아주 다른 특징이 하나 있음을 알아야겠다. 이 특징은 스스로 완전해지는 능력으로, 이 점에 대해서는 이견이 있을 수 없다. 이 능력은 인간이 주변 환경에 적응하면서 차례로 다른 능력을 발전시켜나가게 하는 것으로 인간 종은 물론 인간 개인도 갖추고 있다. 반대로 동물은 태어난 지 몇 달 후면 평생 똑같은 상태로 살아간다. 동물 종은 천 년이 지나도 그 천 년의 첫 해였던 그대로이다.[88] 왜 인간만 우둔해지는 것일까? 인간이 자신의 최초 상태로 돌아가기 때문이 아닌가? 동물은 얻은 것이 아무것도 없으니, 잃을 것도 아무것도 없어서 항상 본능에 따라 살아간다. 늙거나 다른 우연한 사고가 원인이 되어 인간은 '완전가능성'으로 얻을 수 있었던 모든 것을 다시금 잃을 때 그렇게 동물보다 더 낮은 수준으로 떨어지는 것이 아닌가?[89] 우리는 참으로 슬프게도, 한계라고는 모르다시피 하는 이런 특별한 능력이 인간이 겪게 될 모든 불행의 원천이며, 인간은 평온하고 무구한 나날들이 흘러갔던 최초의 조건에서 시간이 지남에 따라 바로 그 능력으로 인해 벗어나게 되었으며, 수 세기가 흐른 뒤 그 능력이 지식과 오류를, 악덕과 미덕의 싹을 틔우면서 결국 인간을 자연은 물론 제 자신조차 가혹하게 착취하는 폭군으로 만들어버린다는 데 동의하지 않을 수 없다.[주석 9] 오리노코 강변의 주민에게 처음으로 아이들의 관자놀이에 널빤지를 대는 관례를 가르쳐준 자를 선행을 베푼 고마운 사람으로 칭송해야 한다는 건 정말 끔찍한 일이 아닌가. 그 널빤지를 본다면 그들이 얼마나 무지했으며 또 그런 이유로 애초에 얼마나 행복했는지 분명히 알 수 있지 않은가.[90]

야만인은 자연이 준 본능만 갖는다. 더 자세히 말하면 야만인은 아마 본능이 없을지 모르지만 여러 능력을 통해 이를 대신한다. 그런 능력들은 처음에는 그에게 없는 본능을 보충하고 나중에는 그를 자연을 훨씬 뛰어넘는 존재로 드높여준다. 그래서 야만인은 순전히 동물적 기능을 수행하는 것으로 시작하는 것이다.[91][주석 10] 그 기능이란 지각하고 감각하는 것으로, 이것이 그의 최초의 상태이며, 이는 모든 동물들도 함께 갖는 것이다. 의지하거나 의지하지 않는 것, 욕망하거나 두려워하는 것이 야만인의 마음에서 일어나는 최초이자 유일한 작용이나 다름없다. 그 뒤에 새로운 상황이 발생하여 새로운 발전을 보게 된다.

모럴리스트들이 뭐라고 말하든 간에 인간의 지성 대부분은 정념에서 온 것이다. 정념은 또 많은 부분 지성에서 왔다는 것이 일반적인 의견이다.[92] 정념이 활동해야 이성이 완전해진다. 우리가 왜 알고자 하겠는가. 향유하고 싶어서가 아닌가? 욕망도 두려움도 갖지 않는 자가 굳이 힘들게 추론할 이유가 어디에 있겠는가? 정념의 기원은 우리의 필요에서 왔으며, 정념의 확장은 우리의 지식에서 왔다고 해야겠다. 우리가 어떤 사물을 욕망하거나 두려워한다면 그것은 그 사물에 어떤 관념을 갖게 되는 까닭이거나 그저 자연이 우리에게 가하는 충동 때문이다. 야만인은 지식이라는 것을 갖추지 않았으니 자연의 충동이 일으키는 정념만을 경험한다. 야만인의 욕망은 신체의 필요를 넘어서는 법이 없다.[주석 11] 그가 세상에서 알고 있는 유일한 선善이 있다면 양식糧食, 여성, 휴식뿐이며, 그가 세상에서 두려워하는 유일한 악이 있다면 고통과 허기이다. 나는 죽음이라고 하지 않고 고통이라고 했는데, 동물은 죽는다는 것이 무엇인지 결코 알 수 없기 때문이다. 죽음과 죽음의 공포에 대한 지식은 인간이 동물의 상태에서 멀어지면서 습득한 최초의 지식 중 하나이다.[93]

필요했다면 이 생각을 사실들을 제시하여 뒷받침하고, 세상 어떤 나라에서도 정신은 필요에 비례하여 진보했음을 쉽게 보여줄 수도 있을 것이다. 모든 민족은 자연에서 필요한 것을 얻고, 주변 환경은 그들이 필요를, 그러니까 정념을 따르도록 만들었다. 정념이 그들의 필요를 채워주도록 하니 말이다. 나는 이집트에서 나일강이 범람하면서 기술이 태어나 뻗어나갔음을 보여줄 수도 있을 것이다. 그 기술은 그리스 남부 에우로타스강의 비옥한 기슭에 뿌리를 내릴 수는 없었더라도, 아테네를 중심으로 한 아티카 지방의 바위들과 모래들 사이에서 싹트고, 성장하고 하늘 높이까지 높아졌으니, 그 기술이 그곳에서 어떻게 진보했는지 추적해볼 수도 있을 것이다. 나는 일반적으로 북방 민족들이 남방 민족들보다 더 근면하다는 점에 주목해볼 수도 있을 것이다. 북방 민족들은 근면하지 않고서는 살아갈 수 없다.[94] 자연은 그렇게 땅을 비옥하게 하는 대신에 정신을 비옥하게 하여 세상만사를 그렇게 공평하게 하려고 했던 것 같다.

하지만 불확실하기만 한 역사의 증언들에 기대지 않더라도 야만인이 더는 야만인으로 살지 않고자 하는 유혹과 수단으로부터 한참 멀리 떨어져 있음을 모르는 사람도 있던가? 야만인의 상상력은 그에게 아무것도 그려주지 않고, 야만인의 마음은 그에게 아무것도 요구하는 법이 없다. 그의 최소한의 필요는 금세 손에 넣을 수 있는 것이며, 더 많은 지식을 얻고자 할 때 반드시 필요한 지식의 수준에 이르기에는 어림도 없는 상태이니 그에게는 예지도 호기심도 없다.[95] 자연의 대단한 광경 앞에서도 그는 그것을 날마다 보기 때문에 익숙해져 무관심으로 일관한다. 언제나 똑같은 수순이며, 변화가 있대도 늘 같은 변화이다. 정말 대단한 경이로운 일들을 마주한대도 그의 정신은 전혀 놀라는 법이 없다. 그러니 그가 매일같이 봤던 것을 주의 깊게 관찰해보도록 인간이 필요로 하는 철학을 그에게서는 찾을 수 없다. 그의 영혼은 그 무엇으로도 동요하는 법이 없고 현재 자기가 존재하고 있다는 바로 그 감정에만 빠져든다.[96] 그에게는 아무리 가까운 미래라고 해도 미래라는 관념 자체가 없다. 야만인이 계획을 세운대도 그의 시야를 넘어서는 법이 없으니 해질 무렵까지만 이어져도 다행이겠다. 오늘날 서인도제도의 카리브에서 사람들이 앞을 내다보는 수준이 딱 그 정도이다. 카리브 사람은 아침에 솜이불을 팔고 저녁에는 그걸 되사려고 울면서 돌아온다. 다가올 밤에 솜이불이 필요할지 모른다는 생각을 미리 할 수 없었으니 말이다.[97]

우리가 이 주제를 깊이 생각해볼수록 순수한 감각작용과 단순 지식 사이의 거리는 점점 멀어지는 것처럼 보인다. 어떻게 한 인간이 타인과 아무런 교류도 없이, 절박한 필요도 느끼지 않고 오로지 자신만의 힘으로 그토록 엄청난 거리를 넘어서는 일이 가능했을지 상상이 가지 않는다. 인간이 하늘에 떠 있는 불火과는 다른 불을 볼 수 있기까지는 얼마나 많은 시간이 흘러야 했을까? 모두가 불이라는 원소를 사용하는 법을 배우는 데에는 얼마나 많은 우연들이 필요했을까? 꺼져버린 불을 다시 살려내는 법을 배우기까지 얼마나 많이 불을 꺼뜨려야 했을까? 불을 발견했던 사람이 죽었을 때 그 사람만이 알고 있던 불을 피우는 비법들도 함께 묻혀버렸던 일은 또 얼마나 많았을까? 미리 예측할 줄 알아야 하고 끊임없이 노동해야 하는 농업에 대해서는 또 어떻게 말해야 할까? 농업과 관련된 여러 가지 다른 기술들이 있으니, 틀림없이 농업은 최소한 사회가 시작되지 않고서는 실행될 수 없으며, 농업은 대지에서 굳이 농업을 통하지 않더라도 얻을 수 있을 양식을 끌어내도록 해주지 못할뿐더러 대지에서 우리 입맛에 딱 맞는 기호품을 생산하게끔 하는 것도 아니다. 하지만 인구가 굉장히 늘어 자연에서 나는 것만으로는 그들 모두를 먹여 살릴 수 없게 되었다고 생각해보자. 지나가면서 하는 이야기지만, 이런 가정은 농업의 삶의 방식이 인류에게 대단히 큰 장점이 있음을 보여준다. 대장간도 없고, 작업장도 없는데 경작에 필요한 도구들이 하늘에서 야만인들의 손에 뚝 떨어졌다고, 이 야만인들이 공동으로 계속 노동하기 위해 예전에 서로 가졌던 끔찍한 증오를 극복했던 것이라고, 아주 긴 시간 후에 얼마만한 필요가 있을지 예측하는 법을 배웠다고, 어떻게 땅을 경작하고, 씨를 뿌리고, 나무를 심는지 발견해냈다고, 밀을 빻고 포도를 발효하는 기술을 찾아냈다고 한번 가정을 해보자. 어떻게 야만인들이 스스로 그 모든 일을 배울 수 있었는지 알 수 없으니, 신이 그것을 전부 그들에게 가르치지 않을 수 없었다고 해야 할 것이다. 동물이 됐든 사람이 됐든 누구든지 밭을 빼앗아버리고 수확을 다 가져가버릴 텐데, 그 밭을 고생고생 하여 경작하는 바보 같은 사람은 그 다음에 어떻게 될까? 제게 필요하기 때문에 고통스럽게 노동을 했지만 그 노동의 대가를 가져갈 수 없다는 것이 확실한데도 제 생을 그렇게 노동하면서 보내겠다고 결심할 수 있는 사람이 도대체 있을까? 한마디로 말해서 땅이 인간에게 공평하게 분배되지 않았는데, 즉 자연 상태가 완전히 사라지지 않았는데 인간은 이런 상황에서 어떻게 땅을 경작할 수 있을까?

우리 시대의 철학자들만큼이나 사유하는 기술, 즉 논리학에 능한 야만인이 있다고 가정해보고, 그 야만인을 그들과 같은 철학자로 만들어보자. 그래서 그 야만인이 누구의 도움도 받지 않고 더없이 숭고한 진리를 발견하고, 대단히 추상적으로 추론에 추론을 거쳐 보편 질서를 사랑하고, 조물주만이 가졌다고 알려진 의지를 사랑하면서 정의와 이성의 준칙들을 만들어낸다고 가정해보자. 한마디로 말해서 이 야만인의 정신에 그가 가졌음이 분명한 지성과 이성을 갖춰주도록 하자. 사실 우리는 그를 우둔하고 어리석은 존재라고 생각은 하지만 말이다. 그런들 인간 종은 이런 형이상학으로 어떤 유용성을 끌어내게 될까? 어차피 그 형이상학은 누구와도 나눌 수 없고, 그것을 창안해냈던 개인이 죽자마자 사라져버리는 것이 아닌가? 숲속에 동물들 사이에서 흩어져 사는 인류가 이룰 수 있는 진보란 어떤 것일까? 그들은 정해진 집도 없이 떠돌아다니고 서로를 필요로 하지도 않는다. 이들은 서로 알지도 못하고 말도 할 수 없으니 평생 살아가면서 두 번 마주치기도 어려운데 이들이 서로 어디까지 완전해지고 어디까지 서로 지식을 나눌 수 있을까?[98]

우리가 말을 사용해서 얼마나 많은 관념을 얻었는지, 문법은 얼마나 정신의 작용을 훈련하고 용이하게 하는지, 최초로 언어를 고안하기 위해 얼마나 많은 시간이 필요했고 상상할 수도 없는 노력이 필요했는지 생각해봐야 하며, 이렇게 얻은 성찰을 앞에서 했던 성찰과 연결하여, 인간이 사용할 수 있었던 정신의 작용을 연속적으로 발전시켜나가기 위해서는 얼마나 많은 시간이 필요했는지 생각해봐야 한다.

여기서 잠시 언어의 기원을 생각할 때 마주치게 되는 난점들을 검토해보겠다.[99] 나는 본 주제에 대해 콩디약 씨가 했던 연구를 반복하고 인용하는 것으로 그칠 수도 있을 것이다. 콩디약 씨의 연구만큼 내 입장을 고스란히 보여주는 것이 없고, 이 주제에 대한 내 일차적인 생각을 마련해주었기 때문이다. 그러나 콩디약 씨가 제도적인 기호signes institués의 기원을 다룰 때 봉착했던 난점들을 어떻게 해결하고 있는지 본다면 그가 지금 내가 문제 삼고 있는 것을 이미 가정했음을 알 수 있다. 다시 말하면 언어를 창안했던 사람들은 이미 사회라고 할 수 있는 것이 세워진 뒤의 사람이라는 점이다. 나는 콩디약 씨의 성찰을 참조하면서 여기에 내 성찰을 더해봐야겠다고 생각했다. 나중에 적절한 때가 되면 이 난점들을 내가 다루고 있는 주제에 따라 제시해보겠다.[100] 우선 제기되는 문제는 어떻게 언어 없이 살아갈 수 없게 되었는가 하는 것이다. 사람들은 서로 아무런 관계도 갖지 않았고 그럴 필요도 전혀 없었으니, 언어가 반드시 필요한 것이 아니었다면 굳이 고안해낼 이유도 없고 그럴 수도 없었는데 말이다.[101] 많은 다른 것들처럼 언어도 부모자식 간의 가족관계에서 발생한 것 같다. 하지만 이것으로 반론이 해소되기는커녕 자연상태가 어떤 것인지 추론하면서 사회에서 취한 관념을 자연상태에 그대로 가져와서, 가족은 항상 같은 곳에 살아가고 가족 구성원들이 수많은 이해관계에 따라 모여 사는 현재의 우리처럼 지속적이고 친밀하게 결합되어 있다고 생각하는 사람들의 오류를 범하게 될 것이다. 최초의 자연 상태에는 집도, 오두막도, 어떤 종류의 소유권도 없었으니, 각자 우연히 찾은 곳에 머물고, 그것도 하룻밤만 자고 나가기 일쑤였다. 남자들과 여자들은 지나가다 만나거나 무슨 기회가 되거나 마음이 동하면 우연히 결합했으니 그들이 나눠야 할 일들에 대해서 말이라는 것이 굳이 꼭 필요한 것은 아니었다. 그들은 그만큼 쉽게 헤어진다.[주석 12] 우선 어머니는 필요에 따라 아이들에게 젖을 물린다. 그 다음에 어머니는 습관이 배어 아이들에게 애정을 느끼고 그래서 아이들을 먹여 살리게 되었다. 아이들이 스스로 먹을 것을 찾을 수 있게 되자마자 그들은 지체 없이 어머니를 떠난다. 그리고 일단 시야에서 벗어나게 되면 다시 만날 방법이 없었으니 그만 더는 서로 알아보지 못하게 되었다. 또 아이는 제게 필요한 것들을 설명해야 하니, 어머니가 아이에게 하는 것보다 아이가 어머니에게 해야 할 말이 더 많으리라는 점에 주목해보라. 그러니 언어를 고안하는 데 온 힘을 기울여야 할 사람은 바로 아이이며, 아이가 사용하는 언어는 대부분 자기 스스로 만들어낸 것임에 틀림없다.102 이 때문에 언어를 말하는 개인들의 수만큼 언어가 늘어나게 되고, 떠돌아다니고 유랑하며 살아갈 때도 관용어법이 굳어질 시간이 없으니 마찬가지로 언어는 그만큼 늘어난다. 아이가 어머니에게 나중에 이러저러한 것을 묻기 위해 사용하게 될 말을 어머니가 아이에게 가르쳐주는 것이라고 한다면 이미 형성된 언어를 어떻게 배우게 하는지는 알 수 있겠으나 언어가 어떻게 형성되는지는 여전히 알 수 없다.

이 첫 번째 난점이 극복되었다고 생각해보자. 잠시 순수한 자연 상태와 언어가 필요하게 된 상태를 나누는 무한히 긴 시간을 넘어서보도록 하자. 그리고 언어 없이 살아갈 수 없게 되었다고 가정하면서[주석 13] 언어가 어떻게 처음으로 확립될 수 있었는지 생각해보도록 하자. 그러면 첫 번째 난점보다 더 해결하기 어려운 새로운 난점이 생긴다. 인간이 생각하는 법을 배우기 위해 그보다 먼저 말이 필요했던 것이라면, 말하는 기술을 발견하기 위해서는 생각하는 기술을 먼저 익힐 필요가 있었기 때문이다.103 목소리가 내는 소리들을 어떻게 우리가 가진 관념들의 관습적인 대체물interprètes로 간주할 수 있었는지 이해할지라도, 전혀 감각 대상을 갖지 않기 때문에 몸짓으로도, 목소리로도 지시될 수 없었던 관념을 관습적으로 무엇으로 대체할 수 있었는지 아는 일은 여전히 남게 될 것이다. 그렇게 해서 서로 생각을 교환하고 정신적인 교류를 확립하는 이런 기술이 어떻게 태어났는지에 대한 납득할 만한 가설을 겨우 세워볼 수 있다. 그 숭고한 기술은 벌써 기원에서 훌쩍 멀어졌지만 철학자는 말하는 기술의 완전한 상태에 이르기는 여전히 정말 요원한 일이라고 생각한다. 시간이 지남에 따라 일어나게 마련인 급변이 중단되었대도 언젠가는 그 완전한 상태에 이르게 될 것이며, 아카데미는 모든 편견에서 벗어나거나 그 편견들이 아카데미 앞에서 침묵하게 될 것이며, 아카데미가 중단 없이 수많은 세기들이 흐르는 동안 이 까다로운 주제에 몰두할 수 있으리라고 확신할 정도로 대담한 사람은 없는 것이다.

인간이 사용한 최초의 언어, 가장 보편적이고 가장 힘찬 언어, 모여든 사람들을 설득하는 것보다 먼저 필요로 했던 유일한 언어는 바로 자연의 외침이다.[104] 급박한 상황이 일어났을 때 본능 같은 것이 이 외침을 내지르게 하여 엄청난 위험에 처했으니 도와달라거나 너무도 지독한 고통을 덜어달라거나 간청했던 것이다. 특별한 일이랄 게 없는 일상생활에서는 마음이 온화한 상태에 있으니 별로 그런 외침을 내질러야 할 일이 없다. 인간이 더 많은 관념과 더 확장된 관념을 갖기 시작하고, 더 밀접한 교류가 시작되자, 사람들은 더 많은 수의 기호와 더 확장된 언어를 찾아 나서게 되었다. 이런 방식 저런 방식으로 목소리에 어조의 변화를 주었고 그러면서 몸짓을 더해 표현했다. 본성상 몸짓은 더욱 표현적이며 몸짓이 표현하는 의미는 이전에 확립된 의미에 좌우되는 일이 적다.105 그래서 가시적이고 움직이는 대상은 몸짓으로, 귀를 자극하는 대상은 소리를 모방하면서 표현했던 것이다. 그런데 몸짓으로는 우리 눈앞에 보이는 대상, 표현이 용이한 대상, 가시적인 행동만을 지시할 수 있을 뿐이어서 널리 사용될 수 없었다. 어두워지거나 다른 대상이 중간에 끼어 가려버리면 무용지물이 되고, 사람의 주의를 끌 수 없고 오히려 주의를 기울이게끔 해야 하니 말이다. 결국 목소리를 분절分節하여 발음하는 것으로 이를 대체해볼 생각을 하게 되었다. 분절음은 어떤 관념들에 상응하는 관계를 갖지는 않지만 오히려 이 때문에 모든 관념을 재현하는 데 더 적합했다. 분절음을 일종의 제도적인 기호로 대체했던 것인데, 이를 위해서는 모든 사람들의 동의가 필요했다. 발성기관이 충분히 훈련되지 않아 서투른 사람들이 이런 분절음을 내기란 대단히 어려우며, 이를 듣고 그 의미를 떠올리는 일은 더욱 어려운 일이다. 그러므로 이런 만장일치의 합의에는 그만한 이유가 있었을 것이고, 우선 말하지 않고는 더는 살아갈 수 없게 되어야 했을 것 같다. 말의 용례를 확립하는 것은 그 다음 일이다.106

사람들이 사용했던 최초의 단어들은 이미 형성을 마친 언어들에서 사용되는 것보다 훨씬 넓은 의미를 머릿속에 그려주었다고 생각해야겠다. 그들은 담화를 그것을 구성하는 여러 부분으로 나누어볼 줄을 몰랐으므로 우선 단어 하나하나에 완전한 한 문장의 의미를 담아냈다.107 주어와 속사, 동사와 명사를 구분하기 시작했을 때, 이것이 보통 천재적인 노력이 아닌 것이, 실사들은 애초에 그만큼의 고유명사들이었고 동사의 유일한 시제는 부정법108이었기 때문이다.109 형용사의 경우, 추상적이지 않은 단어가 없고, 또 추상화라는 것은 대단히 어렵고 자연적이지 못한 작업이므로 형용사라는 개념이 확장되기란 대단히 어려웠다.110

처음에 하나하나의 대상은 각자 고유명사로 불렸다. 종種과 유類의 구분이 없었던 것은 언어를 처음 만들어낸 사람들이 이를 구분해낼 능력이 없었기 때문이다. 개개의 존재들은 자연이 그려내는 화폭에 아무런 연관도 없이 그렇게 존재했으니, 머릿속에도 그런 식으로 들어왔다. 떡갈나무 한 그루를 A라고 불렀다면, 다른 떡갈나무는 B라고 불렀다.111/112 지식의 폭이 좁을수록 사전의 부피는 더욱 늘어난다.113 사전에 이렇게 많은 올림말이 들어가야 한다는 난점은 쉽게 해결되기 어렵다. 모든 존재를 그것의 종의 특성을 갖는 고유한 명명법으로 정리해보려면 종의 공통된 속성과 차이를 전부 알아야 하기 때문이다. 그러니 관찰을 해야 하고 정의를 해야 했다. 다시 말하자면 그 시대의 사람들이 가질 수 있었던 것보다 훨씬 방대한 자연사와 형이상학이 필요했다.114

더욱이 일반관념은 말의 도움 없이는 정신에 깃들 수 없고,

지성은 명제의 도움 없이는 그 관념을 이해할 수 없다. 동물이 그러한 관념을 형성할 수 없을 뿐 아니라 완전가능성을 가질 수 없는 까닭이 여기 있다. 일반관념 없이는 완전가능성도 없는 것이다.[115] 원숭이 한 마리가 호두 한 알을 주워 먹고 다른 호두를 찾으러 주저 없이 지나갈 때 그 원숭이가 호두라는 과실의 일반관념을 가지고 있다고, 저 두 개체를 호두의 원형archétype과 비교할 수 있다고 생각하는가? 분명 그렇지 않다. 하지만 원숭이가 호두 하나를 볼 때 전에 다른 호두에서 받았던 감각작용이 기억에 떠오르게 된다. 그래서 어떤 관점에서 본다면 원숭이의 눈은 변화를 겪게 된 것이고 그의 입맛에도 앞으로 변화가 생기리라는 점을 알 수 있다.[116] 일반관념은 순전히 지성적인 것이다. 상상력이 조금이라도 섞여 든다면 일반관념은 이내 개별관념이 되고 만다. 보편적인 나무의 이미지를 그려보려면 한번 해보시라. 여러분은 그 나무를 절대로 그리지 못할 것이다. 여러분이 그 나무의 이미지를 정확히 그려내고자 한대도 나무를 작거나 크게, 잎이 적거나 무성하게, 밝은 색이거나 어두운 색으로 보실 것임이 틀림없다. 여러분이 그 나무에서 모든 나무란 나무에 공히 존재하는 것만을 볼 수 있었다면, 그 나무의 이미지는 더는 나무와 닮지 않을 것이다. 순수하게 추상적인 존재를 그려보거나 인식하게 되는 것도 마찬가지로 오직 말을 통해서이다. 삼각형의 정의를 읽으면 여러분은 실제로 삼각형에 대한 관념을 갖게 된다. 머릿속에 삼각형을 하나 그려보자마자 그것은 이런 삼각형이지 다른 삼각형이 아니다. 그리고 여러분은 삼각형의 세 선분을 뚜렷하게 그려내고 면에 색을 입혀볼 것이다. 그러므로 명제들이 있어야, 말을 할 수 있어야 보편관념을 갖게 된다. 상상력이 더는 작동하지 않게 되자마자, 정신 역시 말의 도움을 받지 않는 이상 더는 작동하지 않게 된다. 언어를 처음으로 고안해냈던 사람들은 그들이 이미 가졌던 관념들에만 이름을 부여할 수 있었을 테니, 최초의 실사들은 고유명사에서밖에는 나올 수 없으리라고 결론지을 수 있다.

그런데 우리네 현대 문법학자들은 나로서는 생각지도 못한 방법으로 관념을 확장하고 단어를 일반화하기 시작했다. 그렇지만 언어를 고안해냈던 사람들은 지식이 부족했기 때문에 그 문법학자들의 방법을 아주 좁은 틀에 가두었을 것이다. 우선 언어의 고안자들은 종과 유를 구분할 줄 몰랐기 때문에 개체들마다 각각 다른 이름을 붙여 명사들의 수가 대단히 늘어나버렸다. 그러자 이번에는 존재들을 개체들의 차이를 고려하여 파악할 수 없어서 종과 유를 지나치게 축소해버렸다. 더 자세한 구분을 해보려면 그들이 가졌던 것 이상의 경험과 지식이, 그들이 해보고자 했던 이상의 공부와 연구가 필요했으리라. 그런데 오늘날도 마찬가지지만 그때까지 우리가 관찰해보지 못했던 새로운 종들이 나날이 발견된다면, 사물을 눈에 처음 보인 모습으로 판단했던 사람들에게 보이지 않았던 것이 얼마나 많았을지 생각해보라! 여기서 그들이 원시적인 분류법이며 가장 일반적인 개념들을 여전히 알지 못했음에 틀림없다고 덧붙이는 것은 사족에 불과하리라. 예를 들면 그들은 물질, 정신, 실체, 양상, 형상, 운동이라는 말들을 어떻게 상상하고 이해했을까? 아주 오래전부터 그 용어들을 사용해온 우리네 철학자들도 그 말을 이해하는 데 애를 먹고 있지 않은가? 철학자들은 이들 용어를 순수하게 형이상학적인 관념으로 사용하는 것이고 그래서 자연에는 그 용어를 가리키는 어떤 모델도 존재하지 않는다.

나는 여기서 잠시 멈추어보겠다. 그리고 내 글을 읽는 심사자들께서 독서를 잠시 중단하고, 자연에서 찾을 수 있는 실사, 그러니까 언어에서 가장 발견하기 쉬운 이 분야가 인간의 모든 생각을 표현하고, 어떤 지속적인 형태를 마련하여 널리 통용될 수 있게 해서 사회에 영향을 미칠 수 있으려면 앞으로 어떤 길을 걸어야 할지 검토해보시기를 부탁드린다. 부탁드리건대 수數를 찾아내고,[주석 14] 추상명사들이며, 아오리스트며, 동사의 모든 시제들이며, 소사小辭들이며, 통사 규칙이며, 명제들의 연결이며, 추론의 방식을 찾아내고, 담화를 논리적으로 구성할 수 있으려면 도대체 얼마나 많은 시간과 지식이 필요했을지 생각해보시기를 부탁드린다. 나는 이렇듯 난점이 수도 없이 늘어나는 데 경악하게 되고, 언어가 순전히 인간의 방식으로 생겨나고 확립될 수 있었음을[117] 증명하기란 불가능하다시피 하다는 점을 깨달았기에, 이미 함께 모여 살게 된 사회에서 언어를 제정하는 일이 필요하게 된 것인지, 벌써 언어가 고안되어 그것으로 사회를 설립하는 일이 필요하게 된 것인지 하는 어려운 문제를 논의하는 일은 그것을 시도해보고자 하는 분들에게 맡길까 한다.

기원이야 뭐가 됐든 우리는 적어도 자연이 인간들을 상호 간의 필요에 따라 가까이 지내게 하고, 말을 쉽게 사용하게끔 하는데 참으로 박薄한 노력을 기울였으며, 자연은 얼마나 인간들이 사회성을 갖게 하는 데 소홀했던 것이며, 자연은 인간들이 관계를 맺기 위해 그토록 노력을 기울였는데도 어떻게 도움 한번 준 적이 없었는지 알고 있다.[118] 사실 왜 원시상태에서 어떤 사람이 원숭이나 늑대가 아니라 그와 같은 다른 사람을 필요로 했던 것인지,[119] 설령 그런 필요가 있었다고 가정해도, 어떤 동기 때문에 다른 사람이 필요로 하는 것을 자기가 채워주겠다고 약속할 수 있는 것인지, 그렇다면 어떻게 그들이 서로 그런 조건에 합의할 수 있는 것인지 생각해보기란 불가능한 일이다. 나는 이런 상태에서 살아갔던 사람만큼 불행한 이들이 없었다는 주장들을 한다는 것을 알고 있다.[120]

나는 벌써 이를 증명했다고 생각하는데, 그 상태의 사람이 수많은 세기가 흐른 후에야 욕망을 갖고 또 그 욕망을 벗어날 기회를 가질 수 있었던 것이 사실이라면 이는 자연을 비난해야 할 일이지 자연이 그렇게 만들어 놓은 사람을 비난할 일은 아니다. 하지만 내가 이 '불행한'이라는 말을 제대로 이해한다면, 그 말은 아무런 의미도 없는 말이거나 기껏해야 고통스러운 내핍^{惱之}, 마음이나 신체의 고통을 뜻하는 말에 불과하다. 그런데 마음이 평화롭고 신체가 건강한 한 자유로운 존재가 도대체 어떤 불행을 겪을 수 있는 것인지 누가 내게 설명 좀 해주기를 바란다. 시민의 삶이나 자연의 삶 중에 그런 삶을 살아가는 사람들을 지긋지긋하게 만들어 놓는 삶이란 도대체 어느 쪽인지 묻고 싶다. 그렇지만 우리 주변에는 자신의 삶을 불평하는 사람들뿐이지 않던가? 그들 가운데 어떤 이들은 삶을 포기하기까지 한다. 이 모순을 해결하려면 신의 법과 인간의 법을 결합하는 것으로 충분하다. 나는 여러분에게 자유로운 야만인이 자기 삶을 불평해서 목숨을 끊을 생각을 했다는 말을 들어본 적이 있는지 묻고 싶다. 그러니 오만한 생각을 좀 내려놓고 어느 쪽이 더 불행한 상태인지 판단해보시라. 반대로 지식에 현혹되고 정념에 고통 받고 자기가 살아가는 것과는 다른 상태가 있지 않을까 추론하는 야만인보다 더 불행한 사람은 아무도 없을 것이다.[121] 그가 발휘할 수도 있을 잠재력은 그 능력을 실행할 기회가 주어져야 발휘된다. 너무도 현명한 섭리가 그렇게 준비해둔 것이다. 그렇기 때문에 그의 잠재력은 굳이 필요도 없었던 것이 아니고, 때가 되기 전에는 부담스러웠던 것이 아니고, 너무 뒤늦게 깨어나는 것이 아니고, 필요를 채우는 데 쓸모없었던 것이 아니다. 그는 자연 상태에서 살아가는 데 필요한 모든 것을 오직 본능 속에 갖추고 있었다. 그러나 이성이 계발되어야 사회에서 살아가는 데 필요한 것을 가질 수 있다.

먼저 자연 상태에서 살아가는 사람들은 서로 어떤 도덕적인 관계도 갖지 않았고 모두가 알고 있는 의무도 없었기에 선할 수도 악할 수도 없었고, 악덕도 미덕도 몰랐던 것 같다. 물론 이 용어들을 자연적인physique 의미로 이해해야 하겠다. 여기서 악덕이라는 것은 개인의 자기 보존에 해가 될 수 있는 성질이며, 미덕이라는 것은 개인의 자기 보존에 공헌할 수 있는 성질이라는 의미일 테니 그럴 경우 자연의 단순한 충동에 가장 덜 저항하는 사람을 덕성스러운 사람이라고 불러야 할 것이다.122 그러나 일상적으로 이해하는 의미에서 멀리 벗어나지 말고, 우리가 그런 상황에 내릴 수 있는 판단을 유보하면서, 우리들이 가진 모든 편견을 경계해야겠다. 그리고 문명화된 인간에게는 미덕이 많은지 악덕이 많은지, 문명화된 인간들에게 악덕이 해로운 이상으로 미덕이 유리한 것인지, 그들이 앞당긴 지식의 진보는 반드시 행해야 할 선^善이 무엇인지 알게 됨에 따라 그들 상호 간에 만들어진 악을 충분히 보상할 수 있게 될지, 모든 점을 고려해볼 때 누구에게도 바랄 것이 없고 두려워 할 것이 없는 상황과, 모두가 복종하며 살아가면서, 주어야 할 의무가 아무것도 없는 사람에게 모든 것을 받아야 하는 상황 중에 어느 쪽이 더 행복한 상황인지 공정하게 검토해봐야 한다.

특히 홉스의 결론에 성급히 동의하지 말도록 하자. 그는 인간은 선에 대한 관념이 전혀 없으므로 천성적으로 악하다고 한다. 인간은 미덕이라는 말을 모르고, 자기와 같은 사람들에게 봉사할 의무가 없으므로 그들에게 아무런 도움도 주려고 들지 않으며, 제게 필요한 것에 정당한 이유를 부여하여 그것에 대한 권리를 행사하면서 자기만이 전 세계를 소유하는 자라는 터무니없는 생각을 하기에 악하다는 것이다. 홉스는 자연법에 대해 현대인들이 내린 모든 정의들에 결함이 있다는 점을 제대로 보았다. 그러나 그가 자기 방식으로 자연법을 정의하면서 끌어낸 결론들을 본다면 그는 자연법을 한 가지 의미에 국한시켜 해석했다. 물론 그 정의가 틀린 것은 아니다. 홉스가 자신이 세운 원칙에 따라 추론했다면 자연 상태가 자기 보존의 노력이 타인의 자기 보존을 가장 덜 침해하는 상태이므로 결과적으로 가장 평화로울 수 있고 인류에게 가장 적합한 상태라고 말했어야 했다. 그런데 그는 정확히 반대로 생각했다. 무수히 많은 정념을 충족시킬 필요를 야만 인의 자기 보존의 노력과 잘못 혼동한 결과이다. 이때 정념이 란 사회가 성립된 후에 만들어진 것이고 법이 필요하게 되었 던 것은 그 때문이다.123 홉스가 말하기를 악인은 건장한 아이 와 같다고 한다.124 그러니 야만인이 건장한 아이인지부터 알아야 할 것이다. 야만인을 건장한 아이로 본다면 어떤 결과 가 빚어질까? 야만인이 건장할 때나 약할 때나 똑같이 타인들 에 종속되어 있었다면 그는 하지 못할 방탕한 짓이 없을 것이 며, 어머니가 젖을 늦게 준다고 폭력을 행사할 것이며, 동생들 이 성가시다고 그들의 목을 조를 것이며, 타인이 제게 거치적 거리고 방해가 된다고 다리를 물어버릴 것이다. 그런데 자연 상태에서 인간이 건장하면서 동시에 의존적인 존재라는 가 정은 서로 모순된다. 인간은 의존적일 때 약한 존재이며, 건장 하기 전에 이미 자유로운 존재이다. 우리네 법학자들이 주장 하듯이 야만인이 이성을 사용하지 못하게 하는 이유와, 홉스 가 주장하듯이 야만인이 자기 능력을 함부로 사용하지 못하 게 하는 이유가 동일한 것임을 홉스는 미처 보지 못했다. 그러니 야만인들이 선한 존재라는 것이 무엇을 뜻하는 말인 지 모른다는 바로 그 이유 때문에 그들은 악인이 아니라고 말해야 할 것이다. 야만인들은 지식이 늘고 법이 규제해서 악을 행하지 못하는 것이 아니라, 정념이 차분한 채로 남아 있고 악이라는 것이 무엇인지 몰라서 악을 행하지 않는다. "어떤 이들의 악의 무지는 다른 이들의 덕의 지식보다 효과적이라."[125] 더욱이 홉스가 전혀 깨닫지 못했던 한 가지 다른 원칙이 있다. 인간에게는 이러한 원칙이 있어서 어떤 환경에서 살아갈 때 인간의 잔혹한 이기심이며, 그런 이기심이 깨어나기 전에 자기 보존의 욕망이 누그러져서,[주석 15] 자기와 같은 사람이 고통 받는 것을 볼 때 천성적으로 혐오감을 느끼게 되면서 자신의 안위를 추구하고자 하는 뜨거운 열의가 누그러진다. 나는 인간에게 자연적인 미덕을 갖춰준대도 모순에 빠지면 어쩌나 하는 걱정을 전혀 할 필요가 없다고 생각한다. 인간은 도대체 미덕이라는 것을 가질 수 없다고 격분하며 비난을 퍼붓는 사람이라도 인간에게 그런 미덕이 있음을 어쩔 수 없이 인정하지 않을 수 없을 것이다.[126] 나는 지금 연민에 대해 말하고 있다. 연민은 우리처럼 악에 빠지기 쉬운 약한 존재들에게 적합한 마음의 성향이다. 연민은 어떤 경우라도 성찰에 앞선 감정이므로 그만큼 더욱 인간에게 보편적이고 인간에게 유용한 미덕이며, 동물들조차 간혹 연민을 느끼는 뚜렷한 징후를 보여주는 만큼 자연스러운 미덕이라고 하겠다. 어머니가 자식에 대해 갖는 애정이며, 자식들이 처할 수도 있는 위험에서 그들을 지켜주기 위해 어머니가 모든 위험을 무릅쓴다는 점을 굳이 언급하지 않아도, 말馬이 생명체를 제 발굽으로 짓밟기라도 하게 되면 질색하는 것을 흔히 보게 된다. 자기와 같은 종의 동물이 죽어 있는 옆을 지날 때 불안에 떨지 않는 동물은 없다. 심지어 무덤 같은 것을 만들어주는 동물도 있다. 울부짖으면서 도살장에 들어서는 가축의 울음소리는 이내 그 동물을 엄습하게 될 끔찍한 광경을 봤을 때 각인되는 충격을 예고한다고 하겠다.『꿀벌의 우화』의 저자 맨드빌도 인간이 감각을 느끼고 동정하는 존재임을 인정하지 않을 수 없었다. 그래서 차갑고 섬세한 문체로 일관하던 맨드빌이 그 사례를 제시할 때 자신의 문체를 벗어나는 모습을 보는 것이 어찌 흥미롭지 않을 수 있겠는가.[127] 그는 감금된 어떤 사람이 밖에 사나운 짐승이 나타나,[128] 어머니에게 아이를 빼앗아 저 무시무시한 이빨로 아이의 연약한 몸을 와작와작 씹어 먹고 발톱으로 아이의 배를 갈라 내장을 갈기갈기 헤쳐 놓는 것을 보게 되었을 때 가슴이 찢어지는 비장한 모습을 보였다는 것을 사례로 들었다. 개인적인 이해관계가 전혀 없는 한 사건의 증인이 된 그의 마음은 어쩔 줄을 모르고 두려움에 사로잡히지 않겠는가? 그 장면을 보고도 실신한 어머니도, 숨이 끊어지는 아이도 구할 수 없었을 때 그 자는 고통스러운 불안에 사로잡히지 않겠는가?

성찰을 시작하기 이전의 자연의 순수한 움직임이 이러하

다. 풍속이 이루 말할 수 없이 타락해버렸더라도 여전히 없애기 어려운 자연적인 연민의 힘이 이러하다. 우리네 극장에서 하루가 멀다 하고 무대에 오르는 스펙터클을 관람하는 관객이 한 불운한 자가 겪는 불행을 보고 측은지심을 느끼고 눈물을 흘리는 것을 우리는 보지 않던가. 그 불운한 자와 폭군의 입장이 바뀌었다면 그의 적인 폭군129/130의 고통은 더 커지지 않았을까. 맨드빌은 자연이 인간에게 연민을 부여하여 이성을 보조하도록 하지 않았다면 인간이 그의 도덕을 제아무리 총동원해본들 고작해야 괴물에 불과했을 수도 있었음을 잘 알았다. 그러나 그는 인간이 갖지 않았다고 주장하는 모든 사회적 미덕이 바로 그런 연민으로부터 나온다는 생각은 하지 못했다. 정말이지 인심이며, 관용이며, 인류애라는 것도 약자들, 죄 많은 이들, 보편적인 인류에 적용된 연민이 아니라면 도대체 무엇이겠는가? 선행이며 우정과 같은 것 역시 올바로 생각해본다면 연민이 항구적으로 개별 대상에 고정되었을 때 생기는 것이 아닐까? 어떤 사람이 고통을 받지 않기를 바란다는 것은 그 사람이 행복하기를 바라는 것이 아니라면 도대체 무엇일까? 동정同情이란 우리가 고통 받는 사람과 입장을 바꿔볼 때 느끼게 되는 감정131이며, 야만인은 이런 감정이 무엇인지는 몰라도 이를 생생하게 느끼지만, 문명인은 이런 감정이 확장되어 있대도 더 약하게 느낀다는 점이 사실일지라도, 이런 생각은 내가 말하고 있는 내용이 진실인가 그렇지 않은가의 여부에는 하등 중요하지 않음은 물론, 그 진실성을 더욱 강력히 뒷받침하는 것이다. 동정의 감정은 정말이지 어떤 광경을 목도하는 동물이 자기를 고통스러워하는 동물과 마음 깊은 곳에서 동일시하게 되므로 그만큼 더 강화될 것이다. 그런데 분명한 점은 이러한 동일시가 추론을 하게 된 상태보다 자연 상태에서 훨씬 더 긴밀하게 이루어졌으리라는 것이다. 이기심을 낳는 것이 이성이고, 이기심을 강화하는 것은 성찰이다. 성찰은 인간이 자신을 돌아보게 해주고, 자기를 불편하게 하고 마음을 아프게 하는 모든 것에서 그를 벗어나게 해준다. 철학은 인간을 고립시켜, 고통 받는 사람을 보면 마음속에서 '죽으려면 죽든지, 나는 안전하니까'하고 말하게끔 한다. 전 사회를 위협하는 위험들이 아니고서는 그 무엇도 철학자의 평온한 수면을 방해해서 그를 침대에서 벌떡 일어나게 하지 않는다. 사람들은 철학자의 창문 밑에서 아무런 처벌도 받지 않고 자기와 같은 사람들의 목을 조르는 것이다. 철학자야 두 손으로 귀를 막고 잠시 논리를 세워 자기 안에서 당연히 끓어오르는 반항심을 짓눌러 살육의 희생자가 된 자와 자신을 동일시하지 않으면 그만이다. 야만인에게는 이런 놀라운 재능이 전혀 없다. 지혜도 없고 이성도 없으니 야만인이 경솔하게도 그에게 처음으로 솟아오르는 인류애라는 감정에 빠져들곤 한다는 점을 늘 보지 않던가. 폭동의 현장에서, 길거리에서 싸움이 벌어질 때 하층 민중은 모여들지만 신중한 사람은 다른 곳으로 발길을 돌린다. 엉겨붙어 싸우는 사람들을 떼어 놓고 정직한 사람들이 서로 목을 조르지 못하게 막는 사람들은 언제나 하층 계급에 속한 자들이며, 장터의 여인들이다.132

그러므로 연민이란 자연스러운 감정이며, 이는 각 개인이 갖는 자기애의 작용을 완화하면서 인류 전체의 상호 보존에 기여한다는 점이 확실하다. 우리가 전혀 성찰하지 않으면서 눈앞에서 고통스러워하는 사람을 돕게 해주는 것이 연민의 감정이다. 자연 상태에서 연민은 법이자, 풍속이자, 미덕의 역할을 한다. 연민의 장점은 세상 그 누구도 마음 깊은 곳에서 나오는 저 다정한 목소리를 따르려 하지 않는 사람이 없다는 데 있다. 건장한 야만인이라면 누구라도 힘들게 얻은 식량을 자기가 다른 곳에서도 얻을 수 있다는 희망이 있다면 마음을 돌려 연약한 아이나 불구의 노인이 그것을 가져가도록 할 것이다.133 이것이 연민이다. 연민이야말로 멋진 추론으로 얻은 다음의 정의의 준칙, "타인이 네게 해주기를 바라는 대로 타인에게 행하라"134 대신에, "가능한 타인의 악을 최소화하면서 네 선을 행하라"라는 자연적인 선에 대한 다른 준칙을 모든 사람에게 불어넣어준다. 물론 뒤의 준칙이 앞의 준칙보다 완전하기로는 훨씬 덜하지만 아마 더 유용할지 모른다. 한마디로 말해서 교육이 만들어낸 준칙들과는 무관하게, 누구라도 타인에게 피해를 줄 때 혐오감을 일으키는 원인을 미묘한 논변을 통해서가 아니라 연민이라는 자연적인 감정에서 찾아야겠다. 소크라테스와 소크라테스의 정신을 가진 사람들이라면 이성을 통해서 미덕을 얻을 수 있겠지만 인류의 자기 보존이 그저 인류의 구성원들의 추론을 따랐던 것이었다면 인류는 벌써 오래전에 사멸하고 말았을 것이다.

인간에게 정념이 전혀 활동하지 않은 채 잠들어 있고 대단히 유익한 자제력이 있다면 그는 악인이라기보다는 사나운 존재이고, 타인을 못 살게 굴기보다는 자기를 못 살게 만들 수도 있었던 사람으로부터 스스로를 지키는 데 더 주의를 기울이게 된다. 그러니 그는 대단히 위험한 분쟁에 말려들기 어려웠다.[135] 사람들 사이에는 아무런 교류가 없었으니 그들은 오만도, 분별심도, 존경도, 경멸도 모른 채 살았고, 내 것과 네 것의 구분은 물론 정의에 대한 최소한의 개념도 없었고, 자기가 당할 수도 있었던 폭력을 처벌해야 하는 모욕이 아니라 쉽게 회복이 가능한 병※처럼 생각했고, 자기가 맞은 돌을 물어뜯으려드는 개처럼 복수가 즉시, 기계적으로 이루어지지 않는다면 복수를 해야 할 생각조차 하지 않았다. 먹을 것을 두고 싸웠던 것이 아니라면 설령 분쟁이 일어났대도 피가 낭자한 참혹한 결과를 가져오는 일은 없다시피 했다. 그러나 한 가지 대단히 위험한 주제가 남아 있으니, 이제 그 점에 대해 말해야겠다.

인간의 마음을 자극하는 정념들 가운데 격렬하고 맹렬하게 타오르는 것이 하나 있으니, 한 성性이 다른 성을 필요로 하게 만드는 정념이 그것이다. 온갖 위험에 당당히 맞서고 온갖 장애물을 쓰러뜨리는 그 끔찍한 정념은 원래는 인류의 보존을 위한 것이었음에도, 폭발적으로 작용하여 인류를 죽음에 몰아넣는 것 같다. 저 난폭하고 고삐가 풀리기라도 한 것 같은 격정에 사람이 휩싸이면 어찌될까? 그때 사람들은 수치심도 모르고 기고만장하여 어느 날이든 피를 보면서라도 사랑을 다투게 되는 것이다.

우선 정념이 뜨거울수록 그 정념을 억누르는 법이 필요해진다는 점을 인정해야 한다. 하지만 그런 정념들이 매일같이 우리들 가운데서 일으키는 무질서와 범죄가 이런 점에서 법만으로는 해결될 수 없음을 알게 해준다는 것 외에도, 이 무질서와 법이 함께 생긴 것인지 검토할 필요가 있을 것이다. 법이 무질서를 막아줄 수 있을지라도 법이 없었으면 존재하지도 않았을 악을 멈추게 하는 데는 무질서를 막아 주리라 기대할 수 있는 최소한의 법이 필요할 것이기 때문이다.

우선 사랑의 감정에서 육체적인 것과 정신적인 것을 구분하는 것으로 시작해보도록 하자.136 육체적인 것은 한 성을 다른 성과 결합하게 만들어주는 일반적인 욕망이고, 정신적인 것은 그 욕망의 원인이 되는 것으로, 그 욕망이 오로지 한 대상에 고정되게끔 하거나 적어도 그렇게 선호된 욕망의 대상에게 가장 큰 단계의 에너지를 집중시키게 하는 것이다. 그런데 사랑에 있어서 정신적인 것이 인위적인 감정임을 알기란 대단히 쉬운 일이다. 그것은 사회 관례에 따라 생긴 감정으로서, 여성들은 대단히 능수능란하고 정성을 들여 이런 사랑을 칭송하여 그녀들이 지배력을 갖고, 복종해야 하는 성性임에도 다른 성을 복종하게끔 한다.137 이 감정은 공로라든가 아름다움이라든가 하는 개념들이며, 비교를 토대로 형성되었다. 야만인은 그런 개념을 가질 수도 없고, 비교를 하는 일도 없으니, 그에게는 전혀 의미가 없다. 야만인은 규칙성이니 비례니 하는 추상적인 관념을 만들어낼 수 없어서 그의 마음이 존경이며 사랑이며 하는 감정을 느낄 수 없는 까닭이다. 존경이며 사랑이며 하는 감정들은 우리가 알지도 못하는 사이에 그런 추상적인 관념들을 적용할 때 생긴다. 야만인은 자연으로부터 받은 기질의 목소리만 들을 뿐, 한 번도 획득할 수 없었던 취향138의 목소리는 듣지 못한다. 결국 야만인에게는 어떤 여자라도 좋은 것이다.139

그저 육체적인 사랑으로만 만족하여, 사랑의 감정을 자극하고 사랑을 어렵게만 만들고 마는 편애를 다행히도 몰랐던 사람들은 뜨겁게 타오르는 기질을 덜 자주 느끼고 덜 생생하게 느끼게 되니, 결국 그들 사이에서 분쟁은 훨씬 드물게 벌어지고 잔인하기도 덜하다. 우리들에게 참으로 큰 피해를 일으키곤 하는 상상력도 야만인의 마음에는 침묵으로 일관한다.[140] 각자 평화롭게 자연의 충동을 기다리고, 광포해지기보다는 즐거이 그 충동에 구별 없이 탐닉하니, 욕구가 채워지면 욕망도 사라진다.

그러므로 사랑이며 모든 다른 정념들이 맹렬하게 타오르게 된 것은 오직 사회에서라는 점은 이론의 여지없는 사실이다. 그 열정은 사람들에게 자주 해롭기까지 하다. 사람들은 야만인들이 원래 난폭하여 서로 목을 조르며 싸우는 것으로 이런 천성을 만족시킨다고 생각하는데 정말 우스꽝스럽기 짝이 없는 일이다. 그런 생각은 경험과 완전히 반대된다. 카리브 사람들은 지구의 모든 민족들 중에서 지금까지 자연 상태에 가장 가깝게 살아가는 민족인데, 그들만큼 평화롭게 사랑하는 사람들이 없고 그들만큼 질투를 모르는 사람들이 없다.[141] 그들이 그런 강렬한 정념에 더 큰 활력을 불어넣어주는 뜨거운 기후에서 살아가고 있으면서도 말이다.

여러 동물 종 가운데 암컷을 차지하려고 가금사육장에서 하루가 멀다고 피를 흘리며 싸우고, 숲속에 다 들리도록 큰 소리를 내지르는 수컷들이 있다. 이로부터 결론을 끌어낼 수 있겠지만 그 전에 자연이 인간 종과는 달리 양성兩性에 서로 뚜렷한 힘의 차이를 마련했던 모든 동물 종을 배제하는 것부터 시작해야 한다. 그래서 수탉들이 벌이는 싸움을 보고 인간도 마찬가지라는 결론을 내려서는 안 된다. 암수의 힘의 균형이 잘 맞는 종들 가운데에서 이런 싸움이 벌어진다면 수컷의 숫자에 비해 암컷의 수가 적거나, 일정 기간 동안 암컷이 수컷의 접근을 거부하는 경우뿐이다. 후자의 경우도 결국 전자가 원인이 된다. 암컷 한 마리 한 마리가 일 년 중 두 달만 수컷을 받아들인다면 암컷의 수가 수컷보다 육분의 오만큼 적다는 것이 되기 때문이다. 그런데 인류는 이 두 경우 중 어느 쪽에도 해당되지 않는다. 일반적으로 암컷 개체들의 수는 수컷을 상회하고,[142] 야만인 여성들이 다른 동물 종의 암컷처럼 발정기와 회피기의 기간을 두는 경우가 없음이 보고되었다. 더욱이 이 동물들 여럿 가운데 한 종 전체가 발정기에 이르러 뜨겁게 끓어올라, 전부 열에 들뜨고, 법석을 떨고, 무질서에 이르고, 싸움을 벌이는 때가 오기 마련이다. 그러나 사랑이 주기적이지 않은 인류에게는 그런 때가 있을 리 없다.[143] 그러므로 어떤 동물들이 암컷을 차지하려고 싸움을 벌이곤 한다는 것으로부터 자연 상태의 인간도 동일하게 행동했으리라는 결론을 내릴 수 없다. 설령 그렇게 결론

내릴 수 있더라도 이렇게 수컷들이 서로 싸운다고 멸종에 이르는 일은 없다. 그래서 적어도 이런 이유로 인간 종이 더 참혹한 결과를 겪지는 않았으리라고 생각해야 한다. 또한 암컷을 차지하려고 싸움을 한대도 그것이 사회에서 일어나는 참화에 비한다면 훨씬 대단치 않으며, 미풍양속을 대단히 중시한다면서 연인들의 질투와 배우자의 복수로 하루가 멀다고 결투며, 살육이며, 더 끔찍한 일들이 일어나는 나라에서라면 더욱 그러하리라는 점이 확실해 보인다. 그런 나라에서 영원히 지켜야 하는 정절의 의무는 간통밖에는 가져오지 않고, 순결과 명예를 지켜야 하는 법이 있으면 반드시 방탕이 확산되고 낙태가 증가하기 마련이다.

매달리는 일도 없고, 말도 없고, 집도 없고, 전쟁도 없고, 서로 관계도 맺지 않고, 같은 사람들이 서로를 필요로 하지도 않고 숲속을 이리 저리 돌아다니며 살아가는 야만인은 정념에 사로잡힐 일이 없다시피 하고 스스로 모든 것을 해결하므로 그 상태 그대로 살면서 꼭 필요한 지식과 감정만을 가질 뿐이다. 야만인은 자기와 같은 사람들을 해칠 생각이 전혀 없을 뿐더러 개인적으로 그들을 알고 싶은 마음도 전혀 없을 것이다. 그가 느끼는 것은 자기에게 꼭 필요한 것뿐이며, 그의 시선은 자기가 봐서 이득이 있겠다고 생각하는 것에만 집중될 뿐이며, 그의 오만한 마음보다 그가 가진 지성의 발전이 더 더뎠다고 결론내리도록 하자.[144] 그가 우연히 무슨 대단한 것을 발견했다고 해도 제 아이들이 누군지 알아볼 수 없었으니까 그 발견을 아이들에게 전하는 일은 더 적었다. 기술은 그 기술의 창안자가 죽으면 사라진다. 교육을 받지도 않았고 발전을 본 일도 없었으니, 불필요하게 세대만 거듭해 흘러갔다. 각자 항상 똑같은 지점에서 출발해야 했으니 처음 세대들의 조잡한 상태가 전혀 변하는 일 없이 시간은 그저 흘러갔고, 인간 종은 벌써 노쇠했지만 인간은 언제나 아이의 상태 그대로였다.

내가 이런 원시적인 상태의 조건을 장황하지만 넓게 확장해봤던 것은 내가 가진 고질적인 편견과 오래된 잘못된 생각들을 무너뜨려야 했으므로 실제 자연 상태를 그 뿌리까지 파내려가서 그려보면서 설령 자연적인 불평등이라고 하더라도 그러한 불평등이 얼마나 현대의 작가들이 주장하는 현실과 아주 다르고 영향 관계도 판이하게 다른지 보여줄 필요가 있다고 생각했기 때문이다.

사실 인간들을 구분해주는 차이들 가운데, 그것이 고작해야 습관의 결과이고 사회에서 받아들인 다양한 종류의 생활방식에 기인한 것일 뿐인데 그 여러 차이가 자연적인 것이라고 간주되고 있다는 점을 알기란 쉬운 일이다. 그래서 기질은 강건할 수도 세심할 수도 있으며, 그런 기질에 따라 강한 힘을 갖기도 하고 약한 힘을 갖기도 한다. 그런 것들은 신체가 애초에 그렇게 이루어졌기 때문이라기보다는 우리가 거칠거나 여성적으로 길러졌기 때문인 경우가 많다. 정신의 능력도 마찬가지이다. 교육을 받느냐에 따라 교양을 갖춘 사람들과 그렇지 않은 사람들의 차이가 생기지만, 교양을 갖춘 사람들 사이에서도 교양의 정도에 따라 차이도 강화된다. 거인과 난쟁이가 같은 길을 걸어간다고 가정하면 각자 한 걸음씩 앞으로 나아갈 때마다 거인이 매번 더 유리해질 테니 말이다. 그런데 사회 상태의 다양한 질서를 관할하는 엄청나게 다양한 생활방식 및 다양한 정도의 교육과, 모두 똑같은 음식을 섭취하고 똑같은 방식으로 살아가고 정확히 똑같은 일을 반복하는 동물은 물론 야만인의 획일적이고 단순한 생활방식을 비교해본다면, 인간과 인간의 차이가 사회 상태에서보다 자연 상태에서 얼마나 훨씬 작을지, 인간에게 사회제도에서 비롯한 불평등이 더해짐으로써 자연으로 타고난 불평등은 얼마나 더 커지게 될지 이해할 수 있을 것이다.

그러나 자연은 우리 인간들에게 선물을 나눠줄 때 흔히들 주장하듯 선호하는 대상이 있다고 해보자. 그렇대도 자연이 가장 선호한 사람이라도 사람들 사이에 아무런 관계도 없다시피 했던 자연 상태에서라면 그들이 남을 희생해서 얻을 수 있을 장점이 도대체 무엇이겠는가? 사랑이 없는 곳에서라면 아름다움이 도대체 무슨 소용인가?[45] 전혀 말을 하지 않는 사람들에게 재치가 무슨 소용이며, 벌일 사업이 없는 사람들에게 술책이 무슨 소용인가? 나는 최강자들이 약자들을 억압할 것이라고들 하는 말을 늘 듣곤 한다. 그런데 이 억압이라는 말이 무엇을 뜻하는지 내게 좀 설명들을 해주기를 바란다. 나는 우리들 가운데에서 최강자들은 폭력적으로 지배할 것이고, 약한 사람들은 최강자들의 변덕에 복종하며 신음할 것임을 정확히 관찰했다. 하지만 나는 야만인들이라면 이를 어떻게 받아들일지 모르겠다. 그들에게는 예속이며 지배라는 것이 무엇인지 참으로 설명하기 어려울 것이다. 한 사람이 다른 사람이 딴 과일을, 다른 사람이 잡았던 사냥감을, 다른 사람이 잠자리로 삼았던 동굴을 빼앗을 수는 있겠지만, 그는 어떻게 복종하게 되는가? 아무것도 소유하지 않은 사람들 사이에서 복종의 굴레란 무엇일 수 있을까? 누군가 나를 내가 머물던 나무에서 쫓아낸들, 나는 다른 나무로 가버리면 끝이다. 누가 한 곳에서 나를 학대한들, 나는 다른 곳으로 가버리면 끝이다. 나보다 더 큰 힘을 갖는데다가 타락하고 게으르고 흉포한 자가 있다고 하자. 그 자가 자기는 한가히 쉬면서 그러는 동안 나더러 자기 먹을 것을 찾아오라고 강요할 수 있는가? 그 자는 잘 때에도 내가 도망가거나 그를 죽이면 어쩌나 하는 걱정에 그는 온 신경을 다 써서 나를 묶어두고,

단 한 순간도 내가 그의 시선을 벗어나지 않도록 해야 할 것이다. 즉 그 자는 자기가 피하고 싶은 고통보다, 그가 내게 준 고통보다 더 큰 고통을 받지 않을 수 없게 된다. 그런 다음에도 역시 한 순간이라도 주의를 느슨히 할 수 있겠는가? 예상치 않게 소리만 들려도 고개를 돌려 바라보지 않을까? 내가 숲속으로 스무 발자국을 걸어 들어가, 내가 찬 족쇄를 끊어버리고 나면 이제 그는 평생 나를 볼 일이 없을 것이다.

이와 같은 세부사항을 불필요하게 늘이지 말고, 노예 관계라는 것은 그저 사람들 사이의 종속관계와 서로를 묶어주는 상호 필요에 따라 생겨난 것이므로,[146] 한 사람이 다른 사람 없이 살 수 없게 되었던 경우에 처할 일이 없었다면 그를 노예로 만들기란 불가능하다는 점을 알아야 한다. 그런데 그런 경우는 자연 상태에는 존재한 적이 없었으므로 그 누구도 족쇄를 차고 있던 사람이란 없으며 가장 강한 자의 법이라는 것도 무의미해지고 만다.

자연 상태에는 불평등이 없다시피 하고, 불평등의 영향력도 작용하지 않는 것이나 다름없음을 증명했으니 남은 것은 불평등의 기원은 무엇이며 인간 정신이 계속 발전하는 가운데 어떻게 불평등이 진척되어 왔는지 보여주는 일뿐이다. 완전가능성이며, 사회의 미덕이며, 자연인이 가능성으로 가졌던 다른 능력들은 그 자체만으로는 결코 발전할 수 없었고,

발전을 보기 위해서는 외부의 다양한 원인들이 우연히 결합하지 않을 수 없었음을 증명했으니, 남은 것은 인간 종의 퇴화를 가져오면서 인간의 이성을 완전한 상태로 만들고, 인간 종을 사회적으로 만들어 악한 존재가 되게 했던 서로 다른 모든 우연들을 고려하고 비교해보는 일뿐이다. 그런 외부의 원인들은 결코 자생적으로 생겨날 수 없었고, 그 원인들이 없었다면 인간은 영원히 처음의 체질 그대로 고스란히 남아 있었을지도 모른다. 그런 우연적인 원인들이 결국 지금과는 너무도 멀리 떨어진 끝에서 시작해서 이제 우리가 보고 있는 그대로의 인간과 세상을 만들어냈다.[147]

고백컨대 이제 내가 그려보고자 하는 사건들은 수많은 방식으로 일어날 수 있었던 것이기에 가설을 통해서만 선택이 가능할 뿐이다. 하지만 이 가설이 사물의 본성에서 끌어낼 수 있는 가장 개연적인 것이며, 진리를 발견할 수 있는 유일한 수단이라면 그때 가설은 이치에 어긋나는 것이 아니다. 그러므로 내가 제시한 가설에서 추론해내고자 하는 결론은 그저 가설로만 머물지 않을 것이다. 내가 앞서 확립한 원칙을 기반으로 삼는다면 어떤 체계에서라도 결과는 동일할 것이고, 그로부터 동일한 결론을 끌어낼 수 있을 것이기 때문이다.

이런 방식을 취한다면 다음과 같은 문제들을 군이 더 깊게 생각해볼 필요가 없을 것이다. 오랜 시간이 흐른 상황을 가정해본다면 그 사건들이 정말 일어날 수 있었던 것인지 아닌지의 문제를 상쇄할 수 있다는 점, 아주 사소한 원인들이라도 계속 작용하면 엄청난 힘을 발휘한다는 점,148 한편으로 어떤 가설에 사실들이 갖는 확실성의 정도를 부여할 수 없다고 해도 다른 한편으로 무너뜨리기란 불가능한 가설도 있다는 점, 두 개의 사실이 주어졌고, 그 둘 사이에 알려지지 않았거나 알려지지 않은 것처럼 간주된 수많은 매개적인 사실이 연속되어 마치 실재하는 것처럼 이어지게 될 때 그 둘을 잇는 사실들을 제시하는 것이 역사이고, 그 사실이 없을 때 이 둘을 어떤 유사한 사실들로 이을 수 있다고 확정하는 것은 철학이라는 점, 이렇게 일어난 사건들의 유사성을 비교해보면 모든 사실들을 우리가 생각하는 것보다 훨씬 적은 수의 상이한 범주로 환원할 수 있다는 점 말이다. 나는 이런 문제들을 내 글을 읽는 심사자들께서 판단해 주십사한다. 나는 보통의 독자들이 그런 문제들까지 검토할 필요가 없게끔 노력했던 것으로 충분하다고 생각한다.

제2부

땅에 울타리를 두르고 '이건 내 것'이라고 주장해봐야겠다는 생각을 하고 사람들이 그 주장을 고스란히 믿어버릴 정도로 우둔하다고 생각했던 최초의 인간이야말로 진정으로 시민사회149를 세운 자였다. 말뚝을 뽑아버리거나 그 경계를 나눴던 도랑을 메우며 그와 같은 사람들에게 저 사기꾼의 말을 믿지 마시라고, 수확은 모두의 것이고 대지는 누구의 것도 아님을 잊는 순간 여러분은 끝장이라고 외쳤던 사람이 있었다면 그는 인류를 얼마나 수많은 범죄며, 전쟁이며, 살육이며, 빈곤이며, 잔학한 행동에서 구해낼 수 있었을까.150 하지만 필경 그 무렵에 세상사는 이제 더는 예전처럼 계속될 수 없는 상태에 왔던 것 같다. 소유권이라는 관념이 하늘에서 사람 머릿속으로 뚝 떨어진 것일 수 있겠는가. 그전에 수많은 생각들이 이어지고 또 이어지면서 생겨난 것이 아니겠는가. 상당한 문명의 진보가 이루어졌어야 하고, 보통 근면하고, 보통 지식을 갖는 것으로는 얻을 수 없고, 그 지식을 세대에서 세대로 전하고 확장하지 않고서는 어림도 없는 일이다. 그런 과정을 거쳐야 비로소 자연 상태의 최종 지점에 이르게 된다. 그러니 세상일을 훨씬 더 멀리 거슬러 올라가 살펴보고, 이렇듯 천천히 진행되었던 사건들과 지식들을 가장 자연스러운 순서에 따라 한 가지 관점으로 모아보도록 하자.

인간이 갖게 된 최초의 감정은 자기 존재의 감정이며, 인간이 기울인 최초의 배려는 자기 보존의 배려이다. 대지는 최초의 인간이 필요로 한 모든 것을 넉넉히 마련해주었고 인간은 본능적으로 이를 이용할 줄 알았다. 허기며, 다른 욕구들을 느끼면서 다양한 존재 방식을 경험하게 되는데, 그중 하나가 인간 종을 항구히 이어지도록 하는 것이다. 그렇지만 이런 맹목적인 성벽性癖은 마음에서 일어나는 감정이 전혀 반영되지 않은 것이었으니 순전히 동물의 행위 이상을 벗어나지 못했다. 양성兩性이 만난대도 서로 욕구를 채우고 나면 그것으로 끝이었다. 아이조차 더는 어머니가 필요 없어지면 어머니로부터 자유로워지는 것이다.

최초의 인간은 이런 조건에서 살았다. 처음에는 순전히 감각작용만 이루어지는 이런 동물의 삶을 산 것이다. 자연이 마련해준 선물을 간신히 이용해볼 뿐이었으니 저를 위해 자연에서 뭘 끌어내보겠다는 생각은 언감생심이었다. 하지만 곧 여러 어려움에 마주치게 되었고, 이를 극복하는 법을 배워야 했다. 나무가 너무 높아 손을 뻗어 열매를 딸 수 없었다. 그 열매를 두고 동물들과 싸워야 했다. 제 목숨을 노리는 맹수들도 있었다. 그러니 신체를 단련하는 수밖에 더 있겠는가. 잽싸게 빨리 달리고 목숨을 걸고 싸워야 했다. 이내 나뭇가지며 돌과 같은 천연의 무기를 손에 들었다. 자연의 장애물을 극복하고 먹을 것을 두고 동물과 다투고 살아남으려면 같은 인간끼리라도 싸워야 하고 가장 강한 자에게 내줄 수밖에 없었던 것을 다른 것으로 보충하는 법을 배웠다.[15]

인류의 삶의 터전이 넓어지고 그 수가 불어남에 따라 고통도 함께 늘어갔다. 토양, 기후, 계절의 차이 때문에 생활방식을 바꾸지 않을 수 없었다. 흉년이 여러 해 이어질 때가 있었다. 겨울은 길고 혹독했다. 여름은 모조리 태워버릴 만큼 뜨거웠다. 이를 견디려면 먹고사는 방식을 바꿔야 했다. 해변과 강변에 살았던 사람들은 낚싯대와 낚시 바늘을 고안해서 물고기를 잡고 잡은 물고기를 먹고 살았다. 숲속에 살았던 사람들은 활과 화살을 고안해서 사냥꾼이 되고 전사가 되었다.

추운 고장에 살았던 사람들은 잡아 죽인 짐승의 가죽으로 몸을 둘렀다. 벼락이 쳤든지, 화산이 폭발했든지, 요행히도 불을 피울 줄 알게 되었다. 혹한에 맞서는 새로운 수단이었다. 그 다음에는 이렇게 얻은 불[152]을 꺼뜨리지 않는 법을, 다시 불을 피우는 법을 배웠다. 전에는 고기를 날것으로 먹었지만 이제는 조리하는 법을 배웠다.

제게, 또 서로 다양한 존재들을 반복해서 적용하다보니 자연스레 머릿속에서 어떤 관계들의 지각이 생겨났음에 틀림없다.[153] 우리는 크다, 작다, 강하다, 약하다, 빠르다, 느리다, 겁이 많다, 용감하다, 또 비슷한 다른 관념에 해당하는 단어들을 통해 이런 관계들을 표현한다. 필요에 따라서, 또 필요 같은 것은 거의 생각하지도 않고 이 관계들을 비교했으니 결국 그의 머릿속에 성찰 비슷한 것이 생겨났다. 더 정확히 말하자면 반사적[154]이라고나 해야 할 신중한 태도를 갖추어 조심해야 할 때를 알게 되었다. 안전을 확보하려면 반드시 필요한 것이다.

이렇게 발전을 본 결과 얻게 된 새로운 지식으로 인해 인간은 다른 동물보다 더욱 우월해졌으며, 스스로도 그 사실을 알게 되었다. 동물을 잡으러 함정을 놓아 보고, 수만 가지 방식으로 동물을 속이기도 했다. 싸울 때 힘으로 인간을 능가하고 달릴 때 빠르기로 인간과 비교가 되지 않는 동물들이 왜 없겠는가. 그렇지만 이제 시간이 흘러 인간은 자기에게 쓸모가 있는 동물에게는 주인 행세를 하고 해가 되는 동물에게는 재앙을 가져오는 존재가 되었다. 그리하여 인간은 처음으로 제 자신을 돌아보게 되었고, 그러자 그의 마음에 처음으로 오만한 마음이 꿈틀거렸다. 그리하여 인간은 서열을 나눌 줄 모르다시피 했고 인간 종으로서 가장 높은 지위에 있다고 생각했다가, 이제는 개인으로서도 가장 높은 지위에 있다고 주장할 준비를 시작하게 되었다.

그와 같은 사람들의 관계와 그의 관계가 그들과 우리의 관계가 아니고, 그들의 교류가 다른 동물들보다 더 빈번했던 것도 아니었지만, 그들은 이제 그가 예의주시하는 대상이 되었다. 처음에 그는 암컷과 자기 사이에 유사성이 있다고는 생각하지 못했지만 시간이 흐름에 따라 유사성을 깨닫게 되었다. 시간이 흐름에 따라 그는 암컷과 자기 사이에 유사성이 있음을 알게 되었고, 그러자 그가 지금까지 파악하지 못했던 유사성도 판단하게 되었다. 자신도 똑같은 상황에 놓였다면 그와 같은 사람들과 똑같은 방식으로 행동했으리라는 점을 알게 되자 그들이 생각하고 느끼는 방식이 자기가 생각하고 느끼는 방식과 전적으로 부합한다는 결론을 내리게 되었다. 이 엄청난 사실이 머릿속에 자리 잡게 되자 자신에게 이득이 되고 자신의 안전을 확보하기 위해 그들을 대할 때 적절히 유지해야 하는 가장 좋은 처세의 규칙들을 따르게 되었다. 그는 그저 예감에 따라 그렇게 행동했을 뿐이지만, 그의 예감은 확실성의 면에서 논리학에 못지않고, 신속성의 면에서 이를 능가하는 것이었다.

그는 안락한 삶에 이끌리는 마음155이 인간의 행동을 이끌어내는 유일한 동기156임을 경험을 통해 알게 되었다. 그래서 참으로 드문 경우이기는 하지만 공동의 이익을 추구하는 데 그와 같은 사람들에게 도움을 요청해야 할 때가 있고, 그보다 더욱 드문 경우이기는 하지만 그가 경쟁에 내몰려 그들과 맞서야 할 때가 있는데 이제 이 두 가지 경우를 구분할 수 있는 것이다. 첫 번째 경우라면 그는 자기와 같은 사람들과 무리를 지어 결속했는데 그 결속의 형태는 아무리 좋게 봐준대도 자유로운 연합 이상까지는 아니었다.157 누구도 구속할 수 없었고, 그렇게 결속하게 했던 일시적인 필요가 사라지면 그만 해산되었다. 두 번째 경우라면 각자 우위에 서려고 했다. 강한 힘이 있다고 생각하는 사람은 무력을 썼고, 그런 힘이 전혀 없다고 생각하는 사람은 능수능란하게 행동하고 교묘한 책략을 썼다.

이런 가운데 인간은 자기도 모르는 사이에, 엉성하기는 했지만 상호 간에 의무를 지켜야 하고, 그 의무를 다할 때 이득을 얻을 수 있다는 생각을 할 수 있었다. 하지만 그런 생각이 멀리 내다봐야 하고 눈에 보이지 않는 이득까지 계산할 수 있게 했던 것은 아니었다. 그들에게 앞을 내다보는 일 따위는 전혀 중요하지 않았다. 먼 미래는커녕 당장 내일 일도 생각하지 않았기 때문이다. 지금 사슴 한 마리를 잡아야겠다면, 각자 하늘이 무너져도 제가 맡은 자리를 지켜야 한다고 생각했다. 그런데 그때 그들 중 한 사람이 충분히 잡을 수 있는 거리에 토끼 한 마리가 나타났다고 해보자. 그러면 그는 두말할 것 없이 뒤도 돌아보지 않고 사슴은 잊어버리고 토끼 뒤를 쫓을 것임에 틀림없다. 자기 먹을 것을 잡았는데 동료들이 먹을 것이 없다고 한들 무슨 걱정이겠는가.158

이런 관계를 맺고 살 때 훨씬 더 섬세한 언어가 필요하지 않았다는 점을 이해하기란 쉬운 일이다. 똑같이 무리를 짓고 살아가는 까마귀나 원숭이들이 갖는 언어면 그만이다.159 분절이 이루어지지 않은 외침이며, 수많은 몸짓이며, 무언가를 모방하는 소리를 내는 것이 오랫동안 보편 언어의 역할을 대신했다.160 그것에 고장마다 각기 다른 몇몇 분절음을 더해 썼다. 이미 앞에서 언급한 바 있지만 그런 분절음은 합의를 필요로 하는 것이다. 그런데 그들 사이에 그 분절음을 어떻게 만들어 쓰기로 했는지 설명하기란 쉬운 일이 아니다. 결국 개별적인 여러 언어들이 생겼다. 그 언어들은 아직 조잡하고 불완전했던 것으로 오늘날 야만인들이 살아가는 여러 나라들의 언어가 대략 그런 수준이다.161 지금 나는 무수히 오랜 세기에 걸친 시간을 총알같이 훑어보고 있다. 그럴 수밖에 없는 것이 시간은 계속 흘러가고, 말해야 할 것들은 너무 많고, 초기의 발전의 양상은 눈에 잘 띄지 않는다. 사건들의 추이가 느리게 진행될수록 설명은 더욱 빨라지기 마련이다.162

마침내 이런 최초의 진보 덕분에 인간의 진보 속도는 더 빨라졌다. 정신이 개화될수록 일의 완성도는 더 높아졌다. 예전에는 처음 보이는 나무 밑에서 잠을 자거나 동굴에 들어가 살았지만 이내 단단하고 날카로운 돌로 도끼 같은 것을 만들어 그것으로 나무를 베고, 땅을 파고, 나뭇가지를 엮어 오두막을 지었고, 그 다음에는 거기다 점토와 진흙을 발라볼 생각도 해냈다.163 이때가 최초의 격변이 일어난 시대로, 이 시기에 가족이 형성되고 내 가족 네 가족으로 갈라지고,164 일종의 소유권 같은 것이 도입되었다. 벌써 수많은 싸움과 전투가 생겼던 것 같다. 그런데 살 집을 마련하고 그것을 스스로 지킬 수 있겠다고 생각했던 최초의 사람들은 틀림없이 가장 강한 자들이었을 테니, 힘이 없는 사람들은 강한 사람들을 쫓아내느니 그들을 따라 모방해보는 것이 더 간단하고 더 확실한 일이라고 생각했음이 분명하다. 이미 자기 오두막을 갖고 있던 사람이 자기 이웃 사람의 오두막도 차지해야겠다는 생각을 왜 했겠는가. 그게 자기 것이 아니어서가 아니라, 집을 하나 더 가질 필요가 없었기 때문이고, 만에 하나 그 집을 차지하려고 한들 그 오두막에서 사는 가족과 격렬한 싸움부터 벌여야 했을 테니 말이다.

남편과 아내, 아버지와 아이가 한 집에 모여 살게 됐던 새로운 상황의 결과 마음도 처음으로 발전을 보게 되었다. 공동생활이 습관이 되면서 부부의 사랑과 부모의 사랑과 같은 사람이 느끼는 가장 다정한 감정이 생긴 것이다. 가족이라는 작은 사회는 상호 애정과 자유라는 끈으로만 연결되었으니 그만큼 더 단단히 결속했다.[165] 그러면서 살아가는 방식이 한 가지 뿐이었던 양성兩性의 생활방식에도 처음으로 차이가 생겼다. 여성은 집에 머무는 시간이 더 많아졌고 오두막을 건사하고 아이를 돌보는 데 익숙해졌다. 남성은 공동으로 먹을 양식을 찾아 나섰다.[166] 또한 양성은 좀 더 다정한 생활을 하다 보니 예전에 사나웠던 힘과 넘쳤던 활력을 일부 잃기 시작했다. 그런데 야수들과 싸워야 할 때 양성이 함께 싸우는 대신 한 성만이 싸우게 된 것은 부적합하게 된 것이지만 반대로 남자들이 함께 모이기는 더 쉬워졌으므로 야수들을 공동으로 몰아낼 수 있게 되었다.

이런 새로운 상태를 맞아 혼자 살며 소박한 생활을 영위하면서 필요한 것은 아주 적었고 이를 얻기 위해 도구를 고안했으니 사람들은 상당히 많은 여가를 즐길 수 있게 되어, 그들의 부모 세대는 몰랐던 여러 편의를 마련하면서 시간을 보냈다. 그런데 이것이야말로 그들은 생각지도 못했지만 스스로에게 채운 최초의 족쇄였으며, 후손들에게 물려준 최초의 악의 근원이었다. 그런 식으로 육체와 정신이 계속 약화되어 갔던 것 외에도, 이런 편의들에 습관이 붙어 그것이 처음에 마련했던 즐거움은 이제 전부 사라져버리고 이제는 그런 편의 없이는 살 수 없을 정도로 반드시 필요한 것이 되어버렸다. 그런 편의를 누릴 때 즐거움을 얻는 이상으로 그것의 상실은 끔찍한 일이 되는 것도 모자라, 이제는 편의를 소유한대도 더는 행복하지 않고 그것의 상실은 바로 불행에 빠지는 일이 되었다.167

여기서 각 가정에서 어떻게 말을 사용하게 되었으며 눈에 띄지 않게 점차 완전해지게 되었는지 좀 더 잘 엿볼 수 있고, 어떻게 다양한 개별 원인들이 언어를 확장하고 언어를 더욱 필요하게 만들면서 그것의 발전을 가속화했는지 가정해볼 수 있다. 사람들이 살아가던 작은 지방에 대홍수나 대지진이 일어나 물이나 벼랑으로 그들을 갈라 세웠다. 지각 변동이 일어나 대륙의 일부를 잘라내고 섬으로도 만들었다.168 그렇게 가까워져 함께 살아가지 않을 수 없게 된 사람들에게 공동으로 사용하는 특수어법이 생겼을 테니, 이는 육지의 숲을 자유롭게 돌아다녔던 사람들보다는 그렇게 모여 산 사람들에게 더 필요한 것이었다. 섬사람들은 처음으로 몇 차례 항해를 해본 뒤에 대륙에 살아갔던 우리들에게 말을 하는 법을 알려줄 수도 있었다. 적어도 사회와 언어는 섬에서 먼저 생겼고 그곳에서 완전해진 뒤 대륙에 알려졌다는 것이 대단히 개연성 있는 주장이다.[169]

이제 모습을 바꾸기 시작하지 않는 것이 없다. 그때까지 숲속을 배회하던 사람들이 정착한 뒤 천천히 서로 가까워지고 여러 무리로 결속하고 고장마다 풍속과 성격이 하나가 된 개별 국가를 세웠다. 법과 규정이 아니라 동일한 생활방식과 섭생과 공통된 환경의 영향을 통해서였다. 계속 이웃해서 살다보면 여러 가족 사이에 틀림없이 무슨 관계든 세워지게 마련이다. 이웃한 오두막에서 살던 젊은 남성과 젊은 여성이 자연적으로 일시적으로 교분을 갖게 되고 그러다보면 다른 교분도 생긴다. 서로 빈번히 만나다보니 교분이 다정하기는 매한가지이지만 더 지속적이게 된다.[170] 다양한 대상들을 고려하고 비교를 해보는 데 익숙해진다. 자기도 모르게 장점과 아름다움에 대한 생각이 떠오르면서 선호의 감정이 생긴다. 서로 자주 보다 보니 더는 서로 만나지 않고는 살아갈 수 없게 된다. 다정하고 온화한 감정이 마음속에 소리 없이 스며들고 조금만 의견이 맞서도 맹렬한 분노가 일어난다. 사랑의 감정에 이어 질투가 깨어난다. 불화가 승리를 거두고 가장 다정한 정념인 사랑이 피에 젖은 희생을 받아들인다.171

관념과 감정이 서로 뒤를 잇고 정신과 마음이 신장伸張됨에 따라 인류는 계속 유순해지고 관계는 확장되고 유대는 강화된다. 오두막 앞이나 커다란 나무 주위에 습관처럼 모이게 되었다. 사랑과 여가에서 태어난 춤과 노래가 한가해서 모여든 남자들과 여자들의 여흥이자 소일거리가 되었다.172 각자 타인들을 바라보고 자기도 봐주었으면 하고 바라기 시작했다. 모인 사람들의 평판만 한 상償이 없었다. 가장 노래를 잘 하는 사람, 가장 춤을 잘 추었던 사람, 가장 아름다운 사람, 가장 힘이 센 사람, 가장 재주가 좋은 사람, 가장 말을 잘하는 사람이 가장 주목받았으니, 이것이 불평등과 악으로 동시에 나아갔던 첫걸음이었다. 처음으로 선호가 생기자 한편에서는 오만과 경멸이, 다른 편에서는 수치와 시기심이 생긴다. 이런 새로운 감정이 누룩이 되어 발효가 일어나 만들어진 혼합물des composés이 결국 행복과 순수를 망치고 만 것이다.

사람들이 서로 평가하기 시작하고 존경이라는 생각이 머릿속에 그려지자마자 각자 자기가 존경받을 자격이 있다고 주장했고 누구라도 무례를 범한다면 무사히 넘어가지 못하게 되었다. 이로부터 예절을 지켜야 한다는 최초의 의무가 나타나게 되고 이는 야만인들조차 예외가 아니다. 그 결과

고의적인 과오는 모욕으로 간주되었다. 모욕을 당한 자는 모욕을 받아 손해를 보기도 하지만 그때 자신의 인격이 무시되었음을 알게 되기 때문이다. 손해 자체보다 인격이 무시된 것을 더 참을 수 없을 때가 많다. 그래서 각자 자기 자신이 받은 존중에 비례하여 자기가 받은 무시를 처벌하므로 복수는 잔인해졌고, 사람들은 잔혹해지고 피를 보는 일도 불사했다. 우리가 알고 있는 대부분의 야만인들은 정확히 이 단계에 이른 사람들이다. 여러 저자들이 섣불리 인간은 천성적으로 잔인하고, 인간의 성정을 순화하려면 치안이 확보되어야 한다고 결론지었던 것은 앞의 생각들을 충분히 이해하지 못했음은 물론 그 야만인들이 최초의 자연 상태에서 벌써 얼마나 멀어졌는지 주목하지 못했기 때문이다. 사실은 인간의 최초의 상태만큼 인간이 유순한 적이 없었다.[173] 자연적으로 최초의 상태의 인간을 야만인들의 우둔함과 사회인l'homme civil의 해로운 지식들에 똑같은 거리를 두도록 하고, 본능과 이성을 그 상태에서 살아가는 인간을 위협하던 악에서 지켜주는 역할로만 한정한다면 그는 자연스럽게 연민이 일어나 누구에게도 나쁜 짓을 하지 않도록 삼간다. 전혀 그런 짓에 이끌리는 법도 없으며 심지어 자기가 그런 짓을 당한 뒤였대도 마찬가지이다. 사려 깊은 로크가 제시한 명제를 따라보자면 "소유권 없는 곳에 모욕이 있을 리 없다."[174]

하지만 사람들 사이에 사회가 시작되고 관계가 세워지면서 사람들이 애초에 가진 체질과는 다른 특질들이 필요하게 되었고, 도덕이 인간의 행동에 들어서기 시작했다. 법이 세워지기 전에는 각자가 제가 받은 모욕을 판단하고 복수하는 유일한 자였고, 순수한 자연 상태에 알맞은 선량한 행동은 이제 시작되는 사회에는 더는 적합하지 않게 되었다. 모욕을 주고받는 상황이 보다 빈번해짐에 따라 처벌도 더욱 강화되어야 했고, 무시무시한 복수를 법의 규제로 대신하게 되었음에 주목해야 한다.175 그래서 사람들이 참을성이 적어지고 자연적으로 가진 연민이 벌써 변질을 겪게 되어버렸을지라도, 인간 능력이 발전해나가는 이 기간을 원시 상태의 나태와 현대의 이기심의 극성스러운 작용 사이의 중간 지점176에 놓아본다면, 그 시기야말로 더없이 행복하고 더없이 오래 지속되었던 것임에 틀림없다. 이 점을 깊이 생각해볼수록 이때만큼 격변에 가장 덜 노출된 때가 없었고 인간에게 이때만큼 좋았던 때가 없었고,[주석 16] 공동의 이익을 생각한다면 불행히도 결코 일어나지 말았어야 할 어떤 우연이 아니고서는 이 상태를 벗어나기란 불가능했음을 알게 된다. 거의 모든 이들이 이런 상태에 있음을 발견했던 야만인들의 사례를 들어본다면 인류는 항상 그 상태에 살도록 되었으며, 그 상태야말로 세상의 진정한 유년기이고, 이후에 진행된 모든 발전들이란 필경 개인의 완전성을 향한 것인 만큼, 인류의 쇠퇴를 향한 것임을 확증해주는 것 같다.

사람들이 시골 오두막에 만족하며 살고, 뼈와 생선 가시로 동물 가죽을 기워 옷을 입고, 깃털과 조개껍데기로 장식을 하고, 몸에 여러 색을 칠하고, 활과 화살을 다듬어 완벽하고 아름답게 만들고, 날카로운 돌로 낚싯배 같은 것이나 조잡한 악기 같은 것을 만드는 데 만족했던 만큼, 한마디로 말해서 혼자서 만들 수 있었던 일만 하고 여러 사람이 함께 협력할 필요가 없는 기술만 갖고 살았던 만큼, 그들은 자기들의 본성 대로 자유롭고 건강하고 선량하고 행복하게 살았고 그들 사이의 종속적이지 않은 교류에서 낙을 얻어 즐겼다.[177] 그러나 어떤 사람이 어떤 다른 사람의 도움을 필요로 하게 되는 순간, 한 사람이 두 명 분의 비축을 하는 것이 유리하다는 점을 깨닫는 순간 평등은 사라지고,[178] 소유권이 들어섰고, 노동을 하지 않을 수 없게 되었다. 끝도 보이지 않았던 광대한 숲이 시원한 평야로 싹 바뀌었다. 인간이 흘린 구슬땀이 그곳을 적셔, 이내 수확과 함께 노예제도와 빈곤이 싹을 틔우고 자라났다.

야금술과 농업[179]이라는 두 기술이 발명되면서 저 엄청난 격변이 이루어졌다. 사람들을 문명화하고 인류를 파멸시킨 것이 시인에게는 황금이요 은이겠지만, 철학자에게는 철이요 밀이다. 언제나 같은 상태에 머물러 있었던 아메리카의 야만인들은 철과 밀을 몰랐다.[180] 두 기술 중 하나만 행했던 다른 민족들도 미개한 상태로 남아 있기는 마찬가지였다. 유럽이 지구의 다른 곳들보다 더 일찌감치 문명화된 곳은 아니지만 지속적이고 우수한 문명을 갖게 되었던 가장 중요한 원인 중 하나가 바로 철이 풍부하면서도 밀을 재배하기에 비옥한 곳이었기 때문이다.[181]

사람들이 어떻게 철이 무언지 알고 그것을 사용할 줄 알게 되었을지 가정해보기란 참으로 어려운 일이다. 그들 스스로 광산에서 철광석을 캐내어 어떤 결과가 나올지도 모르면서 그것을 녹이는 데 필요한 모든 준비를 했다고는 생각할 수 없다. 다른 한편 광산 지역은 나무도 풀도 자라지 않는 불모지이니, 그곳을 우연히 산불이 나서 발견하게 되었다고는 더욱 생각할 수 없다. 자연은 이 치명적인 비밀을 우리가 모르는 채 남기려고 온갖 주의를 기울였던 것이다.[182] 그러므로 화산 폭발과 같은 특별한 상황만이 남는다. 화산이 녹아버린 금속 물질을 토해내는 것을 관찰했던 사람들은 이러한 자연의 작용을 자기들이 모방해볼 수도 있겠다고 생각했다. 그토록 고단한 노동을 시도하고 멀리까지 내다보면서 그 노동으로부터 취할 수 있을 이득을 고려하려면 굉장한 용기와 예지가 있었다고 생각해야 한다. 이런 일이 가능하려면 보통 숙련된 사람으로는 어림도 없다.

농업의 원리는 이 기술이 실행되기 훨씬 전부터 알려져 있었다. 나무와 풀에서 식량이 될 것을 찾고자 끊임없이 노력을 경주했던 사람들은 자연이 식물의 발생génération을 위해 사용한 방법을 신속히 이해할 수 없었을 리 만무하다. 그렇지만 이들이 농업에 관심을 기울이게 된 것은 훨씬 나중의 일이다. 사냥과 어로漁撈에다, 나무들에서 나는 것만으로도 양식糧食은 충분했으니 굳이 수고를 들일 필요가 없어서였기도 했고, 밀을 어떻게 이용할 수 있을지 몰랐기 때문이기도 했고, 경작할 연장이 없어서였기도 했고, 미래의 필요를 예측할 수 없었기 때문이기도 했고, 다른 사람들이 노동의 산물을 가로채지 못하게 할 방법이 없어서였기도 했다. 더욱 요령이 붙었으니 날카로운 돌과 끝이 뾰족한 막대기를 이용해서 오두막 주변에 채소를 재배하고 뿌리 식물도 심기 시작했다[183]고 생각해볼 수 있다. 밀 재배를 준비하고 대규모 경작에 필요한 연장을 갖춘 것은 훨씬 뒤의 일이었다. 이런 일을 업으로 삼고 파종하려면 나중에 얻게 될 많은 수확을 위해 먼저 무언가를 포기해야겠다는 결심이 필요하다는 점은 차치하고서라도 말이다. 이런 데까지 신경을 쓴다는 것은 이미 앞에서 말했듯이 저녁에 필요하게 될 것을 아침에 생각할 줄 모르는 야만인의 정신 수준에서는 어림도 없는 일이다.

그래서 인류가 농업 기술에 전념하려면 반드시 다른 기술들도 고안되어야 했다. 철을 녹이고 벼리는 데 여러 사람이 필요하게 되자, 그들을 먹이는 데 또 다른 여러 사람들이 필요하게 되었다.[184] 노동자의 수가 늘어날수록 공동의 식량을 공급하는 사람들의 수는 당연히 줄어들기 마련이다. 식량을 소비하는 사람 수가 줄지 않는 이상 말이다. 노동자들은 자기가 생산한 철을 식량과 교환해야 했다. 그리고 농업에 종사하는 사람들은 마침내 식량 증산에 철을 이용하는 비법을 찾아냈다. 그로부터 한편에서는 경작 기술과 농업 기술이 생겼고 다른 한편에서는 철을 다루고 철을 다용도로 사용하도록 하는 기술이 생겼다.[185]

토지를 경작하게 되자 당연히 토지의 분배의 문제가 뒤따랐다. 소유권이라는 것을 일단 알게 되자 정의의 최초의 규칙들이 생겼다. 각자에게 그의 몫을 주려면 각자 무언가를 가질 수 있기부터 해야 한다. 더욱이 사람들은 먼 미래를 내다보기 시작하고 모두들 재산을 얼마간 잃을 수도 있다고 생각하게 되었으니, 자기가 타인에게 손해를 끼쳤을 때 보복을 받으면 어쩌나 모두 걱정을 하게 된다. 소유권은 노동력이 아닌 다른 곳에서 생길 수 없음을 이해할 수 있으니 소유권의 기원을 이렇게 생각하는 일이 자연스럽다. 인간이 자기 손으로 만들지 않았던 것을 제 것으로 만들려면 자신의 노동 이상의 무엇을 더 내놓아야 할지 알 수 없기 때문이다. 오직 노동만이 경작자에게 그가 경작했던 토지의 생산물에 대한 권리를 부여하므로 그 결과 최소한 수확할 때까지는 토지에 대한 권리를 갖게 되는 것이다. 그렇게 여러 해年가 바뀌면서 계속 점유가 이어지다보면 쉽게 소유권으로 바뀐다.186 호로티우스가 말했듯이 고대인들이 농업의 여신 케레스에게 입법가의 칭호를 부여하고 데메테르의 축제Thesmophories라는 이름으로 여신을 위한 축제를 개최했을 때,187 그들은 그것으로 토지의 분배로 인해 새로운 종류의 권리, 즉 자연법에서 나온 것과는 다른 소유권이 만들어졌음을 표현한 것이다.

　이 상태에서 능력이 균등했다면 세상만사가 그대로였을 것이다. 예를 들어 철의 사용과 식량 소비가 어느 쪽으로도 기울지 않았다면 말이다. 그러나 무엇으로도 유지할 수 없었던 균형은 이내 깨졌다. 가장 강한 자가 더 많은 일을 했고, 가장 능숙한 자가 자기 것을 최대한 이용할 수 있었고, 가장 천재적인 자가 노동을 단축하는 방법을 찾아냈다. 경작자가 더 많은 철이 필요하거나, 대장장이가 더 많은 밀을 필요로 한다. 그러면 똑같이 일하면서도 한 명은 더 많이 갖게 되는 반면 다른 한 명은 살아가기 빠듯해진다. 그래서 자연적 불평등은 그것에 결합으로 인한 불평등l'inégalité de combinaison이 더해져 눈에 띄지 않게 커지고, 여러 상황의 차이 때문에 커진 사람들 간의 차이가 그로 인해 빚어진 결과에서 더 뚜렷해지고 더 항구한 것이 되고, 그 차이에 비례하여 개별자들의 운명에 영향을 미치기 시작했다.

사태가 여기까지 이르게 되면 나머지는 쉽게 생각해볼 수 있다. 나는 다른 기술들이 연이어 고안되고, 언어가 발달하고, 재능을 시험하고 사용해보고, 재산의 차이가 생기고, 부를 이용하거나 낭비하게 되었다는 점을 여기에 적어볼 생각은 없다. 이런 일들에 이어지고 각자 쉽게 보충해볼 수 있는 모든 세부사항을 일일이 강조하지도 않겠다. 여기서 나는 세상 모든 일이 새로운 질서로 재편되었을 때 인류의 상황이 어떠했는지 잠시 살펴보는 것으로 그치고자 한다.

이제 우리의 모든 능력이 확장되고, 기억과 상상력이 작동되고, 이해득실을 따지는 이기심이 생겼고, 이성이 활동하고, 정신은 이를 수 있는 최대치의 완전성에 이르렀다. 우리가 자연적으로 가진 자질들이 활동을 개시했고 각자의 지위와 운명이 재산의 정도와 유용하거나 해가 되는 힘뿐 아니라 정신, 아름다움, 힘이나 재주, 공적이나 재능에 달린 것이 되었다. 오직 이런 자질들이 존경심을 불러일으키는 것이므로, 이내 그런 자질을 갖추거나 갖춘 척해야 했다. 존재와 가상Être et paraître은 아주 상반된 것이 되었고, 이 구분으로부터 과시적인 호사가, 기만적인 술책이 등장하고 그 뒤를 모든 악이 줄을 지어 따른다.[188] 다른 한편, 예전의 인간이 자유로웠고 복종을 몰랐다고는 하나, 새로이 나타난 수만 가지 필요 때문에 자연 전체에, 특히 자기와 같은 사람들에게 예속되었다. 어떤 의미로 그는 자신과 같은 사람들의 주인이 되면서도 그들의 노예가 되는 것이다. 그가 부자라면 다른 이들의 봉사를 필요로 하고, 그가 가난하다면 다른 이들의 도움을 필요로 한다. 범용凡庸한 자는 다른 이들 없이 살아갈 수 없는 것이다. 그러니 다른 이들로 하여금 끊임없이 자기 처지에 관심을 보이게끔 하고 실질적으로든 명목상으로든 자기를 위해 일하는 것이 그들에게 이득이 된다는 점을 깨닫게끔 해야 한다. 그러니 그는 어떤 사람들에게는 사기꾼에 교활한 자가 되고, 다른 사람들에게는 몰인정하고 강압적인 자가 된다. 자기가 필요로 했던 모든 사람들을 자기에게 쩔쩔매게 할 수 없고, 그들에게 필요한 봉사를 해주는 것으로 딱히 이득을 볼 수 없다고 생각하면 그들을 제멋대로 속이지 않을 수 없게 된다. 결국 탐욕스러운 야심이며, 다른 이보다 재산을 늘리려는 열망은 그것이 정말 필요한 일이어서라기보다 자기를 다른 사람들보다 우위에 두고자 하는 것이어서, 이런 마음을 갖게 된 모든 사람은 서로가 서로를 해치려는 음흉한 성향을 갖게 되고 마음속에 질투심이 자라난다. 이런 질투심만큼 위험한 것이 없는데, 이런 이들이 보다 확실한 타격을 가하기 위해 선행을 가장한 가면을 쓰곤 하기 때문이다. 한마디로 말해서 한편에는 경쟁과 적대가, 다른 한편에는 상충하는 이해관계가 있지만, 이쪽이든 저쪽이든 타인을 희생시켜 제 이득을 취하려는 욕망을 감춘다는 점은 같다. 이 모든 악이 소유권에서 비롯하는 최초의 결과이며 이 악의 행렬은 이제 시작된 불평등과 불가분의 관계에 있다.

부의 정도를 표현하는 기호들이 고안되기 전에 부란 토지며 가축뿐이었다. 그 둘 말고 인간이 소유할 수 있는 실질적인 재산이란 것이 있는가. 그런데 소유의 대상으로서의 토지가 증가하고 넓어져 아예 전 지구를 덮어버리고 모든 토지가 서로 인접할 정도가 되었으니, 어떤 이들이 토지를 더 넓히려면 다른 이들을 희생하지 않을 수 없었고, 힘이 없거나 무기력하여 차례가 돌아왔어도 토지를 취득할 수 있는 기회를 놓쳤던 남은 사람들은 그들 주위의 모든 것이 바뀌고 있는데 그들만 변하지 않고 남았으니, 그들은 아예 잃은 것이 없었는데도 가난해졌다. 그들은 어쩔 수 없이 부자들에게 식량을 구걸하거나 빼앗는 도리밖에 없었다. 이로부터 부자와 빈자의 여러 특징에 따라 지배와 예속, 혹은 폭력과 강탈이 생겨나기 시작했다. 부자들 쪽에서는 지배의 즐거움을 알자마자 곧 다른 모든 이들을 무시했고, 전에 부리던 노예들을 이용해 새로 부리게 될 노예들을 굴복시키면서 어떻게 하면 주변 사람들을 모조리 정복하고 노예로 부릴 수 있을지 생각하기만 했다. 그러니 이들이 한번 사람 맛을 본 뒤 다른 먹이는 거들떠보지 않고 사람만 잡아먹고자 하는 배고픈 늑대와 다를 바가 무엇인가.

이리하여 가장 강한 사람은 힘으로, 가장 빈곤한 사람은 필요에 따라 타인이 가진 재산에 대한 권리 같은 것을 마련하게 되는데, 그들의 말이지만 이런 권리를 소유권에 상응하는 것으로 삼았다. 그렇게 평등이 무너지자 너무도 끔찍한 무질서가 뒤를 이었다. 이리하여 부자들은 빼앗고 가난한 자들은 강도질을 하고 너나없이 광란의 정념에 휩쓸리게 되니 자연적으로 가졌던 연민의 마음은 약해지고 정의의 목소리는 더욱 들리지 않게 되어 사람들은 탐욕스러워지고, 야심에 차오르고, 사악해졌다. 가장 강한 자가 주장하는 권리와 최초의 점유자가 주장하는 권리 사이에서 결코 끝나지 않을 갈등이 생겼으니, 전쟁과 살육이 아니고서는 이 갈등을 막을 길이 없었다.[주석 17] 이제 막 시작된 사회가 더없이 끔찍한 전쟁 상태에 휩쓸려버렸다.189 인류는 비열해지고 유린되었으니 이제는 뒤로 돌아갈 수도 없고, 그렇다고 불행만을 가져온 취득물을 단념할 수도 없고, 그를 영예롭게 했던 능력들을 잘못 사용하면서 아무리 애를 써도 수치스럽기만 할 뿐이니 결국 스스로 몰락하기 직전에 놓이고 말았다.

예전에 없던 끔찍하고 다채로운 악에 경악하여

차라리 재산을 버리려 들고 예전의 소망을 증오하기에 이르렀

다.190

인간은 결국 그토록 비참한 상황이며, 자기를 짓밟아버린
재앙을 깊게 성찰하게 되었으리라. 특히 부자들은 항구한
전쟁이 얼마나 그들에게 불리한지 금세 알게 되었을 것이다.
전쟁 비용은 자기들밖에 댈 사람이 없는 데다, 생명의 위협은
누구나 받고 있는 상황이지만 재산의 위협은 자기들만의 것
이었으니 말이다. 더욱이 자기들이 빼앗은 일을 어떻게 미화
하든 근거가 허술하고 그릇된 권리에 기초해 있고, 완력으로
밖에 탈취할 수 없었던 것이라 그들도 이를 완력으로 빼앗길
수 있을 테니 자기들도 불평할 이유가 없다는 점을 너무나
잘 알고 있었다. 근면한 노동만으로 부자가 되었던 사람들조
차 그들의 소유권을 더 나은 권리 위에 세울 수 없었다. 그들이
이 벽을 세운 사람이 나요, 내가 열심히 일해서 이 토지를
얻은 거요, 라고 말해봤자 소용없는 일이다. 그러면 당장 이런
답변이 돌아올 것이다. 누가 당신에게 구획을 허락했소? 우리
가 당신에게 일하라고 한 적이 없는데도 무슨 권리로 우리
비용을 들여 당신이 한 노동의 값을 치러야 한다는 거요?

수많은 형제들이 당신이 지나치게 많이 가진 그것이 없어서 죽어가고 고통 받는다는 것을, 공동의 물자에서 당신에게 배당된 몫 이상의 모든 것을 당신 것으로 만들려면 인류가 명시한 만장일치의 동의가 필요하다는 것을 모르시오? 그러니 부자는 자기 의견을 정당화할 근거도 없고, 그렇다고 방어를 할 충분한 힘도 없고, 한 개인이라면 자기 혼자 한 주먹으로 짓밟겠지만 강도들의 무리가 달려드니 그는 고스란히 짓밟히게 된다. 혼자 전체를 상대하고, 같은 부자들은 서로 시기만 하고 있어서, 약탈하겠다는 마음으로 모두 하나가 된 적에 맞서 서로 결속할 수 없었다. 어쩔 수없이 마음이 급해진 부자는 결국 사람 머리에 깃들 수 있을 가장 사려 깊은 계획을 구상하게 되었으니, 자기를 공격했던 사람들의 힘을 자기에게 유리하게 사용하고, 적이었던 자들로 자신을 지키게 하고, 그들의 머릿속에 다른 원칙들을 주입하고, 자연법이 그에게 불리했던 것과 같이 그에게 유리한 다른 제도를 마련하여 그들로 하여금 받아들이게 하는 것이었다.

이런 목적으로 부자는 자신의 이웃에게 모두 서로가 서로에 맞서 무장하게 되는 공포 상황을 조성했다. 이런 상황에 놓이면 부자의 이웃은 그들의 필요를 채우는 데 돈이 드는 만큼 그들의 소유에도 돈이 들게 되고, 그렇게 되면 빈곤해도 부유해도 누구도 안전을 확보할 수 없는 것이다. 그 뒤에 그는 그럴싸한 이유를 쉽게 고안해내어 그들을 자기 목적에 따르게 했다. 그는 그들에게 이렇게 말했다. "약자들을 억압으로부터 지켜내고 야심에 찬 자들을 제지하고 각자 자기가 가진 것의 소유를 보장하기 위해 우리 하나로 결속하도록 하자. 누구라도 따르지 않을 수 없는 정의와 평화의 규정들을 제정하도록 하자. 그 누구도 차별하지 않고 강자와 약자가 똑같이 서로 간에 의무를 지키도록 하면서 말하자면 변덕스러운 운運의 부침을 보상토록 해야 한다. 한마디로 말해서 우리의 힘을 우리 자신에게 겨누지 말고 그것을 하나의 지고한 힘으로 모아내 현명한 법에 따라 통치하게 하자. 그 힘이 단체의 구성원 전체를 보호하고 지켜줄 것이며, 공동의 적을 물리칠 것이며, 우리의 영원한 화합을 유지해줄 것이다."[91]

유혹에 금세 빠져드는 무지한 사람들을 이끄는 데 이런 담화 비슷한 것도 필요하지 않았다. 더욱이 그들은 서로 해결해야 할 문제들이 산적해 있으니 중재자가 반드시 필요했고, 야심과 탐욕은 또 지나치게 많았으니 주인이 없이는 오랫동안 살아갈 수도 없는 이들이었다. 모두 자유를 확보하게 되었다고 믿고 그들을 묶을 족쇄를 향해 달려갔다. 정치제도에서 얻을 수 있는 이득이 있다는 이유는 충분했으나, 그들의 경험은 일천했으니 그로부터 초래될 위험을 예측할 수는 없었다. 정치제도가 잘못 이용될 여지가 있음을 미리 알고 있었던 능력이 가장 뛰어난 사람들이야말로 그것으로 이득을 취할 생각을 했던 이들이었고, 현명하다는 자들조차 부상자가 생명을 구하기 위해 팔을 잘라내듯 자유의 일부를 덜어내야 다른 것을 확보할 수 있음을 각오해야 한다고 생각했다.[192]

사회와 법의 기원이 이러한 것이고 틀림없이 그랬을 것이다. 사회와 법은 약자에게는 새로운 구속을 부여했고 부자에게는 새로운 힘을 마련해주면서,[주석 18] 자연적인 자유를 영원히 파괴했고, 소유와 불평등의 법을 영원히 고정해버렸고, 교묘히 빼앗은 뒤에 그것을 확정된 권리로 만들어버렸고, 몇몇 야심찬 자들의 이득을 위해 장차 인류 전체를 노동, 복종, 빈곤에 예속시켜버렸다. 단 하나의 사회가 설립되었는데 어떻게 다른 모든 사회들도 같이 설립되지 않을 수 없었으며,[193] 결속한 힘에 대항하려면 어떻게 자기도 결속하지 않을 수 없는지 쉽게 이해할 수 있다. 사회들이 수도 없이 증가하거나 빠른 속도로 뻗어나가 이내 지구 전체를 덮어버렸기에, 이제 세상 어느 후미진 구석에서라도, 족쇄를 벗어던질 수 있는 곳을, 한 사람 한 사람이 종종 잘못 겨냥되어 자기 머리 위에 영원히 매달려 있다는 것을 보았던 양날 검에서 제 머리를 치울 수 있을 그런 곳을 더는 찾을 수 없게 되었다. 그러한 방식으로 시민법이 모든 시민의 공통된 규칙이 되자 자연법은 만민법의 이름으로 몇 가지 암묵적인 합의에 따라 완화되어 교류를 가능케 하고 날 때부터 갖고 태어난 동정심을 보충하게 된 다양한 사회들에서가 아니면 더는 자리 잡을 수 없게 되었다. 원래 사람과 사람 사이에서 발휘되었던 그런 동정심의 힘은 이 사회 저 사회를 거치면서 거의 다 사라졌으니, 인민들을 갈랐던 상상의 경계를 뛰어 넘어, 그 모든 인민을 창시했던 지고한 존재의 모범을 따라 선행을 베풀어 전 인류를 포용한 범세계적인 몇몇 위대한 영혼들에게나 간신히 남아 있을 뿐이다.

정치체들이 그렇게 자연 상태에 그대로 남아 있을 때 개별자들이 자연 상태를 벗어나지 않을 수 없었던 바로 그 불편들이 이내 느껴지게 된다. 이 자연 상태는 예전에 개인들 사이에서 그랬던 것보다 이들 대규모 정치체들 사이에서 훨씬 더 끔찍한 상태가 되었다. 자연 상태의 개인들이 정치체를 구성한 것이다. 이로부터 국가 간의 전쟁, 교전, 살육, 보복이 등장하게 된다. 이런 것들이 자연을 공포에 떨게 하고 이성에 충격을 주었다. 저 끔찍한 편견들이 인간의 피를 쏟게 한 일을 영예로운 행동으로 만들어 미덕의 자리를 꿰차게 했다. 더없이 정직한 사람들이 자기와 같은 사람들의 목을 조르는 것을 지켜야 할 의무 중 하나로 생각하는 법을 배웠다. 결국 사람들은 왜 그래야 하는지도 모른 채 무수히 학살당하는 것을 목도했다. 자연 상태에서 지구상에 수 세기 동안에 일어났던 것보다 단 하루 동안의 전투에서 자행된 학살이 더 많았고, 도시 하나를 점령했을 때의 참혹함이 더 컸다.[194] 인류가 다양한 사회로 분열되었을 때 엿볼 수 있었던 최초의 결과들이 바로 이러했다. 다시 사회제도의 문제로 되돌아가보도록 하자.

나는 여러 사람이 정치사회의 기원을 다양하게 보고 있다는 점을 알고 있다. 강자의 정복이나 약자들의 연합이 그것이다. 이들 원인 가운데 무엇을 선택해야 하는지는 내가 밝히고자 하는 것과는 아무런 관련이 없다. 그러나 내가 앞서 제시한 원인은 다음의 이유로 내게 가장 자연스러워 보인다. 첫째, 정복의 권리는 권리가 아니므로 그것으로는 어떤 다른 권리도 수립할 수 없다. 완전한 자유를 되찾은 국가가 한 정복자를 기꺼이 수장으로 선택하지 않는 한 정복자와 피정복민 사이에는 항상 전쟁 상태만이 유지된다.[195] 그렇게 선택할 때까지는 설령 항복이 이루어졌을지라도 그 항복은 폭력에 기초한 것일 뿐, 결과적으로 사실 자체로 본다면 항복은 무효이므로 이러한 가설로는 실질적인 사회, 정치체, 강자의 법이 아닌 다른 법도 존재할 수 없다. 둘째, '강하다'와 '약하다'라는 말은 모호하기 짝이 없다. 소유권 혹은 최초 점유자의 권리의 확립과, 정권의 설립 사이에 존재하는 간극을 놓고 보면 이들 용어의 의미는 '부유하다'와 '가난하다'라고 말할 때 더 잘 드러난다. 사실 법이 제정되기 이전에 한 사람이 자기와 같은 조건의 사람들을 예속하는 방법이란 그들이 가진 재산에 달려들거나 자기 재산의 일부를 나누는 것밖에 없기 때문이다. 셋째, 잃을 것이란 자유밖에 없는 가난한 사람들이 교환을 해보았자 얻을 것이 전혀 없는데도 그들에게 남아 있던 유일한 재산까지 기꺼이 내준다는 것은 정말이지 미친 짓이라고밖에 볼 수 없다. 반대로 부자들은 말하자면 그들의 재산을 일부라도 내주는 것을 아까워하므로, 그들은 훨씬 쉽게 손해를 입을 수 있으며, 그 결과 부자들은 자신을 보호하기 위해 더 많은 주의를 기울이게 되었고, 그래서 결국 무언가가 고안되었다면 그것으로 손해를 입는 사람이라기보다는 그것으로 이득을 누리는 사람이라고 생각하는 것이 합리적이다.

이제 막 태어난 정부는 안정적이고 균형 잡힌 형태를 아직 갖추지 못했다.[196] 철학과 경험이 부족해서 현재의 불편만 알아봤을 뿐이고 점차 다른 불편이 느껴짐에 따라 그 불편을 고쳐볼 생각을 하게 되었다. 더없이 현명한 입법가들이 아무리 노력을 기울였어도 정치 상태Etat politique는 여전히 불완전한 채로 남아 있었다. 그것은 우연이나 다름없이 세워진 것이었고 시작부터 잘못되었으니 시간이 흐르면서 결함이 드러나고, 치료법을 제안하는 것으로는 정치체제Constitution에 내재한 악을 바로잡을 수 없었다. 스파르타에서 리쿠르고스가 그리 했듯이 튼튼한 건물을 올리려면 터전을 깨끗이 청소하고 낡아버린 자재들을 치워버리는 것으로 시작했어야 했는데 끊임없이 보수만 하고 있는 것이다. 애초에 사회라는 것은 일반적인 합의에 불과한 것이었다. 개별자들은 이들 합의를 지키겠노라 약속하고 공동체가 개별자 한 사람 한 사람에게 보증을 섰다.[197] 이런 식의 정치체제가 얼마나 허약하며, 대중 말고는 누구도 과오가 있었음을 증언하고 그 과오에 대한 처벌을 판결하는 이가 없을 때 체제를 위반하는 자들은 이를 얼마나 쉽게 피하곤 했는지는 경험으로 알 수 있다. 그들은 수만 가지 방식으로 법망을 피해갔음이 틀림없다. 불편과 혼란이 끊임없이 증가하게 되니 결국 위험천만하게도 공권력을 개별자들에게 위탁하고, 행정관에게 인민의 심의를 지키는 임무를 위임할 생각까지 했던 것이다. 그러니 연맹con-fédération이 구성되기도 전에 수장들부터 뽑았고 법이 제정되기도 전에 법관이 있었다는 가정은 진지하게 논박해볼 가치도 없는 것이다.

처음부터 인민이 한 절대적인 주인에게 조건 없이 대가도 없이 투항했고, 자신만만하고 복종을 몰랐던 사람들이 공동의 안전을 확보하기 위해 고안해낸 최초의 방법이 노예 상태에 투신하는 것이었다고 생각하는 것도 합리적이지 않기는 마찬가지일 것이다.[198] 정말이지 인민이 상관上官을 세웠다면 그것은 압제에 맞서 자신을 보호하고, 인민이 존재하기 위한 세 원천인 재산, 자유, 생명을 지키기 위함이 아닌가? 그런데 사람과 사람이 관계를 맺을 때 최악의 관계는 자기가 타인에게 좌지우지될 처지가 된 경우이다. 그러니 자기가 가진 것을 지키는 데 수장의 도움이 필요하다고 그 사람에게 자기 소유의 것을 홀딱 내주는 것으로 시작했다는 것은 정말이지 양식에 반하는 일이 아닌가? 그토록 엄청난 권리를 양도받는 대가로 수장은 그것에 상응하는 무엇으로 그들에게 보상할 것인가? 그자가 그들의 소유물을 지켜주겠다는 구실로 그것의 권리를 뻔뻔하게 요구했던 것이라면 우화에 나오는 '적이 우리를 더 어쩌겠소' 라는 대답을 바로 듣지 않았을까?[199] 그러므로 인민이 수장을 세웠던 것은 두말할 필요 없이 굴종하기 위해서가 아니라 자유를 수호하기 위한 것이며, 이것이 바로 정치적 권리의 근본 원칙이다. 플리니우스는 트라야누스에게 '우리가 군주를 갖는 것은 주인을 갖지 않기 위함이다'[200]라고 말하지 않았던가.

정치가들이 늘어놓는 자유의 사랑에 대한 말은 철학자들이 추론하는 자연 상태에 대한 말처럼 궤변이기는 마찬가지다. 그들은 자기들이 보고 있는 사태로써 자기들이 아직 보지 못한 판이한 사태를 판단하면서 인간은 천성적으로 복종하는 경향이 있다고들 했다. 그들이 보고 있는 사람들이 꿋꿋이 복종을 참아내는 것을 보고서 그런 말을 하는 것이다. 그들은 자유나 미덕이나 순수도 그것을 누리고 있는 동안에는 그것의 가치를 몸으로 느끼지 못하고, 그것이 상실되는 즉시 취향도 사라진다는 점에서 사정이 같다는 생각은 하지도 않는다. 나는 브라지다스가 스파르타의 생활과 페르세폴리스의 생활을 비교했던 태수에게 이렇게 말했던 것을 기억한다. "나는 당신 나라의 즐거움을 경험해봤지만 당신은 내 조국의 즐거움은 경험할 수 없을 것이오."[201]

길들지 않은 준마가 갈기를 바짝 세우고, 발굽으로 땅을 박차고, 재갈만 갖다 대도 맹렬하게 날뛴다면, 길들은 말은 채찍과 박차를 꾹 참고 견딘다. 야만인은 족쇄를 채워도 머리를 조아리지 않지만 문명인은 이를 두말없이 받아들인다. 야만인에게는 평온한 예속보다는 파란 많은 자유가 나은 것이다. 그러므로 인간이 자연적으로 복종하는 성향을 갖느냐 아니냐를 판단할 때 압제에 저항했던 모든 자유로운 인민의 기적 같은 행동을 따라야지 노예로 전락해버린 인민의 비굴한 행동을 따라서는 안 된다. 나는 예속된 인민은 끊임없이 그들이 족쇄를 찼을 때 누리는 평화와 휴식을 자랑하고, '비참하기 그지없는 예속을 평화라는 이름으로 부르고 있음miserrimam sevitutem pacem appellant'[202]을 알고 있다. 그러나 내가 다른 사람들이 즐거움, 휴식, 부, 힘, 심지어는 생명까지 희생하여,

정작 잃은 사람은 거들떠보지도 않는 그 자유라는 재산을 보존하는 것을 볼 때, 자유롭게 태어나 갇혀버린 상태를 참을 수 없어하는 동물들이 그들이 갇힌 감옥의 창살을 머리로 들이받는 것을 볼 때, 옷이라고는 실오라기 하나 걸치지 않은 수많은 야만인들이 유럽인들의 관능을 경멸하고, 그들의 자족적인 삶을 보존하기 위해서는 배고픔, 불, 무기, 죽음도 불사하는 것을 볼 때 나는 자유를 따지는 것은 노예들이 아님을 분명히 느끼는 것이다.

몇몇 사람들[203]은 시드니와 로크가 제시했던 반증反證 따위는 아랑곳하지도 않고 아버지의 권위로부터 절대적인 정부와 모든 사회가 나왔다고 주장하는데, 그들을 반박하려면 아버지의 온화한 권위와 전제군주의 흉포한 정신은 극과 극이라는 점에 주목하는 것이면 충분하다. 아버지의 권위만큼 명령하는 자의 이득보다 복종하는 자의 이득을 고려하는 권위가 어디에 있는가. 자연의 법칙에 따라 아버지는 아이에게 도움이 되는 동안만 아이의 주인일 뿐이며, 이 시기가 지나가고 나면 그들은 평등한 존재가 되어, 그때가 되면 아이는 아버지로부터 완전히 독립하여 아버지에게 복종이 아니라 존경심만을 갚아갈 뿐이다. 감사의 마음은 갚아야 할 의무이지 요구할 수 있을 권리가 아닌 탓이다. 시민사회Société civile 가 부권에서 나왔다고 말하는 대신 부권이 주된 힘을 시민사회에서 가져왔다고 말해야 했다. 한 개인이 여러 사람들의 아버지로 인정받았다면 그건 그의 주위에 그 사람들이 모여 있었기 때문일 뿐이다. 아버지를 실질적인 주인으로 만드는 재산은 아이들을 아버지에게 묶어두는 끈이며, 아버지는 자기 뜻에 따라 아이들이 끊임없는 존경심을 표현하는 것으로 자기에게 큰 공헌을 함에 따라서 아이들에게 상속의 몫을 정할 수 있다. 그런데 신민들이 폭군에게 기대하는 특혜는 이와 전혀 비슷한 데가 없으니, 신민들과 신민들이 소유한 모든 것이 오직 폭군에게 속한 것이거나, 적어도 폭군은 그렇다고 주장하기 때문이다. 그래서 그들은 폭군이 자기들이 소유한 것을 손대지 않고 그대로 두는 것으로 특혜를 받는 것이라고 보게 된다. 신민들이 가진 것을 내놓게 하면서 처벌하는 것이고 신민들을 살려두면서 성은을 내리는 것이다.

권리를 통해 사실들을 계속 검토해 나가다보면[204] 폭정은 자유의사에 의해 수립된다는 주장이 진실되지 않은 이상으로 근거도 없음을 알게 된다. 양쪽 중 한 쪽만 구속해서 한쪽은 전부를 가지고 다른 쪽은 아무것도 갖지 못하는 계약, 계약자에 불리하게 바뀌는 계약이 어떻게 유효한 것인지 보여주기란 힘든 일이다. 이 추악한 이론이 오늘날 특히 프랑스 국왕과 같은 현명하고 선한 군주들의 이론이 되리라고는 결코 생각할 수 없다. 프랑스 국왕들이 선포한 칙령의 여러 대목을 본다면 이 점을 알 수 있으며, 루이 14세의 명령과 국왕의 이름으로 1667년에 공포되었던 유명한 문서의 다음 구절이 특히 그렇다.[205] "따라서 주권자는 자신이 통치하는 국가의 법에 지배받지 않으며, 이와는 반대되는 명제가 만민법의 진리라고 말해서는 안 된다. 그런 만민법의 진리를 간혹 아첨을 일삼는 자가 비난하는 일이 있지만 선한 군주들은 언제나 그들이 통치하는 국가의 수호신처럼 그 진리를 옹호했다. 저 현명한 플라톤을 따라 왕국의 완벽한 행복은 군주가 신민들의 복종을 받고 군주는 법에 복종하고 법은 올발라야 하고 언제나 공공의 이익을 따라야 한다는 것보다 더 정당한 말이 어찌 있겠는가." 나는 자유란 인간이 가진 가장 고상한 능력인데, 인간이 신에게 받은 가장 소중한 선물인 자유를 거리낌 없이 포기하고, 제가 모시는 난폭한 미치광이 주인의 마음에 들고자 신이 금지한 죄악을 전부 저지르는 일이야말로 자신의 본성을 타락케 하고, 본능의 노예인 짐승들의 수준으로 추락하는 일이고 자신을 빚어 태어나게 한 신의 뜻을 거역하는 일이 아닌지, 저 숭고한 장인匠人과 같은 신은 그가 지은 더없이 아름다운 작업을 욕보이는 것보다 파괴하는 것을 볼 때 더욱 분노하게 되는 것은 아닌지 여기서 상세히 연구해보지는 않겠다.[206/207] 내가 여기서 묻고 싶은 한 가지는 자신이 그 정도로까지 비천해지는 것을 아랑곳하지 않는 사람들은 도대체 어떤 권리로 후세가 똑같이 그런 치욕을 받도록 하고, 자기들이 박하게 물려주지도 않은 그 재산을 빼앗을 수 있었는지에 대한 것뿐이다. 마땅히 후세가 받아야 할 그 재산이 없이는 그들의 인생에 짐이 되는데도 말이다.

푸펜도르프는 합의와 계약을 통해 타인에게 자기 재산을 이전하는 것과 마찬가지로 누군가를 위해 자신의 자유를 포기할 수 있다고 말했다.[208] 내 생각에는 이 부분이 추론을 잘못한 지점이다. 첫째, 내가 재산을 양도하면 그 재산은 완전히 나와 무관한 것이 되고 그 재산이 어떻게 잘못 사용되든 나와는 상관없는 일이다. 그렇지만 남이 내 자유를 함부로 하지 않는 것은 내게 여전히 중요한 일이다. 내가 강요를 받아 타인을 해하는 악을 저지르게 된다면 범죄의 앞잡이가 될 위험에 노출될 수도 있다.[209] 더욱이 소유권이란 인간의 제도와 합의에서 나온 것에 불과하므로 누구든 자기 뜻대로 자기 소유의 것을 처분할 수 있다. 그러나 자연이 기본적으로 준 생명과 자유와 같은 선물의 경우는 사정이 다르다. 누구나 생명과 자유를 향유할 권리가 있지만 이를 포기할 권리가 있는지는 참으로 의심스럽다. 자유를 빼앗는다면 그의 존재는 타락하기에 이르고, 생명을 빼앗는다면 그의 존재의 모든 것은 파괴되어버린다. 속세의 그 무엇으로도 자유와 생명을 보상해줄 수 없기에 어떤 대가를 받든지 간에 이 두 가지를 포기한다는 것은 자연과 이성을 동시에 위반하는 일일 것이다. 그런데 설령 재산을 양도하듯 자유 역시 양도할 수 있다고 해도 권리의 이전을 통해야만 아버지의 재산을 누릴 수 있는 아이들에게 이 차이란 대단히 큰 것이다. 자유란 아이들이 인간이라는 자격으로 자연으로부터 받은 선물이므로 아버지는 아이들의 자유를 빼앗을 권리가 전혀 없다. 그래서 노예제도를 확립하기 위해서 자연을 위반하지 않을 수 없었던 것처럼 자유를 빼앗을 권리를 영속시키기 위해서 자연을 타락시키지 않을 수 없었다. 노예의 아이는 태어날 때부터 노예라고 진지하게 선언했던 법학자들의 경우 이를 다른 말로 바꿔본다면 사람은 태어날 때부터 사람이 아니라고 판정내리고 말았던 것이다.210

그러므로 내가 보기에 정부는 독단적인 권력으로 시작된 것이 아님이 확실하다. 그것은 극단적으로 표현해보자면 타락한 정부나 다름없으며, 그렇게 되면 결국 정부는 가장 강한 자의 법을 따르지 않을 수 없다. 처음에 정부는 그 강한 자를 난국을 타개할 해결책으로 삼았었다. 정부가 그런 방식으로 시작되지 않았다고 해도 그 권력은 본성상 비합법적인 것이므로, 사회법은 물론 불평등한 제도를 뒷받침할 토대가 될 수 없었다.

모든 정부의 기본 협약의 본성에 대한 연구는 여전히 미완성으로 남아 있다. 나는 지금 그 연구를 본격적으로 시작하는 대신 공통된 의견211을 따라 정치체의 설립은 인민과 인민이 직접 선출한 수장들 사이에 맺은 실질적인 계약이라고 간주하는 것으로 그치고자 한다. 이 계약에 따라 두 계약 당사자는 그 계약에 명시되어 두 계약 당사자를 단단히 결합시켜주는 법을 준수하기로 약속하는 것이다. 사회 관계에 관한 인민의 모든 의지가 단 하나로 녹아들었으므로 이 의지가 나타나고 있는 모든 법 조항들이 국가의 구성원 전부가 한 명의 예외도 없이 지켜야 하는 모든 근본법이 되고,212 그 법 조항 중 하나는 다른 법 조항들을 이행하는 임무를 맡은 행정관들213을 어떻게 선택할 것이며 그들에게 어떤 권력을 부여할 것인지 규정한다. 이 권력은 정치체제를 바꾸는 데까지 나아가지는 않지만 그 체제를 유지할 수 있는 모든 것에 이른다. 여기에 법과 법을 집행하는 행정관들을 존경하도록 만들어주는 영예를 마련해주고, 특히 이들 법 집행자들에게는 개인적으로 올바른 행정을 수행하기 위해 기울일 수밖에 없는 고통스러운 일들을 덜어주는 특권을 부여하도록 하자. 행정관의 경우는 그가 부여받은 권력을 그 권력을 위임한 자들의 의도에 맞추어서만 이용하고, 모든 사람이 각자 소유한 것을 평화롭게 누릴 수 있도록 하고, 어떠한 경우라도 자기 자신의 이익보다 공공의 이익을 우선하기로 약속한다.

경험상 알게 되기 전에도, 인간 마음을 잘 알게 되어 그러한 정치체제가 결국 권력을 남용하게 마련임을 예상하기 전에도, 이 정치체제는 그것을 유지하기 위해 불철주야 노력하는 임무를 맡은 사람들 스스로가 가장 큰 이해 당사자들이므로 그만큼 더 훌륭한 것으로 보였을 것임에 틀림없다. 행정관의 직과 그가 갖는 권리들은 오직 근본법에만 기초하므로 그 법이 무너지게 되면 행정관들도 더는 적법하지 않게 되고, 인민은 더는 그들에게 복종하려들지 않을 것이다. 그러나 국가의 본질은 행정관이 아니라 법에 있을 테니 각자는 당연히 자신의 자연적인 자유를 되찾게 될 것이다.

이 점을 조금이라도 주의 깊게 성찰해봤다면, 이 점은 새로운 원인들로 확실해질 것이고, 계약의 본성상 이 계약이 철회될 수 없는 것이 아니라는 점을 알게 될 것이다. 계약 당사자들이 계약을 성실히 이행하리라는 보증인이자, 이들이 서로 약속을 지키지 않을 수 없게 하는 상위의 힘이 없었다면, 계약 당사자들은 자기들이 수행해야 하는 의무를 판단하는 유일한 자들로 남겠고, 계약 당사자 한 사람 한 사람은 상대방이 계약을 위반했음을 깨닫게 되거나 더는 계약이 자기에게 적합하지 않다고 생각할 때 언제나 계약을 거부할 권리를 가질 것이다. 양위의 권리는 바로 이런 원리에 따라 세워질 수 있다. 그런데 지금 우리가 논의하는 것처럼 인간 제도만을 고려해 봤을 때, 행정관이 모든 권력을 손에 쥐고 계약에서 발생하는 모든 이득을 가로채면서 권위를 거부할 권리를 가지기라도 했다면, 수장들의 모든 과오를 고스란히 부담해야 하는 인민은 말할 것도 없이 그들이 요구하는 복종을 거부할 권리를 가졌음이 틀림없다. 그러나 저 위험천만한 권력이 필연적으로 초래하고 말 무한한 혼란이며 끔찍한 대립을 생각해본다면 모든 것에 앞서 얼마나 인간의 정부들이 이성보다 더 튼튼한 토대를 필요로 하는지, 대중의 안정을 위해서는 신이 자신의 의지를 앞세워 개입하여, 신민이 주권을 제멋대로 처분하는 저 치명적인 권리를 행사하지 못하게 만들 신성불가침의 성격을 주권에 부여하는 일이 얼마나 필요한지 보여주는 것이다. 종교가 인간에게 이런 선행만을 베풀었던들, 설령 종교가 잘못을 저지르더라도 인간은 누구라도 충분히 종교를 사랑하고 받아들일 수 있을 것이다. 광신주의 때문에 흘렸던 피에 비하면 종교 때문에 흘렸던 피가 훨씬 더 적지 않은가.214 하지만 우리의 가설을 계속 이어나가보도록 하자.

정부 형태가 다양한 것은 정부가 설립되었을 때 정도의 차이는 있을진대 개별자들 사이의 차이에서 그 기원을 찾을 수 있다. 어떤 사람이 권력, 미덕, 재산, 명망에서 탁월한가? 그가 유일한 행정관으로 선출되면 군주제 국가가 된다. 다른 사람들에 비해 같은 정도로 탁월한 사람이 여럿이어서 이들이 공동으로 선출되면 귀족정이 된다. 자연 상태를 벗어난 지 얼마 되지 않아서 재산이나 능력의 불평등이 적은 사람들이 최고 행정을 공동으로 관리한다면 인민이 통치하는 국가가 된다. 시간이 흐름에 따라 이들 정부 형태 중 무엇이 인간에게 가장 유리했는지 알 수 있었다. 어떤 이들은 그저 법만을 따랐고, 다른 이들은 금세 주인들에게 복종했다. 시민들은 자유를 간직하고자 했고 신민들은 이웃의 자유를 뺏을 생각만 했다. 신민들은 자기들이 더는 누릴 수 없는 자유라는 재산을 다른 이들이 누리는 것을 견딜 수 없었기 때문이다. 한마디로 말해서 한편에 부와 정복이 있었다면 다른 편에는 행복과 미덕이 있었다.215

이렇게 다양한 정부에서 행정관은 처음에 선출직이었다.216 누구도 압도적인 재산을 갖지 않았을 때 타고난 영향력을 행사하는 재능과, 어떤 사안이라고 할지라도 경험이 풍부한 나이와, 심의할 때 냉정을 취할 수 있는 능력을 가진 사람이 선호되었다. 히브리인들의 선조들, 스파르타의 노인들,217 로마의 원로원이 그렇다. 우리가 쓰는 말인 나리Seigneur란 말의 어원218만 봐도 예전에 얼마나 노인이 존경받았는지 알 수 있다. 나이가 많은 사람들이 더 많이 선출되자, 선거가 더 자주 이루어질 수밖에 없었고, 그러자 곤란한 일도 더 많이 생겼다. 음모가 생기고, 분파가 형성되고, 파벌 대립이 심해지고, 내전이 촉발되고, 소위 국가의 행복이라는 미명으로 시민들이 피를 흘렸으니, 이 시대는 이전의 무정부 상태로 되돌아가기 직전 상태였다. 야심만만한 수장들이 이 상황을 이용해서 가족끼리 돌아가며 공직을 독점했다. 벌써 복종, 안정, 안락한 삶이 몸에 익은 인민은 구속을 벗어던질 여력도 없이, 평온을 누리기 위해서라면 예속이 늘어가도 개의치 않았다. 이렇게 해서 수장들의 세습이 시작되자 이들은 전혀 개의치 않고 행정관의 직을 가족의 세습 재산으로 보고, 처음에야 고작 관리에 불과했던 그들이 자기 자신을 국가의 소유주로 생각하고, 동포를 노예라는 이름으로 부르고, 그들이 가축이라도 되듯이 자기들의 소유물로 보고, 제 스스로 왕들의 왕이요, 신과 동등한 존재라고 선언하게 되었다.

이런 서로 다른 급변들 속에서 불평등이 어떻게 진전되었는지 따라가본다면, 그 시작은 법과 소유권의 마련이요, 두 번째는 행정관의 직의 설립이요, 세 번째는 합법적인 권력의 자의적인 권력으로의 변화임을 알게 된다. 첫 번째 시대에 부자와 빈자가, 두 번째 시대에 강자와 약자가, 세 번째 시대에 주인과 노예의 상태가 허용되었고, 이 마지막 상태는 다른 모든 상태들이 귀결하게 되는 불평등의 최후의 단계로서, 이때 새로운 급변이 일어나 정부가 완전히 와해되거나 합법적인 제도에 바투 다가서거나 하게 된다.

불평등이 이렇게 진행될 수밖에 없음을 이해하려면 정치체가 설립된 이유들보다는 정치체가 설립될 때 어떤 형태를 취하고, 그 다음에 어떤 불편이 생기는지 고려해야 한다. 악 때문에 사회제도가 필요하게 되었다면, 결국 바로 그 악 때문에 사회제도가 잘못 운영될 수밖에 없기 때문이다. 법으로 특히 아이들의 교육에 신경 썼고, 리쿠르고스가 풍속의 틀을 닦아 여러 법을 추가할 필요가 없도록 했던 스파르타만을 예외로 한다면, 법 일반은 정념보다 더 강하지 못해서 사람들을 변화시키지는 못하고 그저 억제하는 것으로 그친다. 타락하지 않고 변질되지 않고 항상 설립 목적을 충실히 따라 나아가는 정부라면 불필요하게 세워졌던 것이겠으며, 누구도 법망을 피할 수 없고 행정관의 직을 제멋대로 남용하지 못하는 나라라면 행정관도, 법률도 필요하지 않으리라는 것을 증명하기란 쉬운 일일 것이다.

정치적 차별은 필연적으로 시민들의 차별을 가져온다. 인민과 수장들 사이의 불평등이 커지면 개별자들 사이의 불평등이 곧 뚜렷이 나타나고, 그 불평등은 정념, 재능, 상황에 따라 수만 가지로 변화한다. 행정관이 부당하게 권력을 찬탈하려면 얼마간을 떼어주지 않을 수 없는 몇몇 사람들을 마련해야 한다. 더욱이 시민들이 억압을 감수하는 경우는 맹목적 야심에 이끌려 자기 위보다는 아래를 보면서, 통치 받는 것이 독립적으로 살아가는 것보다 그들에게 더 중요하게 되고, 자기들이 족쇄를 차는 데 동의한다면 그것은 다음에는 자기들이 족쇄를 채울 것이기 때문이다. 명령하고자 하지 않는 이를 복종하게 하는 일은 대단히 어려운 일이다. 더없이 능숙한 정치가라도 그저 자유롭고자 하는 사람들을 예속하는 데 이르지 못할 것이다. 하지만 야심만만한 데다 비열하기까지 한 사람들 사이에서 불평등은 쉽사리 확산된다. 그들은 언제라도 운을 걸어보고 상황이 유리한가 그렇지 않은가에 따라 눈 하나 깜짝하지 않고 지배도 봉사도 불사하는 사람들이다. 그래서 인민의 지도자들이 가장 보잘것없는 사람에게 너와 네 가문이여, 위대해지거라, 라고 말만 하는 것으로 인민의 눈이 휘둥그레지는 시대가 왔던 것이다. 그 말이 끝나자마자 그 자신은 물론 모든 사람에게 그는 대단한 사람으로 보이게 되고, 그 형편없는 자의 후손들이 거듭될수록 그들의 지위는 점점 더 높아졌다. 원인이 오래되고 불확실해질수록 결과는 확장되고 한 가문에 게으름뱅이들이 많아질수록 그 가문은 더욱 명망을 누리게 되었다.

이 부분을 더 세부적으로 검토해본다면 나는 어떻게[219] 개별자들이 명망과 권위의 불평등을 피할 수 없게 되었는지 쉽게 설명해볼 수 있을 것이다.[주석 19] 개별자들이 한 사회에 결속되자마자 그들은 서로 비교하지 않을 수 없고, 서로가 계속 서로를 이용해야 하는 상황에서 발견하게 된 차이들을 고려하지 않을 수 없게 된다. 차이들의 종류는 여러 가지이겠으나, 일반적으로 주요한 차이를 보여주는 것은 부, 귀족 신분이나 지위, 권력, 개인적 자질이다. 이런 차이들을 통해 사회 속에서 자기 위치가 정해진다. 이 다양한 힘들이 합치되는가 갈등하는가 국가가 제대로 통치되는가 잘못 통치되는가를 알 수 있는 지표가 된다는 것을 나는 입증해보일 수 있을 것이다. 나는 이 네 가지 불평등 중에 개인의 자질이 다른 자질의 기원이 되므로, 부가 다른 불평등이 귀결하는 최초의 불평등임을 지적해보일 수 있을 것이다. 유복한 상태에 가장 즉각적으로 유용하며, 그보다 더 쉽게 나눌 수 없기 때문에 부만 있으면 쉽게 다른 나머지도 살 수 있으니 말이다.220 이 고찰을 통해 각 민족이 최초의 제도에서 얼마나 멀어졌는지, 극단적인 타락으로 난 길에 얼마나 가까이 다가갔는지 정확히 판단할 수 있다. 누구나랄 것 없이 갖고 있는 명성, 명예, 특혜를 누리려는 욕망이 우리 모두를 삼켜버리면서 얼마나 재능과 힘을 작동시키고 비교하는지, 그 욕망은 얼마나 정념을 자극하고 정념의 수를 늘리는지, 그 욕망은 원형경기장에 사람들을 몰아넣고 달리게 하듯 모든 사람을 경쟁시키고, 경합하게 하고, 심지어는 적으로까지 만들어버리면서 매일같이 얼마나 인류의 실패, 성공, 재앙의 원인이 되고 있는지 지적해볼 수 있을 것이다. 나는 사람들 가운데 존재하는 가장 훌륭한 것과 가장 나쁜 것, 즉 우리의 미덕과 악덕, 우리의 학문과 오류, 우리의 정복자들과 철학자들, 다시 말하면 소수에 불과한 선한 것과 무수히 많은 악한 것이 생기는 이유가 결국 유명해지고자 하는 열망221이며, 거의 항상이다시피 우리를 흥분에 사로잡히게 만드는 남보다 돋보이고 싶은 열정에 있다는 것을 보여줄 수 있을 것이다. 나는 또 한 줌도 되지 않는 강자들과 부자들이 권세와 영화의 절정에 올라있는 반면 수많은 대중은 무지와 빈곤의 상태에 머무른다면 강자들과 부자들은 그들이 누리는 것을 다른 사람들이 갖지 못할 때만 그것에 가치를 부여하고, 반면 인민이 더는 빈곤한 상태에 놓이지 않을 때 상황은 전혀 달라진 것이 없는데도 그들은 더는 행복하지 않게 되리라는 점을 증명할 수 있을 것이다.

그렇지만 이런 자세한 설명을 모두 담을 수 있으려면 자연상태의 권리와 비교해서 모든 정부의 긍정적인 점과 부정적인 점을 판단하게 될 엄청난 저작이 되어야 할 것이다. 그러한 저작에서라면 오늘날까지 드러났고, 이들 정부의 본성에 따라 숱한 세기 후에222 드러나게 될 불평등과, 시간이 흐르면서 필연적으로 이르게 될 격변들의 전모를 드러낼 수 있을 것이다. 수많은 사람들이 예전에 외부의 위협에 지속적으로 대비한 결과 이제는 내부에서 억압받는다는 것을 알게 될 것이다. 피억압자들은 억압의 끝이 어디인지, 그들에게 그 억압을 멈추게 하기 위한 어떤 합법적인 수단이 있는지도 알지 못한 채, 억압이 계속 커지고 있음을 알게 될 것이다. 시민들의 권리와 국가의 자유가 점차 사라지고 약자들이 이에 항변하기라도 하면 그 항변은 폭도들의 불만으로 간주된다는 것을 알게 될 것이다. 정치에서는 공동의 의무를 수행하는 명예를 돈 때문에 일하는 한 줌의 인민에게만 남겨준다는 것을 알게 될 것이다. 그렇게 되면 조세를 걷지 않을 수 없으니 의욕을 잃은 경작자들이 평화 시에도 쟁기를 버리고 칼을 차고 밭을 떠난다는 것을 알게 될 것이다. 기이하기 짝이 없을 뿐 아니라 불행을 초래하기까지 하는 명예의 규칙들이 나타나게 됨을 알게 될 것이다. 조국의 수호자가 이내 조국의 적이 되어,223 동포들에게 끊임없이 단도를 겨누게 된다는 것을 알게 될 것이다. 그래서 동포들이 조국의 압제자에게 이런 말을 하는 시대가 오고야 말 것이다.

    너 칼 박아 넣으라 한다면, 내 형제의 심장에
    아버지 목에, 내 아이 품은 아내의 배에,
    내 뜻, 내 맘 아니지만 해낼 수밖에
    Pectore si fratris gladium juguloque parentis

Condere me jubeas, gravidae que in viscera a partu
Conjugis, invita peragam tamen omnia dextra.[224]

　사회적 신분과 재산의 극단적인 불평등, 극히 다양한 열정과 재능의 차이, 쓸모없는 기술들, 해로운 기술들, 시시한 학문들로부터 이성, 행복, 미덕에 모두 반하는 수많은 편견들이 생겨날 것이다. 함께 모인 사람들을 서로 떼어놓으면서 그들의 결속을 약화시킬 수 있는 모든 것을, 사회를 겉으로만 화합하는 것처럼 보이게 하면서 실제로는 분열의 씨앗을 뿌릴 수 있는 모든 것을, 다양한 신분에게 그들의 권리와 그들의 이익에 반하여 서로 불신과 증오의 마음을 심어 놓을 수 있는 모든 것을 수장들이 조장하여, 결국 모든 사람들을 억누르는 힘이 강화된다는 것을 알게 될 것이다.[225]

　저 혼란과 격변들 한가운데에서 전제정이 점차 저 끔찍한 대가리를 쳐들고 국가의 모든 부분에서 너무도 선하고 너무도 건전한 것을 보기만 하면 모두 삼켜버려, 결국 법과 인민을 짓밟고 폐허가 된 공화국 위에 자리 잡게 된다. 이러한 변화가 일어나기 직전의 시간들은 혼란의 시대, 재앙의 시대일 테지만, 결국 저 괴물은 이 모든 것을 하나도 남김없이 삼켜버리게 되고 그때 인민은 더는 수장도, 더는 법도 없이 폭군만을 갖게 되는 것이다. 바로 이 순간부터 풍속이며 미덕이 뭐가 중요할 것인가. "정직이라고는 전혀 믿지 않는cui ex honesto nulla est spes"226 전제군주가 지배하는 어느 곳이든 주인은 그 한 사람뿐이다. 그가 말을 꺼내자마자 지켜야 할 의무도 따라야 할 올바름도 더는 없다. 노예들에게 남은 유일한 미덕이란 맹목적인 복종일 뿐이지 않은가.

여기가 불평등의 종착지이자, 출발점으로 돌아와 순환이 닫히는 극단적인 지점이며,227 모든 개별자들이 다시금 평등해지는 지점이다. 그러나 이번에 그들이 평등하게 되었다면 그것은 그들이 전혀 무가치한 자들이 되어버렸기 때문이다. 그때 모든 신민들의 법은 그저 주인의 의지라는 법이며, 주인이 따르는 규칙은 자기 정념뿐이니, 선의 개념이며 정의의 원칙은 이제 꼼짝없이 사라질 운명이다. 여기가 모든 것이 최강자의 법으로 귀결하는 지점이며, 결국 우리가 출발했던 자연 상태와는 완전히 다른 새로운 자연 상태가 시작되는 지점이다. 최초의 자연 상태는 가장 순수했던 시대였지만 이 새로운 자연 상태는 과도한 타락의 소산이라는 점에서 그렇다. 더욱이 이 두 상태는 차이가 없다시피 하다. 전제군주가 정부의 계약을 완전히 가루로 만들어버렸으니 폭군은 그가 최강자인 한에서만 주인이고, 사람들이 그를 내쫓을 힘을 갖게 되자마자 폭력이 가해진대도 이에 항의할 수 없게 된다. 술탄을 왕위에서 끌어내 목을 조르는 것으로 끝내는 폭동은 술탄이 신민의 생명과 재산을 감시하는 데 동원했던 행위와 똑같이 법적인 행위이다. 오직 힘만이 그의 왕위를 지켜주었고, 오직 힘만이 그를 왕위에서 물러나게 했다. 이렇듯 어떤 것이든 자연의 질서를 따르지 않는 것은 없다. 이 짧고 빈번한 격변들의 사건이 어떤 식으로 나타나건 누구라도 타인의 부당함을 불평할 수 없으며, 그저 자신이 신중하지 못했거나 제게 불행이 일어났음을 탓할 수밖에 없다.

이런 식으로 주의 깊은 독자라면 인간을 자연 상태에서 시민 상태로 이끌었음에 틀림없는 잊히고 지워진 길을 발견하고 추적하고, 조금 전에 내가 지적한 매개적인 상황들로써, 내가 시간이 부족했거나 미처 생각해낼 수 없었던 탓에 미처 실을 수 없었던 상황들을 복원해보고, 이 두 상태 사이에 엄청난 거리가 놓여 있음에 놀랄 수밖에 없을 것이다. 그런 독자라면 철학자들이 해결할 수 없는 도덕과 정치에서 제기된 수많은 문제들이 바로 이렇게 느리게 이어져갔던 세상만사의 추이를 따를 때 비로소 해결될 수 있음을 알게 될 것이다. 한 세대의 인류가 다른 세대의 인류와 같지 않으므로 디오게네스가 인간을 발견할 수 없었던 이유는 자신의 동시대 사람들 중에서 더는 존재하지 않는 시대의 인간을 찾고자 했기 때문임을 깨닫게 될 것이다. 그런 독자라면 카토가 로마와 자유를 구하고 죽음을 맞았던 것은 그가 시대를 잘못 태어났기 때문이며, 오백 년 더 일찍 태어났다면 세상을 지배할 수도 있었을 저 위대한 사람이 그저 사람들을 뒤흔들어 놓고 말았다고 할 것이다. 한마디로 말해서 그 독자는 인간의 영혼과 정념이 어떻게 눈에 띄지 않게 변한 끝에 말하자면 본성을 바꾸게 되는지, 우리의 필요의 대상과 우리의 즐거움의 대상이 왜 결국 변하게 되는지, 최초의 인간이 단계적으로 자취를 감추게 되는 것을 현자의 눈으로 보면 왜 사회가 그저 인위적인 사람들과 작위적인 정념들의 결합에 불과한 것이 되는지 설명하게 될 것이다. 사회에 살아가는 사람들과 그들의 정념들은 이 모든 새로운 관계들이 작용한 결과로, 자연에서는 전혀 그것의 토대를 찾을 수 없다. 앞에서 우리가 성찰을 통해 알게 된 것이 관찰을 통해 완벽하게 확인된다. 야만인과 문명인은 마음 깊은 곳부터, 성향부터가 완전히 다르기 때문에 한 사람에게는 지고한 행복이 되는 것이 다른 사람에게는 절망이 되고 말 것이다. 야만인이 열망하는 것은 그저 휴식과 자유뿐이며 한가하게 시간을 보내고 살아가기만을 바란다.[228] 스토아주의자의 아타락시아조차 모든 다른 대상에 대한 야만인의 철저한 무관심에 댈 것이 못 된다.[229] 반대로 항상 능동적으로 행동하는 시민은 땀을 흘리고, 분주히 움직이고, 끊임없이 전전긍긍하여 훨씬 더 근면을 필요로 하는 일들을 찾아 나선다. 그는 죽을 때까지 일하고, 살고자 하면서 죽음을 향해 달려가거나 영생을 얻으려고 삶을 포기한다. 자기가 증오하는 위인들과 경멸하는 부자들에게 잘 보이려고 애쓰고, 그들에게 봉사하는 영예를 얻고자 수고를 아끼지 않고, 비천한 상태에 놓여 그들의 보호를 받고 있으면서도 우쭐거리며 자랑을 하는 것도 모자라 자신이 처한 노예 상태에 자부심까지 느끼며, 자기처럼 영예로운 노예로 살지 못하는 사람들에 대해 경멸적으로 말한다. 카리브 사람은 유럽에서 온 대신^{大臣}이 행하는 고단하지만 부러움을 한 몸에 받는 노동을 얼마나 대단한 구경거리로 보겠는가! 저 게으른 야만인은 일을 잘 해내서 얻는 즐거움으로는 도대체 달랠 수도 없는 그런 공포스러운 인생을 살기보다는 차라리 참혹한 죽음을 더 바라지 않겠는가? 그런데 무슨 목적 때문에 그 대단한 정성을 들이는지 알려면 '권력'이며 '평판'이며 하는 말들의 의미가 머릿속에 새겨져야 하고, 세상 나머지 사람들의 시선을 중요하게 생각하고, 자기 자신의 확신보다는 타인의 생각을 따르는 것을 다행스럽게 생각하고 만족스러워 할 수 있는 사람들이 있음을 알아야 할 것이다. 정말이지 이 모든 차이들을 만든 실질적인 원인을 나는 이렇게 요약해보련다. 야만인은 자기 안에서 살아가지만 사회 속 인간은 언제나 자기 바깥에 놓인다. 그러니 후자는 타인들의 입장을 받아들이지 않고는 살아갈 수 없고, 타인들의 판단이 아니고서는 자기 존재

감정을 느낄 줄 모른다. 도대체 마음이 어떻게 생겨먹었기에 그렇게 도덕에 대한 아름다운 말들이 많고 많은데도 선과 악에 그토록 무관심하게 되어버린 것인지, 결국 외관으로 귀결하지 않는 것이 없게 되었으니, 어떻게 무엇이라도 자기를 빛나게만 해줄 수 있다면 영예, 우정, 미덕, 심지어는 악덕조차 인위적이지 않은 것이 없게 되고 연기가 아닌 것이 없게된 것인지, 철학이 어떻고, 인성이 어떻고, 예절이 어떻고, 숭고한 규범이 어떻고 떠들어대지만 결국 어떻게 경박하고 허위에 불과한 외면밖에, 미덕 없는 영예밖에, 지혜 없는 이성밖에, 행복 없는 쾌락밖에 갖지 못한 것인지에 대해 말하는 것은 내 주제를 벗어나는 일이다.[230] 나는 인간이 최초의 상태에 있을 때 절대 그렇지 않았으며, 우리가 자연적으로 가졌던 성향을 전부 바꾸고 변질시켜 놓은 것은 오직 사회와 사회가 만들어낸 불평등의 정신이라는 점을 증명했던 것으로 내 할일은 다 한 것이다.

나는 불평등의 기원과 추이는 어떠했는지, 정치사회들이 어떻게 설립되고 또 잘못 운영되었는지 제시하고자 했다. 이런 사실들은 오직 이성의 빛을 통해 인간 본성에서 도출한 것으로, 주권은 신으로부터 부여받은 것이라는 입장을 승인해주는 종교 교리와는 아무런 관련이 없다. 이런 논지에 따라 자연 상태에서 불평등이란 없다시피 했지만 우리의 능력이 계발되고 인간 정신이 진보하면서 불평등이 커지고 강해져, 결국 소유권과 법을 세움으로써 지속성과 정당성을 인정받게 되었으며, 아울러 실정법을 통해서만 허용되는 정신적 불평등은 신체적 불평등과 동일한 비율로 나타나지 않는 어떤 경우라도 자연법과 모순된다는 결론을 내릴 수 있다. 이렇게 구분하면 문명화된 모든 민족들이 겪는 불평등을 어떻게 생각해야 하는지 충분히 밝혀낼 수 있다. 아이가 노인에게 명령하고 우둔한 자가 현명한 자를 이끌고 절대 다수가 먹을 것이 없어 굶고 있는데 한 줌의 인간에게는 그들이 어쩔 줄 모를 정도로 잉여가 넘쳐난다는 점은 어떻게 정의하든 자연법에 반하는 일이 분명하다.231

주석

[주석 1] 헤로도토스는 스메르디스를 사칭했던 자를 죽이고[232] 페르시아를 해방시켰던 일곱 명이 한 자리에 모여 어떤 정부 형태를 마련할지 논의했는데 오타네스가 공화국 안을 강하게 밀어붙였다고 전한다. 태수가 자기 입으로 그런 의견을 낸 것은 기이한 일이었다. 귀족들은 오타네스가 페르시아 제국에 관철시킬 수 있었을 이런 주장도 두려웠지만, 그것 말고도 죽기보다 더 싫었던 것은 그런 정부 형태를 취하게 되면 그들이 대중을 존중해야 한다는 점이었다. 당연히 생각할 수 있듯이 오타네스의 주장은 받아들여지지지 않았다. 군주 선출이 시작되자 복종도 명령도 하고

싶지 않았던 그는 기꺼이 다른 경쟁자들에게 왕권을 내주고 대신 자신과 자신의 후손이 누구에게도 복종하지 않고 자유롭게 살아갈 권리를 달라고 해서 그 권리를 얻었다. 헤로도토스는 이 특권에 어떤 제한이 걸렸는지에 대해서는 언급하고 있지 않지만 당연히 제한이 있었으리라고 생각해야 할 것이다.233 그렇지 않고 오타네스가 법이라고는 전혀 인정하지 않고 누구의 말도 듣지 않았다면 그가 국가의 실력자가 되고, 국왕보다 더 강한 자가 되지 말란 법도 없었다. 그렇기는 해도 그와 같은 경우에 그런 특권이면 족하다고 생각하는 사람이 특권을 함부로 남용했을 것 같지는 않다. 정말이지 페르시아 왕국이 현명한 오타네스 때문이건, 그의 후손 중 누구 때문이건 그런 권리를 부여했던 것 때문에 조금이라도 혼란이 생겼으리라고는 생각할 수 없다.

[주석 2] 나는 내 글을 여는 이 부분을 철학자들에게 상당한 영향력을 갖고 계신 분의 입장을 확신을 갖고 지지하는 것으로 시작하고자 한다. 그분이 제시하는 입장들은 철학자들이 아니고서는 발견하고 짐작할 수 없는 견고하고 숭고한 이성을 따르고 있기 때문이다.234

"우리 자신을 아는 일로 우리가 얻을 수 있는 이득이

무엇일지라도 우리는 정작 우리가 아닌 모든 것을 우리 자신보다 더 잘 알고 있는 것은 아닌지 모르겠다. 자연은 우리에게 오로지 자기 보존을 위해 마련된 기관을 갖춰주었고, 우리는 그 기관을 외부에서 온 자극을 수용하는 데만 사용한다. 반면 우리는 외부로 나아가고 우리 외부에 머물고자 한다. 우리는 감각을 다방면으로 기능하게 하고 우리 존재를 외부로 더욱 연장하는 데 지나치게 몰두해서 내적 감각이란 것을 전혀 사용하지 않을 정도이다. 우리가 갖는 실제적인 규모 밖으로 나아가지 않도록 하고 우리와 우리가 아닌 것을 구분해주는 것이 내적 감각인데 말이다. 하지만 우리가 누구인지 알고자 한다면 내적 감각을 사용해야 한다. 우리가 우리 자신을 판단할 수 있는 유일한 수단이 그것이다. 하지만 어떻게 이 감각을 활성화하고 최대로 가동할 수 있을까? 어떻게 내적 감각이 머물고 있는 우리의 마음을 우리의 정신이 품곤 하는 모든 환영幻影들에서 놓여나게 할 수 있을까? 우리는 이미 내적 감각을 사용하는 습관을 잃어버렸고 그 습관은 육체의 감각 작용이 일으키는 격동 한가운데 실행되지 않은 채 남아 있다. 불타오르는 우리의 정념이 내적 감각의 습관을 바싹 말려버린 것이다. 마음, 정신, 감각, 이 모든 것이 작용해서 내적 감각의 습관이 사라지고 말았다."(뷔퐁, 자연사, 4권, 「인간의 본성에

관하여」, 151쪽)

[주석 3] 오랫동안 두 발로 걷는 습관이 들면서 사람 몸의 구조에 변화가 생길 수 있었고, 사람의 두 팔과 네발동물의 앞다리에 상당한 관계가 있음을 관찰할 수 있고, 또 네발동물의 보행 방식을 통해 추론해본다면, 이 점에서 사람이 걷는 방식이 가장 자연스러운 것이었다는 주장은 의심스러운 일이 되었다. 아이들은 전부 처음에는 네 발로 걷고, 어른들이 걷는 모습을 보고 또 어른들이 가르쳐야 똑바로 설 수 있게 된다. 호텐토트족235과 같이 아이들에게 하도 신경을 쓰지 않아서 오랫동안 손으로 걷도록 방치하곤 하기 때문에 나중에 아이들을 바로 세워 걷게 하는 데 대단히 애를 먹는 야만인들이 사는 나라도 있다. 앤틸리스제도諸島의 카리브 사람들도 아이들을 그렇게 내버려둔다236. 네 발로 걷는 사람들의 사례는 여럿 있는데 나는 그중 한 가지를 소개해볼까 한다. 1344년에 헤센 대공국 인근에서 발견된 아이의 사례가 그것이다. 늑대들이 먹여 키운 아이였다.237 발견된 뒤에는 하인리히 대공의 궁정에서 살았는데 대공만 아니라면 사람들과 사는 것보다 숲으로 돌아가 늑대들과 살고 싶다는 말을 자주 하곤 했다. 그는 늑대같이 걷는 습관이 들어버려서 똑바로 서서 두 발로 균형을 잡아

주려고 부목負木을 대야했다. 1694년에 리투아니아의 숲에서 곰들과 함께 살던 아이를 발견했을 때도 사정은 같았다.238 콩디약 씨는 그 아이에게 이성의 흔적이 전혀 없었고, 손과 발을 이용해 걸었고, 언어란 것이 전혀 없었고, 사람이 내는 소리와는 전혀 닮지 않는 소리만 냈다고 했다. 몇 년 전에 하노버에서 어린 야만인 한 명을 발견해서 영국 왕궁에 데려왔는데 그 아이를 두 발로 걷게 하는 데 대단히 애를 먹었고, 1719년에 피레네 산맥에서 발견한 두 야만인도 네발동물처럼 이 산에서 저 산으로 달리곤 했다. 이들이 우리에게 엄청난 이득을 마련해주는 손을 사용하지 않고 포기한 것이라는 반박에 대해서는 손을 두 가지 방식으로 훌륭히 사용할 수 있는 원숭이의 예를 들지 않더라도, 이를 보면 사람은 자연이 알려준 것과는 다른 방식으로 걷도록 정해지지 않았으며 스스로 자기 신체에 자연이 정해 놓은 용도보다 더 유용한 용도를 마련할 수 있음이 증명된다고 하겠다.239

그런데 내가 보기에는 인간이 두발동물이라는 주장을 뒷받침할 수 있는 더 훌륭한 이유들이 있는 것 같다. 첫째, 인간이 애초부터 우리의 현재 모습과는 다른 방식으로 형성되었을 수도 있었지만 결국 지금 모습 그대로 되었다고 설명한대도, 그래서 그렇게 변했다는 결론을 내리기에는 충분하지 않은 것 같다. 그렇게 변화할 수 있는 가능성이 있음을 보여준 다음이라도 그런 변화가 생겼다고 가정부터 하기 전에 그런 변화가 실제로 이루어질 수 있음을 보여주어야 하기 때문이다.[240] 더욱이 사람의 두 팔이 필요에 따라서는 발 구실도 할 수 있다는 고찰은 그것과 상반된 수많은 의견들 가운데 그 이론에 적절한 유일한 것이다. 중요한 관찰은 다음과 같다. 인간의 머리가 몸통에 붙은 방식을 보면 다른 모든 동물들처럼 시선이 수평을 향하는 대신, 직립보행하면서 스스로 시선을 이동하기에, 인간이 네 발로 걸으면서 두 눈을 직접 바닥에 고정시키게 되면 이러한 상황은 개체의 자기 보존에 전혀 유리하지 않다. 인간은 꼬리가 없고 계속 두 발로 걷는다. 꼬리는 네발동물에게 유용한 것이라 꼬리가 없는 네발동물은 없다. 암컷의 가슴은 아이를 품에 안는 두발동물로서는 대단히 적절히 배치되어 있지만 아이를 이런 방식으로 데리고 있지 않는 네발동물들에게는 적합하지 않다.[241] 뒤쪽의 엉덩이가 앞다리에 비해 과도하게 높은 위치에 자리 잡고 있어서 네 발로 걷게 되면 무릎이 끌리지 않을 수 없으므로 이런 모든 것 때문에 동물의 균형은 완전히 무너져, 걸을 때 불편하지 않을 수 없다. 발을 손처럼 납작하게 디뎠다면 뒤쪽 다리에 정강이와 경골을 결합하는 관절 하나가 다른 동물들과 비교해 없었을지 모른다.242 발끝으로만 디디지 않을 수 없을 때처럼 그리 한다면 발목뼈는 정강이 대신이 되기에는 너무 굵어 보인다. 물론 발목뼈를 구성하는 여러 뼈는 빼고서 말이다. 또 척골과 경골을 잇는 관절은 너무 인접해 있어서 사람의 다리를 이런 상태로 놓는다면 네발동물의 유연성은 절대로 얻을 수 없다. 아직 자연적인 힘을 발휘할 수 없고 사지가 굳지 않은 아이들을 예로 들어보아도 결론은 나지 않는다. 나는 개들이 두 발로 걷게끔 태어나지 않았다고 말할 수도 있을 것 같다. 생후 몇 주는 기어 다니기만 하니까 말이다. 특별한 사실들을 가져다 댄대도 인간이라면 누구나 하는 것을 부정할 수는 없는 일이다. 심지어 다른 나라들과 전혀 교류가 없어서 모방의 대상이랄 게 없던 나라에서도 역시 그렇다. 혼자 걸을 수 있기 전에 숲에 버려진 아이를 어떤 짐승이 먹여 키우게 되면 아이는 유모가 된 그 짐승을 모방하여 그 짐승처럼 걷는 연습을 할 것이다. 습관이 붙으면 수월하게 그렇게 걸을 수도 있겠지만 그것은 결코 자연적인 것이 아니다. 팔이 없는 사람들이 노력해서 우리가 손으로 하는 모든 일을 발로 하는 데 이르기도 하는 것처럼 그 아이 역시 손을 발처럼 사용하게 될 것이다.

[주석 4] 이 책을 읽는 독자들 가운데 토지는 자연적으로 비옥하다는 가정에 이의를 제기하시는 형편없는 자연학자가 계시다면 다음을 인용해서 그분께 답변하고자 한다.

"식물이 대지에서 취하는 양분보다 공기와 물에서 취하는 양분이 훨씬 더 많으므로, 식물이 썩으면 대지에서 취했던 것보다 더 많은 것을 대지에 돌려주게 된다. 더욱이 숲은 증기의 발산을 막아 비를 내리게 한다. 그래서 오랫동안 사람의 손이 닿지 않아 보존된 숲에서 식물이 자라는 지표층은 놀랄 만큼 증가할 것이다. 그러나 동물들은 대지에서 취한 것보다 덜 돌려준다. 또 인간은 불을 피우거나 또 다른 용도로 나무와 식물을 대규모로 소비하기 때문에 사람이 사는 고장의 식물 지표층은 계속 줄어들고 결국 중앙아라비아나 근동의 다른 많은 고장의 토양처럼 변한다. 과거에 이곳의 환경은 사람들이 많이 거주할 수 있는 것이었으나 이제 소금과 모래밖에는 남지 않았으니, 이는 식물과 동물의 고정염鹽[243]은 남지만 다른 부분들은 모두 기화되기 때문이다."(뷔퐁, 『자연사』)[244]

여기에 지난 몇 세기 동안 발견된 무인도를 가득 덮고 있던 모든 종류의 수목과 초본과, 역사로만 전해지는 엄청난 규모의 숲을 예로 추가해볼 수 있다. 인구가 증가하고 사람들이 문명화되면서 그 숲을 전부 베어버린 것이다.

이 점에 대해 나는 다음의 세 가지를 지적하고자 한다. 첫째, 뷔퐁 씨가 생각한 대로 동물이 식물성 물질을 소비해서 상실하는 물질을 보충해줄 수 있는 일종의 식물이 있다면 그것은 숲이다. 숲의 꼭대기와 잎들이 모여 다른 식물들이 할 수 있는 것보다 훨씬 많은 물과 수증기를 간직하게된다. 둘째, 토양의 침식, 다시 말하면 생육에 필요한 물질의 상실은 토지가 경작되어, 보다 근면한 주민들이 대지에서 나오는 모든 종류의 생산물을 대규모로 소비하는 데비례하여 증가한다.245 세 번째 지적은 더 중요한 것으로, 나무에 열리는 과실은 동물에게 다른 식물이 제공할 수있는 것 이상의 풍부한 먹이를 제공한다. 이는 내가 직접실험해본 결과이다. 나는 규모와 질이 똑같은 두 토양에한 곳은 밤나무를 심고 다른 곳은 밀을 심어 얻은 산물을비교해보았다.246

[주석 5] 네발동물들 중에 육식동물을 구별할 수 있도록 하는 두 가지는 이빨의 모양과 내장의 구조이다. 초식동물인 말, 소, 양, 토끼는 모두 이빨이 납작하다. 반면 육식동물인 고양이, 개, 늑대, 여우의 이빨은 뾰족하다. 열매를 먹고사는 동물들의 내장에는 결장과 같은 것이 있는데 육식동물에는 이를 찾아볼 수 없다. 그러므로 인간은 열매를 먹는

동물이 갖는 내장과 이빨을 가졌기 때문에 자연적으로는 이런 종류로 분류되어야 한다.247 해부학적 관찰로 이 의견이 확증될 뿐 아니라 고대의 기념비적인 저작들도 이 의견에 동의한다. 성 히에로니무스에 따르면248 "디카이아르코스는 고대 그리스를 다룬 책에서 대지가 비옥했던 사투르누스 치세에 인간은 고기를 전혀 먹지 않고 자연적으로 자라는 열매와 채소만을 먹었다고 전한다."(Lib. 2, Adv. Jovinuan.)249/250 내가 강조할 수 있는 많은 장점이 있을 테지만 내가 이를 무시하고 있다고 생각할 수도 있다. 육식 동물이 서로 싸우는 유일한 이유가 먹이 때문이므로 열매를 먹고사는 동물들은 영원한 평화 상태에서 살아간다.251 인류가 열매를 주식으로 했었다면 자연 상태에서 훨씬 더 편하게 살아갈 수 있었을 테니, 그랬다면 자연 상태를 벗어날 기회나 필요는 훨씬 적었을지 모를 일이다.

[주석 6] 성찰을 필요로 하는 모든 지식, 관념의 연쇄로만 얻어 차례차례로 완전해지는 모든 지식은 야만인의 능력을 완전히 벗어나 있는 것 같다. 그들은 자기와 같은 존재들과의 교류, 다시 말하면 이 교류에 쓰이는 도구와 그 교류 없이 살 수 없도록 하는 필요가 없기 때문이다. 야만인의 지식과 재주는 뛰어 오르고, 달리고, 싸우고, 돌을 던지고,

나무를 기어오르는 것으로 한정된다. 그러나 그가 이런 일들만 할 줄 안다 해도 우리보다 훨씬 잘 할 수 있는 것이, 그와 우리가 필요로 하는 것이 서로 같지 않기 때문이다. 그런 일들은 신체의 단련 정도에 따른 것일 뿐, 개인과 개인 사이의 교류도, 이들이 서로 도와 얻게 되는 진보도 가져올 수 없으니, 최초의 인간은 그의 후손들 못지않게 능숙하게 해낼 수 있었다.

여행자들의 보고를 들어보면 야만인들과 미개인들이 사는 나라에서 그들이 대단한 힘과 강건함을 갖고 있다는 많은 사례는 물론, 그들이 감탄스러울 정도로 꾀가 많고 날렵하다는 점을 알 수 있다. 이런 일을 관찰하는 데 두 눈밖에 필요한 것이 무엇이 있겠는가. 그러니 여행자들이 이 주제로 직접 보고 확인한 내용을 그대로 믿어도 좋을 것 같다. 나는 손에 집히는 대로 책 몇 권에서 몇몇 사례를 순서 없이 인용해본다.

콜벤[252]에 따르면 "호텐토트족은 낚시에 일가견이 있는데, 이 점에서 희망봉에 거주하는 유럽 사람들보다 훨씬 낫다. 그들이 얼마나 능숙한지 강이나 만에서 그물, 낚시바늘, 단도 없이 손만으로 정말 능숙하게 고기를 잡아낸다. 수영 능력에 대해서도 비교도 안 된다. 그들의 수영법은 정말 놀라운 데가 있고 그들에게 딱 맞는 것이었다. 그들은 몸을 똑바로 펴고 손은 물 밖으로 뻗쳐서 땅 위를 걷기라도 하는 것처럼 수영을 한다. 바다에 큰 파도가 칠 때, 산(山)만 한 파도가 달려들 때도, 그들은 부표 더미처럼 올라갔다 내려갔다 하며 파도 위에서 춤을 추기라도 하는 것 같다."

콜벤은 다른 곳에서 이렇게 썼다. "호텐토트족은 사냥에 일가견이 있다. 얼마나 바람처럼 가볍게 달리는지 상상을 초월한다." 콜벤은 호텐토트족이 민첩해도 그것을 좀처럼 나쁜 용도로 사용하지 않는 데 놀란다. 물론 그런 일이 간혹 일어나기는 한다. 그가 제시한 다음의 예를 통해 이 점을 판단해볼 수 있다. "한 네덜란드 선원이 희망봉에서 출항할 때 호텐토트족 사람 한 명에게 이십 리브르 정도 무게의 담배를 싼 두루마리를 갖고 뒤를 따라오라고 시켰다. 그들 둘은 무리와 다소 떨어져서 걷고 있었다. 그 호텐토트족 사람이 선원에게 달리기 좀 하느냐고 물었다. 네덜란드 사람은 '달리기 좀 하느냐! 물론이지, 아주 잘 뛴다네!' 라고 답했다. 그 아프리카 사람은 '그럼 한번 해봅시다' 하더니, 담배를 들고 금세 사라져버렸다. 그가 얼마나 빨리 뛰었던지 당황한 선원은 따라가 볼 생각도 하지 못하고, 짐꾼은 물론 담배도 다시 찾지 못했다.

그들은 눈의 움직임이 정말 빠르고 손놀림이 너무도 확실해서 유럽 사람들은 따라가지도 못한다. 그들은 1솔 동전 절반 크기의 표적을 백 보 거리를 두고 돌을 던져 맞춘다. 더욱 놀라운 것은 우리처럼 표적에 시선을 고정시키지도 않고 계속 몸을 움직이고 몸을 뒤틀면서 그렇게 맞춘다는 점이다. 보이지 않는 손이 그들의 돌을 가져가는 것 같다."

뒤 테르트르 신부253는 앤틸리스제도의 야만인에 대해서, 앞서 말한 희망봉의 호텐토트족과 거의 같은 내용의 언급을 했다. 그는 이들이 날아가는 새를 화살로 쏘아 잡고 수영을 해서 물고기를 잡는데 얼마나 정확한지 놀라워한다. 북아메리카 야만인들은 힘이 세고 재주가 뛰어나다고 정평이 나 있다. 여기에 남아메리카 인디언의 힘과 기술을 판단해볼 수 있는 한 가지 사례를 옮겨보겠다.

1746년에 부에노스아이레스의 한 인디언이 스페인 남부 도시 카디스에서 갤리선의 노를 젓는 형벌에 처해지자 총독에게 공공 축제에서 목숨을 걸고 자유를 회복하고 싶다고 부탁했다. 손에 밧줄 하나만 들고 다른 무기는 전혀 없이 제일 사나운 황소와 싸우기로 약속했다. 그는 황소를 때려눕히고, 사람들이 걸라고 한 바로 그 자리를 밧줄로 묶어 사로잡고, 등에 안장을 얹고 굴레를 씌우고 그 위에 올라탔다. 그는 그렇게 황소에 올라탄 채, 사람들이 토리요에서 내보낼 수 있는 가장 사나운 다른 황소 두 마리를 풀어 놓고 그에게 명령하자 누구의 도움도 없이 싸워, 둘 모두를 차례로 죽였다. 이로써 그는 인정을 받았다. 그 인디언은 약속을 지켰고 예고했던 것을 모조리 완수했다. 그가 어떤 식으로 싸웠고 행동했는지에 대한 세부사항은 고티에 씨의 12절 판 『자연사에 대한 고찰』 첫 권을 참조.254 위의 사실은 이 책 262쪽에서 가져온 것이다.

[주석 7] 뷔퐁 씨는 "말의 수명은 다른 모든 동물 종처럼 성장 기간에 비례한다. 성장하는 데 십사 년이 걸리는 인간은 그 기간의 예닐곱 배, 즉 아흔에서 백 살까지 살 수 있다. 성장하는 데 사년이 걸리는 말은 그 기간의 예닐곱 배, 즉 스물다섯에서 서른 살까지 살 수 있다. 이 규칙에 어긋나는 사례들은 없다시피 하므로 이런 사례를 예외로 보고 이로부터 다른 결론을 끌어낼 수는 없다. 기골이 장대한 말은 호리호리한 말보다 성장 기간이 짧으므로 그만큼 수명이 짧아서 열다섯 살이면 벌써 늙은 말이 된다"255고 말했다.

[주석 8] 나는 육식동물과 열매를 주식으로 하는 동물들 사이에 내가 [주석 5]에서 지적한 차이보다 더 보편적인 다른 차이가 있다고 보고 싶다. 이 차이는 조류까지 확장된다. 그것은 새끼들의 수의 차이인데, 식물만을 주식으로 하는

종들은 한 배에 둘을 넘는 경우가 없지만 육식동물은 일반
적으로 이 숫자를 상회한다. 그 점에 대해서 유방이 몇
개인가를 본다면 자연이 그것에 마련한 용도를 쉽게 알
수 있다. 식물만을 먹고사는 종들은 유방이 둘이다. 암말,
암소, 암염소, 암사슴, 암양 등이 그렇다. 암캐, 암고양이,
암늑대, 암호랑이는 여섯이나 여덟 개를 갖는 것이 일반적
이다. 육식조류인 암탉, 암거위, 암오리와 독수리, 매, 올빼
미도 낳고 품는 알의 수가 대단히 많다. 비둘기, 멧비둘기
및 곡식을 주식으로 하는 조류들은 그렇지 않아서, 한 번에
두 개의 알 이상을 낳고 품는 일이 없다. 왜 이런 차이가
일어나는지 이유를 따져본다면 풀과 식물만을 주식으로
하는 동물들은 하루 종일 목초지에 머물고 먹는 데 많은
시간을 보낼 수밖에 없으므로 여러 명의 새끼에게 젖을
먹일 시간이 충분하지 않을 테지만, 육식동물은 식사 시간
이 짧으므로 아이들에게 더 쉽고 더 자주 돌아왔다가 사냥
을 하러 돌아갈 수 있으며 대량의 젖[주]을 나눠주었다가
회복할 수 있다. 이 모든 점에 특별한 관찰이며, 성찰도
많이 필요하겠지만, 이를 논의할 자리는 이곳이 아니다.
내가 여기서 자연의 가장 일반적인 체계, 다시 말하면 인간
을 육식동물 강[綱]이 아니라 열매를 주식으로 하는 동물
종으로 분류할 새로운 이유를 내놓은 체계를 제시한 것으

로 충분하다.256

[주석 9] 한 저명한 저자257는 인생의 선善과 악을 계산해서
두 합을 비교해보았더니 악이 선을 압도적으로 상회하며,
둘을 나란히 놓고 비교해본다면 인간에게 인생이란 참 좋
지 않은 선물이 아닌가고 생각했다. 나는 그가 내린 결론에
크게 놀라지 않는다. 그는 사회인의 체질을 가진 사람을
대상으로 추론했기 때문이다. 자연인으로 거슬러 올라가
서 추론했다면 그의 결론은 완전히 달랐을 것이어서, 인간
의 악이란 거개가 자기 스스로 마련한 것임을 깨닫게 되고,
이로써 자연은 인간에게 악을 선물했다는 혐의를 벗을 수
있을 것임을 깨달았을 것이다. 우리가 우리 스스로를 그토
록 불행하게 만들기에 이르렀던 것이 그리 쉬운 일이었겠
는가. 한편으로 인간의 엄청난 노동을 생각해보자. 그 많은
학문을 깊이 연구하고, 수많은 기술을 고안하고, 엄청난
힘을 사용하고, 그 깊은 심연을 메우고, 그 높은 산들을
깎아내고, 그 단단한 바위들을 깨고, 그 넓은 강에 배를
띄우고, 그 너른 땅을 황폐하게 만들고, 호수를 파헤치고,
연못을 말리고, 지상 위에 그 육중한 건물을 세우고 바다
위에 배와 선원을 가득 채웠으니 말이다. 다른 한편으로
이 모든 것의 결과로 인류의 행복을 위해 얻은 실질적인

이득이 무엇인지 조금만 생각해봐도 이 모든 일들이 얼마나 마구잡이로 이루어졌는지 깨닫고 놀랄 따름이며 인간이 얼마나 맹목적인 존재인지 탄식하지 않을 수 없다. 제 광적인 오만과 자기 자신에 대한 무언지 모를 헛된 감탄을 키우려고, 자연이 그에게 그토록 멀리 떼어놓으려 했던 가능한 모든 빈곤을 열심히 뒤쫓고 있으니 말이다.

인간은 사악하다. 한 가지 안타깝고 지속적인 경험 하나만으로도 충분한 증거가 된다. 그렇지만 인간은 천성적으로 선하며, 나는 그 점을 증명했다고 생각한다.258 그러니 인간의 신체 구조에 변화가 발생했던 것이 아니라면, 그가 진보를 성취한 것이 아니라면, 그가 지식을 획득한 것이 아니라면 인간은 도대체 어떻게 그 지경으로 타락하게 되었던 것인가? 여러분 원하는 대로 인간 사회를 놀라운 눈으로 감탄해보시라. 인간들의 이해관계가 겹쳐짐에 따라 필연적으로 사회는 인간들을 서로 증오하게 하고, 마음 깊은 곳에서 나온 것은 아니라도 서로 봉사하게 하고, 상상할 수 있는 모든 악을 실제로 만들어내게 한다는 것은 사실이다. 공공의 이성이 사회라는 단체에 권장하는 원칙들과는 직접적으로 모순되는 준칙들을 개별자의 이성이 그에게 규정하는 관계를 어떻게 생각할 수 있을까? 각자 타인이 불행에 처할 때 이득을 취하게 되는 그러한 관계를 말이다.

유복한 사람이라면 그의 탐욕스러운 상속자들과 종종 그의 아이들은 그가 내심 죽었으면 하고 바라게 되며, 바다를 항해하던 배가 난파했을 때 상인들은 모두 그것을 희소식으로 받아들이게 되며, 채무자란 채권자의 집이 서류와 함께 홀딱 타버렸으면 하고 바라는 사람이며, 어떤 민족치고 이웃 민족들에게 닥친 재앙에 환호하지 않는 민족이 없을 것이다. 이런 식으로 우리는 우리와 같은 사람들이 입은 손해에서 이익을 발견하는 것이며, 한 사람의 실패는 늘 다른 사람의 번영이다시피 하다. 그러나 그보다 더욱 위험한 일은 수많은 개별자들이 공공의 재앙이 닥치기를 기다리고 또 바란다는 점이다. 어떤 이들은 질병이 돌았으면 하고, 다른 사람들은 집단이 죽어 없어지기를 바라고, 또 다른 사람들은 전쟁이 일어나기를 바라고, 또 다른 사람들은 기근이 들었으면 한다. 나는 풍년이 들 것이 확실해지자 고통의 눈물을 흘리는 잔혹한 사람들을 본 적이 있다. 수많은 불행한 사람들의 생명과 재산을 빼앗았던 저 끔찍했던 런던 대화재가[259] 십 수만 명에게는 재산을 늘려주었을 것이다. 나는 몽테뉴가[260] 아테네 사람 데마드가 관을 비싼 값에 팔아 시민들의 죽음으로 치부致富를 했다고 비난받았던 일을 언급했음을 알고 있다. 하지만 몽테뉴가 내세운 이유로라면 누구 한 명 처벌을 피할 사람이 없을 것이다.

그러므로 그 이유가 내가 제시한 이유들을 공고히 한다는 것이 명백하다. 그러므로 경박하기 짝이 없이 내보이는 선행bienveillance을 뚫고 들어가 마음속에서 무슨 일이 일어나는지 보아야 하고, 모든 인간이 서로 아첨하고 서로 죽이지 않을 수 없는 상태란 어떤 것일지 성찰해야 한다. 그런 상태에서 인간은 의무감 때문에 적으로 태어나고 이득 때문에 사기꾼으로 태어난다. 누군가 사회란 것이 대단히 잘 조직되었기 때문에 한 사람 한 사람이 다른 모든 사람들에게 봉사를 하면서 이익을 얻게 된다고 내게 답변한다면, 다른 모든 사람들에게 해를 끼칠 때 더 큰 이익을 볼 수 없는 곳이라면 사회란 것도 아주 좋은 것이었으리라고 답하겠다. 합법적으로 얻을 수 있는 이득은 언제나 합법적이지 못한 방법으로 얻을 수 있는 이득에 미치지 못하기 마련이고 이웃에게 봉사를 할 때보다는 부당하게 손해를 입힐 때 더 큰 이득이 되는 법이다. 그러므로 처벌받지 않을 수 있겠다는 확신을 얻을 수 있는 수단을 손에 넣는 것이 중요하다. 그것을 위해 강자들은 모든 힘을 경주하고 약자들은 모든 술책을 동원하는 것이다.

야만인은 식사를 하고 나면 자연 전체와 평화로웠고 자신과 같은 모든 사람들과 친구가 되었다. 간혹이라도 먹을 것을 두고 다툴 필요가 있겠는가? 싸워 이기기 어렵겠다고 생각하는 것과 다른 곳에서 먹을 것을 찾기 어렵겠다는 것을 먼저 비교하지 않았다면 싸움이 벌어질 일은 없다. 싸움에 자만심이 결부되지 않았을 경우에는 몇 번의 주먹다짐으로 끝나게 마련이다. 승자는 먹고 패자는 먹을 것을 찾으러 떠날 테니 모두가 평화롭다. 그러나 사회에 살아가는 인간에게는 이는 정말 다른 일이다. 우선 필요한 것을 마련하고, 다음에는 잉여를 마련하는 것이 중요하다. 그 다음에 기쁨이 오고, 이내 엄청난 부가 따라 오고, 그 다음에는 신민과 노예가 생길 차례이다. 이런 일이 잠시의 틈도 없이 이어진다. 가장 기이한 일은 필요가 자연스럽고 긴급하기가 덜 할수록 정념은 더욱 증가하고, 더 나쁜 것은 필요를 충족시키는 데 더 큰 힘이 필요하다는 점이다. 그래서 오랜 번영의 시간이 지나고, 엄청난 재산을 삼키고 수많은 사람들이 떠나고 난 뒤에 나의 영웅은 결국 모두의 목을 졸라 세상의 유일한 주인이 될 것이다. 이것이 인생을 요약한 것까지는 아니더라도 적어도 모든 개화된 인간의 마음에 도사린 은밀한 의도에 대한 도덕적 개요쯤은 된다.

사회에서 살아가는 인간의 상태와 야만인의 상태를 편견 없이 비교해보고, 할 수 있다면 사회가 악의, 필요, 빈곤 외에도 고통과 죽음으로 난 새로운 문들을 얼마나 열어놓았는지 연구해보시라. 우리를 소진케 하는 정신의 피로,

우리를 지치게 하고 비탄에 잠기게 만드는 강렬한 정념, 가난한 사람들에게 맡겨진 과중한 노동, 그보다 더 위험한 것으로, 부자들이 빠져들곤 하는 무기력을 고려해보시라. 어떤 이들은 필요한 것이 부족해서 죽는데 다른 사람들은 너무 많이 가져서 죽는 것이다. 양식糧食을 기묘하게 혼합하고, 거기에 유해한 양념을 치고, 부패한 식자재를 쓰고, 섞음질을 한 엉터리 약을[261] 만들고, 그런 것들을 속여 파는 자들이 있고, 또 어처구니없게도 그것을 승인해주는 사람들이 있고, 그런 약을 만들 때 용기 안에 독이 들어간다고 생각을 해보시라.[262] 수많은 사람들이 운집한 곳에서 나쁜 공기로 인해 전염병[263]이 발생한다는 사실을 생각해보시라. 또 우리가 세련된 삶의 방식을 취하고, 집 안팎을 차례로 오가고, 너무도 조심성 없이 의복을 껴입거나 훌떡 벗는 관습이 있고, 지나치게 쾌락을 추구하다보니 습관처럼 의사를 불러야 하고, 그런 주의를 소홀히 하거나 아예 하지 않으면 바로 생명과 건강의 위협을 받는다는 점에 주의해보시라. 대화재와 지진이 일어나 도시 전체를 태워버리고 뒤집어버리고 수많은 주민들을 죽음에 몰아넣는다는 것을 고려해보시라.[264] 한마디로 말해서 여러분이 우리의 머리 위에 항존하는 이런 수많은 원인들에서 생길 수 있는 위험을 결합해본다면 우리가 자연으로부터 배운 교훈을 무시했을 때 자연이 우리에게 얼마만 한 대가를 치르게 하는지 아시게 될 것이다.

나는 여기서 내가 다른 곳에서 전쟁에 대해 이미 언급한 것을[265] 반복하지는 않겠지만, 식견 있는 분들께서 군대에서 식량과 병원 운영자들이 자행하는 끔찍한 일들을 한번 상세히 대중에게 전해주시는 용기를 가져주시기를 부탁드린다. 그렇게 되면 더는 비밀도 아닌 그들의 부정한 술책들 때문에 세상에서 더없이 훌륭한 군대라도 순식간에 무너지고 말테니 그렇게 쓰러지는 병사들이 적이 휘두르는 검에 쓰러지는 병사들보다 더 많으리라는 점을 아실 것이다. 이는 매년 바다에서 굶주려서든, 괴혈병에 걸려서든, 해적의 공격을 받아서든, 화재가 일어나서든, 난파를 당해서든 사라져버린 사람들의 수에 상당하는 숫자이다. 또한 이미 확립된 소유권이며, 그 결과 사회가 세워졌기 때문에 암살, 독살, 대로에서 자행되는 절도, 이런 범죄들에 대한 처벌에도 책임이 있음이 분명하다. 더 큰 범죄를 예방한다는 구실로 그런 처벌을 필요로 한다지만 한 사람을 죽인 일로 두 사람 혹은 그 이상의 생명을 빼앗는 일일진대 인류의 상실은 두 배가 된다. 아이를 태어나지 못하게 하고 자연을 기만하는 수치스러운 방식이 얼마나 많은가?[266] 자연의 저 매혹적인 산물을 모욕하는 저 노골적이고 타락한 취향,

야만인도 동물들도 전혀 경험해본 바 없지만, 개화된 나라의 타락한 상상력으로나 나타나는267 취향을 통해서거나, 방탕에 빠져 영예가 타락한 결과를 낙태하는 수단을 통해서거나, 부모의 빈곤 때문이든 어머니가 저지르고 만 야만적이고 수치스러운 행위 때문이든 그렇게 태어난 수많은 아이들을 유기나 살육으로 희생자로 만드는 방법을 통해서거나, 헛된 노래를 위해서나, 더욱 나쁜 경우는 어떤 이들의 난폭한 질투 때문에 그의 신체의 한 부위를 내놓아 저 불행한 사람들이 전혀 후손을 가질 수 없게끔 하는 거세를 통해서거나 이다. 이 마지막 경우에 거세는 자연을 이중적으로 위반하는 일이다. 그 거세의 고통을 겪는 사람들이 받는 대접이 한 가지요, 그들에게 마련된 직업이 다른 한 가지이다.268

내가 인류를 그 원천에서, 가장 성스러운 결혼이라는 관계에서까지 공박당한 모습으로 보여주고자 했다면 어쩔 것인가? 운을 점쳐보지 않고서는 자연의 목소리에 귀 기울여보지도 않고, 미덕과 악덕을 구분하지 않는 혼란스러운 사회라면 정숙하다는 것은 범죄에 말려들지 않으려는 조심스러움이 되고, 자기와 같은 존재에 생명을 주기를 거부하는 것이 인류애의 행위가 되는 그런 관계에서 말이다. 하지만 끔찍하기 짝이 없는 엄청난 행동들을 덮고 있는

저 베일을 찢지 않는다면 다른 것을 치료약으로 써야 하는 악을 지적하는 것으로 만족할 수밖에 없다.269

위에 언급한 모든 것에 생명을 단축하거나 기질을 해치는 건강에 좋지 않은 수많은 직업들을 추가해야 한다. 광산 노동, 금속과 광물, 특히 그중에서도 납, 구리, 수은, 코발트, 비소, 계관석鷄冠石270의 제련이 그것이다. 다른 위험한 일들이 매일같이 수많은 노동자들의 생명을 **빼앗고** 있다. 지붕 잇는 일꾼도 있고, 목수들도 있고, 미장이도 있고, 채석장에서 일하는 노동자들도 있다. 이 모든 것을 모아본다면 사회가 서고 완전해지는 가운데 인간 종이 감소한다는 점을 살펴볼 수 있으며, 이를 고찰했던 여러 철학자들이 있다.271

사치는 자신의 안락과 타인들의 존경을 탐욕스럽게 얻고자 하는 사람들에게는 예방이 불가능한 것으로, 이것이 사회가 세워지면서 시작된 악을 완성한다. 가난한 사람들을 먹여 살린다는 허울 좋은 명목이지만 애초에 가난한 사람들을 생기게 해서는 안 되었던 것이 아닌가. 사치는 나머지 다른 사람도 가난하게 만들고 이내 국가의 인구를 줄여버린다.

사치로 치료할 수 있는 병이 있다고는 하나 그것은 그 병보다 훨씬 더 나쁜 약이다. 더 자세히 말하자면 사치야말로 국가가 크던 작던 상관없이 모든 악 중에 최악이라고 하겠다. 사치는 수많은 하인들이며 빈곤한 자들을 만든다. 이들을 먹여 살리려고 근면한 노동자와 시민이 짓눌리고 파산한다. 사치는 남국의 뜨거운 바람과 닮았다. 그 바람이 일어나면 식성 좋은 곤충들이 풀이며 목초지를 가득 덮어 유용한 동물들이 먹어야 할 양식을 빼앗는다. 그 곤충들이 보이는 곳 어디든지 기근과 죽음만을 가져오는 것이다.

사회와, 사회에서 비롯한 사치로부터 자유학예와 기술학예, 상업, 문학이 생긴다. 이들 불필요한 모든 것이 산업을 꽃피게 하여 국가를 부유하게 하다 결국 국가를 망하게 한다.272 국가가 이렇게 망하는 이유는 대단히 간단하다. 농업은 본성상 모든 기술들 중에 돈벌이가 가장 안 되는 기술임을 쉽게 알 수 있다. 농산물은 누구 하나 필요로 하지 않는 사람이 없지만 농산물의 가격은 극빈층의 능력에 비례해서 정해지기 때문이다. 동일한 원칙에서 다음의 규칙을 도출할 수 있다. 일반적으로 기술의 영리성營利性은 유용성에 반비례하고 가장 필요한 것이 결국 가장 소홀히 된다. 이를 통해 우리는 산업이 가져오는 실질적인 이득과 산업이 발달하면서 비롯되는 실질적인 결과를 어떻게 생각해야 하는지 알 수 있다.

더없이 부러움을 샀던 나라들이 결국 풍요에서 빈곤으로 전락하고 말았는데 그 뚜렷한 이유로 다음을 들 수 있다.

산업과 기술이 확장되고 꽃필수록 농사짓는 사람은 무시당하고 사치 부양을 위한 세금에 시달리고 인생을 노동과 허기로 다 보낼 처지이니 결국 밭을 일구어 만들어야 할 빵을 도시로 찾으러 가야 해서 밭을 버리고 마는 것이다. 수도首都가 어리바리한 인민의 눈을 자극해 경탄하게 할수록, 들판은 버려지고 밭은 황무지가 되고 대로들마다 걸인이나 도둑이 되어 결국 차형을 받고 끝나지 않으면 가난 끝에 생을 마감할 처지의 불행한 시민들이 들끓는 것을 보고 고통스러워하지 않을 수 없을 것이다. 국가가 한편에서 부유해지면 다른 한편에서는 약해지고 인구가 감소하는 것이 이와 같다. 가장 강력한 군주정이라도 엄청난 노동 끝에 부유해진 뒤, 황량해져 결국 가난한 나라들에게 집어 먹히는 것으로 끝난다. 가난한 나라들은 그 군주국들을 침략하고자 하는 유혹에서 벗어날 수가 없게 되고, 부유해졌다가 이번에는 또 그 나라들이 약해지게 되니, 이제 다른 나라들의 침략을 받고 무너지고 만다.

수 세기 동안 유럽, 아시아, 아프리카에 야만인들이 구름처럼 몰려와 휩쓸었던 이유를 누가 한번 설명해주실 수 있겠는가? 그들이 그 엄청난 인구를 갖게 된 것이 그들이 가졌던 기술을 근간으로 한 산업, 현명한 법, 문명의 탁월함 때문이었던가? 우리네 학식 깊은 분들이 그 이유를 좀 설명해주셔야 하지 않겠는가? 지식도 없고, 자제라는 것을 모르고, 교육이란 것을 받은 적이 없는 저 잔혹하고 짐승 같은 사람들이 그 정도로 인구가 늘어났는데도 왜 서로 목을 조르며 목초지나 사냥감을 놓고 다투지 않았는지 설명해주셔야 하지 않겠는가? 정예군사교육을 받고 그렇게 멋진 법령이며 법을 갖추었던 우리처럼 능숙한 사람들에 맞서, 저 빈곤한 자들이 얼마나 과감했는지 설명 좀 해주셔야 하지 않겠는가? 마지막으로 저 북국北國들의 사회가 완전해진 뒤에, 사람들이 상호 의무를 지고 함께 즐겁고 평화롭게 살아가는 기술을 가르치는 데 그토록 힘을 기울였지만, 그전에는 그렇게 많이 나왔던 사람들과 비슷한 사람들이 더는 나오지 않는 이유가 무엇인지 설명해주셔야 하지 않겠는가? 종이 과도하게 번식하는 것을 막고자 페스트가 창궐하는 것처럼 인간은 기술, 학문, 법이라는 저 모든 위대한 것들을 현명하게 고안해내어 우리가 살아가야 하는 이 세계가 너무 좁아지지 않도록 만들었던 것이라고 누군가 내게 답변을 하면 어쩌나 두려워진다.

그러니 어떻게 해야 하는가? 사회를 파괴하고, 네 것과 내 것의 구분을 전부 없애고, 숲속으로 다시 들어가 곰들과 함께 살아가야 할까? 내 적들이 나를 비판하며 내놓는 결과가 그런 식이니, 그들이 수치스럽게도 그런 결과를 끌어내게끔 방치하느니 애초에 방지를 해놓아야 하겠다. 오, 천상의 목소리를 들어본 적 없어, 이 짧디짧은 인생을 평온하게 끝내는 것만이 인류에게 지워진 운명이라고 생각하는 당신이여, 도시 한가운데에 남길 것이라고는 불행만을 가져올 획득물이며, 불안한 정신이며, 타락한 마음이며, 광포한 욕망밖에 없는 당신이여, 예전에 당신 것이었던 최초의 순수성을 되찾으라. 이는 오직 당신에게 달린 일이다. 어서 숲속으로 들어가서 동시대 사람들의 죄악을 본 눈과 기억을 말끔히 씻고, 인류의 악과 더불어 인류의 지식도 거부하는 일이 인류를 비천하게 만드는 일이 아닐까 하는 걱정일랑 말라.[273] 정념으로 인해 최초의 단순성을 영원히 잃었던 나와 같은 사람들은 이제 더는 풀과 도토리를 주식으로 살아갈 수 없고, 법 없이 수장들 없이 살아갈 수 없다. 선조로부터 받은 초자연적인 가르침을 자랑스러워했던 이들, 오랫동안 도덕적이지 못했던 인간의 행동에 도덕을 부여하려는 의도에서 그 자체로는 무심하고 모든 다른 체계로는 설명이 불가능한 규범의 근거를 보게 될 사람들,[274] 한마디로 말해서 신의 목소리가 전 인류에게 신묘한 지성의 지식과 행복을 갖추게 해주었음을 확신하는 사람들, 이들 모두는 미덕이 무엇인지 아는 법을 배우고 미덕을 실천함으로써 그들이 기다리는 영원한 보상을 얻게 될 자격을 갖추고자 노력할 것이다. 그들은 자신이 구성원이 된 사회의 성스러운 관계를 존중하고, 자기와 같은 사람들을 사랑하고, 그들이 이루는 권력에 봉사하고, 법과 법을 제정하고 집행하는 이들에게 양심에 따라 복종할 것이다. 그들은 무엇보다 언제라도 닥쳐와 우리를 짓누를 수 있을 수많은 폐습과 악습을 미리 내다보고 고치거나 보완할 줄 아는 선하고 현명한 군주를 존경하여, 그 의젓한 수장들이 막중한 임무와 엄격한 의무를 수행해야 함을 마음 놓고 아첨하는 일도 없이 보여줌으로써 그들이 이에 헌신하도록 격려할 것이다. 그렇지만 그들은 세력가들이 힘을 보태야 간신히 유지될 수 있을 뿐인 정치체제는 존중하지 않을 것이다. 그런 이들이 있었으면 하고 자주 바라게 될 테고, 그들이 아무리 배려를 한대도 겉으로 보이는 장점보다 실질적인 재앙이 더 많이 생겨날 테니 말이다.

[주석 10] 우리가 직접 보았든, 역사가들이나 여행가들을 통해서든 우리가 알게 된 사람들 중에 어떤 이는 흑인이고, 어떤 이는 백인이고, 어떤 이는 황인이며, 긴 머리를 가진 이도 있고 양털처럼 오글오글한 곱슬머리를 가진 이도 있고, 온몸에 털이 북슬북슬한 이도 있고, 수염이라곤 전혀 없는 이도 있다. 어쩌면 거인 종족이 살았거나 살고 있는

나라들도 있을지 모른다. 피그미족의 이야기는 그저 과장에 불과할 수도 있을 듯하니 그냥 넘어가더라도 우리는 라플란드 사람들과 특히 그린란드 사람들의 신장이 인간의 평균에 한참 못 미친다는 사실을 알고 있다.[275] 흔히 주장하기를 네발동물처럼 전부 꼬리를 달고 있는 민족이 있단다. 헤로도토스와 크테시아스의 보고를 맹목적으로 믿을 필요는 없지만 적어도 여기서 대단히 사실임 직한 의견을 도출할 수 있다.[276] 다양한 민족들이 각자 지금보다 더 상이한 방식으로 살아갔던 저 옛날을 더 정확히 관찰할 수만 있었다면 훨씬 더 깜짝 놀랄 만한 다양성을 가진 외모와 습관을 살펴볼 수도 있었을지 모른다는 것 말이다. 반박이 불가능한 증거를 쉽게 제시할 수 있는 이러한 사실들은 자기 주변의 대상들만을 바라보는 데 익숙한 사람들과, 환경, 대기, 양식, 삶의 방식, 일반적인 습관들의 다양성, 특히 동일한 원인이 여러 세대를 통해 오랫동안 연속적으로 작용할 때 생기는 엄청난 힘을 모르는 사람들이나 놀라게 할 뿐이다. 오늘날 교역, 여행, 정복사업으로 다양한 민족들이 하나로 결합되고, 빈번한 교류로 민족들의 생활방식이 점점 비슷해져서 민족적인 어떤 차이들이 약화되었음을 알 수 있다. 예를 들어 오늘날의 프랑스 사람들이 라틴 역사가들이 묘사한 대로 흰 피부에 금발머리를 한

키 큰 사람들이 더는 아님을 누구라도 알 수 있다. 로마 사람들과 교류가 빈번해지면서 자연적인 체격과 주민들의 피부색에서 환경의 영향이 제거되었다가 시간이 흐르면서 모두 흰 피부에 금발머리를 가진 프랑크족 사람들과 노르만족 사람들이 결합함으로써 그것이 복원되었을 수도 있기는 하지만 말이다. 수만 가지 원인에 의해 인간 종에 일어날 수 있고 실제로 일어났던 다양성을 관찰해보면 인간과 닮은 그토록 다양한 동물들이 있다는 사실이 의심스러워진다. 여행자들은 깊이 검토해보지도 않고 그렇게 본 것이다. 그들이 외적인 모습에서 몇몇 차이를 발견하기도 했기 때문이거나, 그저 그 동물들이 말을 하지 못하고, 실제로 야만인들이 아니기 때문이기도 하다. 야만인들은 옛날에 숲에 흩어져 살아갔던 종족이 잠재적으로 갖고 있던 능력을 전혀 계발할 기회가 없어서 완전성을 향해 단 한 발도 내딛지 못하고 여전히 원시적인 자연 상태에 머물러 있었던 사람들이다.[277] 예를 하나 들어 내 입장을 설명해보도록 하자.

『여행사Histoire des voyages』의 번역자는 이렇게 말한다. "콩고 왕국에는 동인도에서 오랑우탄이라는 이름으로 불리는 이런 대형 동물들이 대단히 많다고 한다. 동인도에서는 그 동물을 인간과 비비류 원숭이들의 중간으로 간주한다. 바텔278의 보고에 따르면 로앙고 왕국에 있는 마욤바 숲279에 두 종류의 괴물이 사는데 몸집이 큰 쪽이 퐁고스280 고 작은 쪽은 엔조코스라고 한다. 퐁고스는 인간을 똑같이 빼닮았지만 인간보다 몸집이 훨씬 크고 키도 무척 크다. 얼굴은 딱 인간의 모습인데 눈만은 움푹 들어가 있다. 손, 뺨, 귀에는 털이 없는데 눈썹만은 대단히 길다. 몸의 나머지 부분은 갈색 털로 덮여 있지만 아주 두꺼운 털은 아니다. 사람과 구분되는 한 가지 부위가 있다면 장딴지가 없는 다리이다. 그들은 손으로 목에 난 털을 잡고 똑바로 서서 걷는다. 은신처는 숲속에 마련한다. 잠은 나무 위에서 자는 데 비를 막아주는 지붕 같은 것을 만든다. 과일이나 야생 호두를 주식으로 하고 고기는 전혀 먹지 않는다. 흑인들은 숲을 지날 때 밤 동안 불을 피워 놓곤 한다. 그들은 그들이 아침에 떠나고 나면 퐁고스들이 불 주위에 자리를 잡고 앉아서 불이 꺼지고 나서야 돌아간다는 점에 주목했다. 대단히 영리하기는 해도 나뭇가지를 가져와 불을 계속 피 울 만큼의 센스는 없는 것이다.

그들은 무리를 지어 걸을 때도 가끔 있는데 숲을 지나는 흑인들을 살해하기도 한다. 그들이 사는 장소로 코끼리들 이 풀을 뜯으러 오면 코끼리 등으로 내려와 주먹질이나 막대기질로 무자비하게 괴롭혀 결국 소리를 지르며 달아나게 한다. 퐁고스를 생포할 수는 없다. 그들이 너무 힘이 세서 장정 열 명이 달라붙어도 못 잡는다. 하지만 흑인들은 새끼가 꼭 달라붙어 있는 어미를 죽이고 새끼들을 취한다. 이들 중 하나가 죽으면 나머지가 나뭇가지나 나뭇잎으로 시신을 덮는다. 퍼처스281는 여기에 덧붙여 바텔과 대화를 나눴을 때 퐁고스 하나가 흑인 소년을 하나 납치해서 그 소년이 퐁고스들 무리에서 한 달을 살았다는 이야기를 들었다고 했다. 퐁고스들은 사람을 잡아도 아무런 해를 끼치지 않는다. 그 흑인 소년이 관찰했던 것처럼 사람들이 그들을 보지 않기만 한다면 말이다. 바텔은 두 번째 괴물에 대해서는 언급하지 않았다.

다퍼282는 콩고 왕국에 인도 사람들이 숲의 주민이라는 뜻의 오랑우탄이라는 이름으로 부르고 아프리카 사람들은 쿠오자스 모로스Quojas-Morros라는 이름으로 부르는 이런 동물이 대단히 많다는 점을 확인해준다. 그는 이 동물이 인간과 대단히 흡사해서 몇몇 여행자들은 한 여인과 한 원숭이 사이에서 태어난 것이 아닐까 하는 생각을 했다는 말을 전한다. 하지만 이런 생각은 흑인들조차 받아들이지 않는 것이다. 이 동물 하나를 콩고에서 네덜란드로 실어와 오라녜 공 프레데릭 헨드릭283에게 데려갔다. 세 살 먹은 어린이 정도의 키에 포동포동한 모습이었지만 각이 잡히고 이목구비가 뚜렷했고, 민첩하고 활기차기가 상당했다. 다리에는 살집이 붙어 있고 강건했는데 앞쪽에는 털이 없지만 뒤쪽에는 털이 있었다. 첫눈에 보자면 그 동물의 얼굴은 인간을 닮았지만 코가 납작하고 끝이 휘어져 있다. 귀는 인류의 귀와 같았다. 암컷이었으므로 포동포동한 가슴을 가졌고, 배꼽은 움푹 들어갔고, 어깨는 되바라졌다. 손은 엄지손가락과 다른 손가락들로 갈라졌고, 장딴지와 발뒤꿈치는 살집이 있고 굵었다. 두 다리로 똑바로 서서 걷곤 했는데 꽤 무거운 짐을 들고 질鱉 수도 있었다. 목이 마르면 한 손으로 물통의 뚜껑을 잡고 다른 손으로는 아래를 잡았다. 그런 다음에 우아하게 입을 닦았다. 잘 때는 누워서 잤고 머리를 베개 위에 두고 침대 위에 누운 사람이라고나 할 법하게 솜씨 좋게 이불을 덮었다. 흑인들은 이 동물이 등장하는 기이한 이야기들을 지었다. 그들은 그 동물이 여성들과 처녀들을 덮칠 뿐 아니라 무장한 남자들도 공격한다고 확신한다. 한마디로 말해서 고대인들의 사티로스와 많이 닮았다고 하겠다. 메롤라[284]가 흑인들이 사냥 중에 야만인 남녀를 만날 때가 있다는 이야기를 하는데 아마 이 동물을 말하는 것이 아닐까 한다."

『여행사』 3권을 보면 베고스와 맨드릴이라는 이름으로 등장하는 인간을 닮은 동물들에 대한 또 다른 언급이 나온다. 하지만 우리는 앞의 언급으로 그치고, 소위 이 괴물들을 묘사한 곳에서 인류와 놀랄 만큼 닮은 유사성과, 사람과 사람 사이에 세울 수 있는 것보다 굉장히 작은 차이를 보게 된다. 이 대목에는 저자들이 문제가 되고 있는 동물들을 야만인이라고 부르지 않으려는 이유들이 등장하지는 않지만, 그 동물들이 우둔하고 말을 하지 않았던 것이 그 이유였다고 쉽게 가정할 수 있다. 그런데 이런 이유들은 사람이 태어날 때부터 발성기관을 갖고 태어나지만 말을 한다는 자체는 사람에게 결코 자연스러운 것이 아니며, 발성기관이 완전해지면 사회인이 최초의 상태에서 얼마만큼 발전할 수 있는지 아는 사람들에게는 대단히 설득력이 약한 것이다. 이런 설명을 고작 몇 행으로 기록한 것을 보면 이들 동물이 얼마나 정확하지 못하게 관찰되었으며 어떤 편견으로 그들을 보았던 것인지 판단할 수 있다. 예를 들어 이들 동물은 괴물이라고 규정되었지만 그들이 번식한다는 점에는 다들 동의한다.[285] 바텔은 어떤 대목에서 퐁고스가 숲을 지나는 흑인들을 살해한다고 했는데 퍼처스는 다른 대목에서 그들이 흑인들을 놀라게 할 때조차 아무런 해를 끼치지 않는다고 덧붙였다. 흑인들이 그 동물들을 바라보려고 하지 않기만 한다면 말이다. 흑인들이 돌아가면 그들이 피워 놓은 불 주변에 퐁고스들이 모여들었다가 불이 꺼지면 물러간다. 이것은 사실이다. 관찰자는 '대단히 영리하기는 해도 나뭇가지를 가져와 불을 계속 피울 만큼의 센스는 없는 것이다'라는 주석을 달아 놓았다. 나는 바텔이나 바텔 저작의 편집자인 퍼처스가 어떻게 퐁고스들이 물러간 것이 그들이 그렇게 의지해서라기보다 우둔해서라고 설명할 수 있었는지 따져보고 싶다. 로앙고와 같은 지역의 기후에서 불은 동물들에게 정말 없어서는 안 되는 것은 아니다. 흑인들이 불을 피운다면 그것은 추위를 피하기 위해서라기보다는 야수들에게 겁을 주기 위해서이다. 그러므로 퐁고스들은 불꽃에 이끌려 잠시 즐겨보거나 몸을 덥히고 나서는 같은 자리에 계속 머무는 것이 지겨워져서 그들이 양식을 찾는 곳으로 당연히 떠나는 것이다. 그들이 고기를 먹는 것보다 양식을 얻는 데 더 많은 시간이 필요한 까닭이다. 더욱이 대부분의 동물들이, 인간도 예외가 아니지만, 천성적으로 게으르고 긴급한 필요에서 나온 것이 아닌 모든 종류의 걱정들은 멀리한다는 점은 잘 알려져 있다. 마지막으로 재간이 많고 힘이 대단하다고 칭찬을 했던 퐁고스들이 죽은 퐁고스를 묻고 나뭇가지로 지붕을 이을 줄 아는데 불속에 불쏘시개를 밀어 넣을 줄 모른다는 것은 정말 이상한 일로 보이지 않는가. 나는 어떤 원숭이가 퐁고스들이 할 수 없다고들 했던 조작을 똑같이 하는 것을 봤던 기억이 있다. 그때 내 생각이 이런 쪽으로 바뀌지 않아서 내가 우리네 여행자들이 저질렀다고 비난했던 오류를 나 역시 똑같이 저질렀던 것도 맞기는 하다. 원숭이의 의도가 불을 유지하려는 것인지 아니면 내가 생각하듯이 단순히 인간의 행동을 모방하는 것인지 검토하는 일을 무시했으니 말이다. 어떻건 원숭이가 인간의 한 변종이 아니라는 점은 증명되었다.[286] 말하는 능력을 갖추지 못했기 때문일 뿐 아니라 특히 원숭이의 종이 인간 종만이 가진 성격인 완전가능성의 능력을 갖지 못했음이 틀림없기 때문이다. 퐁고스와 오랑우탄에 대해 얻었던 이런 경험들은 동일한 결론을 끌어낼 수 있을 정도로 심혈을 기울여서 얻었던 것 같지는 않다. 그러나 오랑우탄이나 다른 동물들이 인간 종에 속하는 것이라면 정말 무지한 관찰자라고 해도 증거로 확신할 수 있을 한 가지 방법이 있을 것 같기는 하다. 하지만 이런 실험을 위해서 한 세대로는 충분하지 않을 뿐더러 그 실험을 실행할 수 있다고도 볼 수 없다. 가정이었던 것이 진실이라는 증명부터 되어야 할 것이고, 그 다음에서야 사실을 확증하게 될 실험이 전혀 나쁜 의도 없이 시도될 수 있기 때문이다.[287]

개화된 이성에서 나오지 않은 성급한 판단은 과도함에 빠지기 쉽다. 우리네 여행자들은 퐁고스, 맨드릴, 오랑우탄이라는 이름으로 대뜸 짐승들을 만들어낸다. 고대인들이 그런 존재들을 사티로스, 목신, 숲의 신이라는 이름의 신으로 만든 것도 이와 같다. 보다 정확한 연구가 이루어진다면 그들이[288] 인간임을 알게 될 수도 있을 것이다. 그 연구를 기다리면서 나는 상인이었던 바텔, 다페르, 퍼처스 및 기타 다른 편집자들만큼이나 앞에 언급한 메롤라의 언급을 믿어볼 이유가 있다고 본다. 문인 신부였던 그는 직접 눈으로 보고 말했던 인물인데 대단히 순진하기는 했지만 항상 재사才士로 살았다.

비슷한 관찰자들이라면 내가 앞에서 언급했던 1694년에 발견된 아이를 어떻게 판단하게 될지 생각해보셨는가? 이성을 가졌다는 흔적이 전혀 없었고, 두 팔과 두 다리로 걸었고, 언어라곤 갖지 않아서 인간이 내는 음성과 같은 것을 전혀 만들어낼 수 없었던 아이 말이다. 그 사실을 내게 이야기해준 철학자가 이어서 말하기를, 오랜 시간이 지난 다음에야 겨우 무슨 말인가를 야만적인 방식으로 할 수 있었다고 했다. 그 아이가 말할 수 있게 되자, 사람들은 그에게 아주 어렸을 때의 일을 물었지만, 우리가 요람에 있었을 때의 일을 기억하지 못하는 것만큼 그 역시 아무 기억이 없었다. 그가 불행히도 우리네 여행자들에게 생포되었다면 말도 못하고 우둔하다고 여겨져 틀림없이 숲으로 다시 돌려보내지거나 동물원에 가둬놓거나 했을 것이다. 그다음에 그들은 멋진 보고서를 써서 정말 인간을 꼭 닮은 진기한 짐승 이야기를 박식하게 말할지도 모르겠다.

삼사백 년 전부터 유럽의 주민들이 세상의 다른 부분으로 쏟아져 들어가 여행과 견문기를 끊임없이 출판한 이후 확신컨대 우리는 유럽 사람들만 인간으로 알고 있었다. 문인들조차 우스꽝스러운 편견들이 남아 있는 것 같다. 각자 인간의 연구라는 거창한 이름으로 자기 나라 사람들 연구만 하는 것이다. 개개인은 왔다 갔다 해도 철학은 여행이라는 걸 모르는 것 같다. 민족마다 철학이 있지만 그 철학은 다른 민족에는 적합하기가 덜하다. 적어도 머나먼 고장에서라면 그 원인이야 분명하다. 먼 바다로 여행을 했던 사람이라면 거개가 선원, 상인, 병사, 선교사 넷 중 하나이다. 그런데 앞의 세 부류에서 훌륭한 관찰자들이 나오리라고는 기대도 않는 것이 낫다. 신의 부름을 받고 사역하는 네 번째 부류의 경우 다른 모든 사람들처럼 직업상의 편견에 빠지지는 않더라도 그들에게 마련된 더없이 중요한 사역에서 관심을 돌리게 하는, 순전한 호기심에 따른 연구에 기꺼이 몰두할 것이라는 생각은 말아야 한다. 더욱이 은혜롭게 복음을 강론하려면 필요한 것은 헌신뿐이고 나머지는 신이 마련해주신다. 하지만 인간을 연구하려면 신이 누구에게도 약속하지 않았던 재능이 필요하다. 이런 재능은 성인聖人들에게만 허락된 것도 아니다. 어느 여행기를 펼쳐보아도 성격과 풍속을 상세히 기술해 놓지 않은 것은 없다. 그러나 그렇게 많은 이야기를 서술했던 사람들이 벌써 다들 알고 있는 이야기만 하고 있고 지구 반대편까지 가서 알아볼 수 있었던 것이란 고작 길에 나가 보지도 않고도 알 수 있었을 그런 것뿐이고 국가들의 특색을 만들어주고 제대로 볼 줄 아는 눈을 가지고 태어난 사람들을 필경 놀랍게 할 실질적인 특징들이 죄다 빠져 있다는 것을 보면 놀랄 지경이다. 여기에서 철학자연하는289 사람들이 그토록 반복하는 사람은 어디서나 똑같고 어디를 가나 정념과 악덕도 똑같으니 서로 다른 민족들의 특징을 구분하려 해봤자 소용없다는 저 대단한 격언이 나온 것이다. 이 말의 논리는 피에르와 자크가 모두 코가 하나고, 입이 하나고, 눈이 둘이기 때문에 둘을 구분할 수 없다고 하는 것이나 같다.

세상 모든 민족이 철학을 할 생각을 하지 않았던 저 행복한 시대가, 플라톤, 탈레스, 피타고라스 같은 철학자들처럼 배움에 뜨거운 열의를 갖고 오직 배움을 얻을 생각으로 머나먼 여행을 떠나, 국가마다 사로잡힌 편견의 굴레를 벗고 동일성과 차이를 통해 인간을 아는 법을 배우고, 고작한 나라 한 시대에 해당하는 것이 아니라 모든 지역 모든 시대에 해당하기에 말하자면 현자들의 학문이라 이를 수 있을 보편적인 지식을 얻으러 멀리 나아갔던 저 행복한 시대가 다시 오는 것을 우리가 볼 수 있을까?[290]

오막살이를 그림으로 그리고, 비문碑文을 베끼고 해독하러 학자들과 화가들을 대동해서 막대한 비용을 들여 동방으로 여행을 떠났거나 여행을 시켰던 인심 후한 호사가들의 씀씀이를 보면 놀라워들 한다. 그런데 나는 대단한 지식을 가졌다고 자랑들을 하는 시대에 한 사람은 돈이 풍족하고, 다른 사람은 천재가 풍부한 저 두 사람이 어울리는 걸 왜 찾아볼 수가 없는지 이해할 수 없다. 저 두 사람이 영광을 얻고 영원히 이름을 남기고자 한 사람은 자기 재산에서 이만 에퀴를 덜어내고 다른 사람은 자기 인생에서 십 년을 덜어내어 돌이나 풀만 연구하는 것이 아니라 단 한 번이라도 사람과 풍속을 연구해볼 수 있지 않은가. 가옥을 측정하고 고찰하는 데 수 세기를 보내고 나서야 결국 그 집에 살았던 사람들이 누구였는지 알아보고 싶다는 생각을 하는 것이다.

북부 유럽 지대와 아메리카 자오선 지대를 두루 살피러 떠났던 아카데미회원들은 철학자로서라기보다는 기하학자로 그곳을 답사하고자 했다. 그러나 그들은 철학자이면

서 동시에 기하학자였으므로 라 콩다민[291]이나 모페르
튀[292] 같은 사람들이 보고[報] 기록으로 남긴 지역들을 완전
히 미지의 지역이라고 볼 수는 없다. 보석상이었던 샤르
댕[293]은 플라톤처럼 여행을 하고 페르시아에 대해 완전무
결한 기록을 남겼다. 중국은 예수회원들이 제대로 관찰한
것 같다.[294] 켐페르[295]는 양은 적지만 그가 일본에서 했던
관찰을 토대로 괜찮은 생각을 제시했다. 이런 견문기들을
제외하면 머리보다 지갑을 채우고 싶었던 유럽 사람들은
그렇게 자주 동인도를 들락날락했지만 그곳에 어떤 민족
들이 사는지 모르고 있다. 아프리카 전역과 그곳에 사는
수많은 주민들은 피부색만큼 성격도 기이한데도, 그 연구
는 아직 해야 할 것으로 남아 있다. 전 지구가 우리에게
이름만 알려진 수많은 나라들로 가득한데 우리는 인류라
는 추상적인 개념을 판단할 생각만 하는 것이다! 몽테스키
외, 뷔퐁, 디드로, 뒤클로, 달랑베르, 콩디약과 같은 분들,
그리고 그들의 성격을 가진 사람들이 동향인들을 가르치
기 위해 터키, 이집트, 바르바리아, 모로코 왕국, 기아나,
카프라리아의 나라, 아프리카 내륙과 동쪽 연안, 말라바르,
모굴, 갠지스 강변, 샴, 페귀, 아바 왕국들, 중국, 타타르,
일본을 관찰하고 기술한 뒤, 이번에는 남반구로 가서 멕시
코, 페루, 칠레, 마젤란 대륙에 가보고, 진실인지 거짓인지

모르지만[296] 파타고니아, 투쿠만, 가능하다면 파라과이, 브라질, 카리브 섬들, 플로리다와 모든 야만인들의 고장들을 하나도 빼놓지 않고 여행을 간다고 가정해보자. 이런 여행이야말로 가장 중요한 여행이고 더없이 세심하게 살펴야 할 여행이다. 이 신新헤라클레스들이 기념비적인 여행을 끝내고 돌아오면서 시간을 내어 그들이 봤던 것으로 도덕과 정치의 자연사를 쓰리라고 가정해보자. 그러면 우리는 그들의 펜 아래에서 신세계가 솟아나는 것을 보게 될 것이고, 그런 식으로 우리의 세상을 아는 법을 배울 수 있을 것이다. 나는 이 관찰자들이 이런 동물을 인간이라고 하고 저런 동물을 짐승이라고 확실히 말한다면 그들의 말을 믿어야 한다고 말하는 것이다. 그렇지만 이 점에 대해 상스러운 여행자들이 다른 동물에 대해 제시되었던 문제들과 똑같은 방식으로 문제를 해결해보겠노라고 할 때 그들의 말을 믿는 일만큼 순진한 일이 있을 것인가.

[주석 11] 이 점은 내게 대단히 확실해 보인다. 나는 우리네 철학자들이 자연인이 가졌다고 했던 모든 정념들을 도대체 어디에서 끌어왔는지 모르겠다. 자연 자체가 요구하는 신체적 필요를 제외한다면 그 외의 다른 모든 필요는 습관이나 욕망 때문에 온 것이다. 그런 필요는 습관이 들기

전에는 필요로 하지 않았던 것이고 우리는 알 수 없는 것을 욕망할 수 없는 것이다. 그러므로 야만인은 아는 것만을 욕망하며 자기 힘으로 얻을 수 있거나 얻기 쉬운 것만을 욕망한다고 말할 수 있다. 그의 영혼 이상으로 차분한 것이 없고, 그의 정신 이상으로 둔한 것이 없다.

[주석 12] 나는 로크의 『시민정부론』297에서 한 가지 반박할 것을 발견했다. 나로서는 이것이 너무도 그럴싸해 보여서 무시하고 덮어둘 수 없었다. 로크는 이렇게 말했다. "남성과 여성 간에 사회가 만들어진 목적은 그저 생식을 위해서가 아니라 종種을 지속하기 위한 것이다. 출산 후에도 사회는 지속되어야 한다. 최소한 태어난 아이들을 먹이고 생존하게 하는 데 필요하다. 다시 말하면 아이들 스스로 필요한 것을 마련할 수 있을 때까지 사회는 지속되어야 하는 것이다. 이 법칙은 창조주의 가없는 지혜에 따라 그가 손수 지은 세상에 마련된 것으로 인간보다 열등한 피조물들은 끊임없이 그리고 정확하게 이 법칙을 지키고 있음을 우리는 알고 있다. 초식동물의 암컷과 수컷도 사회를 이루지만 그 사회는 교미가 끝나면 해체된다. 어미는 새끼들이 스스로 풀을 뜯어먹을 수 있을 때까지 충분히 젖을 물려 키울 수 있지만 수컷은 새끼를 낳으면 그만이고 출산 후 수유가

이루어질 때 자기가 이들의 먹이를 마련해줄 수도 없는 일이므로 그 후에는 암컷도 새끼도 더는 돌보지 않는다. 그러나 육식동물들의 사회는 보다 오랫동안 지속되는데, 암컷은 자기가 먹을 것도 마련할 수 없고 자기가 먹이를 잡더라도 그것만으로는 새끼들을 다 먹일 수 없기 때문이다. 다른 동물을 먹이로 잡는 일은 풀을 뜯는 것보다 더 힘들고 더 위험하므로 이런 말을 쓸 수 있다면 공동 가족을 유지하게 해주는 수컷의 부양이 절대적으로 필요하다. 가족은 먹이를 찾으러 갈 수 있을 때까지 암컷과 수컷이 세심하게 배려하지 않는다면 존속할 수 없을 것이다. 조류에서도 이 점을 확인할 수 있다. 가금류家禽類는 풍부한 먹이가 언제라도 공급되는 곳에 있으므로 수컷은 새끼들을 먹일 필요가 없다. 둥지에 새끼들이 머물러 있는 동안에는 새끼들에게 필요한 먹이를 수컷과 암컷이 가져오지만 그것은 새끼들이 날 수 있고 스스로 먹이를 잡을 수 있을 때까지만 계속된다.

내 생각으로는 이것이 인류의 남성과 여성이 다른 피조물들이 사회를 유지하는 것보다 더 오랫동안 사회를 유지하지 않을 수 없는 유일한 이유는 아니더라도 가장 중요한 이유인 것 같다. 통상 여성이 수태해서, 뱃속에 아이를 키우고, 이렇게 태어난 아이가 아직 부모의 도움 없이 살아갈 수 없고 스스로 먹이를 구할 수 있기 훨씬 이전에 또 새 아이를 임신한다는 것이 그 이유이다. 그래서 아버지는 자기가 낳은 새끼들을 돌보지 않을 수 없고 그것도 오랫동안 돌봐야 하므로 자기의 새끼를 낳은 암컷과 결혼으로 맺어진 사회를 계속 유지하고 다른 피조물들보다 훨씬 오랫동안 그 사회에 머물지 않을 수 없다. 다른 피조물들의 새끼들은 동생이 태어나기 전에 스스로 먹이를 구할 수 있으므로 수컷과 암컷의 관계는 자동적으로 끊어지고 이 둘은 동물들이 함께 결합할 마음을 갖게 되는 새로운 계절이 와서 새로운 반려자를 맞이할 때까지 완전한 자유에 놓인다. 여기서도 우리는 창조주가 얼마나 지혜로운지 감탄하지 않을 수 없다. 창조주께서는 인간에게 현재만큼 미래를 대비할 수 있는 능력도 주셨기 때문에 인간의 사회가 다른 피조물들의 사회보다 훨씬 더 오랫동안 지속되도록 바라셨고 그리하셨다. 그래야 아이들에게 필요한 것을 갖춰주고 재산을 남길 목적으로 남성과 여성이 더욱 근면해지게 되고 남성과 여성의 이익이 더욱 잘 맞아떨어질 수 있으니 말이다. 불확실하고 모호한 결합이나 결혼으로 맺어진 사회가 쉽고 빈번히 와해될 수 있는 것보다 아이들에게 해로운 것은 없다."

진리에 대한 사랑에 관한 한 로크에 뒤지지 않는 나는

위의 이견을 성실하게 제시했고 여기에 몇 가지 지적 사항을 더해보고 싶다. 그 이견을 해결하지는 못할지라도 적어도 정리는 될 것이다.

1. 먼저 나는 도덕적 증거들이 물질적 주제를 해결하는 데 큰 도움이 되지 않으며 그런 도덕적 증거들은 그 사실들이 실제로 존재한다는 점을 확증해준다기보다는 그저 존재하는 사실들을 설명해주는 것에 불과하다는 입장을 견지하고자 한다. 그런데 내가 위에서 인용한 대목에서 로크씨가 사용한 증거가 그런 종류의 것이다. 남성과 여성의 결합이 지속적으로 유지되는 것이 인류에게 이득이 될지라도 그 때문에 자연이 그렇게 결합하도록 정해 놓았던 것이라는 결론을 도출할 수는 없다. 로크의 이 말을 다르게 표현해보자면 자연은 시민사회, 기술들, 상업, 그리고 인간에게 유용하다고들 하는 모든 것을 세웠다고 말해야 한다는 것이다.

2. 나는 로크 씨가 육식동물들의 수컷과 암컷이 이루는 사회가 풀을 주식으로 하는 동물들의 사회보다 더 오랫동안 지속되며, 수컷이 암컷을 도와 새끼들에게 먹이를 제공한다는 사실을 어디에서 찾았는지 모르겠다. 개, 고양이, 곰, 늑대보다 말, 숫양, 황소, 사슴 및 다른 네발동물들이 자기 배우자 암컷을 더 잘 알아본다고 생각하지 않기 때문

이다. 반대로 암컷이 새끼들을 먹여 살리는 데 수컷의 도움이 반드시 필요했다면 그것은 특히 풀을 주식으로 하는 동물 종들이 그럴 것이다. 암컷은 오랫동안 풀을 뜯어야 하는데, 그동안 암컷은 자기 새끼들에게 소홀하지 않을 수 없다. 반면 암곰이나 암늑대는 먹이를 단숨에 삼켜버리고 식사를 끝내니, 허기를 느끼지 않고 새끼들에게 젖을 먹일 시간이 더 많은 것이다. 열매를 주식으로 하는 동물과 고기를 주식으로 하는 동물을 젖의 수와 새끼들의 수와 관련해서 구분할 수 있다는 관찰을 통해 이런 추론이 확실해진다. 이는 내가 주석 8번에서 이미 언급한 바 있다. 이 관찰이 정당하고 일반적이라면, 여성은 젖이 두 개이고 한 번에 한 아이를 낳는 것이 인류가 천성적으로 고기를 먹게 되어 있음을 의심해볼 수 있는 대단히 강력한 한 가지 이유이다. 그래서 로크의 결론을 매듭지어보려면 그의 추론의 방향을 완전히 다른 쪽으로 돌려야 할 것 같다. 조류에 동일한 구분을 적용해본 것도 그의 추론이 견고하지 않기는 마찬가지이다. 멧비둘기보다 독수리와 까마귀들의 암컷과 수컷이 함께 살아가는 기간이 더 길다는 점을 누가 납득할 수 있을까? 가금류 두 종류를 놓고 보자. 집오리와 비둘기가 그들인데, 이들은 로크 씨의 이론과 직접적으로 반대되는 사례들을 제공한다. 비둘기는 곡식만을 먹지만 암컷과 함께 살아가고 새끼들을 함께 먹인다. 육식 조류로 잘 알려진 오리는 새끼들은 물론 새끼들의 어미도 아랑곳하지 않고 그들을 먹이는 데 아무런 도움도 주지 않는다. 역시 육식 조류라고 볼 수 있는 암탉들 가운데에서 수탉이 자기 병아리들을 보살피는 것을 본 적이 있는가. 다른 조류의 종들이 새끼들을 먹이는 데 수컷이 암컷을 돕는다면 그것은 새끼들의 어미가 젖을 줄 수 없는 날飛 수 없는 조류들이 네발동물들보다 아비의 도움을 훨씬 더 필요로 하기 때문이다. 네발동물들은 적어도 얼마간의 기간 동안은 어미의 젖으로 충분히 살 수 있으니 말이다.

3. 로크 씨의 추론 전체의 토대가 되는 주된 사실에 확실하지 않은 부분이 있다. 그가 주장하듯이 자연의 순수한 상태에서 보통 암컷이 임신하고 먼저 태어난 새끼가 스스로 자기의 필요를 충족할 수 있기 훨씬 전에 다시 둘째를 갖는 것이 사실인지 알기 위해서는 여러 경험들이 필요할 텐데, 확실히 로크 씨가 이런 경험을 한 적이 없을 뿐 아니라 다른 누구라도 그런 경험을 할 수 없기는 마찬가지이다. 남편과 아내가 지속적으로 동거하게 되면 이내 새로운 임신의 기회가 생길 수 있게 되므로 부부가 함께 살아가는 사회와 순수한 자연 상태에서 동일하게 우연적인 만남이나, 그저 기질의 자극만으로 같은 결과가 빈번히 생길 수

있다고 생각하기란 정말 어렵다. 이런 느린 속도 때문에 아이들이 더욱 건장하게 자랄 수 있는지도 모를 일이며 더욱이 젊었을 때 지나치게 임신을 자주 한 여자가 아니라면 가임 기간이 대단히 길어지는 것으로 보상되는 것일지도 모른다. 아이들의 입장에서 본다면 아이들의 힘과 신체 기관의 발육이 내가 말한 원시 상태에서보다 현재 우리들 가운데에서 더 늦게 이루어진다고 생각할 수 있는 이유들은 상당히 많다. 부모들의 체격이 원래 강건하지 못하고, 아이를 일부러 꽁꽁 싸매서 사지가 움직이지 못하게 하고, 오냐오냐 다 받아주며 키우고, 친모가 아닌 유모의 젖을 먹고 자라는 것이 아이들이 자연적으로 성장하는 첫 단계를 방해하거나 지연시킨다. 아이들의 체력을 전혀 길러주지도 않으면서 아이들이 수만 가지 것들에 끊임없이 주의를 기울이지 않을 수 없도록 하는 것도 아이들이 성장을 막는 데 상당한 영향을 미칠 수 있다. 그래서 아이들의 정신을 수만 가지 방식으로 짓누르고 피곤하게 만드는 대신 자연이 요구하는 대로 몸을 계속 움직여 단련하도록 내버려둔다면 아이들은 훨씬 더 일찍 걷고, 활동하고, 필요를 스스로 마련할 수 있다는 점을 믿어볼 만하다.

4. 마지막으로 로크 씨가 증명한 것은 여자가 아이를 가졌을 때 남자가 여자에게 매달려 살아야 하는 한 가지

동기가 있을 수 있다는 점이 고작이다. 그러나 그는 출산 이전, 그러니까 아홉 달의 임신 기간 동안 남자가 왜 꼭 그래야 했는지는 전혀 증명하지 않았다.[298] 어떤 여자가 아홉 달 동안 그 남자에게 관심이 없고, 남자도 그녀를 알아보지 못하게 된다면 남자가 왜 출산 후에도 여자를 돕겠는가? 정말 자기 아이인지 확실히 모르고, 아이를 낳을 생각을 미리부터 했거나 예상한 것도 아닌데, 그가 왜 여자를 도와 아이를 키울 것인가? 로크 씨는 분명히 무엇이 관건인지 제시했다. 왜 출산 후에도 남자가 여자와 같이 사는지가 문제가 아니라 왜 남자가 임신 후에 여자와 같이 사는지 아는 것이 문제이기 때문이다. 남자는 욕구를 충족하면 그 여자가 필요 없고 여자도 그 남자가 필요 없어진다. 남자는 자기 행동의 결과가 어떻게 될지 전혀 걱정하지 않고 생각도 하지 않는다. 남자는 이쪽으로 여자는 저쪽으로 가버린다. 아홉 달이 지난 뒤에야 그들이 서로 만난 적이 있다는 기억을 하리라는 것도 있을 수 없는 것 같다. 이런 종류의 기억은 한 개인이 생식 행위를 위해 다른 개인을 선호하게 되어야 가능한 것으로 내가 이 책에서 증명했듯이 인간 지성에 더 큰 진보가 이루어졌거나 더 큰 타락이 이루어졌어야 하기 때문이다. 그런데 여기서 관건이 되는 것이 동물의 상태이니 지성을 가정할 수는 없다. 그러므로 남자가 이전에 만났던 여자만큼이나 다른 여자가 간단하게 그에게 일어난 새로운 욕망을 채워줄 수 있고, 마찬가지로 그 여자가 임신 기간 동안 동일한 욕망을 강하게 느낀다면 이를 다른 남자가 만족시켜줄 수도 있는 것이다. 그러나 이성적으로 판단한다면 이는 의심스러운 일이다. 자연 상태에서 아이를 임신한 다음에 더는 사랑의 정념을 느끼지 않는다면 남자와 더불어 사회를 이루지 못하게 만드는 장애물은 훨씬 더 커지게 된다. 여자는 자신을 임신하게 만들었던 남자는 물론 어떤 다른 남자도 더는 필요하지 않으니 말이다. 그러므로 남자는 같은 여자를 다시 찾을 이유가 전혀 없고 여자도 같은 남자를 다시 찾을 이유가 전혀 없다. 그래서 로크의 추론은 완전히 무너지고 로크 철학이 아무리 강력한 논리를 사용했대도 홉스와 다른 철학자들이 범한 오류를 벗어날 수 없었다. 그들은 자연 상태의 한 가지 분명한 사실, 즉 사람들이 서로 떨어져 고립되어 살았고, 이 사람이 저 사람과 꼭 같이 살아야 할 이유가 없었고, 더 나쁜 점은 아마 사람들 모두가 꼭 서로 같이 모여 살아야 할 이유가 없었으리라는 점을 설명했어야 했다. 그들은 사회를 형성하여 살았던 수많은 시대, 말하자면 사람들이 언제나 서로 모여 살아야 할 이유가 있었고 이 남자가 저 남자나 저 여자와 같이 살아야 할 이유가 있었던 시대 이전으로 직접 나아가 보면서 생각해본 적이 없었던 것이다.

[주석 13] 나는 이렇게 언어가 제정된 것이 이득을 가져왔느
냐 불편을 가져왔느냐 하는 문제에 대한 철학적 성찰에
손을 댈 생각은 없다. 사람들은 흔히들 저지르는 오류를
내가 비판하도록 놓아두지도 않을 것이며 문인들은 자기
들이 가진 편견을 너무도 소중히 생각하기 때문에 내가
제시하게 될 소위 역설적인 생각을 참고 들어주지 않을
것이기 때문이다. 그러니 간혹 이성에 따라 다수의 의견에
반대하는 입장을 용기 있게 취했어도 비난받은 적이 없는
사람들의 말을 옮겨놓는 것이면 족하다. "사람들이 혼잡하
고 해로운 결과만 낳는 수많은 언어들을 몰아내고 한 가지
통일된 기술을 연마하여 기호, 몸짓, 손짓으로 모든 사물을
설명할 수 있도록 노력했어도 인류의 행복은 전혀 그대로
였을 것이다. 현 상황에서는 다들 야만적이라고들 하는
짐승들의 상태가 우리가 처해 있는 상태보다 훨씬 더 바람
직하게 보인다. 짐승들은 자기들이 갖게 되는 감정과 생각
을 통역이라고는 전혀 필요 없이 보다 충실히, 보다 신속하
게 알릴 수 있음을 알려주지 않는가? 이런 점에서 인간이
외국어를 사용해야 할 때는 특히 짐승들이 인간보다 우월
하다."299

[주석 14] 플라톤은 이산량離散量, quantité discrète과 그것의 관계에 대한 관념들이 정말 별것 아닌 기술에도 없어서는 안 되는 것임을 보여주면서300 팔라메데스301가 트로이 공성전 때 숫자를 고안했다고 주장했던 자신의 동시대 저자들을 비웃었는데 플라톤의 이런 태도는 정당하다. 플라톤이 말하기를 이들은 아가멤논이 그때까지 다리足가 몇 개인지도 모르기라도 했던 것처럼 써놓았다는 것이다.302 정말이지 사회와 기술이 벌써 트로이 공성전이 벌어졌던 시대에 다다랐던 시점에 수와 계산을 사용하지 않았다고 하기란 불가능한 것이라고 생각된다. 하지만 수數부터 알아야 다른 지식을 획득하게 되므로, 수를 고안해내는 일이 더 쉽게 상상할 수 있는 것이라고는 말할 수 없다. 숫자의 이름을 일단 알게 되면 그 의미를 설명하고 그 이름이 재현하는 관념을 불러일으키기란 쉽지만, 이를 고안하기 위해서는 수의 관념을 품기 전에 말하자면 철학적 사유에 이미 익숙해졌어야 하고, 존재를 형이상학적일 뿐 전혀 자연스럽지 않기에 고생스럽기만 한 추상화 작용과 같은 다른 모든 지각과는 전혀 무관하게 오직 그 본질만으로 존재들을 고려하는 연습이 되었어야 했다. 그런 추상화 작용이 없다면 관념들은 한 종 혹은 한 유類에서 다른 종 혹은 다른 유로

이전될 수 없었을 것이고 숫자도 보편적이 될 수 없었을 것이다. 야만인은 오른 다리와 왼다리를 별개의 것으로 생각할 수도 있고, 자기 다리가 둘이라는 생각을 하지 않는 데도 한 쌍이라는 분리 불가능한 관념을 통해 두 다리를 전체적으로 고려할 수 있다. 우리에게 어떤 대상을 그린 듯 보여주는 재현적인 관념과 그 대상을 한정하는 수적數的인 관념은 서로 전혀 다른 것이기 때문이다. 그런 야만인이 다섯까지 셀 수 있기란 훨씬 더 어려운 일이었다. 손가락을 하나씩 세어 양손의 손가락들이 정확히 대칭을 이룬다는 점에 주목할 수 있었더라도 그것으로 그 둘이 수적으로 대등하다는 것을 생각해내기란 어림도 없는 일이다. 그는 머리카락의 숫자를 셀 수 없는 이상으로 손가락이 몇 개인지 셀 수 없다. 누군가가 그에게 숫자라는 것이 무엇인지 가르쳐준 뒤 손의 손가락 수만큼 발의 발가락 수가 있다고 말해주었다면 그는 손가락 수와 발가락 수를 비교해보고 그것이 사실이라는 점을 깨닫고서는 아마 대단히 놀라지 않았을까.

[주석 15] 이기심과 자기애는 반드시 구분해야 한다.303 본성 상으로도 다르고 이 두 정념이 빚어내는 결과를 놓고 보아도 다르다고 하겠다. 자기애는 모든 동물이 자기 보존을

위해 신경을 쓰는 자연적인 감정으로, 인간의 이 감정은 이성의 지도와 연민의 손을 거쳐 인류애와 미덕이 된다. 반면 이기심은 상대적이고, 인위적이고, 사회에서 만들어진 감정에 불과하다. 이기심은 다른 누구보다 자기 자신을 더욱 가치 있게 여기게 하고 사람들에게 모든 악을 불러일으켜 그들이 서로 악을 행하게끔 한다. 영예의 실질적인 원천이 바로 이기심이다.

이 점을 잘 이해해본다면 나는 인간이 원시 상태, 그러니까 진정한 자연 상태에 있을 때 이기심이란 존재하지 않았다고 말하겠다. 자연 상태에서 한 사람 한 사람은 각자 제 자신을 관찰하는 유일한 관객이듯, 제 자신에 관심을 가진 세상의 유일한 존재이듯, 자신의 장점을 판단할 수 있는 유일한 자이듯 바라보기 마련이며, 각자 다른 사람들과 자신을 비교할 수 없으므로 그런 비교에서 비롯되는 감정이란 것이 그의 마음에서 싹틀 수가 없다. 같은 이유로 자연 상태의 사람들은 증오도 할 수 없고 복수를 욕망할 수도 없다. 증오니 복수의 욕망이니 하는 정념들은 자기가 모욕을 당했다는 생각이 들어야 생기게 되니까 말이다. 모욕이라는 것은 상대방에게 경멸이거나 해를 가하려는 의도에서 생길 뿐 악에서 생기는 것이 아니므로, 서로를 평가할 줄도 모르고 서로를 비교할 줄도 모르는 자연 상태의 사람들은 자기들에게 어떤 이득이 생긴다면 서로 모욕하는 일 없이 엄청난 폭력을 행사할 수 있다. 한마디로 말해서 사람들 각자는 자기와 같은 사람들을 동물들이 다른 종의 동물을 보듯 바라볼 뿐이므로 그 동물 중 가장 약한 자를 먹이로 취하고 가장 강한 자에게 자기 먹이를 양보할 수 있다. 그렇다고 해도 약한 자를 먹이로 취하는 것은 그저 자연적인 사건일 뿐이라고 생각하고, 오만이나 경멸의 마음은 조금도 일어나지 않고, 성공을 거두거나 실패를 겪을 때 일어나는 정념이라고는 기쁨이나 괴로움뿐이다.

[주석 16] 유럽 사람들이 자기들의 생활방식을 세상의 다양한 지역에 살고 있던 야만인들에게 전하고 싶어서 수 세기 동안 안달을 해왔대도 기독교를 위해서는 물론이고 이득으로 얻은 것이 하나도 없었다는 점은 정말이지 눈여겨보지 않을 수 없는 대목이다. 우리네 선교사들이 간혹 몇몇 야만인들을 기독교인으로 개종시키지만 그들을 문명인으로는 결코 만들지 못한다. 그 야만인들이 우리 유럽의 풍속을 수용하고 우리 방식대로 살아가야 할 때 갖게 되는 끔찍한 혐오감을 극복하게끔 해줄 수 있는 것은 아무것도 없다. 우리가 생각하는 대로 저 가여운 야만인들이 불행한 이들

이라면 그들은 도대체 얼마나 판단력이 부족하기에 우리를 모방해서 문명화되거나 우리와 함께 행복하게 살아가는 법을 배우기를 그토록 지독히 거부한다는 말인가? 반면 우리는 프랑스 사람들과 유럽의 다른 국가의 사람들이 자발적으로 그 야만인들의 나라로 도피하여 그곳에서 그토록 괴상망측한 삶의 방식을 그대로 간직한 채 평생을 살아갔고, 분별 있는 선교사들도 그토록 업신여김을 당하는 저 민족들과 함께 평온하고 순수한 나날을 보낸 일을 그리워하며 술회하는 대목은 어디에서나 읽을 수 있다. 이 문제에 대해 누군가 그들이 야만인이 처한 상태와 우리가 살아가는 상태를 올바르게 판단할 만큼 충분한 지식을 갖지 않았기 때문이라고 내게 응수한다면 나는 행복의 평가는 이성보다는 감정의 소관이라고 답하겠다. 더욱이 그의 답변은 더욱 강력한 힘으로 우리에게 역이용될 수 있다. 관념과 심사心思 사이의 거리는 우리가 갖는 관념과 야만인이 그의 생활 방식에서 발견하는 취향을 이해하는 데 필요한 심사 사이의 거리가, 야만인이 갖는 관념과 우리가 우리의 생활방식을 그에게 이해시키는 데 필요한 심사 사이의 거리보다 더 크기 때문이다. 정말이지 야만인은 몇몇 관찰을 통해 우리의 노동 전체가 단지 두 가지 목적으로 수렴한다는 것을 쉽게 이해할 것이다. 자기를 위한 삶의 편의가 하나이고, 타인들 가운데서 받고자 하는 존경이 다른 하나이다. 그런데 우리는 어떤 야만인이 홀로 숲속에 살거나, 낚시를 하거나, 하나의 조성調聲을 내볼 생각도 않고 배워볼 생각도 하지 않은 채 형편없는 피리를 불며 인생을 보내면서 얻을 수 있는 즐거움 같은 것을 상상해볼 수나 있겠는가?

여러 번 파리, 런던, 다른 도시에 야만인을 데려온 적이 있다. 다들 앞 다투어 그 야만인에게 우리의 사치, 우리의 부, 우리가 가진 가장 유용하고 가장 진기한 기술들을 펼쳐 놓았다. 그들은 그런 것을 보고 멍하니 감탄은 했지만 그저 그뿐이었고 조금도 선망하는 모습이 아니었다. 다른 이야기들도 많지만 나는 그중 북아메리카 추장에 관한 한 가지 이야기가 기억난다. 삼십여 년 전에 그 추장을 영국 궁정에 데려왔다. 무언가 그가 좋아할 만한 선물을 해주려고 그 앞에 수만 가지 물건을 가져와 보여주었지만 그가 관심을 가지는 듯 보이는 것은 전혀 없었다. 우리가 사용하는 무기는 그가 보기에 무겁고 불편했고, 우리가 신는 신발을 신으면 발이 아팠고, 우리가 입는 의복은 그에게 거추장스러웠으니, 결국 그는 전부 거부했다. 결국 양모 천을 집어 들고 어깨에 덮어 보면서 즐거워하는 듯했다는 것을 알았다. 바로 그것이 유용하다고 생각하느냐는 질문을 받자 그는 이렇게 대답했다. 그렇습니다. 짐승 가죽만큼 좋아 보이는 군요. 하지만 그가 비를 맞으며 두 가지를 번갈아 걸쳐봤다면 그런 말은 하지 않았을 것이다.304

각자 자기 생활방식을 따라 습관을 붙이고 살아가니까 야만인들이 우리 생활방식에서 무엇이 좋은 것인지 알 수 없는 것이라고 내게 응수할지도 모르겠다. 그러니 적어도 이 점에 대해 유럽 사람들을 행복을 누리는 데 묶어두는 것보다 야만인들이 빈곤의 취향을 따르도록 묶어 두는 데 습관이 더 큰 힘을 발휘한다는 점은 정말 기이해 보인다. 하지만 바로 앞의 이의 제기에 한 마디도 반박할 수 없는 답변을 해보려면 나는 문명인으로 만들어보고자 했지만 아무 소득도 없었던 젊은 야만인들이며, 덴마크로 데려가 길러보려고 했지만 결국 상실감 때문이든 수영을 해서 본국으로 되돌아가려고 하다가 바다에 빠졌든 슬픔과 절망에 사로잡혀 전부 죽어버리고 말았던 그린란드 사람들이며 아이슬란드 사람들 이야기305는 말고 아주 확실한 한 가지 예를 언급하는 것으로 그치겠다. 유럽 문명을 찬미하시는 분들은 한번 이 사례를 검토해보시기 바란다.

"희망봉의 네덜란드 선교사들이 아무리 애를 썼어도 호텐토트족만큼은 결코 개종시킬 수 없었다.306 희망봉 총독 판 데어 스텔은 아이를 하나 데리고 어렸을 때부터 기독교

종교의 원리에 따라 유럽 풍습을 실천하게 하면서 키웠다. 옷을 화려하게 입히고 여러 언어도 가르쳤고, 아이는 사람들이 그의 교육에 기울였던 정성에 발전을 보이며 화답했다. 총독은 아이의 정신에 큰 기대를 걸고 그를 경리관과 함께 동인도 회사로 보내, 회사 일로 유용하게 써보고자 했다. 경리관이 죽자 그 아이는 희망봉으로 돌아왔다. 돌아오고 며칠이 지나지 않아 호텐토트족 친척 몇몇을 방문했는데 그는 걸치고 있던 유럽의 장신구를 벗어버리고 염소 가죽을 걸치기로 했다. 그는 그런 차림으로 성채로 돌아갔다. 예전에 입던 의복을 담은 상자를 들고 그것을 총독에게 보여주면서 그는 이렇게 말했다.307 "각하, 부디 은혜를 베푸시어 제가 영원히 이 옷차림을 하지 않으리라는 점을 이해해주시기 바랍니다. 또한 저는 평생 기독교를 거부할 것이며, 제 선조들의 종교, 삶의 방식, 관례에 따라 살고 죽고자 결심했습니다. 부디 한 가지 소원이 있으니 제가 차고 있는 목걸이와 단검은 제게 남겨주시기 바랍니다. 각하에 대한 애정으로 간직하고자 하나이다." 그는 곧 판 데어 스텔의 답변을 기다리지도 않고 달아나 숨었고 그 후 희망봉에서 그를 본 자는 아무도 없었다."(『여행사』, 5권, 175쪽)

[주석 17] 이렇게 무질서한 상황에서 사람들은 악착같이 서로 목을 조르는 대신 그들을 막는 것만 없었다면 각자 흩어져 살았을 것이라고 내게 반박하실 수도 있겠다. 하지만 우선 이 한계란 것도 최소한 지구라는 한계에 막히지 않겠는가. 자연 상태에서 비롯된 인구 과잉을 생각해본다면 이 자연 상태에서 사람들은 서로 모여 살지 않을 수 없게 되어 즉각 지구를 온통 뒤덮었을 것이라고 판단해야 한다. 더욱이 악이 신속하게 퍼져 갑자기 무슨 변화라도 생겼다면 그들은 바로 흩어졌을 것이다. 그러나 그들은 족쇄를 차고 태어 났으니, 그들이 찬 족쇄의 무게를 느꼈을 때 그들은 벌써 그것에 습관이 들어 있었고, 언젠가 족쇄를 끊을 기회가 오기를 기다리는 것으로 만족했다. 결국 그들을 함께 살아 가지 않을 수 없게 만들었던 수많은 편의에 익숙해진 나머 지 흩어져 살아가는 것이 각자 자기 자신 외의 그 누구도 필요로 하지 않았으니 타인의 동의를 기다리는 일 없이 자기 운명을 결정했던 최초의 시대에서만큼 더는 쉬운 일 이 아니게 되었다.

[주석 18] V*** 원수[308]의 말을 들어보면 그가 참전한 여러 원정 중 한 번은 군량 청부업자의 사기詐欺가 지나쳐 군대에 큰 손해를 끼치고 병력의 불만이 팽배해지자 그자를 가혹

하게 꾸짖고 목을 매달 것이라고 협박했다. 그 사기꾼이 겁도 없이 대답하기를 그런 협박을 해봤자 자기와는 상관없고 십만 에퀴를 주무르는 사람은 목을 매달지 않는다는 점을 말씀드리게 되어 대단히 기쁘다고 했다. 그러자 원수는 순진하게도 자기는 어떻게 그런 일이 있을 수 있는지 모르겠다고 덧붙였고, 백 번 목을 매달아도 부족한 그 자는 교수형을 피했다.

[주석 19] 분배의 정의가 시민사회에서 실천될 수 있다고 해도 그것과 자연 상태의 엄격한 평등은 서로 대립하기까지 한다. 국가 구성원 전체가 그들이 가진 재능과 힘에 비례하여 시민사회에 봉사를 해야 하는 이상 시민들은 그들이 한 봉사에 따라 뛰어난 존재가 되고 특별대우를 받게 된다. 두 가지 종류의 평등이 있는데 하나는 모든 시민이 누구와 상관없이 동일한 이득을 나누어 갖는 것이고, 다른 하나는 각자의 공로功勞에 따라 이를 분배하는 것이다. 이소크라테스가 최초의 아테네 사람들이 이러한 두 종류의 평등 중 가장 큰 이득을 가져오는 평등이 어떤 것인지 제대로 구분했다고 칭찬했던 한 대목은 이러한 의미에서 이해해야 한다.309 웅변가 이소크라테스는 이에 더해, 이들 유능한 정치가들은 악인들과 선인들 사이에

아무런 차이도 두지 않는 이 부당한 평등을 폐지하고, 각자 자기 공적에 따라 보상하고 처벌하는 침해 불가한 평등을 적용하고자 했다고 덧붙였다. 하지만 우선 사회가 아무리 심각하게 타락할 수 있다고 해도 악인과 선인들 사이에 아무런 차이를 두지 않는 사회란 존재하지 않았다. 풍속의 경우 행정관이 규칙으로 사용할 수 있게끔 법으로 정확한 척도를 정해 놓을 수가 없다. 시민들의 운명이나 지위를 행정관의 재량에 맡겨서는 안 되므로 그는 행동의 판단만 할 뿐, 절대로 인격의 판단을 내릴 수는 없었다. 고대 로마 사람들이 누렸던 순수한 풍속이나 되어야 감찰관들을 견뎌낼 수 있는 것이지, 우리가 유사한 기관을 갖게 된다면 전부 혼란에 빠져버릴 것이다. 악인과 선인에 차이를 두는 것은 대중의 평가이다. 행정관은 엄격한 법으로 판결을 내릴 뿐이지만 인민이야말로 풍속의 진정한 판사요, 이 문제에 있어서만큼은 청렴하고 개화된 판사요, 간혹 도를 넘는 일이 없다고는 할 수 없지만 누구도 타락시킬 수 없는 판사인 것이다. 그러므로 시민들의 지위는 시민 개개 인들의 공적으로 규정되면 안 된다. 시민 각자의 공적을 따질 때 행정관이 법을 자의적으로 적용할 수도 있기 때문이다. 따라서 시민들의 지위는 그들이 국가에 하고 있는 실질적인 봉사에 따라 규정되어야 하고, 그들의 봉사는 보다 정확히 추산될 수 있어야 한다.

[부록]

볼테르가 루소에게 보낸 편지

제네바 인근 델리스, 1755년 8월 30일.

선생, 인류를 공격하는 선생의 새 책을 잘 받았소. 감사드리오. 선생에게 자기들의 진실을 들은 사람들은 선생을 좋아하겠소마는 선생이 그들을 교정하지는 못할 것이오. 선생은 무지와 무력이 평온한 위안을 약속하는 인간 사회의 끔찍한 면을 참으로 진실한 색채로 그려보셨소. 누구도 우리를 짐승으로 만들고자 그토록 재능을 낭비한 적이 없었소.

선생의 책을 읽자 네 발로 걷고 싶은 마음이 드오. 하지만 내가 그 습관을 잃은 지 벌써 육십 년이 되었으니 불행히도 다시 그 습관을 들이기란 불가능하지 않겠소. 그래서 나는 그렇게 자연스럽게 걷는 방식은 선생이나 나보다는 그 방식이 더 어울리는 사람들에게 맡겼으면 좋겠소. 또 나는 캐나다 야만인을 만나보러 배를 탈 수도 없소. 내가 고통스러워하는 병은 유럽 의사가 필요한 병이라는 것이 첫 번째 이유이고, 그 나라에도 전쟁이 번지고, 그들이 우리 유럽의 모범을 따른 나머지 우리나 다름없이 사악해졌다는 것이 두 번째 이유요. 그래서 나는 선생의 조국 근처에 고독하게 자리 잡고 평화로운 야만인이 되는 것으로 만족하려고 하오. 선생이 있어야 할 곳도 그곳이 아니겠소.

나는 문예와 학문이 간혹 만병萬病의 원인이 되기도 한다는 데 선생과 의견을 같이 하오.

타소는 적들 때문에 불행으로 점철된 인생을 살았소. 지구가 자전한다는 것을 알았다는 이유로 갈릴레이의 적들은 일흔 살이 된 그를 감옥에 가둬 신음하게 했소. 정말 수치스러운 일은 갈릴레이더러 그의 이론을 취소하라고 강요했던 것 아니겠소.

선생의 친구들이 백과사전을 시작한 이후, 감히 선생 친구들과 겁도 없이 경쟁하고자 했던 사람들이 그들을 이신론자, 무신론자, 심지어는 얀센주의자로 몰았소. 내 작업의 보상으로 박해만을 주었던 자들을 꼽아보자면 내 비극『오이디푸스』가 무대에 올랐던 날 공연을 실패로 끝나게 만들고자 했던 가련한 무리群며, 나에 대한 비판을 담아 인쇄한 우스꽝스럽기 짝이 없는 수많은 중상문을 썼던 자들이며, 예전에 내 봉사를 받으신 분으로 내 명예를 훼손하는 비방문들을 그 보답으로 써주시면서, 지금은 벗어났지만, 내게 최근까지 고통을 주셨던 옛 예수회 신부를 들고 싶소. 더욱 비난받아 마땅한 이가 있다면 내 저작 『루이 14세의 세기』에 터무니없는 무지로 그보다 더한 후안무치가 없음을 보여주는 중상이 담긴 주석을 줄줄이 붙여 출판하게 했던 자가 하나요, 소위 보편사라는 것을 내 이름으로 서적상에 팔아 넘겼던 자가 다른 하나요. 그 서적상은 날짜도, 사실도, 이름도 죄다 위조된 그런 실수투성이 서적을 완성되지 않은 그대로 인쇄에 넘길 정도로 돈밖에 모르는 멍청한 자였소. 마지막으로 내가 이런 얼기설기 이은 조악한 랩소디 같은 작품을 출판한 장본인으로 몰 정도로 사악하고 비열한 사람들이 꽤 있소. 나는 선생께 고대에는 전혀 알려지지 않았지만 이런 새로운 종류의 인간들로 물든 사회가 있다는 것을 보여주었으면 좋겠소. 그런 인간들은 하인이 됐든 노동자가 됐든 정직한 직업을 선택할 수 없는데, 불행히도 읽고 쓸 줄은 알아서 문학의 중개자로 자처하고 원고를 훔쳐다가 엉망을 만들어 팔아먹고 있소. 삼십여 년 전에 샤플랭이 어리석게도 이 주제를 진지하게 다루다가 한 번 했던 농담이 오늘날 세상에 퍼지고 있다는 것이 나는 정말 불만스럽소. 저 불행한 자들은 그

농담을 엉망으로 만들어버렸는데 그것은 악의적인 만큼 멍청한 일이 아닐 수 없소. 그들이 지금 그것을 부정하게 퍼뜨리고 있는 것이오. 그자들은 삼십 년 후면 분명 내 것이 아닌 그 저작을 사방으로 팔고 다닐 것이오. 한마디만 더하자면 결국 사람들이 엄청난 고문서 더미를 뒤져서 내가 맡겨 두었던 원고 일부를 훔쳐냈소. 내가 프랑스 사료편찬관으로 있었을 때 내가 고생해서 작업한 결과물을 어떤 자가 파리의 한 서적상에게 팔아먹기도 했소. 나는 선생께 알프스 산기슭까지, 내 무덤가에까지 나를 추적하고 있는 배은背恩, 사기, 약탈을 자세히 그려 보여드리고 싶소.

하지만 선생, 문학과 명성에 언제나 따라붙게 마련인 이런 가시釺들은 유사 이래 지구를 휩쓴 다른 악과 비교해본다면 꽃이나 다름없다는 점을 인정하셔야 하오. 키케로, 루크레티우스, 베르길리우스, 호라티우스가 마리우스, 실라, 저 방탕한 안토니우스, 저 어리석은 레피두스, 저 용기라곤 없는 폭군으로 비굴하게도 아우구스투스라 칭한 옥타비우스 케피아스가 추방한 작가는 아니었다는 점도 인정하셔야 하오.

클레망 마로의 희극적인 문체 때문에 성 바돌로매 학살이 생긴 것이 아니고 코르네유의 극 르 시드가 프롱드 난의 원인이 된 것이 아니라는 점을 인정하셔야 하오. 엄청난 범죄를 저지른 자들은 그저 유명하기는 하나 무지한 자들이었을 뿐이오, 읽을 줄도 몰랐던 타마스 쿨리 칸에서 수ᄤ를 셀 줄밖에 모르는 세관 서기에 이르기까지 채워지지 않는 인간의 탐욕과 길들여지지 않는 인간의 오만이야말로 이 세상을 눈물의 계곡으로 만들고 있고 또 그렇게 만들 것이오. 문학은 영혼의 양식이고, 영혼을 교정하고, 영혼을 위로한다오. 선생이 문학을 공격하는 글을 쓰는 바로 그 시대에 문학은 선생에게 영광을 선사했소. 선생은 영광에 맞서 분노하는 아킬레우스요, 빛나는 상상력으로 상상력을 공격하는 글을 썼던 말브랑슈 신부와 같구려.

샤뛰 씨는 선생의 건강이 아주 좋지 않다는 말을 하더군요. 선생의 고향으로 가서 그곳의 공기를 마시고, 자유를 즐기고, 나와 함께 선생네 고향 암소에서 짠 우유를 마시고 선생네 고향에서 자란 풀을 드셔야 하오. 대단히 철학적으로 더없이 다정한 존경을 담아,

선생에게 순종하는 충복,

볼테르 배상

루소가 볼테르에게 보낸 편지

파리, 1755년 9월 10일.

　선생님, 어느 면으로 보나 선생님께 감사를 드릴 사람은 저입니다. 제 보잘것없는 몽상의 초안을 보내면서 선생님께 어울리는 선물을 드린다고 생각해본 적이 없습니다. 그저 해야 할 일을 하고 저희를 이끌고 계시는 선생님께 저희 모두 드려야 마땅한 존경의 마음을 표하고자 했을 뿐입니다. 더욱이 선생님께서 제 조국에 보내주신 영광을 마음 깊이 새기며 저는 제 동포와 감사의 마음을 나누고 선생님께서 제 동포들에게 가르침을 주시고 그들이 그 가르침에서 얻는 바가 있을 때 그 감사의 마음 더욱 높아지기를 바랍니다. 선생님께서 고르신 안식처를 아름답게 만들어주십시오. 선생님의 가르침을 잘 따를 인민을 개화시켜주십시오. 미덕과 자유를 올바로 그려주실 줄 아시는 선생님, 선생님의 글에서처럼 제네바 성벽 안에 살아가고 있는 제 동포들이 그 미덕과 자유를 소중히 여기도록 가르쳐주십시오. 선생님을 따르는 모든 이가 선생님께 영광의 길을 걷는 법을 배우게 될 것입니다.

선생님께서는 제가 인간을 우둔한 상태로 돌려놓고자 한 것이 아니라는 것을 잘 알고 계십니다. 저로서는 제가 좀 덜 우둔해졌다는 점이 안타깝기는 하지만 말입니다. 선생님이 보시기에 우둔한 상태로 회귀한다는 것은 너무도 엄청나고 너무도 해로운 기적과도 같은 일이어서, 그 기적을 행할 수 있으신 분은 오직 신이요, 그 기적을 바랄 자는 오직 악마뿐이겠습니다. 그러니 네 발로 기어 다니는 단계로 돌아가지 않으시기를 바랍니다. 선생님께서는 세상 누구보다 그런 단계로 떨어지지 않으실 분입니다. 저희를 두 발로 서도록 잘 일으켜 세우셨던 선생님께서 정작 두 발로 서지 않을 수 있으실까요.

저는 저명한 문인들이 언제라도 대중의 인기를 잃을 수 있고, 우리가 가진 헛된 지식과는 무관해 보이는 악이 인류와 불가분한 관계에 있다는 점을 인정합니다. 사람들은 불행을 가져오는 수많은 원천에 무방비로 놓여 있으니, 우연히 그 원천 중 어떤 하나라도 방향을 바꾼다면 사람들은 불행에 휩쓸리고 맙니다. 더욱이 세상만물의 진행에는 보이지 않는 관계들이 있습니다. 범속한 사람에게는 보이지 않지만 현명한 이가 이를 깊이 생각하고자 한다면 그의 눈을 피해갈 수 없습니다. 로마에 불행을 초래하고 로마사람들이 범죄를 저지르게 했던 이가 테렌티우스, 키케로, 베르길리우스, 세네카, 타키투스겠습니까. 학자들도, 시인들도 아닙니다. 하지만 역사가 기억하는 세상에서 가장 강건한 정부를 조금씩 타락시켰던 느리고 은밀한 독이 없었다면 키케로도, 루크레티우스도, 살루스트도 없었을 테고, 그들이 글을 쓸 리도 없었을 겁니다. 렐리우스와 테렌티우스가 살았던 멋진 시대가 있었기에 한참 뒤에 아우구스투스와 호라티우스가 빛나는 화려한 시대를 열었다가, 마침내 세네카와 네로, 도미티아누스와 마르시알의 잔혹한 시대로 닫혔습니다. 문학과 예술의 취향은 한 인민의 내면의 악이 커질 때 나타납니다. 인간이 이뤄낸 진보치고 인간 종에 해롭지 않은 것이 없음이 사실이라면 정신과 지식의 진보는 우리의 오만을 키우고 우리의 미망을 증가시켜 이내 우리의 불행을 가속화할 것입니다. 그러나 악을 낳았던 원인이 그 자체로 악의 증가를 억제하는 데 없어서는 안 될 그런 시대가 옵니다. 그때 악이란 것은 칼에 찔리는 부상을 당한 자가 칼을 뽑아내면 그만 죽게 될까봐 그 칼을 상처에 그대로 놓아두는 것과 같습니다. 제 첫 소명을 따라서 제가 책도 읽지 않고 글을 쓰지 않았더라면 저는 분명 더욱 행복했을 것입니다. 하지만 이제 문학이 사라져버리기라도 한다면 제게 남은 유일한 즐거움도 사라지고 말 것입니다. 갖가지 병이 저를 고통스럽게 하지만 문학의 품에서는 위안이 됩니다. 우정이 주는 다정함을 맛보고 죽음을 두려워하지 않고 삶을 즐기는 법을 가르쳐준 사람들은 바로 문학을 갈고 닦는 사람들에게서였습니다. 지금 제 모습을 만들어준 사람들이 어느 정도는 그분들이라 하겠습니다. 영광스럽게도 선생님께 제 이름이 알려지게 된 것도 그분들의 덕이라 하겠습니다. 그렇지만 우리 일에서 얻을 수 있는 이득이 무엇이며 우리가 쓰는 글에 담긴 진실이 무엇인지 생각해보십시다. 사람들을 지식으로 밝혀주고 맹목적인 사람들을 이끌기 위해 철학자들이며 역사가들이 필요할지라도, 저 현명한 멤논310이 진실을 말해주었던 것처럼 현자들로 된 인민만큼이나 무모한 인민은 없습니다.

선생님께서도 이 점에 동의하셔야 합니다. 위대한 천재들이 사람들을 교육하는 것이 좋은 일이라면 범속한 자는 천재들의 가르침을 받아야 하는데, 그 천재들 한 사람 한 사람이 서로 다투어 교육하겠다고 한다면 누가 그들의 가르침을 받아들이고자 하겠습니까? 몽테뉴는 신체의 절름발이는 신체의 단련에 적합하지 않고 영혼의 절름발이는 정신의 단련에

적합하지 않다고 말했습니다.311

　하지만 오늘날과 같은 박식한 시대에 다른 사람들에게 거는 법을 가르쳐준다는 절름발이들밖에 보이지 않습니다. 민중이 현자들의 글을 받아든다면 배우고자 해서가 아니라 판단하기 위해서입니다. 몰리에르의 희극에 등장하는 주인공 조르주 당댕과 같은 사람들이 그렇게 많았던 적이 없습니다. 그런 자들은 극장에도 넘치고, 그자들의 경구들이 카페마다 쩌렁쩌렁 울립니다. 그들은 그 경구들을 신문에 올리고 센 강변에는 그들이 쓴 글 천지입니다. 선생님의 『고아』를 비판하는 소리도 들리더군요. 그 작품을 아름답다고 생각하자마자 결함이라고는 전혀 볼 수 없었던 현학자가 박수갈채를 보냈다고 그렇게들 하는 것입니다.

　사회의 질서를 무너뜨리는 첫 번째 원인을 연구해본다면 인간의 모든 악이 무지보다는 오류에 기인하며 우리가 전혀 모르는 것은 우리가 안다고 믿는 것보다 훨씬 덜 해롭다는 점을 알게 됩니다. 그런데 모든 것을 알고자 하는 뜨거운 열망보다 오류에 오류를 거듭하게 만드는 확실한 수단이 있습니까? 갈릴레이가 지구가 자전하지 않는다는 것을 안다고 주장하지 않았던들 지구가 자전한다고 말했다고 처벌했겠습니까. 철학자들이나 그 제목을 내세웠던 것이라면 백과사전이 박해를 받았겠습니까. 백 명의 미르미동312들이 영광을 얻고자 갈망하지 않았대도 선생님께서는 받아 마땅한 영광을 평화롭게 누리시거나 적어도 선생님과 경쟁할 사람은 선생님께 부끄럽지 않은 사람들뿐이었을 것입니다.

그러니 위대한 재능을 가진 사람들의 머리를 장식하는 영관榮冠에서 꽃과 가시를 분리할 수 없다고 느끼셔도 놀라지 마시기 바랍니다. 선생님께서 적들의 모욕을 듣는다면 그것은 개선장군의 행렬에 뒤따르기 마련인 풍자의 환호성일 따름입니다. 선생님께서는 원고를 잃었다고 안타까워하시지만 독자가 선생님의 저작을 얼마나 애타게 기다리면 그렇겠습니까. 하지만 선생님의 글을 위조한다는 것은 쉬운 일이 아닙니다. 어디 철이며 납이며 하는 것이 금에 섞여들겠습니까. 선생님의 휴식과 우리의 가르침에 제가 얼마나 관심을 가졌으면 그런 말씀을 드리는지 헤아려주시기 바랍니다. 선생님께 해를 끼치려고 하기보다 선생님의 행동을 제약하려고 하는 그런 아무짝에도 소용없을 아우성들은 무시해버리십시오. 선생님이 더 큰 비판을 받을수록 선생님에 대한 존경심은 더욱 커질 것입니다. 인쇄되어 뿌려진 숱한 중상문에 대한 가장 소름끼치는 답변은 좋은 책 한 권을 내놓는 일입니다. 선생님의 글이 누구도 모방할 수 없는 것인데 누가 감히 선생님께서 쓰지도 않은 글을 선생님께서 썼다고 하겠습니까?

선생님의 초대에 깊이 감사드립니다. 올겨울이 지나고 새

봄에 제가 조국에 가서 살 수 있다면 선생님의 호의를 누리겠습니다. 하지만 선생님의 암소에서 짠 우유보다는 선생님 댁의 샘물을 더 마시고 싶습니다. 선생님 댁 과수원에 연꽃과 영초靈草313밖에 없으면 어쩌나 걱정입니다. 연꽃은 짐승들이 먹는 것이 아니고 영초는 사람이 짐승이 되지 못하게 하지요.

진심으로 존경의 마음을 담아,

루소 배상

필로폴리스의 공개편지[314]

인간 불평등의 기원과 토대에 대한
제네바 시민 장 자크 루소 씨의 논고에 대하여

선생, 인간 불평등의 기원과 토대에 대한 제네바 사람 장 자크 루소 씨가 쓴 논고를 방금 읽었소. 저 낯선 그림의 색채에 반해버렸다오. 하지만 데생과 표현은 그 수준에 이르지 못했소. 나는 루소 씨의 재능과 자질을 정말 높이 평가하오. 내 조국이기도 한 제네바가 낳은 저명한 인물들 가운데 루소 씨가 있어서 기쁘오. 하지만 나는 그가 대단히 진실에 반하고 사람들을 행복하게 만들어주기에 부적합한 생각을 받아들였던 점이 아쉽기만 하오.

새로 나온 이 논고를 공격하는 글들이 분명 많이 나올 것이오. 디종의 아카데미 수상작을 공격했던 글들이 그렇게나 많았던 것을 보면 말이오. 많은 사람들이 루소 씨를 공격하는 글을 써댔고 앞으로도 그럴 것이므로 그가 필요 이상으로 소중히 아꼈던 한 가지 역설 때문에 그는 큰 대가를 치르게 될 거요. 나는 루소 씨를 공격하는 책을 내고 싶은 마음이 조금도 없소. 확신컨대 저 대담하고 무엇에도 얽매이지 않는 천재와 논쟁을 벌이는 것만큼 승산 없는 일도 없을 것이므로 아주 간단한 추론 한 가지를 심화시켜볼 것을 제안해보는 것으로 그칠까 하오. 그런데 내가 보기에는 그 단순한 추론에 문제의 가장 본질적인 것이 들어 있는 듯하오.

그 추론은 다음과 같소.

인간이 가진 '능력'에서 즉각적으로 나오는 모든 결과는 인간의 '본성'에서 나온 것이라고 말해야 하지 않겠소? 그런데 나는 '사회 상태'가 인간이 가진 능력에서 즉각적으로 나온 결과임을 증명할 수 있다고 생각하오. 그렇다고 나는 우리의 저자가 사회의 설립에 대해 가졌던 생각과 다른 증거를 끌어들이고 싶지는 않소. 그는 정말이지 천재적이기까지 한 생각을 논고의 2부에서 멋지게 표현했소. 그래서 '사회 상태'가 인간의 능력에서 나오는 것이라면 그 상태는 인간에게 '자연스러운' 것이오. 그러니까 이 능력이 발전되면서 사회 상태가 생겼다고 애석해 하는 것은 신이 인간에게 그러한 능력을 부여했다고 애석해 하는 것만큼이나 불합리하오.

인간은 그가 세상에 차지해야 했던 자리가 만들어냈던 그대로의 존재요. 이 세상에 비버들이 있어야 작은 집을 세울 수 있는 것처럼 필경 인간이 있어야 도시를 건설할 수 있었음에 틀림없소. 루소 씨가 인간과 짐승을 본질적으로 구분하는 특징으로 삼은 저 '완전가능성'이라는 것은 저자의 말을 직접 들어보자면 인간을 오늘날 우리가 보는 모습이 될 때까지 이끌어온 것이라고 하오. 그런 것이 존재하지 않았으면 하고 바라는 것은 인간이 '인간'이 아니었으면 하고 바라는 것이오. 독수리가 구름 속에서 길을 잃는다고 뱀처럼 먼지구덩이를 기어가겠소?

루소 씨가 말하는 '야만인', 그가 친절하게도 그토록 각별히 아끼는 그 인간은 신이 만들고자 했던 '인간'이 결코 아니오. 신은 오랑우탄과 원숭이를 만들었지만 그들은 인간이 아닌 것이오.

그러므로 루소 씨가 '사회 상태'를 그토록 집요하고 격렬하게 비난했을 때 그는 '생각지도 않았겠지만' 인간을 지으시고 그러한 상태에 살도록 명하신 '분의 의지'에 반(反)하는 의견을 개진한 것이오. '사실들'이란 그분의 '경배할 만한 의지'의 표현이 아니라면 도대체 무엇이겠소?

르 브렁과 같은 화가의 붓으로 저자가 시민 상태에서 생겼던 악들에 대한 끔찍한 그림을 우리 앞에 그려 보여주었을 때, 그는 그런 모든 것들이 보이는 행성이 우리가 전혀 알지 못하는 무한한 전체의 일부를 이루고 있다는 점을 잊고 말았소. 우리가 아는 것이란 그 전체가 '완벽한 지혜'로 만들어진 작품이라는 것뿐이오.

그러므로 인간이 다른 방식으로 존재했다면 더 훌륭해졌으리라는 점을 증명하는 공상에 불과한 시도를 영원히 부정해야겠소. 그렇게 반듯한 벌집을 만드는 꿀벌이 루브르궁의 정면이 아름다운지 판단하려고 할까요? 양식良識과 이성의 이름으로 인간과 인간을 모시는 모든 것들을 함께 있는 그대로 인정합시다. 그리고 세상은 그것이 돌아가던 그대로 돌아가도록 내버려두고, 세상이 잘 돌아갈 수 있는 만큼 앞으로도 잘 돌아가리라고 확신합시다.

인간의 관점으로 '섭리'를 정당화하는 것이 문제였다면 그 일은 이미 라이프니츠와 포프가 했소. 저 숭고한 두 천재가 남긴 불굴의 대작들은 이성의 영광에 드높여진 기념물들과 같소. 반면 루소 씨의 논고는 정신에 드높여진 기념물이기는 하지만 그의 정신은 자신은 물론 다른 사람들에게 만족하지 못하는 서글픈 정신이오.

우리의 철학자가 그의 지식과 능력을 동원하여 우리로 하여금 사물의 기원을 발견케 하고, 선과 악이 더 느리게 혹은 덜 느리게 전개되어 간다는 것을 보여주고, 한마디로 말해서 인류가 그려내는 구불구불한 선을 따라가보고자 한다면 이 독창적이고 발전가능성이 많은 천재의 시도들로 우리는 이런 흥미로운 주제들에 대한 값진 지식을 얻을 수 있을 것이오. 그때 우리는 이 지식을 서둘러 습득하고 저자가 받아 마땅한 감사와 찬양을 아낌없이 바칠 것이오. 하지만 내가 분명히 말하지만 그것이 그의 연구의 주된 목표는 아니었을 거요.

선생, 놀라시는 것도 당연하오. 내가 사람들이 갖게 되는 다양한 의견의 기초에 대해 성찰해달라는 요청을 받지 않았다면 나는 더욱 놀랐을 거요. 내 말은 한 저자가 좋은 정부의 장점이 어떤 것인지 제대로 알고, 우리 제네바 공화국에 멋진 헌사를 바치며, 그 모든 장점들이 제네바 공화국에 모두 갖추어졌다고 굳게 믿으면서 그 장점들을 멋지게 그려내고 나서는, 금세 논고 속에서 그 장점을 잊어버리고 말았다는 데 놀라지 않을 수 없었다는 것이오. 어떤 저자가 사람들이 자기를 분별 있는 사람이라고 생각하지 않으면 어쩌나 안달이 나서, 사랑하고 사랑받을 자격이 충분한 동포들과 함께 살아가는 대신, 건강이 허락한다면 숲속에 들어가 남은 생을 보내는 일이 정말 낫겠다는 점을 납득하는데 불필요한 노력을 너무 많이 기울인 것이오. 생각할 줄 아는 한 작가가 우리의 시대와 같은 시대에 그런 이상한 역설을 개진했으리라고 도대체 어떻게 생각할 수 있단 말이오? 더욱 강력한 말 한 마디

못하면서 그 역설 하나에 엄청난 모순들이 우글거리게 하고 있는 것을 보시오. '자연이 우리를 건강하게 살아가도록 해 놓았다면 내 감히 확신컨대 성찰의 상태는 자연에 반하는 상태요, 성찰하는 인간은 타락한 동물이다.'(Disc. pag. 12)

내 이 편지를 시작하면서 넌지시 알렸지만 내 의도는 논증을 통해 루소 씨에게 '야만인'의 상태보다 '시민'의 상태가 더 우월하다는 점을 증명하는 데 있지 않소. 도대체 이런 문제가 논의될 수 있으리라고 누가 생각이나 했겠소. 그것을 증명하는 일은 내가 아니더라도 많은 다른 이들이 할 것이고 아마 더 잘 할 수 있으리라 생각하오. 내 의도는 그저 우리의 저자가 끊임없이 늘어놓는 불평들이 얼마나 부적절하고 부적합한지, '사회'가 우리 존재의 당연한 귀결이 아닐 수 없다는 것을 그가 좀 깨닫도록 하는 데 있소.

나는 루소 씨에게 정말 솔직하게 말했소. 우리가 서로 동향인이기에 가능한 일이었소. 나는 그의 성품이 얼마나 훌륭한지 잘 알고 있기에 그가 이런 성찰을 좋은 쪽으로 받아들이지 않으리라고는 한 번도 생각해보지 않았소. 내가 루소 씨에게 그렇게 말한 것은 오직 진리에 대한 사랑 때문이었소. 하지만 만에 하나 그 말을 할 때 루소 씨가 언짢게 들을 수도 있을 무슨 말을 나도 모르게 했다면 그에게 진심으로 용서를 구하고 내 의도가 순수했음을 이해해달라고 할 것이오.

마지막으로 한마디만 하겠소. '연민'에 대한 것이오. 우리의 저자가 그토록 찬양한 연민의 미덕은 그의 말을 따르면 세상이 유년기에 있을 때 인간이 누렸던 아름다운 전유물이었다고 하오. 나는 루소 씨가 다음의 문제에 대해 깊이 성찰해주기를 부탁드리오.

한 번도 고통이라고는 겪어보지 못한 사람이나 '민감한 감각을 갖고 있는' 모든 존재가 '연민'을 느낄 수 있을까요? 누가 아이의 목을 조르는 걸 볼 때 그의 마음은 과연 흔들릴까요?

루소 씨가 '연민'을 더 많이 느낀다고 했던 하층민은 왜 불행한 자가 차형에 처해져 숨이 끊어지는 장면을 그렇게 신나게 즐기는 걸까요?

동물의 암컷들이 자기 새끼들에게 '모성'을 보여주기 마련인데 그 애정은 새끼를 위한 걸까요, 어미를 위한 걸까요? 우연히도 어미에 대한 것이었다면 새끼들의 안락한 삶이 더 확실히 보장될 수 없었을지 모를 일이오.

제네바의 시민 필로폴리스
제네바, 1755년 8월 25일

루소가 필로폴리스에게 보낸 편지

선생님께서는 제게 여러 질문을 하시고 제가 선생님께 답변하기를 바라십니다. 더욱이 제 동포들에게 헌정한 책이지 않습니까. 그러니 동포들이 제가 헌정한 본 작품을 받아들여 주었던 영광을 저버리지 않기 위해서라도 제 작품을 옹호하지 않을 수 없습니다. 선생님의 편지에는 저와 관련해서 좋은 것이 있고 나쁜 것이 있지만 그런 것은 모두 제쳐두겠습니다. 하나는 다른 것으로 상쇄되다시피 하고, 또 제가 그런 것에는 전혀 관심이 없으니 독자는 더욱 관심이 없을 테고, 결국 그래 봤자 진리의 탐구에 아무런 도움도 되지 않기 때문입니다. 그러므로 저는 논리 문제부터 말씀드리겠습니다. 이 문제

를 선생님께서 핵심적인 것으로 제기하셨으니 저는 이 문제
부터 해결해야 했습니다.

선생님께서는 사회 상태는 인간이 가진 능력의 직접적인
결과이며 그러므로 곧 인간 본성의 결과라고 제게 말씀하셨
습니다. 이런 논리를 따라 인간이 사회적이 되지 않기를 바라
는 일은 그가 인간이 아니기를 바라는 것일 테고, 인간 사회에
반대의 목소리를 높인다는 것은 신의 작업을 공격하는 일이
라고 하셨습니다. 선생님, 제가 선생님께 한 가지 난점부터
제시할 수 있게 해주십시오. 선생님이 제게 제시하신 난점은
그 다음에 해결하도록 하겠습니다. 제가 문제의 핵심을 찌를
수 있는 가장 확실한 길을 알았다면야 돌아가지 않고 바로
선생님께 알려드릴 수 있을 텐데요.

몇몇 학자가 어느 날 노쇠를 가속하게 만드는 비밀을 찾아
냈고, 천년에 한 번 나올까말까 한 이 발견을 인간이 사용할
수 있게 하는 기술을 고안했다고 가정해보십시다. 얼핏 보아
도 그렇게 믿도록 하는 일이 그리 어려운 일은 아닌 것 같습니
다. 이성이란 것이, 우리가 저지르는 어리석은 모든 일들을
전달해주는 수단이 아닙니까. 그러니 우리는 틀림없이 그렇
게 믿게 되고 말 것 같습니다. 그렇게 되면 특히 철학자들과
분별 있는 사람들은 정념의 족쇄를 끊고 영혼의 값진 평화를
맛보기 위해 서둘러 현명한 노인 네스토르의 나이가 되고,

짓눌러야 하는 욕망에 사로잡히지 않으려고 욕망을 채우는 대신 기꺼이 거부할 것입니다. 늙어서 현명한 사람이 되기보다, 자기들의 무력함에 부끄러워하면서도 미친 듯이 젊고 행복한 상태에 머물고자 하는 사람들이란 몇몇 경솔한 자들뿐일 것입니다.

이제 한 특이하고 기이한 사람, 말하자면 역설적인 한 사람이 있다고 가정해보십시다. 그가 다른 사람들이 가진 원칙들이 터무니없다고 비난해볼 생각을 하게 되었고, 그들은 평온을 구하면서 죽음을 향해 달려가고 있고, 합리적이고자 하면서 허튼소리나 하고 있을 뿐이고, 언젠가 그들이 늙어야 한다면 가능한 노화를 늦추도록 노력해야 한다는 점을 그들에게 증명해보여야 한다는 생각을 했다고 합시다.

우리네 궤변론자들이 자기들이 가진 비밀의 가치가 떨어지면 어쩌나 두려워서 앞 다퉈 저 성가신 떠버리의 말을 서둘러 중단시켜버리고 말리라는 점을 의심할 수 없습니다. 그들은 자기 신도들에게 이렇게 말하겠지요 "현명한 노인들이여, 여러분에게 은총을 내린 하늘에 감사하시오. 하늘의 뜻을 계속 일관되게 따랐다는 걸 기뻐하시오 여러분은 늙고, 쇠약하고, 허약하오 사실이오. 인간의 피할 수 없는 운명이 그런 것이오. 그렇지만 여러분의 지성은 건강하오 사지는 마비되어 있지만 여러분의 머리는 그보다 훨씬 자유롭소 여러분은 움직일 수는 없지만 신탁을 전하듯 말합니다. 하루하루 고통이 더해진대도 그것에 비례하여 여러분의 철학도 높아지오. 저 혈기 넘치는 젊은이들을 나무라시오. 그 젊은이들은 동물적인 건강은 있으나 그것 때문에 여러분이 허약해서 갖게 된 재산을 누릴 수 없는 것이오. 수많은 능숙한 약제사들이, 수많은 박식한 의사들이, 성실한 상속자와 헌신적으로 위로하는 사람들을 주위에 거느린 노쇠한 사람들은 행복하여라. 약제사는 여러분이 앓고 있는 병보다 훨씬 더 많은 약을 구비하고 있고, 의사는 여러분이 가진 이빨까지 알고 있을뿐더러 여러분이 앓고 있는 류머티즘의 그리스어 이름도 알고 있고, 상속자와 헌신적으로 여러분을 위로하는 자들이 임종으로 즐거이 인도하게 되오. 여러분에게 병이 없다면 그런 이들도 필요 없는 것이니 여러분은 얼마나 많은 도움을 누리지 못하는 것이 되겠소."

우리는 다음에 그들이 경솔하게도 경고를 했던 자를 불러세워 이런 식으로 말하리라고 생각해볼 수 있지 않을까요?

"경솔한 연설가여, 불경한 말을 그만두시오. 어찌 인류를 지으신 분의 뜻을 그렇게 비난할 수 있소? 노년의 상태는 사람 몸이 그리되었으니 결국 거기에 이르는 것이 아니오? 사람이 늙는다는 것이 자연스러운 것이 아니오? 그러니 당신은 불온하기 짝이 없는 연설로 자연의 법을 공격하고 결국 창조주의 의지마저 비난하는 것 아니오? 신이 사람이 늙기를 바랐으니 늙는 것이오 그런 사실이 신의 의지의 표현이 아니면 무엇이겠소? 신은 젊은이를 만들고자 했던 것이 아니라 신이 만드신 질서를 열심히 따르기 위해 서둘러 늙어야 한다는 점을 아시오."

이렇게 가정한 뒤, 저는 선생님께 저 역설의 인간이 침묵해야 하는지 답변해야 하는지 묻고자 합니다. 선생님께 부탁드리건대 그가 답변해야 한다면 무어라고 말했을지 제게 말씀해주시기 바랍니다. 저는 그 다음에 선생님의 반박을 해결해보려고 합니다.

선생님께서는 제가 제시한 체계가 문제가 있어서 저를 공격하셨다고 말씀하시니, 원컨대 제 책의 논리가 개체가 노쇠하는 것이 자연스러운 일이듯, 인류에게는 사회가 자연스러운 것이며, 노인에게 목발이 필요하듯 인민에게는 기술, 법, 정부가 필요하다는 데 있었음을 잊지 마시기 바랍니다. 한 가지 차이는 다음에 있습니다. 인간의 본성은 노년의 상태에 이르는 것이고, 인류의 본성은 사회의 상태에 이르는 것이라는 점은 같습니다. 그렇지만 선생님께서 말씀하신 것처럼 그것은 즉각적으로 이르게 되는 것이 아니라, 제가 증명했듯이 어떤 외적 상황에 달린 것입니다. 그 상황에 따라 그렇게 될 수도 있고, 그렇게 되지 않을 수도 있고, 적어도 더 일찍

이를 수도 있고, 더 늦게 이를 수도 있으니 그것에 따라 발전이 가속될 수도 늦춰질 수도 있습니다. 이런 외적 상황들 가운데 몇몇은 인간의 의지에 달린 것입니다. 저는 유사한 두 상황을 완벽하게 맞춰보고자 인간의 종이 노화를 지연시킬 힘이 있는 것처럼 개체가 노화를 가속화할 힘이 있다고 하지 않을 수 없었습니다. 그러므로 사회 상태에는 어떤 극단이 있어서 인간은 그 지점에 더 일찍 혹은 더 늦게 이를 수 있으므로, 사람들에게 그 지점에 너무 빨리 이를 때의 위험을 알리고, 완전한 인간 종으로 간주하는 조건이 얼마나 형편없는 것인지 보여주는 일이 유용하지 않은 일은 아닙니다.

사람들에게 고통을 주는 병은 제가 주장하듯 바로 사람들이 만들어낸 것입니다. 그 병을 하나하나 열거하면서 선생님께서는 모든 것은 선하고 신이 섭리는 그것으로 정당화된다는 라이프니츠[315]와 선생님의 의견을 제가 확신토록 하실 것입니다. 그렇지만 저는 섭리를 정당화하기 위해 라이프니츠의 철학이나 어떤 다른 철학에 도움을 받아야 한다고는 전혀 생각하지 않습니다. 선생님, 진지하게 한번 생각해보시기 바랍니다. 철학의 체계는 그것이 무엇이 됐든 세상보다 더 완전무결할 수 있을지요. 섭리를 증명하는 철학자의 논증이 신이 만드신 작품 이상으로 설득력을 가질 수 있을지요. 더욱이 악의 존재를 부정하는 것은 악의 창조자를 용서하는 너무도 편리한 방법에 불과합니다. 그래서 옛날에 스토아주의자들은 스스로를 도매금에 팔아 우스꽝스러운 존재가 되고 말았습니다.

　라이프니츠와 포프에 따르면 존재하는 모든 것은 선합니다.316 여러 사회가 존재한다면 보편적인 선이 사회가 존재하기를 바라기 때문이고, 사회들이 존재하지 않는다면 보편적인 선이 사회가 존재하기를 바라지 않기 때문입니다. 누가 사람들더러 숲속으로 돌아가서 살라고 설득했다면 그리로 돌아가서 살아가도 좋지 않겠습니까. 사물들 간의 관계로부터 선이냐 악이냐 하는 관념을 끌어낼 수 있지만 이를 사물의 본성에 적용해서는 안 됩니다. 어떤 사물은 그 자체로는 나쁘지만 전체와 관련했을 때는 좋은 것일 수 있기 때문입니다. 보편적인 선에 협력하는 것이 개별적인 악일 수도 있습니다. 가능하다면 그런 악에서 벗어나는 것이 좋겠지요. 그 악을 우리가 견뎌낸다면 전체에 유용한 것이 되지만 그것을 반대되는 성격의 선으로 대체하도록 애쓸 때 그렇게 대체된 선 역시 전체에 유용하기란 마찬가지일 것이기 때문입니다. 모든 것이 존재하므로 선하다는 것과 같은 이유로, 누군가가 사물의 상태를 애써 변화시키고자 한다면 그가 그렇게 변화시키고자 노력하는 일은 좋은 일이며, 그가 멋지게 성공했느냐 아니냐는 이성이 아니라 사건으로만 알 수 있는 것입니다.

이 점에서 개별적인 악은 그것을 견뎌내는 사람에게는 실질적인 악이 아닙니다. 우리는 문명화되었으니 그렇게 문명화되었던 편이 모두에게 좋은 일이었습니다. 그렇지만 문명화되지 않았던 편이 확실히 더 좋은 일이었을 겁니다. 라이프니츠는 자신의 체계에서 이 명제를 논박할 수 있는 것을 전혀 끌어내지 않았습니다. 물론 그의 낙관주의가 전혀 제 체계를 공격하는 것도 옹호하는 것도 아님이 명백합니다.

　그래서 제가 답변해야 할 대상은 라이프니츠도, 포프도 아니라 오직 선생님뿐입니다. 선생님께서는 라이프니츠와 포프가 부정했던 보편적인 악과 그들이 부정하지 않았던 개별적인 악을 전혀 구분하지 않고, 무언가가 존재한다는 것으로 그것이 다른 방식으로 존재하기를 바라지 않았음을 충분히 증명할 수 있다고 주장하시기 때문입니다. 하지만 선생님, 모든 것이 존재하기 때문에 선한 것이라면 정부와 법이 있기 전에도 모든 것은 존재했기 때문에 선했던 것이 아닙니까. 그러니 적어도 정부와 법을 수립한 것은 불필요한 일이 아니지 않았을까요? 그때 선생님의 체계를 쥔 장 자크는 필리폴리스를 공박하기에 대단히 유리한 입장에 서게 되었습니다. 모든 것이 선생님께서 이해하시는 것처럼, 존재할 때 선한 것이라면 우리의 악덕을 교정한들, 우리의 병을 치료한들, 우리의 오류를 바로잡은들 무슨 소용이겠습니까? 설교, 법정,

아카데미가 무슨 소용이겠습니까? 열이 나는데 왜 의사를 부르라고 하십니까? 선생님께서 모르시는 가장 큰 전체의 선이 선생님께서 격정에 사로잡히지 않게끔 하는 것인지, 건강하게 살아가는 토성이나 시리우스의 주민들이 선생님이 건강을 회복하는 것을 바라지 않는 것은 아닌지 누가 알겠습니까? 그러니 모든 것이 계속 잘 진행되려면 모든 것이 있을 수 있는 그대로 내버려두셔야 합니다. 모든 것이 가장 좋은 상태에 있기 위해서는 그 어떤 작용이 가해지는 것도 용납하셔서는 안 됩니다. 무엇이든 작용이 일어나면 필연적으로 사물의 상태는 변화를 겪지 않을 수 없고, 작용이 일어날 때에는 아무것도 건드려서는 안 됩니다. 그렇지 않으면 잘못되기 때문입니다. 가장 완전한 정적주의야말로 인간에게 남아 있는 유일한 미덕이라 하겠습니다. 마지막으로 모든 것이 존재하기 때문에 선하다면, 라플란드 사람들, 에스키모 사람들, 북아메리카의 알곤킨 사람들317과 치카소 사람들318처럼 우리의 문명 없이 살아가는 사람들이나, 호텐토트 사람들처럼 우리의 문명을 비웃었던 사람들이나, 제네바 사람들처럼 우리의 문명을 받아들이는 사람들이 있는 것이 좋은 것입니다. 라이프니츠 역시 이 점에 동의할 것입니다.

　선생님께서는 인간은 그가 세상에 차지해야 했던 자리가 만들어냈던 그대로의 존재라고 말씀하셨습니다. 하지만 시대와 지역에 따라 사람들은 너무도 다르기 때문에 같은 논리라면 우리는 개별적인 것에서 보편적인 것에 이르기까지 대단히 모순되고 전혀 명백하지 않은 결과들을 끌어낼 수도 있을 것입니다. 지리학의 오류 하나면 본託 것에서 존재해야 하는 것을 추론하는 이런 교리 전체를 뒤집어엎는 데 충분합니다. 인도 사람은 이렇게 말할 것입니다. 은신처에 숨는 일은 비버나 할 일이고 사람은 나무 사이에 해먹을 매달고 바깥에서 자야 한다고 말이죠. 그러면 타타르 사람은 이렇게 말할 것입니다. 그렇지 않소, 절대 그렇지 않소, 인간은 본디 수레에서 자도록 태어났소 라고 말입니다. 그 말을 듣는다면 우리네 필로폴리스들은 애처로운 표정으로 이렇게 소리를 지르겠죠 가여운 사람들, 사람은 무릇 도시를 건설하러 태어났다는 것을 여러분은 알지 못하는군요! 인간 본성이 무엇인가를 따지는 문제에서 진정한 철학자는 인도 사람도, 타타르 사람도, 제네바 사람도, 파리 사람도 아니라, 바로 인간인 것입니다.

원숭이는 짐승이라고 저는 생각합니다. 저는 왜 그런지 이유도 언급했습니다. 오랑우탄도 역시 짐승입니다. 선생님께서 친절하게도 제게 알려주시고자 한 것이 그것입니다. 저는 고백컨대 그 사실들을 언급하고 나서 그것의 증거를 대기란 어려워 보인다고 했습니다. 선생님께서는 철학을 너무도 잘 하실 줄 아시는 분이라 그 점에 대해서 우리네 여행자들처럼 가볍게 말씀하실 리가 없습니다. 그 여행자들이라는 사람은 깊이 생각해보지도 않고 자기들과 같은 사람들을 짐승의 지위로 분류해버렸습니다. 상황이 이러하니 선생님께서는 독자에게 확실히 은혜를 베푸시어 선생님께서 이 문제를 결말짓기 위해 어떤 방법을 사용하셨는지 우리는 물론 자연사가들에게도 가르쳐주시기를 부탁드립니다.

저는 헌사에서 제 조국이 세상에 존재할 수 있는 가장 훌륭한 정부 중 하나를 가졌다고 기뻐했습니다. 그리고 논고의 본문에서 저는 좋은 정부란 대단히 드물다고 썼습니다. 선생님께서 이 점에 대해 어떤 모순이 있다고 지적하신 것인지 모르겠습니다. 하지만 선생님, 선생님께서는 제가 동포들을 얼마나 사랑하는지 잘 아십니다. 그런데 선생님께서는 어떻게 제 건강이 허락한다면 제가 동포들과 함께 살아가는 것이 아니라 숲속에 살러 갈 것이라는 걸 아셨는지요. 제 책에 그런 비슷한 말은 한 마디도 없었는데 선생님은 그렇게 살아가는 삶을 선택하지 않으리라는 정말 강력한 이유들을 보셨던 것 같습니다. 제 마음속에서 저처럼 타락한 사람들과 같이 살 수 없다고 제가 얼마나 절실히 느끼고 있는지요. 현자가 존재한대도, 그는 오늘 아무도 없는 황량한 곳 한가운데로 행복을 찾아 떠나지는 않을 것입니다. 할 수만 있다면 조국에 정착하여 조국을 사랑하고 봉사해야 합니다. 이런 장점을 버리고 인류라는 공동의 조국에서, 모든 인간에게 열려진 저 무한히 넓은 안식처에서 우정을 누리며 살아갈 수 있는 자는 얼마나 행복한 사람이겠습니까! 그곳은 인류애, 환대, 다정함, 편리한 사회에서 맛볼 수 있는 모든 매혹이 가득하고, 그곳에는 가난한 사람도 친구들이 있고 미덕은 미덕의 마음을 불어넣어줄 모범을, 이성은 그것을 밝혀주는 인도자들을 찾을 수 있는 곳입니다. 우리가 인생이라는 스펙터클을 유익하게 관찰할 수 있는 곳이 바로 운명과 악덕과 간혹 미덕이 등장하는 저 거대한 극장이겠지만, 모든 이가 평화롭게 자기 인생을 마감해야 하는 곳은 바로 자신의 조국입니다.

선생님, 제가 보기에 선생님께서는 제게는 너무나 정당해 보이는 한 가지 성찰을 대단히 심각하게 비난하시는 것 같습니다. 그 성찰이 정당하건 정당하지 않건 제 책에는 선생님의 마음에 들고자 편지 한 통을 더 써서 제시할 수 있을 관점이 들어 있지 않습니다. 선생님께서는 '자연이 우리를 신성한 saints 존재로 마련해 놓았다면 성찰의 상태는 자연에 반하는 상태이며, 성찰하는 인간은 타락한 동물임을 감히 확신한다'[319]고 제 말을 옮기셨습니다. 선생님께 고백컨대 제가 건강과 신성함을 혼동했더라도 그 명제가 진실일 수 있다면 다른 세상에서라면 제가 대단히 위대한 성인saint이 되는 데 적합하거나 항상 그런 세상에서 잘 지낼 수 있는 사람이라고 생각한다고 할 수도 있겠습니다.

선생님이 마지막에 제시하신 세 가지 질문에 답하면서 편지를 마칠까 합니다. 그 문제를 성찰하면서 선생님께서 제게 허락하신 시간을 함부로 쓰지 않으려고 합니다. 미리 충분히 생각해두었으니 말이죠.

'한 번도 고통이라고는 겪어보지 못한 사람'이나 '민감한 감각을 갖고 있는' 모든 존재가 '연민'을 느낄 수 있을까요? 누가 아이의 목을 조르는 걸 볼 때 그의 마음은 과연 흔들릴까요?' 제 대답은 아니오입니다.

'루소 씨가 '연민'을 더 많이 느낀다고 했던 하층민은 왜 불행한 자가 차형에 처해져 숨이 끊어지는 장면을 그렇게 신나게 즐기는 걸까요?' 선생님께서 극장에 눈물을 흘리러 가셔서, 자이드320가 제 아버지의 목을 조르고, 티에스트321가 제 아들의 피를 마시는 장면을 보시는 것과 똑같은 이유에서입니다. 연민은 대단히 감미로운 감정이라 그 감정을 느껴보고자들 한대도 놀랍지 않습니다. 더욱이 모든 사람은 누구도 피할 수 없는 저 끔찍한 죽음의 순간이 다가올 때 자연이 어떻게 움직이는지 연구하고자 하는 은밀한 호기심이 있습니다. 여기에 더해 두 달 동안 동네의 웅변가가 되어 최근에 차형을 받고 죽은 자의 아름다운 죽음을 이웃들에게 감동적으로 이야기하는 즐거움을 더해보십시오.

　'동물의 암컷들이 자기 새끼들에게 '모성'을 보여주기 마련인데 그 애정은 새끼를 위한 걸까요, 어미를 위한 걸까요?' 처음에 어머니는 자기 필요를 위해서, 나중에 새끼들은 습관에 의한 것입니다. 저는 이 점을 제 논고에서 이미 말씀드렸습니다. '우연히도 어미에 대한 것이었다면 새끼들의 안락한 삶이 더 확실히 보장될 수 없었을지 모를 일이오.' 저도 그렇게 생각합니다. 하지만 이 원칙은 넓은 의미가 아니라 좁은 의미로 받아들여야 할 것 같습니다. 병아리들이 부화되자마자 암탉이 병아리들을 전혀 필요로 하지 않는다는 점을 우리는 알 수 없지만 모성은 어떤 다른 애정보다 강력한 것입니다.

　선생님, 이제 제 답변을 마치겠습니다. 첫 번째 논고에서처럼 이번에도 제가 인간이 천성적으로 선하다고 주장하는 괴물이 되었고, 저를 비난하는 적들은 대중을 감화하기 위해 자연이 흉악자만을 만들었을 뿐임을 애써 증명하려드는 정직한 사람이 되어버렸음을 기억해주시기 바랍니다.

　우리가 한 번도 만나보지 못한 누군가일 수 있는 만큼 제 소중한 마음을 받아주시기 바랍니다.

어느 자연사가에게 보내는 답변322

저는 이렇게 닮은 이유가 무엇인지 모릅니다. 저는 인간이 과일이 없어도 왜 풀이며 새순을 뜯어먹고 살지 않으며 [오랫동안 뿌리를 주식으로 해왔던] 황량한 지역에서 여럿이 그렇게 하곤 하듯이 손이나 손톱을 사용해서 땅을 파고 뿌리를 캐지 않는지 모릅니다. 더욱이 매번 길고 긴 겨울 말씀을 하시는데 그러면서 지구의 절반이 넘는 곳에는 겨울이란 것이 없다시피 하고 그곳에서 나무들은 잎을 떨구는 일이 없고 일 년 내내 과일이 열린다는 점을 무시들을 합니다. 제게 반대 의견으로 제시하는 것은 항상 [어떤] 파리, 런던, 또는 지구의 다른 작은 구석에서 끌어온 것입니다. 그러나 저는

제 의견을 오직 지구에서만 끌어오려고 노력합니다.323

　사람들이 개간하고 경작한 지방에서는 육식동물은 먹이를 찾기 어렵지만 세상 모든 땅이 황무지였다면 어려움은 전혀 달랐을 것입니다. 분명한 것은 선생님께서 고양이 한 마리나 늑대 한 마리를 이십사 시간 후에 먹이를 잡는 데 이십분도 걸리지 않는 그런 자리에 가져다 놓을 수 있겠지만, 선생님이 어떤 가정을 하시든 황소나 말은 풀을 뜯는 데 여러 시간이 걸릴 테니 일반적으로 말이나 황소는 언제나 이런 불리함을 겪게 되리라는 것이 확실합니다. 더욱이 개별 사실들을 어떻게 관찰하든지 모든 것이 제대로 규정되어 있다는 증거는 일반적이고 이론의 여지없는 사실에서 끌어와야 합니다. 그래야 모든 종이 살아남을 수 있기 때문입니다. 하지만 저는 우리가 언제라도 잘못 생각할 수 있고, 특히 저 자신도 규칙을 선택하고 적용하는 데 실수할 수 있다는 점을 이해하고 있습니다.324

옮긴이 해제

 본 번역은 장 자크 루소의 『인간들 간의 불평등의 기원과 토대에 관한 논고Discours sur l'origine et les fondements de l'inégalité parmi les hommes』(이하 『인간 불평등 기원론』으로 약略하여 표기하기로 함)의 완역이다. 부록으로 본 저작의 출간 이후 볼테르와 루소가 나눈 편지와, 루소의 동향인 샤를 보네가 필로폴리스라는 이름으로 잡지에 실은 본 저작에 대한 공개 반박 편지와 이에 대한 루소의 답변, 그리고 샤를 조르주 드 루아의 것으로 알려진 편지에 대한 루소의 답장을 같이 실었다. 번역의 대본으로는 베르나르 가뉴뱅과 마르셀 레몽이 편집 책임을 맡아 1959년부터 1995년까지 다섯 권으로 출간한 플레이아드 판『전집Œuvres complètes』 3권을 사용했다. 『전집』 3권에 실린『인간 불평등 기원론』은 장 스타로뱅스키가 편집하고 주석을 붙인 뒤 서문을 쓴 것으로, 본 번역에서는 스타로뱅스키의 풍부한 주석을 가급적 옮겨 이 저작이 가진 깊은 내용과 대담한 의미를 부각시켜보고자 했다. 기존의 번역서는 스타로뱅스키의 주석 중 일부만 취했는데, 임의적인 데가 많았다. 본 번역의 미주는 대부분 스타로뱅스키의 것이지만, 필요에 따라 내용을 줄이거나 추가한 곳도 여럿이다. 스타로뱅스키가 붙인 미주와 역자가 붙인 미주는 구분하지 않고 함께 실었다. 플레이아드 판『전집』에 실린 스타로뱅스키의『인간 불평등 기원론』서론은 역자가 번역한『장자크 루소, 투명성과 장애물』(아카넷, 2012)의 부록인 '루소에 대한 일곱 편의 논문'에 들어 있으니 참조하기 바란다.

디종의 아카데미가 1753년에 제시한 새로운 현상논문 공고의 주제는 "인간들 간의 불평등의 기원은 무엇이며, 자연법은 불평등을 허용하는가?"였다. 1749년 루소가 같은 아카데미 현상공모에 지원하여 수상한 뒤 출판한『학문예술론 Discours sur les sciences et les arts』에 이은 두 번째 도전이었다. 그는 두 논고에서 공히 인간이 겪는 악의 근원을 인간의 본성이 아니라 인간이 인위적으로 세운 사회에서 찾으며, 이 때문에 문명비판가의 명성을 얻었다.

　루소는 『고백』 8권에서 그의 『인간 불평등 기원론』은 "현상에 응모하기 위해 쓴 것이므로 보내기는 했지만 그것이 당선되지 않을 것이 틀림없다고 미리 생각하고 있었으며, 아카데미에서 주는 상들이라는 것이 이런 종류의 작품들을 위해 제정된 것이 아니라는 것도 잘 알고 있었다"[325]고 썼다. 스타로뱅스키는 루소가 『학문예술론』으로 이미 유명 인사가 되었기 때문에 심사자들에게 굳이 잘 보여서 다시 한 번 상을 탈 생각이 없었던 점을 지적한다. "『학문예술론』에서는 심사위원의 호의를 받으려고 몇 가지 문구도 넣었지만 『인간 불평등 기원론』에서는 생경하고 순수한 점을 넣었으니, 조심하고 타협해서 아카데미의 갈채를 받을 만하도록 만드는 일은 경멸하는 것 같다."[326]

　그렇지만 이 두 논고의 차이에 주목할 필요가 있다. 루소는 감옥에 갇힌 디드로를 만나러 가는 중에 디종의 아카데미의 현상공모를 발견하는 순간 "다른 세상을 보았고 딴 사람이 되었"[327]음을 기억한다. 『고백』에 앞서 썼던 말제르브에게 보내는 편지에는 이 계시라고 해야 할 사건이 그에게 불러일으킨 감정이 선명히 드러난다. "불현듯 떠오르는 영감이라는 것이 있다면, 바로 그걸 읽었을 때 제 안에서 일어난 움직임이 그런 것이었습니다. 갑자기 수천 개의 빛으로 정신이 아득해졌고, 온갖 생생한 생각들이 한꺼번에 혼란스럽게 맹렬한 기세로 밀려와 저는 뭐라 표현할 수 없는 동요에 빠졌습니다. 머리는 술에 취한 것처럼 몽롱했고, 세찬 심장 고동에 숨이 막히고 가슴이 벌렁거렸습니다. 더 이상 걸으면서 숨을 쉴 수가 없어 길가의 가로수 밑에 그대로 쓰러져버렸습니다. 그렇게 심한 흥분 상태로 삼십 분이 지나고 정신을 차려보니, 저고리 앞자락이 온통 눈물로 젖어 있더군요."328 열정에 끌려 썼던 『학문예술론』과는 달리 『인간 불평등 기원론』을 쓸 때의 루소의 마음 상태는 사뭇 달랐다. 그는 생제르맹 숲을 여행하면서 디종의 아카데미가 내놓은 새로운 주제를 성찰한다. 루소는 "숲속에 파묻혀 거기서 인류 초기의 자취를 찾아 발견하고 용감하게 그 역사를 추적하면서 보냈다." 그러면서 그는 "인간들의 가소로운 거짓말들을 격파하였고, 과감하게 그들의 본성을 적나라하게 드러내고 그것을 왜곡시킨 시간과 상황을 뒤따라갔으며, 자연인과 인간에 의해 만들어진 인간인 사회인을 비교하면서 인간들에게 이른바 인간의 완성 속에 그들 불행의 참된 원인이 있음을 보여주고자 했다. 내 영혼은 이러한 숭고한 명상에 고양되어 신 가까이로 비상하였다."329

루소의 언급대로 그는 첫 두 논고에서 주제를 받아들이는 태도며 그 주제를 다루는 방법을 달리했다. 그가 벼락같은 진리를 마주하고 신들린 듯이 써내려갔다고 말했던 『학문예술론』에는 웅변가의 화려한 기교가 두드러져 나타난다. 『학문예술론』에서 루소는 아카데미의 현상 공모에서 당선되고자 "돈호법이니, 활유법이니, 점층법이니 하는 모든 것을 갖춘"330 것이다. 그러니 제시된 주제를 논리적으로 설득하는 것은 문제가 아니었다. 심사자들이 그의 논지를 차분히 판단 내리기 전에 루소는 자기가 받은 영감을 온갖 수사학적 기교의 도움으로 펼쳐 놓으며 그들의 감각부터 마비시키고자 했다. 그러나 『인간 불평등 기원론』은 더는 "『학문예술론』과 같은 논고가 아니라 탐구이다." 루소는 두 번째 논고에서 전작의 수사학적 화려함 못지않게 엄정한 추론과 박식한 지식을 과시한다. 『학문예술론』이 열정에 찬 웅변가의 작품이라면 『인간 불평등 기원론』은 예상되는 반대자들의 파상공세를 예측하고 방어하고 무력화하는 능숙한 지휘관의 작품이라고 하겠다. 이런 점에서 스타로뱅스키는 『인간 불평등 기원론』은 "요새화된 작품"이며 그의 저작 "어디서나 작전이 세워져 있다"331고 정확히 지적하고 있다.

타고난 웅변에 체계까지 갖췄으니 『인간 불평등 기원론』의 루소에게는 4년 전에 그가 거머쥔 바 있던 아카데미 현상 공모의 수상 여부 따위는 이미 그의 관심사가 아니었다. 방금 언급한 체계le système라는 말은 18세기에 한 저자가 내세운 원칙과 이로부터 귀결하는 결론에 일관성과 통일성을 부여하는 방식을 가리킨다.[332] 이제 누구도 절대적인 권위를 따라 세워졌고, 결코 오류에 빠지는 일이 없다고 역설하는 교리를 믿지 않는다. 그 교리를 설득하고 이해시키기 위해서는 체계를 이루는 모든 부분들을 수미일관하게 결합하면서 긴밀하게 이어지도록 하여 누구도 쉽게 반박할 수 없도록 해야 한다.

그렇다면 루소가 『인간 불평등 기원론』에서 내세운 '체계'란 무엇인가? 두말할 것 없이 악의 기원은 자연에 있지 않고 사회에 있다는 것이다. 디종의 아카데미가 제시한 주제는 "인간들 간의 불평등의 기원은 무엇이며, 불평등은 자연법에 의해 허용되는가"였다. 루소는 1749년에 같은 아카데미의 주제였던 "학문과 예술의 복원은 풍속을 순화하는 데 기여했는가"를 자기 마음대로 '풍속을 순화하는 데 기여했는가, 타락하는 데 기여했는가'로 바꿔 논술했다. 그는 이번에도 아카데미가 제시한 주제에 얽매이지 않고 이를 자유롭게 바꿔 해석했다. '인간들 간의 불평등'이라는 생각은 이미 인간이 공동체를 형성한 다음의 문제이지 않은가? 인간이 평생 누구도 만나지 않고 혼자 살아가는데 도대체 불평등이라는 개념이 생길 수가 있는가? 더욱이 이어지는 '자연법이 불평등을 허용하는가'라는 문제는 당연히 사회에서 개인에게 고통을 주고 예속되지 않을 수 없게 만드는 불평등을 운명처럼 받아들여야 하는가에 대한 답변을 요구한다. 이에 대해 루소는 인간이 자연 상태에 살아갈 때 불평등이란 것이 없었으니, 불평등의 문제는 이미 자연법과 무관할 뿐 아니라, 현재 우리가 살아가는 사회에서 보듯 부, 사회적 지위, 신분과 같은 불평등의 기원은 소유권의 성립과 확립으로 환원할 수 있으니, 이 소유권에서 비롯하여 계속 심화되는 불평등을 폐지하지 않는다면 인류의 행복은 요원하다는 결론을 끌어낸다.

그렇다면 인간이 불평등도, 악도 몰랐던 자연 상태란 무엇인가? 두말할 것 없이 그 시대는 역사 이전의 시기로, 인간이 사회를 구성해 살 필요도, 그럴 이유도 없었던 시기이다. 그런데 그런 시대가 정말 존재하기는 했는가? 루소는 서문에서 "시간이 흐르고, 바닷물에 침식되고, 폭풍을 만나 신이라기보다는 사나운 짐승에 더 가까워진 글라우코스 석상"을 예로 들며, "인간의 영혼은 사회 한가운데에서 끊임없이 일어나고 또 다시 일어나는 수만 가지 원인을 겪고, 수많은 지식과 오류를 얻고 또 얻으며, 몸의 체질이 변하고 또 변하면서, 정념이 가하는 충격을 받고 또 받아 변형을 겪어, 말하자면 그 원래 모습을 알아보지 못할 정도로 외관이 변했다"(이 책 30쪽)는 점을 상기한다. 다시 말하면 현재 우리가 보고 있는 인간은 이미 수많은 변형을 겪었기에 처음 상태가 어떠했는지 더는 판단할 수 없게 된 존재이다. 이미 오래전부터 사회 속에서 살아갔기에 자기가 습득한 관례를 인간의 본성으로, 자기가 가진 체질을 인간에게 고유한 것으로 간주하게 된 것이다. 그렇지만 우리가 객관적이고 역사적인 사실로 알고 있는 것이 과연 그러한가? 수많은 변화와 타락을 겪었기에 더는 처음의 상태를 상상할 수 없는 괴물이 되어버렸으면서도 그렇게 갖게 된 모습이 인간의 진정한 모습 그대로라고 생각하는 것이 아닌가?

그래서 루소는 "모든 사실들les faits을 배제하는 것으로 시작해보도록 하자"고 제안한다. 물론 여기서 말하는 '사실'이란 인간은 사회를 이루어 살게끔 되었으므로 애초부터 사회를 구성해서 살았고, 앞으로도 그러하리라고 간주하는 '의견'들이다. 그러므로 루소가 배제하려는 '사실들'은 인간이 가진 편견이며 본성과는 무관하게 합의에 의해 얻은 관습이다. 그러면서 루소는 "본 주제에 대해 우리가 시작할 수 있는 연구들을 역사적인 진리로 간주해서는 안 되고 그저 가설적이고 조건적인 추론으로 간주하는 것으로 그쳐야 한다"(이 책 44쪽)고 말한다. 그는 여기서 자연학자의 방법을 채택한다. "사실들"로부터 원칙les principes과 규범les normes을 끌어내서는 안 된다. 루소가 취한 이 방법은 의미심장하다. '역사적으로' 세상은 강자들이 지배하는 곳이었다. 약자들은 최강자의 힘에 복종하거나, 최강자의 압제에 맞서 서로 협력하지 않을 수 없었다. 인간은 동물들보다 약한 존재이고 생존의 조건은 턱없이 부족했으니, 타인들의 도움 없이는 살아갈 수 없었다. 이런 것이 루소가 배제해야 한다고 말하는 '사실들'이며, 이 '사실들'로부터 추론을 통해 인간은 본성상 사회를 이뤄 살도록 되어 있다거나, 최강자에게 복종하면서 자신의 자유와 자족을 잃는 대가로 생명과 재산을 보장받게 되었다는 결론을 성급히 이끌어내서는 안 된다.

신 혹은 자연이 인간을 사회에 모여 함께 살아가지 않을 수 없도록 만들었다고 생각해야 할까? 신이 인간에게 그런 본성을 마련했다는 입장도, 신을 자연으로 대체한 근대의 자연법 이론가들의 입장도 받아들이기 어렵다. 신이 인간에게 사회에서 공동으로 살아가도록 하는 성향을 주었다면, 애초에 자연 상태란 존재할 수가 없다. 그런 성향을 자연에게서 받았대도 자연 상태는 그저 전前사회 상태일 뿐 두 상태를 가르는 불연속성을 찾을 수 없다. 또한 이러한 입장은 인간이 태어나면서 이미 신에게서 선물로 받은 지성의 능력을 갖추고 또 누리고 있다는 점을 전제로 한다. 자연 상태의 인간이 과연 숲에서 마주친 다른 인간을 보고 그가 동물이 아니라 나와 같은 인간이라는 것을 어떻게 알 수 있겠는가? 그것은 내 안에 갖춰진 자연스러운 감정으로서의 사회성sociabilité이 깨어난 결과인가? 그 감정이 우리가 무리를 형성하고, 사회를 구성하게 하는 원인인가? 루소는 내가 다른 존재를 나와 닮은 존재로, 나의 협력을 필요로 하고 나에게 도움을 줄 동포로 생각할 수 있고, 그와 함께 살아가기 위해 언어를 만들고, 공동으로 지켜야 할 법을 제정하는 데 필요한 지식과 지성을 자연 상태의 인간이 갖기에는 어림없는 일이라고 생각한다. "야만인은 지식이라는 것을 갖추지 않았으니 자연의 충동이 일으키는 정념만을 경험한다. 야만인의 욕망은 신체의 필요를 넘어서는 법이 없다. 그가 세상에서 알고 있는 유일한 선善이 있다면 양식糧食, 여성, 휴식뿐이며, 그가 세상에서 두려워하는 유일한 악이 있다면 고통과 허기이다."(이 책 63쪽)

그렇다면 자연 상태의 인간은 동물이나 다름없는 존재라고 보아야 하지 않을까? 왜 아니겠는가? 만일 인간을 신체적인 관점에서만 바라본다면 말이다. 더욱이 신체적인 관점으로만 바라볼 때 인간은 보통 동물들보다 훨씬 못한 존재이기까지 하다.

그러나 이번에는 "형이상학적이고 도덕적인 측면에서 바라보도록"(이 책 59쪽) 해야 한다. 루소는 인간과 동물을 가르는 유일한 차이가 있다면 그것은 완전가능성la perfectibilité에 있다고 본다. 인간은 동물의 신체적 능력은 물론 예민한 본능도 갖추지 못했지만 변화하는 환경에 적응하여 자신이 가진 잠재적인 능력을 하나하나 발전시켜나갈 수 있는 능력이 있다. 그러므로 루소가 말하는 자연 상태의 인간은 이 잠재적인 무한한 능력이 깨어나 개화되기 이전의 존재이다. 이 '완전가 능성'이라는 말을 인간이 항상 더 나은 단계로 성장하여 완전한 존재에 이를 수 있는 능력이라고 생각하지 말도록 하자. 인간은 자신의 어떤 능력도 계발하는 일 없이 항상 자연 상태의 인간으로 남아 있을 수 있으며, 그 능력을 전개할지 말지는 인간의 자유의지에 따른 것이다.

반면 한 특정한 능력을 계속해서 연마하여 그것이 다다를 수 있는 가장 높은 상태에 올려놓을 수도 있다. 그러나 루소가 말하는 완전가능성은 양면적이다. 어느 쪽이 더 인간에게 유익하고 행복을 가져다주는지 확정할 수 없는 것이다. 인간이 한 가지 능력을 얻을 때 그는 다른 능력을 잃는다. 그가 얻은 능력이 잃은 능력의 충분한 보상이 되는가? 반드시 그렇지 않으며, 오히려 반대일 경우가 다반사이다. 그중 가장 중요한 한 가지가 바로 성찰réflexion의 능력이다. "성찰은 인간이 스스로를 돌아보게 해주는" 능력이다. 자신의 필요를 충족하는 데 소용되는 외부의 대상으로 향한 시선과 의식을 자기 쪽으로 되돌려 바라보는 능력이 성찰이다. 그의 욕망의 대상은 단지 붙잡히고 소비되는 것이 아니라, 오히려 그 대상을 바라보는regarder 욕망의 주체 쪽으로 투사된다. 대상을 바라보는 시선이 오히려 대상의 '시선'에 사로잡히게 된다. 그때

그 주체는 자신의 욕망의 대상을 놓아주고, 거부하고, 심지어
는 증오하기도 한다. '선행la bienveillance'이 그 대표적인 예이
다. 인간이라면 누구나 자신의 재화나 안락을 추구하게 마련
이다. 그러나 사회 속에서 재화와 안락을 누리는 주체는 그가
치부致富하고 축재蓄財한 재산이 그를 바라보는 시선을 느낀다.
다른 이들이 가난해지고 불행해진 것이 반드시 그의 탓인
것만은 아니다. 그러나 그가 가진 재산이 그에게 일부를 덜어
빈자들과 나눌 것을 명령한다. 그는 자신의 탐욕의 대상이었
던 재화를 포기함으로써 인정받고 사랑받게 되었다고 생각
한다. 그러나 루소는 이런 '선행'이 자연 상태의 인간이 가진
연민의 연속으로 볼 수 있다고 생각하지만(이 책 85쪽), 그렇
다고 선행의 감정이 인간이 갖는 자연적인 감정임은 어림도
없다고 본다. 그것은 오직 사회에서만 갖게 되는 인위적 감정
이거나 더 나쁘게는 많은 사람들 앞에서 자신이 그 감정을
가지고 느꼈음을 드러내는 사회적 처신comportement의 한 가지
일 수도 있으니, 그 "선행을 뚫고 들어가 마음속에서 무슨
일이 일어나는지 보아야"(이 책 175쪽) 한다.

　　루소가 "성찰의 상태는 자연을 거스르는 상태이며, 깊이
사유하는 인간은 타락한 동물이 아닐 수 없다"(이 책 55쪽)고
단언하는 것은 이런 맥락에서이다. 그렇지만 성찰의 개입으
로 갖게 되는 선행의 감정이 항상 위선인 것은 아니지 않는가?

루소는 『인간 불평등 기원론』에서 인간이 자연적으로 갖는 미덕으로 '연민'을 제시한다. "연민은 우리처럼 악에 빠지기 쉽고 약한 존재들에게 적합한 마음의 성향이다. 연민은 어떤 경우에서라도 성찰에 앞선 감정이므로 그만큼 더 보편적이고 그만큼 더 인간에게 유용한 미덕"(이 책 83쪽)이다. 루소가 '성찰 이전의 자연적인 감정'으로서 연민을 제시하는 것은 앞서 말했듯이 자연법 사상가들이 인간이 자연적으로 가졌다고 주장하는 '사회성'을 그것으로 대체하기 위해서이다. 자연 상태의 인간은 "성찰을 시작하기 이전의 자연의 순수한 움직임"(이 책 84쪽)으로서 연민을 갖지만 그 감정은 연민의 대상에 일시적인 도움을 마련해주는 것으로 그칠 뿐 인간을 공동체로 묶어주고 사회를 구성하게 하지는 않는다.

그러므로 『인간 불평등 기원론』을 읽어가다 보면 루소가 극적으로 구분한 자연 상태와 사회 상태는 닮은 듯 다른 모습임을 깨닫게 된다. 자연 상태는 인간이 성찰하기 이전의 상태이고, 성찰하기 이전에 인간이 즉각적으로 느끼는 미덕의 감정은 연민이고, 사회의 인간은 타인들과의 비교를 통해 자신의 이기심amour propre을 강화하지만, 자연 상태의 인간은 오직 자신의 생존과 자기 보존을 위해 노력하는 자기애amour de soi를 갖는다. 이런 식으로 루소는 사회에서 살아가는 인간이 그 사회의 부정의 상태를 상상해보도록 한다. 자연 상태는 사회 상태의 음화陰畵와 같은 것이다. 인간이 갖게 된 더 많은 지식과 더 높은 지성의 능력은 과연 인간을 행복하게 해주는가? 인간의 선행은 항상 선한 의도에서 나오는 것인가? 인간은 타인을 희생하여 자신의 욕망과 안락을 추구하기 마련이라는 주장은 자연 상태의 인간에게도 똑같이 갖춰져 있다고 말할 수 있는가? 이런 문제들을 진심으로 중요하게 받아들이는 독자라면 당장에 우리의 사회 이전에 존재했던 자연 상태를 마음속에 그려보지 않을 수 없다. 1부 마지막 부분에서 루소는 다시 한 번 그런 자연 상태가 '가설'임을 상기시킨다. (이 책 98쪽) 그러나 여기까지 이 책의 절반을 읽으면서 루소의 웅변에 취한 독자라면 어떻게 자연 상태가 그저 "가설적이고 조건적인 추론"에 불과하다고 생각할 수 있겠는가? 작가는 자연 상태는 그저 가설이라고 여러 번 주장하고 있지만 독자에게는 그런 말이 들리지 않는다. 확실히 이는 세심한 독서를 하지 않은 독자의 책임이라기보다 자연 상태를 마치 실재하기라도 했던 것처럼 생생히 그려 보여주었던 루소의 '작전'에 부지불식간에 말려든 결과이다.

사실 루소는 『인간 불평등 기원론』을 1부로 끝낼 수도 있었다. 자연 상태에는 불평등이 없었으며, 불평등을 확립한 것은 바로 사회임을 웅변하면서 말이다. 그렇지만 루소는 1부에서 독자들을 가공의 자연 상태에 흠뻑 취하게 만든 뒤,

2부에서 자연 상태를 벗어난 인간의 '파국'을 그려낸다. 그러면서 루소는 『인간 불평등 기원론』에서 각각 자연 상태와 사회의 설립을 다룬 1부와 2부를 이어주는 전환점으로 '소유권'을 제시한다. 소유권이 확립되면서 자연 상태의 강자와 약자의 경쟁을 사회의 부자의 빈자에 대한 억압으로 변화시킨다. 루소는 자연 상태의 인간이 신체적인 불평등을 가질 수 있다는 점을 부정하지 않았다. 태어나면서부터 힘이 센 사람이 있고, 키가 큰 사람이 있고, 빨리 달릴 수 있는 사람이 있을 수 있다. 그러나 루소가 일관적으로 부정하는 것은 사회를 강자와 약자들의 경쟁에서 최강자가 승리를 거두고 약자들이 그에게 복종하게 된 결과로 보는 입장이다. 설령 약자들이 강자와의 경쟁에서 밀려났대도, 그들은 강자에게 복종하며 살아가느니 차라리 그의 영향력이 미치지 않는 다른 곳에 거처를 마련하면 그만이다. 그 뒤에 그들은 평생 다시 볼 일이 없을 것이다. 최강자의 힘이 대단히 커서 약자들을 통제하고 감시하면서 자신의 이익을 위해 노예처럼 부릴지라도 약자들은 차라리 배를 곯을진대 그의 손아귀에서 벗어나고자 하지 않겠는가. 그러므로 최강자의 지배를 '역사적 사실들'로부터 취한 사회이론이 오류인 것은 사회 성립을 끊임없이 지연시키는 원인을 사회 구성의 실질적 토대로 간주했다는 데 있다.

그러나 소유권이 확립되었을 때 결정적으로 강자와 약자의 대립은 부자와 빈자의 대립으로 바뀐다. 자연 상태에서 약자는 강자를 피하면 그만이었지만 사회 상태에서 빈자는 부자에 종속되지 않을 수 없다. 자연 상태에서는 약자라도 자연이 제공한 풍부한 양식을 어디서나 누릴 수 있지만, 사회에서 빈자는 더 많은 노동을 강요받으면서 더 적은 보상만을 누리며 평생을 살아가야 할 처지가 된다. 루소는 이제 자유와 자족의 상태가 어떻게 예속과 종속의 상태로 타락하는지, 그리고 그 파국적인 결과는 무엇인지 극적으로 그려낸다. 루소가 1부에서 자연 상태를 인간이 사회를 구성하기 직전이 아니라, 인류의 기원을 향해, 역사 이전의 공간으로 멀리 올려 보냈던 이유가 여기 있다. 이 두 상태가 멀수록 그만큼 독자가 느끼는 파국과 전락의 충격은 더욱 커질 테니 말이다.

그리고 여기가 루소가 홉스를 불러오는 지점이다. 이는 명백히 의도적인 것이고 그것이 루소가 취한 전략의 일부이다. 주지하다시피 홉스가 말하는 자연 상태는 개개인이 자기 보존을 위해 타인과 전쟁을 벌이지 않을 수 없는 상태이다. 이 전쟁상태에서 약자는 물론 강자조차 생명과 재산이 항상 위태로울 수밖에 없으니, 이런 불안하고 위험한 상태를 끝내기 위해 사람들은 계약을 통해 사회를 구성하고 강자에게 주권을 내주는 데 동의했다. 이것이 전제정의 기원이다.

이리하여 가장 강한 사람은 힘으로, 가장 빈곤한 사람은 필요에 따라 타인이 가진 재산에 대한 권리 같은 것을 마련하게 되는데, 그들의 말이지만 이런 권리를 소유권에 상응하는 것으로 삼았다. 그렇게 평등이 무너지자 너무도 끔찍한 무질서가 뒤를 이었다. 이리하여 부자들은 빼앗고 가난한 자들은 강도질을 하고 너나없이 광란의 정념에 휩쓸리게 되니 자연적으로 가졌던 연민의 마음은 약해지고 정의의 목소리는 더욱 들리지 않게 되어 사람들은 탐욕스러워지고, 야심에 차오르고, 사악해졌다. 가장 강한 자가 주장하는 권리와 최초의 점유자가 주장하는 권리 사이에서 결코 끝나지 않을 갈등이 생겼으니 전쟁과 살육이 아니고서는 갈등을 막을 길이 없었다. 이제 막 시작된 사회가 더없이 끔찍한 전쟁 상태에 휩쓸려버렸다. 인류는 비열해지고 유린되어버렸으니 이제는 뒤로 돌아갈 수도 없고, 그렇다고 불행만을 가져온 취득물을 단념할 수도 없고, 그를 영예롭게 했던 능력들을 잘못 사용하면서 아무리 애를 써도 수치스럽기만 할 뿐이니 결국 스스로 몰락하기 직전에 놓이고 말았다.(이 책 123쪽)

루소는 홉스의 자연 상태를 '이제 막 시작된 사회'의 상황을 그려내기 위해 차용한다. 차이가 있다면 홉스의 자연 상태가 무한경쟁 상태에 놓인 강자와 약자들의 끝나지 않는 투쟁의 상태인 반면, 루소는 이를 소유와 불평등의 법이 확정된 결과로서 부자에 대한 빈자의 예속관계로 환원했다는 데 있다. 그러므로 루소가 보기에 홉스가 말하는 자연 상태는 사회 상태와 대립하기는커녕 사회가 설립되기 직전의 단계일 뿐이다. 바로 이 점을 강조하기 위해 루소는 1부에서 자연 상태를 최초의 인간, 자연에서 갓 태어난 인간의 상태에까지 거슬러 올라가 찾고자 한 것이다. 홉스가 강조한 만인 대 만인의 전쟁 상태를 루소는 자연 상태의 마지막 부분, 더 정확히 말하자면 자연 상태와 사회 설립의 이행기로 규정하면서 그 반대편에 무수히 지속되어온 자연인들의 평화의 상태를 마련한다. 이렇게 볼 때 루소와 홉스의 근본적인 차이는 아주 작아진다. 루소는 "홉스는 자연법에 대해 현대인들이 내린 모든 정의들에 결함이 있다는 점을 제대로 보았"(이 책 81쪽)음을 인정한다. 홉스 역시 사회성이라는 자연법 사상가들의 핵심 개념을 완전히 부정해버렸으니 말이다. 다만 루소는 홉스가 너무 성급하게 인간의 천성이 사악하다는 결론을 내린 것을 비판하고 있을 뿐이다. 홉스의 말대로 인간이 사악하다면 그것은 사회 상태의 결과로, 그때 정치체는 인간의 본성을 억압하고 강력한 처벌로 인간의 행동을 규제해야 한다. 그렇다면 사회는 구성원 개개인의 자유와 행복을 위해 존재하는 것이 아니라, 그들을 사회의 부속품으로 길들이고 통제하는 인공적인 '기계'에 불과하게 된다. 그때 개별자들이 자유로울 수 있겠는가? 그때 개별자들이 진심으로 전체에 통합되고자 하겠는가? 그 사회는 실제로 가능하기는 하겠지만 결코 오래 지속될 수 없을 것이다.

　　그런데 루소는 나중에 『사회계약론』에서 도대체 자연 상태의 인간이 "완전한 자족과 강제 없는 자유"를 포기하는 대가로 사회에서 얻을 수 있었고, 또 얻어야 하는 것이 무엇인지 묻는다. 그것은 두말할 것 없이 "질서에 대한 사랑과 숭고한 미덕"이다. 질서를 따르고 미덕을 실천하는 법을 배울 수 있는 곳이 바로 사회여야 한다. 여기서 『인간 불평등 기원론』의 2부와 8년 뒤 루소가 출판한 『사회계약론』의 모순을 발견하기란 어렵지 않다. 『사회계약론』에서 루소는 그가 『인간 불평등 기원론』의 2부에서 길게 전개했던 사회의 설립 이후 불거지고 심화된 "불평등의 기원과 추이"의 내용을 삭제해버린다. 『사회계약론』은 『인간 불평등 기원론』 2부의 '태어나는 사회'의 불행을 바로 뛰어 넘어 정치체의 구성원들이 일반의지를 통해 사회계약을 체결하여 한 개인이 아니라, 그가 속하는 전체에 복종함으로써 자연 상태의 자유를 양도하는 대신, 자신과 함께 정치체를 구성하는 존재들의 일치와 통합을 얻는 문제를 다뤘다. 이런 점에서 많은 루소의 주석자들은 이 두 텍스트 사이의 단절과 모순을 지적해왔다. 그러나 역자는 이런 입장에 동의하지 않는다. 『인간 불평등 기원론』의 1부와 2부에서 나타나는 극적인 대립은 앞서 언급했듯이 자연 상태와 사회라는 두 상태를 거울처럼 비추면서 이상이한 상태의 삶의 방식의 본성과 변질의 양상을 추적하기 위한 것이었다. 그러나 『사회계약론』은 『인간 불평등 기원론』의 1부와 그 누구에게도 예속되지 않으면서 자신의 자유를 다른 차원에서 극대화하는 새로운 사회의 비전을 나란히 놓는 것이다. 자연 상태의 인간이 홀로 살아갔다면, 사회계약을 통해 구성원들이 사회의 분리불가능한 일원이 되었을 때 그 사회는 '완전한 자족과 자유와 강제 없는 자유'를 개개인에게 평등하게 보장해준다. 자연 상태에서 자기의 필요를 채운 후 세상 무엇에도 무관심하고 태만하게 살아갔던 자연인이 이제 공동으로 정치체의 필요를 채우고 안전을 지키기 위해 협심하게 된다.

루소가 제시하는 이런 사회가 이상적인가? 그래서 현실적으로 불가능한가? 구성원들의 일반의지를 통해 사회계약을 체결하여 성립된 사회가 역사적으로 한 번이라도 존재했는가? 『인간 불평등 기원론』에서 자연 상태를 '가설적이고 조건적인 추론'을 통해 그려내 보았던 루소는 『사회계약론』에서도 역시 그런 사회가 실재했는지, 혹은 앞으로라도 가능할 것인지에 대해서는 답하지 않는다. 그렇지만 그의 침묵 속에는 구성원들의 일반의지에 따라 계약이 체결되어 모든 사람이 자연 상태에서와는 다른 차원의 자유를 누리고, 나의 자기 보존과 공동체의 자기 보존을 별개의 것으로 생각하지 않았던 역사적으로 존재했던 세상의 어느 사회도 올바른 사회가 아니며, 그 사회의 몰락은 시간문제라는 웅변이 담겨 있다. 『에밀』에서 루소는 유럽사회에 끊임없이 반복되고 앞으로도 계속 다가올 격변des révolutions을 예측하지 않던가? 많은 주석자들은 루소가 말하는 이 격변이 다가올 유럽의 정치 혁명들(프랑스혁명과 러시아혁명)을 예고하는 것이라고 생각하곤 한다. 그러나 루소가 정말 이 정치 혁명들을 내다보고 확신했는지는 중요하지 않다. 그가 예고한 격변은 정치체 구성원들이 정념의 목소리만을 듣는 대신 이성적인 합의를 통해 공동선을 위해 노력할 수 없는 어떤 사회라도 결국 내적으로 와해되어 사라져버리고 말리라는 경고이며, 이는 현재는 물론 미래의 사회에도 여전히 유효하다.

옮긴이 미주

1. 『학문예술론』의 첫 페이지에는 '장 자크 루소'라는 이름이 없이 '제네바의 시민'으로만 되어 있으나, 『인간 불평등 기원론』의 첫 페이지에 저자의 이름이 '제네바의 시민'이라는 호칭과 함께 등장한다.

2. "붙어 있는 것이든 분리되어 있는 여러 요소로 구성되어 하나의 통일체를 이루는 모든 사물에서는 언제나 치자와 피치자의 모습이 드러나게 마련이다. 그리고 이런 이원적 구성은 전체 자연 중에서도 특히 생명 있는 것들 속에서 드러난다. [⋯] 생명 있는 것은 혼과 몸으로 구성되는데, 이 중 전자는 본성적으로 치자이고 후자는 피치자다. 그러나

자연의 의도를 알기 위해서는 타락하지 않고 본성을 견지하고 있는 상태의 사물들을 고찰의 대상으로 삼아야 한다. 따라서 '우리는 육체적으로 정신적으로 가장 완전한 사람을 연구 대상으로 삼아야 한다.' 그의 경우 분명 혼이 몸을 지배하고 있기 때문이다. 영구적으로 또는 일시적으로 타락하여 상태가 나쁘고 부자연스러운 인간의 경우 몸이 혼을 지배하는 듯한 인상을 줄 테니 말이다.'(아리스토텔레스, 『정치학』, 1권, 5장, 1,254b, 천병희 역, 숲, 27-28쪽) 아리스토텔레스가 이 문장을 썼던 것은 '자연적으로' 노예로 태어난 존재가 있다는 점을 증명하기 위한 것인데 이를 루소가 이 자리에서 인용한 것은 이상해 보인다. 루소는 『사회계약론』에서 이 문제를 거론한다. "[…] 아리스토텔레스는 인간이 결코 자연적으로 평등하지 않으며, 어떤 이들은 노예가 되기 위해 또 어떤 이들은 지배하기 위해 태어난다고 말했다. 아리스토텔레스는 옳았다. 하지만 그는 원인과 결과를 뒤바꾸었다. 노예 상태로 태어난 모든 인간은 노예가 되려고 태어난 것이다. […] 본성상 노예인 사람들이 있다면, 그것은 애초에 본성에 반하여 노예가 된 사람들이 있었기 때문이다. 노예를 처음 만든 것은 힘이고, 그들의 비굴함은 그들을 영영 노예로 묶어두었다."(『사회계약론』, 1권, 2장, 김영욱 역, 후마니타스, 13-14쪽) 아리스토텔레스는 "세상만사의 본성"이 그 귀결로 나타난다고 보았고, "여러 부락으로 구성되는 완전한 공동체가 국가인데, 국가는 이미 완전한 자급자족이라는 최고 단계에 도달해 있다고 할 수 있다. 달리 말해 국가는 단순한 생존을 위해 형성되지만 훌륭한 삶을 위해 존속하는 것이다. 따라서 이전 공동체들이 자연스런 것이라면 모든 국가도 자연스런 것이다. 국가는 이전 공동체들의 최종 목표고 어떤 사물의 본성은 그 사물의 최종 목표이기 때문이다. 사람이든 말이든 집이든 각 사물이 충분히 발전했을 때의 상태를 우리는 그 사물의 본성이라고 하니 말이다. 그 밖에도 사물의 최종 원인과 최종 목표는 최선의 것이며, 자급자족은 최종 목표이자 최선의 것이다. 이로 미루어 국가는 자연의 산물이며, 인간은 본성적으로 국가 공동체를 구성하는 동물임이 분명하다'(아리스토텔레스, 『정치학』, 1권, 2장, 1,253a, 위의 책, 20쪽)고 썼다. 그러나 루소는 인간이 본성적으로 사회성을 가진다고 결코 생각하지 않았다. "다른 주제에서처럼 이 주제에서 존재들의 기원과 발달을 검토하도록 하자. 이것이 모든 방법들 가운데 가장 훌륭한 것이다."(같은 곳) 루소는 이 방법을 엄격하게 따른다. 그는 기원ἀρχή이라는 말을 논리적인 선행성이 역사적인 선행성을 필연적으로 이끌어낸다는 의미로 쓴다.

3. 루소는 이 헌사를 공화국, 즉 제네바 시민들로 구성된 총심의 회Conseil Général에게 보내려고 썼다.

『고백』을 보면 루소는 이 헌사의 초안을 파리에서 쓴 것 같다("나는 파리를 떠나기 전에 내가 쓴 「불평등론」 헌사의 초고를 써두었다. 그리고 그것을 샹베리에서 완성하고, 온갖 말썽을 피하기 위해 내가 프랑스나 제네바에 있었던 날짜를 쓰지 않는 것이 더 낫다고 판단해서 샹베리에 있었던 날짜를

썼다."(루소, 『고백 2』, 8권, 이용철 역, 나남, 192–193쪽)

이 시기는 루소와 테레즈가 제네바로 떠났던 1754년 6월 1일 이전으로, 그는 이 헌사를 샹베리에서 완성했을 텐데, 그 날짜가 6월 12일이 되겠다. 루소가 제네바에 체류하던 때(1754년 6월에서 10월 사이), 그의 몇몇 제네바 친구들은 이 헌사의 내용을 벌써 알았던 것 같다. 자크 프랑수아 드 뤽이 루소에게 보낸 편지를 보면 "더없이 귀중한 서한"(CG II, 142–143쪽)이라는 말이 나온다. 1754년 11월 28일에 루소가 장 페르디오 목사에게 보낸 장문의 편지를 보면 그가 변명을 하고 있음을 알 수 있다. "제가 격식을 차리는 행동을 무시하고 오래전부터 유용하기보다는 짐이 되는 족쇄를 벗어 던지기는 했어도 공화국과 총심의회의 인가를 얻는 편이 좋겠다고 생각했습니다. 이런 경우에는 그것이 관례죠. 제 [제네바] 여행은 부분적으로 이러한 인가를 받고자 청원하려 했던 의도였습니다. 그런데 시간도 부족했고, 그게 불가능하다는 것을 깨달을 만큼 생각도 할 수 없었던 것입니다. 저는 그런 인가를 청원하는 일은 받아들이지 않기를 원한다는 것임을 알았습니다…. 검열관들의 결정은 돌이킬 수 없는 것이었고 저는 침묵하거나 제 이름을 빌어 타인의 생각을 전할 수밖에 없음을 알게 되었습니다만, 어느 쪽도 하고 싶지 않았습니다. 그러므로 경험상 저는 제 스스로 검열관이 되자는 단호한 결심을 하지 않을 수 없었습니다."(CG II, 132–134쪽)

이 저작을 출판할 때 루소는 공화국 관리인들에게 새로

나온 저작을 보내야 하는지 대단히 걱정했다. 1755년 5월 5일 말제르브에게 보낸 편지를 보면 이런 루소의 불안이 드러난다. "제 이름이 들어간 본 논고를 인쇄한 출판사가 네덜란드에서 선생님께 발송했던 인쇄본을 전달하지 말아주시기를 간곡히 부탁드립니다. 이 저작은 제네바 공화국에 헌정되었는데 통치권자들의 심기를 거스를까 두렵습니다. 더욱이 그 논고가 전해져야 할 자리에 있기 전에 다른 데서 돌아다니는 것을 보고 싶지도 않고요."(CG II, 184쪽) 1755년 5월 29일에 루소는 인쇄업자 마크 미셸 레를 엄중히 비판한다. 제네바 사람들은 본 저작이 "헌정된 사람들보다 먼저 외국인들에게 제공되었다"는 데 분개했다(CG II, 188–189쪽)는 것이다. 따라서 루소는 일찍부터 제네바 사람들이 이런 방식을 좋지 않게 보리라는 것을 알고 있었다.

제네바 심의회 기록부(vol. 255, 326쪽)를 보면 다음과 같은 언급이 있다.

"1755년 6월 18일.

장 자크 루소가 수상에게 보낸 편지.

수상은 구薔 관리인 귀족 살라댕이 파리에서 돌아오면서 시민 장 자크 루소 씨의 편에 『신분의 불평등의 기원과 원인에 대한 논고』라는 제목으로 인쇄된 저작의 첫 부분을 수상에게 전했다고 언급했다. 이 저작의 첫머리에 공화국에 바치는 헌사가 실렸다. 그는 전기前記한 루소 씨가 동월 4일에 파리에서 쓴 편지를 받았는데 그 편지에 따르면 루소 씨는 위에 언급한 헌사를 읽고 이를 총심의회에 상신上申해줄 것을 부탁했다. 본 상신에 찬성하여 상기 헌사를 인쇄하자는 의견이었는데, 내용에 대한 심의는 중요치 않았으나, 수상은 총심의회가 한 시민이 대단한 재능과 천재를 드러낸 작품으로 유명해졌음을 만족스럽게 생각했다."(CG II, 196쪽)

루소는 제네바 공화국의 최고 관리인이었던 장 루이 슈에와 구舊 최고 관리인이었던 뒤 팡이 보낸 편지들을 손수 베껴두었다. 슈에는 "이 저작의 아름다움에 감동"(CG II, 192쪽)했다고 말했던 반면 뒤 팡은 헌사에서 묘사된 이상적인 제네바와 실제 제네바 사이에는 다소 차이가 있다고 반박했다. "선생께서는 헌사를 선생이 마음 가는 대로 따라 쓰셨더군요. 선생이 우리를 지나치게 띄우고 있다고 사람들이 생각할까봐 걱정입니다. 선생은 우리의 지금 모습이 아니라 우리가 그렇게 되어야 할 모습으로 그리셨습니다."(CG II, 193쪽) 루소는 1755년 7월 20일에 슈에에게 보낸 답장에서 "저작의 헌사를 위대한 총심의회에 제출하고 인가를 받아주셔서 대단히 황송스럽다"(CG II, 197쪽)는 감사의 표현을 쓴다. 자콥 베른 목사에게 보낸 1755년 7월 6일의 편지에서 루소는 이렇게 썼다. "총심의회가 공화국의 이름으로 제 저작의 헌사를 승인했다는 것을 알게 되자 얼마나 기쁜지 말로 할 수 없습니다. 이 인가에 관대와 감사가 들어 있음을 저는 완벽히 느낄 수 있었습니다. 저는 이 헌사에서 그것을 쓰게 했던 감정이 느껴지기를, 제 헌사가 그 감정을 나누는 모든 이들에게 받아들여지기를 항상 바랐습니다. 그러니 저는 목사님의 동의를, 목사님의 존경스러운 아버님의 동의를, 모든 선량한 제네바 시민들의 동의를 기대하는 것입니다. 유럽 다른 곳에서 그걸 뭐라 생각하든 저는 전혀 개의치 않습니다."(CG II, 198쪽) 『고백』 8권에서 "가장 순수한 애국심에서 쓰인 헌사이건만 시의회에서는 적들을 만들었고 부르주아 계급에서는 시기하는 사람들을 만들었을 뿐이다. 당시 시장 대표인 슈에 씨는 나에게 정중하긴 하였지만 냉담한 편지를 보냈[다.] [⋯] 제네바 사람 중 누구 한 사람 이 저작에서 느껴지는 마음의 열의에 대해 내게 진정 감사하는 것을 보지 못했다." (『고백』, 위의 책, 198쪽) 그러나 이 모든 사건에 대해서 『고백』의 루소는 한 가지 침울한 해석을 내놓는다. 그 사이에 『에밀』과 『사회계약론』이 얽힌 사건이 갑자기 일어나서, 루소는 조국 제네바로 더는 돌아갈 수 없게 되었다. 제네바 시민들이 자기에게 보여준 적의敵意의 기원을 설명하면서 루소는 박해를 받았다고 생각하고 이에 대한 여러 가설을 제시하고 있는데, 그중 하나가 『인간 불평등 기원론』의 "괜한 성공"이 한 가지 원인이었다. 그에게는 시간상 대단히 오래된 일이기는 해도 결정적으로 보였다. "나는 『인간 불평등 기원론』이 제네바 시의회에서 나에 대한 증오를 불러일으켰다는 것을 알고 있었는데, 그 증오는 총심의회가 감히 표명하지 않았던 만큼 더 위험스러운 것이었다."(『고백』, 위의 책, 476쪽)

『인간 불평등 기원론』의 헌사에 대한 동시대 평단의 반응을 보려면 다음 두 사례로 충분하리라 본다. "루소의 헌사와 일반적인 헌사를 혼동할 수가 없다. 루소 씨는 자기가 직접

본 국가에 실제로 부합하는 여러 사실들을 그렇게 길게 늘어놓았지만 그 대부분은 유토피아에나 어울릴 법한 것이다. 저자는 대상을 정확한 사실에 근거하여 묘사하기보다는 열정에 자극되고 열정을 따라 즐겼을 뿐이다."(사뮈엘 포르메, 『공정한 애서가*Bibliothèque Impartiale*』(1755년 9–10월), t. XII, 2부, 괴팅겐과 라이덴, 1755, 214–215쪽)

"데모스테네스가 아테네 시민들에 만족하고, 늘 그러지 못하면 어쩌나 두려워하면서 그들에게 했을 법한 웅변적이고 과감한 헌사이다. 온화하고 잘 운영되는 정부를 다정하게 묘사하면서 제네바 정부에 대한 기발한 찬사를 보내고 있다. 하지만 우리는 공공선公共善에 대한 가장 진실한 사랑, 가장 헌신적인 애국심만으로 영원한 이기주의, 교조적인 어조, 오만한 가르침들을 정당화하기에 충분한지 정해볼 수는 없다. 솔론이 자신이 교육한 인민으로부터 멀어진 후, 그들에게 자신이 제정한 법을 영원히 지키도록 권고하는 목소리를 듣는 것 같다."(『주르날 데 사방*Journal des Sçavans*』(1756년 6월), Paris, Lambert, juin, 404쪽)

4. 루소는 여기서 현재 자신의 애국심에 따라 과거 자신의 모습을 회고적으로 돌아본다. 그가 바랐던 것은 사면赦免받는 것뿐이다. 그래서 그는 시민의 칭호를 요구한다. "삼십 년을 노력해서…" 라는 표현을 문자 그대로 해석해본다면 루소의 열정적인 애국심의 기원은 서기 마스롱 집에서 도제 생활을 할 때가 된다. 그 일이 루소의 첫 번째 직업이었고, "사회생활의 첫걸음"이었다. 보르드에게 보낸 서한시와 파리소에게

보낸 서한시(OC II 1130-1133, 1136-1144쪽)에서 루소는 자신의 평등주의와 공화주의에 입각한 교육을 기억함으로써 이를 부정하는데, 바랑 부인의 영향이 결정적이었던 것 같다 (이 점에 대해서는 장 스타로뱅스키, 「모든 악은 불평등에서 비롯한다」, *Europe*, n°s 391-392, nov.-dec. 1961, 144-145쪽을 참조).

5. 루소가 품은 정치적 이상은 단순하고 순전한 평등이 아니라 자연적 평등과 시민적 불평등이 결합되어야 한다는 데 있다. 루소가 말하는 평등은 모두가 '평준'하게 되는 것과는 아무런 관련이 없다.

6. "루소가 두 번 제네바 사람이 되었음에 주목할 필요가 있다. 한 번은 모든 사람처럼 우연히 그곳에서 출생했기 때문이고, 다른 한 번은 자기 자신의 의지로 제네바 사람이 된 것이다. 이 두 번째 경우의 의미는 완전히 다르다. 루소는 제네바에서 도망 나와 오랫동안 그곳으로 돌아가지 않았고, 법에 따라 제네바를 떠난 것인데, 그랬던 그가 자발적으로, 자신의 자유로운 선택에 따라, 깊게 사유하고 단호히 결정한 의지의 행위에 따라 그곳으로 돌아갔던 것이다."(가스파르 발레트, 『제네바 사람 장 자크 루소*Jean-Jacques Rousseau Genevois*』, 파리, 플롱, 제네바, 쥘리앙, 1911, 96쪽)

7. 몽테스키외는 공화국 정부는 영토를 제한하면서만 보전이 가능하다고 말했다(『로마인의 위대함과 타락의 원인에 대한 고찰*Considérations sur les causes de la grandeur et de la décandence des Romains*』 9장). 루소는 『사회계약론』에서 입법의 대상이

되기에 적합한 인민은 "출신, 이익, 합의의 결합으로 이미 묶여 있으면서 아직 진정한 법의 족쇄에 속박된 적 없는 인민, 완전히 뿌리내린 관습도 미신도 갖고 있지 않는 인민, […] 모든 구성원이 서로 알고 있으며 누구에게도 한 사람이 감당하기 힘든 큰 짐을 지울 필요가 없는 인민[…]"(2권, 10장, 위의 책, 65쪽)이라고 말하면서 인민 사이의 상호 시선의 교환에 중요성을 부여했다. 진정한 공화국은 "아주 작아서, 인민이 편하게 모이고 시민 각자가 다른 모든 시민을 쉽게 알 수 있어야 한다."(3권, 4장, 위의 책, 84쪽)

8. 1751년에 루소는 제네바 사람 마르세 드 메지에르에게 보낸 편지에서 "저는 노예들 가운데 살아봤기 때문에 자유의 가치를 고스란히 느낄 수 있었습니다. 선생께서 선생의 가족과 선생의 조국에서 살아가고, 법이 아니면, 다시 말해서 이성이 아니면 누구에게도 복종하지 않는 사람들 가운데서 살아가고 있으니 선생은 얼마나 행복한 분이십니까"(CG I, 312쪽)라고 썼다. 몽테스키외는 『법의 정신』에서 "자유는 법이 허용하는 모든 것을 행할 권리이다"(11권, 3장, 하재홍 역, 동서문화사, 2007, 178쪽)라고 말한다.

9. 여기서는 교황을 가리킨다.

10. "자유는 맛 좋은 즙은 갖췄지만 강한 소화력을 필요로 하는 음식과 같아, 그 음식을 버티려면 위胃가 건강하지 않으면 안 된다."(『폴란드 정부에 대한 고찰』, 6장, OC III, 974쪽)

11. 루소는 부패, 폭정, 노예 상태를 치유가 불가능한 병이라고 항상 주장한다. "내가 한 사람의 영예나 한 인민의 풍속이나

서로 같다고 말하는 것이 그런 이유이다. 그것은 보물처럼 보존해야 하는 것으로, 한 번 잃어버리면 더는 복구가 불가능하다.'(『나르시스』 서문, OC II, 971쪽) "한 번 타락한 인민이 다시 미덕을 회복했던 일은 없습니다."(『폴란드 국왕에게 보내는 답변』, OC III, 56쪽)

12. 루소는 이 헌사를 작성하던 시기에 루크레티우스를 주제로 비극을 한 편 쓸 생각을 하고 있었다. 그는 여기서 티투스 리비우스만이 아니라 마키아벨리의 다음과 같은 주석도 기억하고 있는 것 같다. "고대의 기억을 참조하는 사람들이라면 한 군주의 법에 길들여져 살아가게 된 민족이 자신의 자유를 보존하기가 얼마나 어려운지 보여주는 수많은 예를 들 수 있다. 타르퀴니우스 가를 추방한 로마에서처럼 어떤 다행한 우연이 일어나지 않는다면 말이다."(*Discours sur Tite-Live*, I, XVI)

13. 중세에 제네바의 자치권은 훨씬 확장되어 있었다. 종교개혁 이후 제네바는 독립적인 주권을 가진 도시가 되었다.(cf. *Histoire de Genève des origines à 1789*, Genève, Jullien, 1951)

14. 프랑스, 사부아 공국, 스위스의 주州, cantons를 말한다. 제네바 은행업자들은 프랑스 정부와 상당히 큰 사업을 벌였다. 이런 사실로 미루어 본다면 프랑스 정부가 프로테스탄트의 보루였던 제네바를 궁지에 몰아넣은들 이득을 볼 수 없었을 것이다.(cf. Herbert Lüthy, *La banque protestante en France, de la Révocation de l'Edit de Nantes à la Révolution,* 2 vol. Paris, S.E.V.P.E.N, 1959-1961)

15. 1738년의 중재안에 의거, 모든 시민이 참가하는 총심의회는 선거권, 체결권, 법의 제정과 조세 신설권을 갖는다. 하지만 이 중재 안에는 "예전에 이십오 인 심의회에서 체결될 수도 승인될 수도 없던 어떤 것도 이백 인 심의회에서 심의되지 않을 것이고, 예전에 이백 인 평의회에서 체결될 수도 승인될 수도 없던 어떤 것도 총심의회에서 심의되지 않을 것"(*Histoire de Genève, des origines à 1798*, 앞의 책, 440–442쪽)임이 분명히 명기되었다.

16. 『고백』을 보면 아버지의 작업실에 소설이 많이 있었음을 알 수 있다. 18세기 제네바 장인들과 직공들은 책을 읽었다. 예수회의 카스텔 신부가 빈정거리는 어조로 했던 말에 따르면 이러한 독서 습관이 프랑스에서는 얼마나 색다르게 보였을는지 알 수 있다. 카스텔 신부는 헌사의 이 대목을 굳이 인용하면서 이렇게 덧붙였다. "이게 멋진가? 취향이 모든 종류의 아름다움을 결정하는 프랑스에서도 그럴 거라는 생각은 들지 않는다. 장인들조차 그런 취미가 나쁜 직공을 만들 거라고 결론 내릴 것이다…]"(『R*** 씨의 신체적 인간과 반대되는 정신적 인간. 오늘날의 이신론을 논박하는 철학서한*L'homme moral opposé à l'homme physique de Monsieur R***. Lettres philosophiques où l'on réfute le Déisme du jour*』, 툴루즈, 1756, 13쪽).

17. 루소가 아버지를 이상화할 때는 항상 자기비판의 성격이 드러난다. "더할 나위 없이 올바른 교육을 받았음에도 불구하고 나에게는 타락의 성향이 상당히 농후했던 것이 틀림없다." (『고백 1』, 1권, 위의 책, 56–57쪽)

18. 제네바에서 이 말은 정치적 권리를 가장 적게 가진 사회 계급을 가리킨다. '출생민le natif'이 제네바에서 태어났다는 점을 내세울 수 있(심의회에서 출생민에게 부르주아의 권리를 부여받을 때까지)어도, '거주민l'habitant'이 누릴 수 있는 권리라고는 체류와 노동밖에 없다. 루소와 아버지는 '시민les citoyens'이었으니, 제네바에서 가장 높은 계급이기는 했지만 하층 시민 출신이었다. 실제 권력은 특권을 가진 세습 가문들이 쥐고 있었다.

19. 루소는 아버지가 존경받아 마땅한 분이라고 말하면서 오류를 정정하고자 한다. 아버지 이삭 루소는 1722년에 피에르 고티에와 싸운 뒤 소환에 응하는 대신 제네바를 떠났다(『고백』, 앞의 책, 12쪽). 몽테스키외의 친구였던 카스텔 신부는 이 대목의 도발적인 성격을 바로 보았다. "루소 씨는 인민이며 직공들이 경멸받는 것을 바라지 않으면서 다르게 생각하는 다른 나라들을 경멸하고자 한다. 프랑스는 물론 문명화된 다른 국가들에서도 인민과 직공이 현명하고 능숙하고 겸손하고 존경받을 만하다면 그들은 경멸받지 않는다. 우리가 직공들을 경멸하는 것은 그들 중에 교육을 받은 사람이 없고, 학문도 모르고, 자신의 직업에서도 대단히 능숙하지 못하기 때문이고, 무엇보다 그들이 대단히 거칠고, 타인의 재산을 시기하고, 거짓말쟁이이고, 자질이 나쁜 기독교인들이기 때문이다…."(『R***씨의 신체적 인간과 대립하는 정신적 인간』, 앞의 책, 14–15쪽)

카스텔 신부의 책에는 다음의 내용도 나온다. "당신은 자신을 전형으로 만들고 싶어 한다. 다른 사람들은 한 사람을 연기하고 그 인물이 되고자 한다고들 할 것이다. '당신을 태어나게 한 덕성스러운 시민'에 대해 말해봤자 무슨 소용이 있는가? 그렇게 불평등한 조건들에 용감히 맞설 수 있었던 자는 군주나 영주뿐이다. 당신 같은 한 사람은 보잘것없는 조건으로 태어난 것을 화려하게 고백하며 평등을 갈망함으로써 자신보다 우월한 자들을 격분케 할 뿐이다. 그는 그 우월한 자들을 내놓고 자기 수준까지 끌어내리고 싶어 한다. 당신은 프랑스에서 사람들이 어떤 정치, 경제, 시민적인 방식으로 살아가는지 알고 있으며, 보고 있다. 신분 규정이 얼마나 점잖게 되어 있는지, 그 신분들은 어떻게 분류되어 있는지 당신은 알고 있다. 출생의 권리, 그들의 품위, 그들의 부에 따라 위대한 사람들이 오만하지도 않고 부당하지도 않게 그렇지 않은 사람들보다 얼마나 높은 곳에서 살아가고 있는지, 지위가 낮은 사람들은 비천하지 않고 겸손하게 위대한 사람들을 얼마나 존경하는지 당신은 알고 있다."(위의 책, 11–12쪽)

20. 제네바에서 "위대한 설교의 기술"은 목사들뿐 아니라 평신도들도 발전에 기여했다. 『고백』 1권에서 루소는 삼촌 베르나르가 직접 쓴 아름다운 설교를 언급한다. 이 문제에 대해서는 자크 쿠르부아지에Jacques Courvoisier, 『베즈에서 장 알퐁스 투레티니까지의 제네바의 교회L'Eglise de Genève, de Théodore de Bèze à Jean-Alphonse Turrettini』, Genève, 1942를 참조.

21. 광신주의fanatisme를 일반적이고 모호한 방식으로 비판하고

있다는 점에 주목하자. 결국 칼뱅에게도 루소의 비판의 불똥은 떨어진다. 루소가 칭송했던 제네바 신학자들의 관대한 태도를 가장 잘 구현했던 인물은 장 알퐁스 튀레티니Jean-Alphonse Turrettini(1641–1737)였다.

22. "네 자신을 알라"라는 문구로, 루소는 『에밀』의 도입부에서 이 문구를 다시 취한다. "우리의 참된 연구는 인간의 조건의 연구이다."(『에밀 1』, 1권, 이용철, 문경자 역, 한길사, 67쪽) 그런데 『에밀』에서 또 읽을 수 있는 것은 지식의 습득의 연대기에서 이 지식은 다른 모든 지식 뒤에 이어진다는 점이다. "인간은 현자가 마지막 대상으로 삼는 공부"(위의 책, 331쪽)이다.

23. "그런데 혼이 불멸한다는 것은 잠시 전의 논의와 그 밖의 다른 논의들을 바탕으로 충분히 증명되었네. 그러나 혼이 진실로 어떤 것인지 알려면, 지금 우리가 보고 있는 것처럼, 혼이 몸과의 결합이나 그 밖의 다른 악에 의해 일그러진 모습을 봐서는 안 되네. 오히려 그와 같은 악에서 정화된 모습을 사유에 힘입어 철저히 고찰해야 하네. 그러면 우리는 혼이 훨씬 더 아름답다는 것을 발견할 것이며, 나아가 정의와 불의와 우리가 방금 언급한 모든 것을 훨씬 더 명확하게 꿰뚫어볼 것이네. 혼의 현재 상태의 모습에 관한 한 우리가 지금까지 말한 것이 옳을지도 모르지. 그렇지만 우리가 보고 있는 것은 해신 글라우코스와 흡사한 상태에 놓여 있네. 사람들은 해신 글라우코스를 봐도 본래 모습을 쉽게 식별하지 못하네. 그가 타고난 신체 부분들은 더러는 떨어져나가고,

더러는 부서지거나 파도에 완전히 일그러진 데다 조가비와 해초와 돌멩이들이 달라붙어, 그는 본래의 자기보다는 오히려 괴물과 흡사해 보이니 말일세. 지금 우리가 보고 있는 혼도 수많은 악으로 말미암아 이런 상태에 놓여 있네.'(플라톤, 『국가』 10권, 611, 천병희 역, 숲, 2013, 569–570쪽)

24. 그러므로 사회적 인간은 그가 마련하고 자기를 변형하는 능력을 통해 분리를 겪게 되는 존재이다. 지성과 정념의 대립뿐 아니라, 각자는 부당하게 타인의 역할을 맡는다. 교착어법chiasme으로 된 문장 "추론한다고 믿는 정념… 제 정신을 잃은 지성"은 붕괴와 타락을 표현한다. 루소와 친분이 있었던 베르나르 라미Bernard Lamy는 "자연은 조물주가 만든 바 그대로의 것이며, 인간의 본성은 지어진 바 없는 인간의 그것이다"(라미, 『기독교 도덕의 진리와 신성함에 대한 명백한 증거 혹은 증명Démonstration ou preuves évidentes de la vérité et de la sainteté de la morale chrétienne』, 파리, 1706, 첫 번째 대담, 16)라고 썼다.

25. 루소는 매번 인간 내부에서 무엇이 변화를 겪는 것인지 쓰고자 할 때마다 인간의 본성nature humaine보다 인간의 체질constitution humaine이라는 표현을 쓴다.

26. "어느 것을 보나… 인류가 본질적으로 서로 다른 종들로 구성된 것이 아니라, 반대로 최초에 단 하나의 종이 있었을 뿐이었고 그 수가 늘어 지구 곳곳으로 퍼져가면서 환경의 영향, 음식의 차이, 살아가는 방식의 차이, 전염병, 정도의 차이는 있겠지만 서로 닮은 개인들이 무한히 다양하게 뒤섞이면서 서로 다른 변화를 겪었으며, 처음에 이러한 변화는

눈에 크게 띄지 않았고 개별적인 다양성만을 만들어냈을 뿐이었지만, 그 후 동일한 원인이 계속해서 작용하면서 그 변화는 더욱 일반화되고, 더욱 눈에 띄게 되고, 더욱 지속적이 되었으며, 이런 변화들이 계속 작용함으로써 아버지와 어머니의 기형 혹은 질병이 아이에게 전해지는 식으로 세대와 세대를 계속 거쳤으며, 그 변화들이 처음에는 외적이고 우연적인 원인들의 결합에 의해서만 생겼을 뿐이고, 시간이 지나면서 또 동일한 원인들의 연속적으로 작용하면서 확실해지고 지속되었을 뿐이므로, 시간이 더 지나면 다소 사라질 수도 있어서, 그 원인들이 더는 존재하지 않거나 다른 환경에서 다른 방식으로 결합하여 다양화한다면 오늘날 보는 것과는 다르게 변할 수도 있을 것임을 증명해주지 않는 것이 없다."(뷔퐁, 『자연사』, t. II, éd. Flourens, 221쪽)

27. 『크리스토프 보몽에게 보낸 편지』에서 루소는 "주교님께서 말씀하시기를 그런 인간은 존재하지 않는다고 하셨습니다. 좋습니다. 하지만 가정을 해보면 그런 인간도 존재할 수 있습니다."(OC t. IV, 952쪽) 자연 상태가 존재하지 않았더라도 정의는 필요하다. 그것이 문명화된 우리의 조건을 판단할 수 있는 기준이 되기 때문이다. 클로드 레비스트로스는 "자연인은 사회 이전에 존재하지도, 사회 외부에 존재하지도 않는다. 사회 상태에 내재하는 형태를 되찾는 일은 우리가 해야 할 몫이다. 그 사회의 외부에서는 인간 조건을 생각해볼 수 없는 것"(레비스트로스, 『슬픈열대』, 파리, 플롱, 1958, 423쪽)이라고 말했다.

그렇지만 루소가 이런 가설을 세웠던 최초의 인물은 아니다. 푸펜도르프는 "그 자체로 순수하고 단순하게" 자연 상태를 정의해본 뒤에 "실제로는 이 자연 상태가 […] 부분적으로, 또 어떤 기질을 통하지 않고서는 존재하지 않았"다는 점을 깨닫게 된다(푸펜도르프, 『자연법과 만민법』, 암스테르담, 1712, 2권, 2장, 4절).

28. 기원을 실험적으로 재구성해보자는 생각은 18세기에 자주 나타난다. 이를 위해서는 마리보의 희극 『논쟁*La Dispute*』(1744)이나 몽테스키외의 『노트*les Cahiers*』에 들어 있는 『한 섬島의 역사』(『선집』, 플레이아드, t. I, 1,034쪽)를 언급하는 것으로 충분하다. 이러한 생각의 기원은 로크에서 찾을 수 있다. 로크는 인간이 데카르트가 말하는 본유관념을 갖지 않았다는 점을 증명하기 위해 가설적인 실험을 여럿 해보았다. "확신컨대 한 섬으로 어린 아이들을 데려가 이주시켜볼 때, 그 섬에 불이 없다면 그들 중 누구도 불에 대한 관념을 갖지 못할 것이고 불을 지시하는 단어도 없을 것이다."(『인간지성론』, 1부, 3장, 11절) 뷔퐁은 이 실험을 루소가 사용한 용어와 대단히 비슷한 용어를 써서 고찰해 보았다. "야만인은 […] 모든 동물들 중에서 가장 기이하고, 가장 덜 알려졌고, 가장 설명하기 어려운 존재이다. 그런데 우리는 오직 자연이 우리에게 부여한 것과 교육, 기술, 모범을 통해 우리에게 전해진 것을 구분하기가 매우 어렵다. 혹은 우리가 이 점을 대단히 혼동하고 있는 탓에, 한 야만인의 초상을 보고 우리의 모습을 전혀 알아보지 못한대도 놀라운 일은 아닐 것이다.

진짜 피부색과 그의 성격을 이루는 자연적인 특징을 갖추고 우리에게 제시되었다면 말이다.

코너Conor가 말하는 곰과 함께 자란 아이, 하노버의 숲에서 발견된 어린 남자아이, 프랑스 숲에서 발견된 어린 여자아이와 같은 진짜 야만인을 보게 되면 철학자들은 호기심이 일어날 것이다. 철학자는 야만인을 관찰하면서 자연의 욕구의 힘을 정확히 평가할 수 있고, 그곳에서 고스란히 드러난 마음을 보고, 자연적인 모든 움직임들을 구분하고, 아마 자신의 것보다 더 다정하고, 평온하고, 차분한 움직임이 있음을 알아볼 수 있을지 모르며, 아마 미덕은 문명화된 인간보다는 야만인이 가진 것이 아닌지, 악덕은 단지 사회에서 생기는 것은 아닌지 생각해볼 수 있을지 모른다.'(『자연사』, t. II, 앞의 책, 200–201쪽) 모페르튀는 아이들을 소규모 그룹으로 묶어 고립시켜 관념과 언어의 형성을 실험적으로 연구해보자는 제안을 했다(『학문의 진보에 대한 편지』, 1753, 17절). 루소에 반대하여 언어의 기원에 대한 문제를 다룬 장 드 카스티옹은 헤로도토스가 이런 종류의 실험(『역사』 II, 2)을 언급한 최초의 인물이었음을 알려준다(장 드 카스티옹, 『인간 불평등 기원론. 제네바의 시민 루소 씨가 동일한 주제로 출판한 논고에 대한 답변*Discours sur l'origine de l'inégalité parmi les hommes. Pour servir de réponses au Discours que M. Rousseau, Citoyen de Genève, a publié sur le meme sujet*』, 암스테르담, J.–F. Jally, 1756, 286–315쪽).

29. 장 자크 뷔를라마키(1694–1748)는 제네바 아카데미 교수로

『자연법의 원리*Principes du droit naturel*』(제네바, 1747)의 저자이다. 루소는 여기서 이 저작의 1장 2절을 인용하고 있다.

30. 로마의 법학자 울피아누스는 "자연법은 자연이 모든 동물에게 가르쳐 준 것Jus naturale est quod natura omnia animalia docuit"(『학설휘찬學說彙纂, *Digesta*』, I. I. 1)이라고 선언했다. 스토아주의가 드러난 생각이라고 하겠다. 루소는 이 생각을 푸펜도르프에서 가져왔을 수도 있다. "로마 법학자들은 자연법을 자연이 모든 동물에게 가르친 것, 그러니까 인간만이 알고 있는 것이 아니고 다른 동물에게도 적합하다고 생각하는 것을 가리켰다."(『자연법과 만민법』, 2권, 2장, 2절). 바르베락은 푸펜도르프의 저작에 다음과 같이 주석을 달았다. "특히 스토아주의자들과 같은 고대 철학자들은 자연법을 물리적 원인들이 갖는 질서의 결과로 이루어지는 것으로 불렀다. 이는 현대 철학자들이 상세히 설명하고 있는 운동 법칙에 따라 이러저러한 것들이 이루어진다고 보는 것과 같은 것이다. 그러나 이 모든 것은 사회 질서ordre moral와는 아무 공통점도 갖지 않는 자연적 필연성에나 요구되는 것이다. 의지의 자유로운 결정에 따라 복종해야 하는 중요한 것이 바로 이 사회 질서이다. 그래서 우리가 반드시 어떤 일을 하도록 결정되었을 때 법에 대응할 수 있는 그런 식으로 명명된 의무를 찾아서는 안 된다."(『자연법과 만민법』, 2권, 2장, 3절, 주7) 로마 법학자들에 대한 비슷한 비판이 리처드 컴벌랜드에서도 보이는데, 루소는 그의 저작을 읽었다(『자연법의 철학적 논고』, 바르베락 역, 암스테르담, 1744, 5장, 2절, 212

쪽). 몽테스키외는 법을 정의할 때 루소의 『인간 불평등 기원론』보다 로마 법학자들에게 더 가까웠음을 알 수 있다. "가장 넓은 뜻에서 법이란 사물의 본성에서 유래하는 필연적인 관계를 말한다. 이 뜻에서는 모든 존재가 그 법을 가진다. 신은 신의 법을 가지고, 물질계는 물질계의 법을 가지며, 인간보다 뛰어난 지적 존재도 그 법을 가지고, 짐승은 짐승의 법을 가지며, 인간은 인간의 법을 가진다. 맹목적인 운명이 이 세상에서 우리가 보는 모든 결과를 낳았다고 말한 사람들은 심한 부조리를 말했던 것이다. 지적 존재가 맹목적인 운명의 소산이라는 것보다 더한 부조리가 또 있겠는가? 따라서 원초적 이성이 있는 것이며, 법이란 그것과 여러 가지 존재 사이에 있는 관계, 그리고 이들 여러 가지 존재 상호간의 관계이다.'(『법의 정신』, 1권, 1장, 앞의 책, 25쪽) 그런데 루소는 자기 보존의 본능과 동감에 대해서 말하면서 몽테스키외와 "로마 법학자들"에 다시 가까워진다.

31. "현대의 법학자들" 가운데 푸펜도르프를 꼽을 수 있다. "자연법은 인간의 이성적이고 사회적인 본성에 필연적으로 부합하는 법이므로 이 법을 준수하지 않고는 인류 가운데에 정직하고 평화로운 사회가 존재할 수 없을 것이다.'(『자연법과 만민법』, 1권, 6장, 18절)

32. 루소는 지능의 습득은 훨씬 나중의 시대에 나타난 것으로 이를 그 이전의 시대에 가졌다는 주장은 환상에 불과하다고 주장한다. '자연법'은 철학자들이 추론을 통해 발견하고 공식화한 것으로, 아직 추론의 능력을 갖추지 못한 인류가 따랐던

법일 수 없다. 루소는 여기서 지성을 강조하는 입장의 기교를 고발하는 것이다. 그렇대도 몽테스키외가 '자연 상태의 인간'을 '대단히 위대한 추론가'로 보지 않았다는 점에 주목하자. "이런 모든 법 이전에 자연법이 있다. 자연법이라고 불리는 것은, 그것들이 우리 존재의 구조에서만 유래되기 때문이다. 그 자연법들을 잘 이해하려면 사회가 성립되기 이전의 인간을 살펴보아야 한다. 자연법이란 이 같은 상태에서 사람이 받는다고 생각되는 법일 것이다. 우리의 마음속에 창조자의 관념을 새겨주고, 우리를 신에게로 인도하는 그 법이 자연법의 순서에 따라서가 아니라 그 중요성에 의하여 자연법 중 제1의 법이 된다."(『법의 정신』, 1권, 2장, 앞의 책, 27–28쪽)

33. "디종의 아카데미회원들에게 그들이 제시한 문제, 즉 "불평등이 자연법에 의해 허용된다면 잘못 제기된 것"이라고 말하는 것이다."(J.-L. Lecercle, éd. du *Discours sur l'inégalité*, Paris, Eds. sociales, 1954, 63쪽) 그러니 '인류학'을 세우는 것으로 시작해야 한다. 권리라는 것이 있다면 그 권리를 고려하는 것은 자연인의 지식에서 나오게 될 것이다. 뷔르줄랭은 다음과 같이 정확하게 말했다. "루소는 디종의 아카데미가 제시한 "불평등이 자연법에 의해 허용된다면"이라는 문제의 마지막 부분을 지워버린다. 어떤 의미에서 자연법은 평등도 불평등도 허용하지 않는다. 사회 이전에 권리란 것이 존재하지 않기 때문이다."(피에르 뷔르줄랭, 『장 자크 루소의 존재의 철학』, 파리, PUF, 1951, 509쪽)

34. 루소는 많은 책을 읽었지만 독자들에게는 끊임없이 책을

멀리하라고 충고한다. 사부아 보좌신부는 "나는 모든 책을 덮었다"고 말하며, 『크리스토프 드 보몽에게 보낸 편지』에는 "나는 책 속에서 진리를 찾았으나 거짓과 오류밖에는 찾지 못했습니다"라고 썼다.

35. 자기애l'amour de soi와 연민la pitié은 감수성의 자발적인 움직임으로 이것이 자연적인 도덕을 세우는 것이다. 루소는 이 주제에 대해서 『인간 불평등 기원론』의 1부와 [주석 XV]에서 길게 설명한다. 이 주제는 다시 『에밀』(2권과 4권)과 『대화』에도 등장한다. 자기애와 이기심l'amour propre은 뚜렷이 대립한다. 자기애는 자발적이고, 항상 선하지만, 이기심은 상대적인 감정으로 비교와 성찰로 인해 생기며, 사회와 양심의 악의 원천이다. 디드로는 『백과사전』의 「자기 보존Conservation」 항목에서 "당신의 모든 행동이 당신 자신의 자기 보존과 다른 사람들의 자기 보존을 향하도록 노력하라. 그것이 자연의 외침"이라고 썼다. 자기 보존의 명령은 흐로티우스, 홉스, 스피노자, 푸펜도르프, 로크 등 17세기의 모든 이론가들에게서 중요한 자리를 차지하고 있다.

36. 이 "이성에 앞서는 원칙"은 외부에서 강요하는 명령이 아니라, 피조물에 내재되고 본성에 의해 피조물에 맡겨진 "내적 충동impulsions intérieures"이다. 자연법은 자연인이 자발적으로 경험한 것으로, 일단 자연 상태를 벗어나게 되면 이 자발성도 사라지고 만다. 인간이 장차 처하게 될 수 있는 '오류'를 수정해주게 될 도덕 규칙들을 만들게 된다면 이는 추론의 도움을 통해서이다. 도덕법이 자연법과 전혀 모순되지 않는

다 하더라도 도덕법은 "다른 기초 위에" 세워져야 한다. 문명화된 인간은 자연법에 부합하여 살아갈 수 없고, 적합성과 유사 관계에 따라 자연법에 충실하도록 노력해야 한다. 합리적인 동기들이며, 도덕 감정에서 나온 명령들은 자기 보존과 타인의 생명의 존중이라는 동일한 목적을 겨냥하고 있으며, 그 목적은 자연의 자발적인 움직임과 동일하다. 법의 목적은 바뀌지 않을 테지만 근원은 변한다. 이 사실들을 고려한다면 루소가 사회의 임무는 사회가 부정하는 것을 보존하는 것에 있다고 말할 수 있다. 헤겔이 '지양Aufhebung'이라고 부르는 것의 명확한 사례이다. 칸트는 루소의 작품에서 "실천 이성"을 매개로 '자연'과 '문화'의 화해의 가능성을 알리는 모든 것을 대단히 중요하게 생각했던 선구자들 중 한 명이다.

37. 동물의 생명에 대한 존중은 고대에 황금시대를 묘사했던 여러 곳에서 나타난다. 몽테뉴에 따르면 "가장 절도 있는 사상들 중에서 우리 인간들이 짐승들과 밀접하게 닮아 있는 것을 보여주려 하며, 그들이 얼마나 우리가 가진 특권까지도 차지하고 있는가를 보고, 우리를 짐승들에게 비교해보는 논법에 부딪힐 때, 나는 우리의 자만심을 깎아 내리며, 다른 동물들에 대해서 우리가 받고 있는 이 공상적인 왕위를 기꺼이 포기한다. […] 생명과 감정을 가지고 있는 짐승들뿐 아니라 수목이나 하찮은 것이라 하더라도 인류 전체가 져야 할 어떤 경의와 의무가 결부되어 있다. 우리는 인간에게 정의로 대할 의무가 있다. 그리고 착한 성질을 가질 수 있는 다른

생명들에게도 호의와 자애를 베풀어줄 의무가 있다. 짐승과 우리 사이에는 어떤 교섭이 있으며, 서로 간에 어떤 은혜와 의리가 있는 것이다.'(『에쎄』, 2권, 11장, 손우성 역, 동서문화사, 499쪽)

38. 디드로 역시 가설의 역사에 도움을 구하라고 권고한 바 있다. "기술공예art méchanique의 기원이 무엇인지 모르는 경우가 많다. 혹은 그 기술이 어떻게 발전했는지 모호한 지식만 갖고 있을 뿐이다…. 이런 경우에는 철학적 전제에 도움을 구하고, 사실임 직한 어떤 철학적 가설이나 어떤 최초의 우연적인 사건에서 출발하고, 거기서부터 그 기술이 진척된 지점까지 나아가야 한다."(『백과사전』, 「기술」 항목)

39. 원문에 라틴어로 인용되어 있다(Quem te Deus esse / Jussit, et humana qua parte locatus es in re, / Disce)(페르시우스, 『풍자시 Satires』, III권, 71–73행).

40. 1754년 11월 8일에 루소는 출판업자 마르크 미셸 레에게 편지를 써서 이 문단의 최종판을 보냈다. 루소는 그에게 초고의 해당 부분을 삭제해달라고 부탁했는데 그 초고의 내용이 무엇인지는 알 수 없다.

41. 푸펜도르프는 오래된 전통을 따라 자연적인 평등과 사회 상태의 불평등을 함께 받아들인다. "자연법에 따라 각자는 자신이 자연적으로 평등한 것처럼 다른 사람들을 자신처럼 존중하고 대접해야 한다.'(『자연법과 만민법』, 3권, 2장, 1절) 푸펜도르프는 사회 상태의 불평등이 자연 상태의 평등과 전혀 모순되지 않으며, 전자가 후자를 폐지하는 것도 아니라

고 생각한다. "그러므로 주권이 세워진 후에 시민들 사이에 형성된 모든 불평등은 주권자가 어떤 시민들에게 주권의 일부를 타인들에게 행사하는 임무를 맡기도록 했던 정부 행정에서 왔거나, 주권자가 부여한 어떤 특권에서 온 것이다. 다양한 정도의 부와 재산은 그 자체로는 시민들 사이에 어떤 불평등도 만들지 않는다. 존재하는 모든 것은 엄청난 부가 타인을 해치거나 타인에게 봉사하는 수단을 마련해주므로 상당히 적응하지 못한 사람들은 보통 부자들의 호의에 빌붙어 비굴해지도록 애써서, 그로부터 그들이 받을 수 있는 해악을 피하거나 어떤 이익을 끌어내게 된다."(『자연법과 만민법』, 3권, 2장, 9절) 그래서 푸펜도르프에 따르면 부의 불평등이 중요한 것이 아니라면 그것을 비난할 이유도 없다. 루소는 이런 결론을 받아들이지 않는다.

42. 정치적 불평등은 자연적 불평등을 기원으로 한 것이 아니다. 루소는 『인간 불평등 기원론』의 마지막 부분에서 "실정법을 통해서만 허용되는 정신적 불평등은 신체적 불평등과 동일한 비율로 나타나지 않는 어떤 경우라도 자연법과 모순된다는 결론을 내릴 수 있다"(이 책 155쪽)고 말한다. 루소가 받아들이는 사회 상태의 유일한 불평등은 입법가의 기술로 신체적 불평등과 정확히 비례하여 만들어내는 불평등이다. 정신적 불평등을 수용할 수 있는 유일한 토대는 '정당한 법'이다. 그 법이 신체적인 불평등을 고려하면서 모든 인간에게 '똑같이' 적용되는 것이다. 루소는 여기서 여전히 보브나르그가 단호히 옹호하는 전통적인 개념을 반박한다. "최초의

재산을 만들어낸 것은 엄격한 정신이나 숙련된 솜씨이다. 조건의 불평등은 천재와 용기가 평등하지 않았던 결과이다"(『금언Maxime』, 226)라거나 "평등이 자연의 법칙이라는 것은 오류이다. 자연은 평등한 것을 전혀 만들지 않았다. 자연의 지고한 법칙은 종속이고 복종이다."(『금언』 227) 여기서 보브나르그는 신체적 평등과 정신적 평등을 혼동한다. 그는 『인간 정신의 지식에 대한 입문Introduction à la connaissance de l'esprit humain』(3권 18장)에서 "조건의 불평등을 두둔하는 법을 따르지 않아야 한다고 말하는 것은 아무짝에도 소용없는 핑계에 불과하다"고 썼다. 아울러 그는 1745년에 쓴 『부의 불평등에 대한 논고Discours sur l'inégalité de richesses』로 아카데미 프랑세즈 웅변상을 수상했는데, 그 해의 주제는 "부의 불평등한 분배에 깃든 신의 지혜"였다.

43. 흐로티우스, 『전쟁과 평화의 법에 대하여』, 서문, 9절.

44. 푸펜도르프, 『자연법과 만민법』, 4권, 4장과 존 로크의 『시민정부의 두 번째 논고』 중 2장 4절을 참조.

45. "정복자는 피정복자에게, 그리고 강한 사람은 약한 사람에게, 피정복자나 약한 사람이 죽음을 선택하려 들지 않는 한, 자신에게 앞으로 복종하도록 강제로 경고하는 것이 정당할 수도 있을 것이다. 우리 고유의 의지에 따라 우리 스스로를 방어할 권리는 우리 위험에서 유래되고, 또 우리 위험은 우리가 평등하다는 데에서 유래되므로, 어린이나 병약자가 성장하고 강해져서 우리 권력을 벗어나 불확실한 싸움을 통해 다시 자신들 권력을 회복하기 위해 노력할 때보다는,

현재의 우월성을 활용하여 경고함으로써 우리의 안전을 도모하는 것이 훨씬 이성에 부합되며, 우리의 기득권을 유지하는 데 훨씬 더 확실하기 때문이다."(홉스, 『시민론』, 1장, 14절, 이준호 역, 서광사, 47–48쪽)

46. 보쉬에는 『보편사에 대한 논고Discours sur l'histoire universelle』에서 신이 기원부터 인류에게 가르쳤던 것을 다음과 같이 제시했다. "처음에 인간이 배운 최초의 기술은 필경 신에게서 배운 것일 텐데, 농업, 목축, 옷을 만들어 입는 기술이며 아마 거주하는 기술도 포함될 것이다."

루소는 푸펜도르프의 다음 구절을 참조했다. "인류 전체가 동시에 순수하고 단순한 자연 상태에 존재한 적이 없다는 점을 인정해야 한다. [⋯] 성경에 나온 부정할 수 없는 증거를 믿어본다면 모든 인간은 결혼 관계로 맺어진 두 사람의 후손이기 때문이다."(『자연법과 만민법』, 2권, 2장, 4절) 1부에서 루소는 언어의 기원의 문제를 다루면서 사람들은 애초부터 신에게 언어를 선물로 받았다고 해야겠지만 언어의 순수한 기원으로 볼 수도 있을 것을 가정해보지 못할 것도 없다고 주장한다.

그러므로 루소가 다음 문단 첫머리에서 배제하자고 하는 "사실들"은 특히 성경에서 말하는 역사적 사실들이다. 루소는 인류의 기원에 대한 그만의 관점을 제공하지만 그 관점은 그가 순전한 가설로 제시한 것이다. 1687년부터 오라토리오회의 베르나르 라미 신부는 『수사학』에서 "땅에 코를 박고 있던" 인간들이 언어와 문자를 발명했다고 생각해보려고 성경에서 말하는 사실로부터 잠정적으로 벗어나본다(라미, 『수사학 혹은 말하는 기술*Rhétorique ou l'art de parler*』, 암스테르담, 5판, 1712, 1권 4, 5장, 13-28쪽). 루소는 라미 신부의 저작들을 잘 알았다. 콩디약은 라미 신부의 방식을 다시 취해 이를 『인간지식기원론』(1749)의 2부 첫머리에 옮겼다. 그렇지만 콩디약이 이를 너무 쉽게 받아들였다는 점에 주목하자. 그래서 루소는 이를 "옹호하기가 정말 난감한 역설"이라고 했다. 위의 책에서 콩디약은 대홍수 이후에 두 번째의 전락이 있었다고 생각했다. 최초의 계시의 모든 흔적이 잊혀 지워진 것이다. 그래서 인간은 "황무지를 방황하는" 두 명의 아이로부터 경험을 다시 시작하게 되었다.

디드로는 프라드 신부를 변호하면서 자연인과 "천지창조의 인간"(프라드 신부는 이런 말을 썼던 적이 없다고 했다)을 세심히 구분한다. 그것이 신부가 제출한 논문의 주제였다. "내가 제출한 논문에서 최초의 인간이나 그로부터 내려온 후손 하나가, 지상낙원에 살았던 인간이나 지상地上을 방황하는 인간, 순수하고 개화되고 가장 특별한 하늘의 선물을 받은 인간이나 타락하고 추방당하고 무지의 암흑을 간신히 벗어난 인간이 된 것인지 검토하는 것이 정말 필요했을 수 있었다."(『프라드 신부 변론』, V) 이 말이 교묘한 것이라는 점은 의심할 여지가 없다. 마지못해 종교 권위를 잠재울 수 있을 만한 관례적인 표현을 하는 것만이 중요했던 것이다. 그러면서 그렇게 진심을 숨겨놓는 것으로 느끼는 즐거움을 독자와 공모하여 나누게끔 했다. 디드로는 인간의 역사를 자기 방식으로 요약하면서 인간의 진화évolution를 진보처럼 제시한다. "여러 동물들보다 못한 존재임이 분명해보였던 자연의 그 지점에서 출발하여 말하자면 하늘에 머리를 둔 저 위엄 넘치는 상태에 이르게 된" 진보 말이다. 디드로는 이 가설의 역사에 높이 솟아나는 활기를 불어넣어 생동하게 만든다. 그럴 때 인간은 다시 낙원에 들어갈 수 있을 것이다. 이는 루소와는 정반대의 길이다.

47. 1755년경의 프랑스 독자들이라면 뷔퐁의 저작 『지구의 이론*Théorie de la Terre*』과 모페르튀의 『우주론 시론*Essai de Cosmologie*』을 떠올릴 것이다.

48. 루소는 외적 권위의 명령에 따라 "믿도록" 강요된 것을 받아들이지 않는다. 라 브뤼예르는 "조건에서 비롯하는 불평등 가운데 질서와 복종을 유지하는 것은 신이 만드신 것이거나 신이 지으신 법을 전제한다"(『성격론』, 16장, §49)고 썼다.

49. "그러므로 우리의 견해를 일반화하고, 우리의 제자에게서 추상적인 인간, 즉 살아가면서 부딪힐 수 있는 온갖 사건들에 노출된 인간을 관찰해야 한다."(『에밀 1』, 1권, 앞의 책, 67쪽) 모든 사실을 배제하면 우리는 "시간과 공간을 잊게" 되고, 역사의 개별 사건들을 분석하는 것보다 인류학적 가설에 더 큰 중요성을 부여할 수 있다. 루소는 아테네의 뤼케이온에서 말한다고 생각하면서 철학적 이상주의의 역사적인 명소를 떠올리게 한다.

50. 크세노크라테스(기원전 394–314)는 플라톤의 제자 중 한 명으로 순수한 풍속을 가졌기로 이름이 난 사람이다. 디오게

네스 라에르티오스는『그리스 철학자 열전』에서 크세노크라테스를 "위엄 있고 언제나 과묵한" 사람이었으며, "매우 신뢰할 만한 인물이어서 선서를 하지 않고 증언하는 것은 허용되지 않는데도, 아테네 사람들은 이 사람만은 그렇게 하도록 용인했다"(디오게네스 라에르티오스,『그리스 철학자 열전』, 전양범 역, 동서문화사, 234쪽)고 말한다. 루소는『소피에게 보내는 편지』의 다섯 번째 편지와『사부아 보좌신부의 신앙고백』에서 크세노크라테스를 절제의 모범으로 제시한다. "사람들은 주피터의 방탕함을 찬양하면서도 크세노크라테스의 금욕을 찬미했다."(『에밀 2』, 앞의 책, 165쪽) 몽테뉴도『에쎄』 2권 33장에서 크세노크라테스를 언급했다.

51. 파스칼(『진공 이론 단편*Fragment d'un Traité du vide*』)과 퐁트넬 (『고대인들과 현대인들에 대한 여담*Digression sur les anciens et les modernes*』)의 출간 이후, 인류의 집단적 역사와 개인의 전기적 생애를 비교하는 일이 흔해졌다. 어떤 사람들은 낙관주의적인 충동에 자극되어 발전은 여전히 완수되지 않았으니 계속 진보하리라고 주장한다. 퐁트넬은 인류가 점점 더 많은 지식을 갖게 되어 불멸의 존재가 되리라 생각하기까지 한다. "[…] 그러한 인간은 늙지 않을 것이다. 항상 자신의 젊음에 적합한 일들을 할 수 있을 것이고, 점점 성년의 나이에 적합한 일들도 마찬가지로 할 수 있게 되어 알레고리를 벗어날 것이다. 인간은 이제 퇴화하는 일이 없을 것이고, 모든 정신의 건강한 시선이 이어지면서 계속해서 서로 이어질 것이다." (『고대인들과 현대인들에 대한 여담』, *Œuvres*, Brunet, 1742,

t. IV, 192쪽) 루소를 포함한 다른 사람들은 여기서 말하는 알레고리를 문자 그대로 받아들여서 인류 전체가 노쇠를 겪는 시대가 온다고 보거나 그런 시대를 예고했다. 루소는 「필리폴리스에게 보낸 편지」(이 책의 부록 참조)에서 이 주제를 취해 자기 입장을 뚜렷이 개진한다. 노화를 '자연적' 현상으로 본다면 노화가 가속되는 것을 의도적으로 피할 수 있다. 디드로가 그려내는 역동적인 세계는 죽음의 두려움이 덜한 곳이다. 생명의 에너지가 넘치는 곳이기 때문이다. "동물계와 식물계에서 한 개체가 시작하는 것처럼, 말하자면 한 개체가 성장하고, 살아가고, 노쇠하고, 죽게 되는 것처럼 그 개체를 포함한 종들도 모두 마찬가지가 아닐까? 동물이 우리가 지금 보고 있는 그대로 창조주의 손에서 나왔던 것임을 종교에서 배우지 않았다면, 동물이 언제 시작되고 언제 끝나는지가 확실치 않다는 점을 조금이라도 의심할 수 있었다면 이러한 추측에 몰두한 철학자는 동물이 물질 전체에 흩어져 섞여 있는 개별적인 원소들을 영원히 가지고, 그것이 가능했기 때문에 이들 원소가 결합하게 되었고, 이들 원소가 형성한 배胚는 무한히 여러 단계의 조직과 성장을 거쳐 왔고, 운동, 감각, 관념, 사유, 성찰, 의식, 감정, 정념, 기호, 몸짓, 음音, 분절음, 언어, 법, 학문, 기술이 연속적으로 존재해왔고, 이들이 하나하나 발전하는 데 수만 년이 흘렀고, 우리가 아직 모르는 다른 발전들과 다른 성장들을 겪게 될 것이고, 답보상태가 있었거나 있을 것이고, 그 능력들을 갖추게 되었던 것처럼 앞으로 잃게 되는 영원한 쇠퇴를 겪는 과정을

통해 그 상태에서 멀어지거나 앞으로 멀어지게 되고, 결국 영원히 자연에서 사라지거나 다른 형태로 또 지속의 그 순간에 볼 수 있는 것과는 다른 능력을 갖추고 계속 존재할 것이리라는 점을 의심할 수 없지 않을까? 종교를 따르게 되면 일탈할 위험도 줄어들고 과도한 연구도 줄여준다. 종교가 세계의 기원이 어떠했고, 존재의 보편 체계는 어떠한지 밝혀주지 않았더라면 자연의 비밀로 보아야 할 얼마나 많은 상이한 가설이 있을 것인가? 이 가설들은 하나같이 전부 오류인 것이니 우리에게는 거의 똑같이 그럴법해 보일 수 있다. '왜 어떤 것이 존재하는가'의 문제는 철학이 제기할 수 있는 가장 난감한 문제이며, 이 문제에 답할 수 있는 것은 그저 계시뿐이다."(디드로, 『자연의 해석에 대한 단상들』, LVIII, 이충훈 역, 도서출판 b, 2020, 151-152쪽)

　루소는 시간이 멈춰버렸으면 하는 실현 불가능한 소원을 빌어보곤 한다. 여기서는 아마 존재하지 않았을지 모르는 자연의 최초의 상태가 아니라 소유권이 확립되기 이전의 "시작되는 사회"가 다뤄진다. 마찬가지로 『에밀』의 다음 구절을 읽어보자. "여러분 가운데 언제나 입가에 웃음이 맴돌고 늘 마음이 평화로운 이 시기를 때때로 그리워해보지 않은 사람이 있는가? 왜 여러분은 곧 지나가버릴 그토록 짧은 그 시기의 즐거움을, 남용할 수도 없는 그토록 소중한 행복을 이 순진한 어린아이에게서 빼앗으려드는가?"(2권, 앞의 책, 135쪽)라거나, "우리가 한 인간을 바라보면서 진정한 기쁨을 맛보는 것은 언제인가? 그것은 그의 행동에 대한

기억이 우리로 하여금 그의 삶을 뒤돌아보게 할 때, 말하자면
우리 눈에 그가 다시 젊어져 보일 때다.'(2권, 위의 책, 279쪽)
라는 구절 말이다. 이 구절을 보면 "인생에서 가장 소중한
시대이자, 단 한 번밖에 오지 않으며, 금세 지나가버리고
마는" 젊음의 행복을 진정으로 되찾을 수 없다는 점을 알게
된다. '뒤를 돌아'볼 수 있기 위해서는 기억이며, 그리움을
통하지 않을 수 없다. 개인의 역사처럼 인류의 역사도 돌이킬
수 없기란 마찬가지이다. 루소는 『나르시스』 서문에서 이미
이 문제를 언급(II, 971–972)했고, 『대화』의 세 번째 대화에서
도 이를 반복한다. "인간의 본성은 뒤로 돌아갈 줄 모릅니다.
일단 멀어지면 절대 결백하고 평등한 시절로 거슬러 올라가
지 못하지요."(『대화』, 진인혜 역, 책세상, 350쪽)

52. 현대의 독자들은 루소가 생물변이론자transformiste의 가설을
제시하고 있다고 생각할 수도 있다. 루소가 인간과 동물을
가까이 놓고 있기는 하지만 인류의 조상으로 동물을 제시하
지는 않았다. 자유라는 질적인 차이가 인간과 동물을 뚜렷하
게 구분 짓는다. 루소가 제안하는 진화는 인간의 "체질constitu-
tion"의 두 가지 양상 사이에서 전개되고 있으니 생물변이설이
더라도 극히 제한적이라고 하겠다. 디드로는 『자연의 해석에
대한 단상들』(§LVIII)에서 우리가 갖추게 된 능력들은 엄청
난 시간을 통해 획득되었을 뿐 아니라 시간이 흐름에 따라
쇠퇴하다가 영원히 자연에서 사라질 수도, 다른 형태로 나타
날 수도 있다고 말했다. 러브조이는 그의 대작 『존재의 대연
쇄』(1936)에서 18세기의 사상이 "존재의 연쇄"라는 고대의

이미지에 시간의 성격을 부여했고, 이를 통해 철학자들이 창조된 세계의 충일성을 그려보았음을 지적한 바 있다. 18세기의 '진화론'은 고전적인 사유에서는 동시적으로 보았던 것을 역사의 지속을 통해 펼쳐놓는다. 그래서 전통적인 철학이 인간을 신의 이미지를 따라 이성적인 피조물로 정의하는 반면 18세기 후기의 철학은 "아래쪽으로 시작되는 인류학"을 제시하고자 한다. 때로는 기초적인 감각작용에서 출발하여 인간을 재구성하기도 하며, 때로는 동물의 기원에서 출발하여 재구성하기도 하는 것이다.(Martin Rang, *J. –J. Rousseau Lehre vom Menschen*, Göttingen, 1959)

아리스토텔레스는 『문제들*Problemata*』(X, 45)에서 야만인을 언급하지만, 그의 어떤 저작에서도 원시인의 신체 모습이 설명되는 곳은 없다. 루소는 『동물을 이루는 부분들 *Parties des Animaux*』, 『동물 연구*Recherches sur les Animaux*』의 여러 대목을 기억했던 것 같다.

반대로 16세기 저자 바니니(*De admirandis naturae reginae deaeque mortalium arcanis*, 1616, Dialogue XXXVII, de prima hominis generatione) 및 18세기 초의 브누아 드 마예(『텔리아메드*Telliamed*』, 1749, 여섯 번째 날)는 인간 기원의 변이 이론을 제시하면서 야만인을 상세히 언급하고 있는데, 이곳에서 루소가 기록한 내용과 유사하다.

53. 『백과사전』의 「해부학」 항목은 비교해부학을 "짐승과 식물을 연구하여 그것에 일어나는 것과 우리 내부에서 일어나는 것을 비교함으로써 인간 신체에 대한 보다 완전한 지식을

갖는 것을 목적"(타랭, 『백과사전』, 「해부학」 항목)으로 하는 학문으로 정의한다. 인간에 대한 지식을 목표로 하는 비교해부학은 아리스토텔레스의 전통에 선 것이지만 19세기에 접어들면 인간을 비교의 척도로 더는 삼지 않게 된다. "비교해부학"이라는 표현은 1675년에 니어마이아 그루Nehemiah Grew(1641-1712)가 처음 사용했다. 이 문제에 대해서 에밀 기에노, 『17-18세기 생명의 과학Les sciences de la vie aux XVIIe et XVIIIe siècles』, 파리, 1941, 139-145쪽을 참조.

54. 오비디우스는 "다른 동물들은 모두 고개를 숙이고 대지를 내려다보는데 / 신은 인간에게만은 위로 들린 얼굴을 주며 별들을 향하여 / 얼굴을 똑바로 들고 하늘을 보라고 명령했다."(오비디우스, 『변신이야기』, 1권, 84-86행, 천병희 역, 숲, 2005, 28쪽)

인간의 직립에 대한 찬사는 키케로가 여러 차례 반복한 바 있다. 특히 『신들의 본성에 대하여』에서 그는 "자연의 이렇게 주의 깊고 솜씨 있는 예지에 많은 것이 덧붙여질 수 있습니다. 신들에 의해 인간들에게 얼마나 많은 것들이 얼마나 특별히 선택되어 주어졌는지를 이해하게끔 말입니다. 우선 신은 그들을 땅에서 일으켜 높이 똑바로 서게 했습니다. 하늘을 올려보고 신들에 대한 앎을 가질 수 있도록 말입니다. 인간은 거주자나 정착자로서 땅에서 태어난 게 아니라, 말하자면 위에 있는 천상적인 것들의 관찰자로 났습니다. 그것들이 보여주는 장관은 동물들의 그 어떤 종족과도 상관이 없습니다."(키케로, 『신들의 본성에 관하여』, 강대진 역,

나남, 2012, 181쪽)

55. 푸펜도르프는 "[최초의 인간을] 그릴 때는 완전히 옷을 벗은 채로 묘사해야 한다. 그를 분절되지 않는 음으로 된 언어가 아니라면 다른 언어를 말할 수 없고, 교육을 받은 일도 없고, 자연적인 재능으로 가진 것도 전혀 계발되지 않았고, 별것 아닌 일에도 두려움에 떨고, 태양만 쳐다보아도 놀라움에 사로잡히고, 허기를 달래기 위해 눈앞에 보이는 모든 것을 맛보고, 제일 먼저 눈에 띠는 샘에서 갈증을 해결하고, 할 수 있다면 동굴이나 빽빽한 숲 깊은 곳에서 풍상風霜으로부터 몸을 지키고자 하는 모습으로 그려야 한다."(『자연법과 만민법』, 2권, 2장, §2) 이런 표현은 고전문학의 전통을 따른 것이다. 푸펜도르프는 루크레티우스를 길게 인용한다. "하지만 저 인간 종족은 들판에서 훨씬 더 / 강건했었다, 굳은 땅이 낳았으니 그게 당연해 보이듯이. / 그리고 내부의 기초가 더 크고 훨씬 더 단단한 뼈로 / 되어 있었으며, 살들을 가로질러 강한 힘줄로 접합되어, / 더위에도 추위에도, 그 어떤 음식의 새로움에도, / 신체의 무너짐에도 쉽게 잡히지 않았으니 말이다."(『사물의 본성에 대하여』, 5권, 923-930행, 강대진 역, 아카넷, 2012, 410쪽) 루소는 『인간 불평등 기원론』을 쓰는 동안 이 책을 다시 한 번 읽었을 것이다. 그러나 푸펜도르프가 자연인의 "체격"이 "대단히 형편없고 대단히 가련하다"고 생각했던 반면, 루소는 이 이미지를 약화시킨 것은 아니더라도 그것으로도 진정한 행복을 얻을 수 있다는 점을 보여준다.

56. 인간은 본능을 잃었지만 지성이 있기 때문에 즉흥적으로 무한히 다양한 행동을 할 수 있다. 이 생각의 기원은 아리스토텔레스에서 찾을 수 있다. "왜 보통 인간은 생각은 이런 방식으로 하고 행동은 다른 방식으로 하는가? 동일한 하나의 학문이 그것과 반대되는 학문들에 적용되기 때문일까? 본능이 한 가지 사태에만 해당되는 반면, 지능은 무한히 많은 사태에 적용될 수 있기 때문일까? 그런데 인간은 대부분의 경우 자기가 가진 지능을 통해 살아가지만, 짐승들은 본능, 격렬한 분노, 그런 분노를 자극하는 본능을 통해서만 살아간다."(『문제들』, XXX, 12) 르네상스 시대의 저자들도 이 생각을 반복한다. 그것은 인간 조건의 현양을 위한 것이기도 하고 덧없는 인간 조건을 알리기 위한 것이기도 하다. 피코 델라 미란돌라는 인간이 피조물들의 사다리에서 중심에 있으므로 "카멜레온처럼" 자유롭게 동물의 조건과 천사의 조건을 모방할 수 있다고 말했다(*Oratio de hominis dignitate*, §3, 4). 인간은 본능을 잃은 대신 자유라는 탁월한 특권을 갖는다. 자유야말로 인간을 낮은 사물들과 영적인 실재 사이를 오가는 중간자로 만들어준다. 반대로 몽테뉴는 이 점에서 인간의 열등성의 흔적을 본다. 그에게는 짐승들이 가진 조건이 더 나은 것이다. "짐승들의 작품은 우리의 본성과 기술로 할 수 있는 것보다 더 우수한데, 어째서 우리는 그들의 작품을 무엇인지 모르는 자연적이며 노예적인 경향으로 돌려버리는 것인가? 이 점에서 우리는 생각해보지도 않고 자신이 그들을 위해서는 어머니다운 애정으로 생활의 모든 행동과 안락을

보살피려고, 그들을 쫓아가서 손으로 이끌어 지도해준다. 또 반대로 우리 자신은 우연과 운에 맡겨 두고 스스로 꾀를 써서 생명 보존에 필요한 사물들을 찾아다니게 두고, 동시에 우리에게는 어떠한 교육과 정신적 노력을 가지고도 짐승들의 타고난 기교에 도달할 수 있는 방법을 알려주기를 거부한다. 따라서 그들의 짐승으로서의 우둔성이 모든 편익으로 보아서 우리의 거룩한 지성이 할 수 있는 모든 것보다 우수하도록 만들어주게 하며, 우리는 그들에게 우리보다 대단히 큰 장점을 양보하고 있는 것이다."(『에쎄』, 2권, 12장, 앞의 책, 524쪽)

라 메트리는 『인간기계론*Homme–Machine*』에서 "자연이 [인간에게] 영원히 부과했던 한 가지 기이한 조건이 있"음에 주목한다. "자연은 정신의 측면에서는 우리가 이익을 얻도록 하지만 본능의 측면에서는 그 이상으로 이익을 누리지 못하도록 했다. 어느 쪽이 우세할까? 이득을 얻은 쪽일까, 누리지 못하게 된 이득 쪽일까?" 뷔퐁은 『동물의 본성에 대한 논고*Discours sur la nature des animaux*』에서 동물의 '욕구*appetit*'와 오직 인간이 갖는 특권으로서의 지식을 대립시킨다. "눈은 욕구보다는 지식에 더욱 관련된 감각기관으로 인간이 태어날 때부터 열려 있지만, 대부분의 동물들은 여러 날을 감고 있다. 반대로 욕구의 감각은 인간의 아이보다 동물에게 더욱 완전하고 더욱 발달되어 있다. 이는 인간의 욕구를 담당하는 기관들이 지식을 담당하는 기관들보다 덜 완전하다는 또 다른 증거이다."(『자연사』, t. II, 앞의 책, 328쪽)

57. "자연을 관찰하고 자연이 여러분에게 제시해주는 길을 따르 도록 하라. 자연은 지속적으로 아이들을 훈련시킨다. 온갖 종류의 시련을 통해 자연은 아이들의 체질을 단련시키며 일찍부터 그들에게 아픔과 고통이 무엇인지를 가르쳐준다. […] 인생의 최초 시기는 거의 내내 질병과 위험에 시달린다. 태어난 아기들 가운데 절반이 만 8세가 되기 전에 죽어버린다. 이런 시련을 겪고 난 아이들은 강한 체력을 얻게 되어, 그가 생명을 이용할 수 있게 되는 즉시 그 생명의 근원은 더욱 확고해진다. 바로 이것이 자연의 법칙이다."(『에밀 1』, 1권, 앞의 책, 77쪽)

58. 여기서 industrie는 adresse와 같은 의미로 썼다. 『아카데미 프랑세즈 사전』(1762년 판)은 industrie를 "능숙한 솜씨, 무언 가를 만드는 재주"로 정의한다.

59. 『아카데미 프랑세즈 사전』(1762년 판)은 machine이 비유적 인 의미로 "어떤 일을 할 때 소용이 되는 고안, 간계, 술책, 솜씨"를 가진다고 설명한다. 문맥상 '기계'와는 전혀 상관없 다.

60. 문명인은 도구에 종속되어 있다. 루소는 『에밀』에서 동일한 언급을 한다. "우리들이 쓰는 도구들이 정교해질수록 우리의 신체 기관들은 더욱 엉성하고 서툴러진다. 우리 주변에 너무 나 많은 기계들machines을 모아놓은 덕에 우리는 더 이상 우리 안에 있는 기계들을 찾아내지 못하는 것이다."(『에밀 1』, 3권, 311–312쪽)

61. "우리는 자연적으로 평등하므로 어떤 사람이 자기에게 허용

된다고 생각하는 만큼 다른 사람에게 허용한다면, 이것은 그 사람이 온건하다는 증거이며 자기 능력을 제대로 평가했다는 증거"이다. "그리고 자기가 다른 사람보다 우월하다는 생각에 사로잡힌 사람은 자신이 바라는 것을 할 권한을 요구하며, 다른 사람들보다 자신이 더 존경받고 명예스럽게 여겨지는 것을 당연한 듯이 요구하는데, 이것은 그 사람의 기질이 공격적이라는 증거이다."(홉스, 『시민론』, 1장, 4절, 앞의 책, 41쪽) "서로를 해치려는 인간의 이 자연적 성향이 인간의 정념, 특히 실속 없는 자기 존중에서 유래되고, 당신이 이런 성향에 만물에 대한 만인의 권리를 추가한다면, 어떤 사람은 그런 성향으로 이 권리에 따라 침탈하고, 다른 사람은 이 권리에 따라 저항한다. [⋯] 힘으로 싸우는 의지가 언어와 행위를 통해 극명하게 드러나는 세월이 전쟁이 아니고 무엇이란 말인가? 그 밖의 시대를 평화라고 한다."(위의 책, 1장, 12절, 46쪽) "인간은 그들 모두를 위압하는 공통의 권력이 존재하지 않는 곳에서는 전쟁 상태에 들어가게 되"는데, "이 전쟁은 만인에 대한 만인의 전쟁이다. 전쟁이라는 것은 싸움 혹은 전투행위의 존재 유무만으로 판단하는 것이 아니다. 전쟁이란 시간에 관한 개념으로서 일정한 기간에 걸쳐 전투의 의지가 존재하는 것이 확실하다면, 그 기간 동안은 전쟁 상태에 놓여 있는 것이다. [⋯] 전쟁 상태에서 벌어지는 모든 일은 만인이 만인에 대해 적인 상태, 즉 자기 자신의 힘과 노력 이외에는 어떠한 안전대책도 존재하지 않는 상태에서도 똑같이 발생할 수 있다."(『리바이어던 1』, 1부, 13장,

진석용 역, 나남, 2008, 171-172쪽)

62. "홉스가 인간은 먼저 서로를 정복하려는 욕망을 갖고 있다고
    주장한 것은 합리적이 아니다. 지배와 정복의 관념은 매우
    복잡해서 다른 많은 관념에 의존하고 있으므로, 그것은 인간
    이 첫째로 갖는 관념은 아닐 것이다. 홉스는 "만일 인간이
    본디 전쟁 상태에 있는 것이 아니라면 어찌하여 인간은 언제
    나 무장하고 걷는가, 또 무엇 때문에 집을 단속할 때 열쇠를
    잠가두는가" 묻고 있다. 그러나 그렇게 물을 때 그는 사회가
    설립된 뒤에밖에 생길 수 없는 것, 그때 서로가 싸우고 서로가
    지킬 동기를 사람으로 하여금 발견케 만드는 것을 사회가
    성립되기 이전의 사람에게 부여하고 있다는 사실을 깨닫지
    못하고 있는 것이다."(몽테스키외,『법의 정신』, 1권, 2장,
    앞의 책, 28쪽)

63. 리처드 컴벌랜드Richard Cumberland는 그의 주저『자연법에
    대하여De legibus naturae』(이 책은 1672년에 출판되었고, 장
    바르베락이『자연법의 철학적 논고Traité philosophique des lois
    naturelles』라는 제목으로 프랑스어로 번역하여 1744년에 출판
    했다)에서 홉스를 반박하고자 했다. 그는 앞의 책의 1장 32절
    에서 마음의 자연적인 움직임은 "만인에 대한 만인의 전쟁보
    다 […] 보편적 선행une bienveillance universelle 쪽에 더 큰 힘으로
    작용하는 것 같다"고 말했다. 푸펜도르프의『자연법과 만민
    법』(장 바르베락의 번역)에도 홉스를 반박하면서 인간의
    보편적 선행La bienveillance universelle의 감정을 확신하는 대목이
    나온다. "이 보편적인 선행의 토대와 동기는 같은 본성과의

일치, 혹은 인류애뿐이다. 자연은 […] 모든 인간들 사이에 확실히 일반적인 우정을 세워두었다. 엄청난 범죄를 저질러 스스로 형편없는 자가 되지 않는 한 그 누구도 배제되어서는 안 되는 것이다. 창조주의 빛나는 지혜의 결과, 자연법은 인간 본성에 정확히 비례해 있으므로, 자연법을 준수한다는 것은 언제나 인간에게 이득을 가져오며, 결과적으로 각자는 저 만인의 우정을 느끼게 된다. […]"(『자연법과 만민법』, t. I, 2권, 3장, 18절, 184쪽) 이 문제에 대해서는 로베르 드라테, 『장 자크 루소와 그의 시대의 정치학*Jean-Jacques Rousseau et la science politique de son temps*』(1950)의 2장과 3장을 참조.

64. 야만인이 서로 떨어져 살았다고 기술할 때 루소가 고대 저자들만을 따랐던 것은 아니다(루크레티우스, 『사물의 본성에 대하여』, V, 930). 루소는 동시에 뷔퐁의 권위를 가져오기도 한다. "사람들의 수가 증가하게 되면 자연보다 사회에 더 부합하게 된다. 인간은 사회에서 결합되어 있기 때문에 야생동물과 비교해서 더 많은 숫자가 아니므로 그들은 서로 돕고, 서로 방어하고, 서로 보호했다. … 아메리카에서 들소들의 개체는 아마 인간보다 더 많을 것이다. 하지만 인간은 사회에서의 결합을 통해서만 그 수가 상당히 증가할 수 있는 것처럼, 어느 지점까지 인간의 수가 증가될 때 거의 필연적으로 사회가 생겨나게 된다."(『자연사』, VI, 1752, 273–274)

65. 루소는 『에밀』 1권에서 "어린아이가 사물을 구분하기 시작하면 그때부터 그에게 보여줄 사물을 선택하는 일이 중요해진다. 당연히 모든 새로운 사물들은 인간의 흥미를 유발한다.

인간은 자신이 너무도 나약하다고 느끼므로 그가 알지 못하는 모든 것을 두려워한다. 새로운 사물들을 보고도 충격을 받지 않는 습관을 들이면 이러한 두려움이 없어진다. 거미를 용납하지 않는 청결한 집에서 자란 어린아이들은 거미를 무서워하고, 이 두려움은 흔히 어른이 되어서도 여전하다. 나는 남자고 여자고 어린아이고 할 것 없이 농촌 사람들이 거미를 무서워하는 것을 결코 본 일이 없다."(『에밀』, 1권, 앞의 책, 106-107쪽)

66. 달랑베르는 반감antipathie을 "한 개인이나 한 사물이 다른 개인이나 다른 사물에 갖는 자연적인 친밀함이나 혐오감"(ENC, t. I, 510쪽)으로 정의한다. "불도마뱀과 거북, 두꺼비와 족제비, 암양과 늑대가 자연적으로 상호 간에 갖는 적대감이 이와 같으며, 어떤 사람들이 고양이, 생쥐, 거미 등에게 갖는 혐오감이 이와 같다. 그들은 이런 동물을 보고 기절하기까지 한다."(ENC, t. I, 510-511쪽)

67 [원주] 분명 흑인과 야만인들이 숲에서 맹수를 마주치고도 그렇게 태연할 수 있는 것이 이런 이유에서이다. 베네수엘라의 카리브족은 이런 점에서 맹수들과 함께 있어도 전적으로 안전하며 아무런 불편 없이 그들과 살아간다. 프랑수아 코레알의 말에 따르면 카리브 사람들이 벌거벗은 것이나 다름없이 살아간대도 그들은 화살과 활만으로 무장한 채 숲에서 과감하게 위험을 무릅쓴다고 한다. 하지만 그들 누구 한 사람 맹수에 잡아 먹혔다는 말을 들은 적이 없다(1782년 판).

68. 여기에 추가한 주석은 루소가 『프란치스코 코레알의 서인도
여행*Voyages de François Corréal aux Indes occidentales*』(개정판, 2
vol. Paris, Noël Pissot, 1722, t. I, 1부, 8장, 117쪽)을 읽은
뒤 넣은 것이다. 스페인 카르타헤나 출신 프란치스코 코레알
Francisco Coreal의 『여행기』는 뷔퐁이 『자연사』 13권(1757)에
서 요약한다. 여행기의 독서가 루소의 사상에 미친 영향
관계에 대해서는 질베르 시나르, 『17–18세기 프랑스문학에
나타난 미국과 이국적 몽상*L'Amérique et le rêve exotique dans la
littérature française au XVIIe et XVIIIe siècle*』(Paris, Droz, 1934, 341–36
5쪽)과 조르주 피르의 논문 「장 자크 루소와 여행기」(RHLF,
t, LVI, 1956, 355–378쪽)를 참조.

69. 이 부분에서 루소는 "인간이 법 없이 살아가는 것은 인정할
수 없는 일"임을 증명했다고 생각한 푸펜도르프에게 답변하
고 있다. 푸펜도르프는 자연 상태를 비참한 상태로 간주한다.
"인간은 허약하기 때문에 […] 법 없이 살아갈 수 없게 되어
있다. 동물은 스스로 먹이를 찾는 데 시간이 많이 필요하지
않은 반면 […] 인간은 태어나고도 한참 동안 자신의 필요를
채우는 데 대단히 어려운 상태이다. 모든 종류의 짐승의
새끼들은 먼저 걷기 시작하고 어미의 젖으로 달려간다. 그러
나 사람의 아이는 안아주어야 하고 추위도 막아주어야 함은
물론, 부모나 유모가 품에 안고 맡아야 하는 일도 있다(퀸틸리
아누스)."(『자연법과 만민법』, 2권, 1장, 8절)

70. 헤시오도스(『일과 나날』, 116행)를 시작으로 황금시대를
노래했던 시인들은 모두 고통과 불안이 없는 행복한 죽음을

기술한다. 우리는 천천히 잠속으로 빠져드는 것이다.

71. 플라톤은 『국가』 3권에서 의술을 비판한다. "체력단련을 넘어서서 지나치게 건강을 보살피는 것이야말로 사실은 가장 큰 장애물"이며 "가장 나쁜 점은 그것이 종류를 가리지 않고 학습이나 사고나 자기 계발을 어렵게 한다는 것"이다. "사람은 몸에 관심이 지나치다보면 언제나 두통이 나고 어지럽다고 생각하게 되며, 철학 공부에 그 탓을 돌리기 마련[이다]. 그래서 몸에 대한 지나친 관심은 어디서나 미덕을 쌓고 공부하는 데 방해가 되[는데]. 그것은 사람들로 하여금 자신들이 늘 아프다고 생각하게 하여 자기 몸에 계속 관심을 쏟게 만들기 때문"이다(플라톤, 『국가』, 407b–c, 천병희 역, 앞의 책, 188쪽). 루소는 『에밀』 1권에서 의학을 보다 격렬하게 비판한다. 그렇지만 이 시대의 의학 기술의 상태를 고려해본다면 루소가 틀렸다고도 할 수 없다. 뷔퐁은 야만 상태와 문명 상태의 인간의 평균수명이 변함없다는 점에 대해 다음과 같이 썼다. "더욱이 유럽인, 흑인, 중국인, 아메리카인, 문명인, 야만인, 부자, 빈자, 도시거주자, 시골거주자가 다른 나머지에 대해서는 서로 대단히 다르지만 이러한 관점에서는 모두 닮았고 출생에서 죽음까지 밟아가는 시간은 모두 동일한 척도, 동일한 기간만을 가졌음을 성찰해본다면, 종족, 환경, 양식糧食, 삶의 편의의 차이는 인간 수명에 어떤 차이도 만들지 않으며 […] 어떤 것도 우리의 생명을 규정하는 역학의 법칙을 바꿀 수 없고, 양식의 과잉이나 지나친 절식이 아니라면 무엇도 우리의 수명을 변화시킬 수 없음을 알아야 한다."

(『자연사』, II, 앞의 책, 76쪽)

72. 『에밀』에서 루소는 "스스로 병을 고칠 줄 모르니 어린아이는 병을 앓는 법을 배워야 한다. 이 기술이 치료하는 기술을 대신하여 종종 훨씬 나은 결과를 가져오기도 한다. 이것이 자연의 기술이다. […] 초조함, 두려움, 불안, 특히 약은 저절로 병이 낫거나 시간이 지나기만 하면 치유되었을 사람들을 얼마나 많이 죽였던가! 훨씬 더 자연에 부합하는 방식으로 살고 있는 동물들이 우리보다 병에 걸리는 일이 더 적은 것이 틀림없다고 사람들은 내게 말할 것이다. 그렇다! 바로 이러한 생활방식이 내가 나의 제자에게 부여하려는 방식이며, 그렇게 한 결과 그는 거기서 동일한 이득을 얻게 될 것이 틀림없다"(『에밀 1』, 1권, 앞의 책, 92–93쪽)고 썼다. 그는 질병을 문명화된 사회의 오류와 정념의 결과로 정의한다. 이 문장에 "문명에서 비롯한 질병"에 대한 현대의 생각을 예견하고 있다면 이를 스토아주의 전통에서도 역시 찾을 수 있다. 루소는 세네카나 키케로와 같은 고대 스토아주의 작가들의 책을 읽었을 뿐 아니라, 몽테뉴의 『에세』를 읽으면서도 이 전통을 찾아낸다. "어떤 국민도 의약 없이 여러 세기 동안 지내보지 않은 국민이라고는 없다. 그것도 최초의 세기들, 다시 말하면 가장 행복하던 세기에 그러하였다. 그리고 이 세상의 10분의 1의 지역에서는 지금 이 시간까지도 약을 사용하지 않고 있다. 무한히 많은 국민들은 약을 알지도 못하며, 그곳 사람들은 여기서보다 더 건강하게 더 오래 살고 있다. 그리고 우리들 중에도 평민들은 약 없이 다행하게

살아가고 있다. 로마인들은 약을 받아들이기 전에 6백 년을 잘 지냈다. 그러나 그것을 시도해본 다음에, 그들은 검열관 카토의 간섭으로 의약을 그들의 도시에서 축출하였다. 이 카토는 85세를 살았고 그의 아내는 노령에까지 살게 하며, 약을 쓰지 않은 것이 아니라 의사의 도움 없이 지냄으로써 의사 없이도 살아갈 수 있다는 것을 보여주었다. 왜냐하면 우리 인생에 건강에 좋은 모든 것은 의약이라고 부를 수 있기 때문이다"(몽테뉴, 『에쎄』, 2권, 37장, 앞의 책, 882쪽). 페늘롱의 『텔레마코스의 모험』 13권에는 노소푸게라는 의사가 등장하는데 그는 "인간이 자주 약을 필요로 하는 것은 미덕과 용기 부족의 소치"라고 주장하는 자이다. "인간이 그토록 많은 병을 갖는 것은 수치야. 좋은 습관은 건강을 가져다주거든. 그들의 폭식과 폭음 습관은 생명을 유지하는 데 필요한 음식을 치명적인 독으로 만들어. 절제를 수반하지 않는 쾌락은 인간의 수명을 더 단축시키지. 병은 가난한 자들이 먹을 것이 부족해서 걸리는 경우보다 부자들이 너무 많이 먹어 걸리는 경우가 더 많아. 식욕을 너무 촉진시켜 필요 이상으로 먹게 만드는 음식은 영양분을 공급하는 대신 독이 되지. 약은 그 자체로 자연을 소모하는 진정한 악행이므로 꼭 필요할 때만 이용해야 해. 어떤 상황에서든 무해하고 유익한 가장 좋은 약은 절제야. 쾌락을 절제하는 것, 마음에 평화를 갖는 것, 육체 운동 등이 가장 좋은 약들이지. 그렇게 하면 피를 맑게 하고 희석시키며 온갖 쓸데없는 체액을 제거 할 수 있어."(페늘롱, 『텔레마코스의 모험 2』, 김중현, 최병곤

역, 책세상, 2007, 422쪽)

뷔퐁과 루소의 입장은 대단히 가깝다. 뷔퐁은 루소와 마찬가지로 인간의 건강과 동물의 건강의 비교를 통해 인간의 단점을 찾았다. "인간은 건강의 면에서 어떤 동물들보다 덜 강하고 더 허약하다. 인간은 동물보다 더 자주, 더 오래 아프다. 동물들은 한결같이 단호한 걸음으로 삶의 공간을 거쳐나가는 반면, 인간은 어떤 나이에 죽어도 이상하지 않다. 내가 보기에 이는 두 가지 원인의 결과인 것 같다. 이 두 원인은 정말 다른 것이지만 결과는 똑같다. 첫 번째 원인은 우리의 마음에 일어나는 격정인데, 물질적인 내적 감각이 고장 날 때 일어난다. 정념과 정념이 일으키는 불행은 건강에 영향을 미치고 우리를 자극하는 원리들을 고장 낸다. 인간을 관찰해본다면 거의 모든 사람은 소심하지 않으면 분쟁을 즐기는 삶을 영위하고, 대부분 괴로움 때문에 죽는다는 것을 알게 된다. 두 번째 원인은 욕구와 관련된 우리의 감각의 불완전함 때문이다. 동물은 그들의 본성에 적합한 것이 무엇인지 우리보다 더 잘 알고 있고, 양식糧食의 선택에서 잘못 생각하는 일이 없고, 그들의 쾌락을 과도하게 즐기는 일이 없다. 동물들은 오직 현재의 필요 때문에 갖게 되는 감정에 인도되어 그것으로 새로운 것을 만들고자 하지 않고도 만족하"는 반면, 인간은 "자연을 강요하고자 하면서 망가져"(『자연사』, II, 위의 책, 335쪽)버린다.

73. 이 도발적인 문장에 수많은 반박과 주석이 나왔다. 루소는 여기서 디드로와 정확히 반대의 입장을 취한다. "추론하고자

하지 않는 자는 인간의 특질을 거부하는 것이므로 타락한 존재로 다루어져야 마땅하다."(디드로, 『백과사전』, 「자연법」 §9) 이 문장은 문맥을 고려해서 읽어야지 따로 떼어 보아서는 안 된다. 여기서 루소가 말하는 것은 자연인의 '신체적' 조건뿐이다. 루소는 원시인이 사회 상태에서 획득하게 될 기술이 없었대도 생존이 가능했다는 점을 여러 곳에서 증명한다. 건강이라는 면에서 동물은 사회인보다 훨씬 유리한 처지에 있지만, 그렇다고 루소가 동물의 조건이 절대적으로 선호될 만하다고 말하는 것은 아니다. 순전한 신체적인 행복이라는 이상만을 따랐다면 동물의 조건이 더 낮다고 생각할 수도 있을 것이다. 성찰을 하게 될수록 자연의 역학법칙에 따라 행복은 제한되고 고정되고 한정되어 위태로워진다. 인간이 완전가능성의 능력으로써 고정되어버린 동물의 상태를 벗어날수록 그가 획득한 것의 대가로 건강(건강은 자의식이 없다)을 규정하는 초보적인 자율성automatisme을 상실하게 된다. 동물은 "기발한 기계에 불과"하다. 뷔퐁은 『동물의 본성에 대한 논고』에서 이 점을 확신했고, 헤겔도 마찬가지였다. "동물은 질병을 앓게 되면 자기 본성의 경계를 위반하지만, 동물의 질병은 정신을 형성하게 된다Mit der Krankheit überschhreitet das Tier die Grenze seiner Natur; aber die Krankheit des Tiers ist dans Werden des Geistes"(Hegel, *Realphilosophie*, 1부, éd. Lasson, 186쪽).

샤를 보네는 필로폴리스라는 필명으로 1755년 10월에 나온 『메르퀴르』지에서 루소의 이 대목을 비판한다. 그림Melchior

Grimm은 1756년 1월자 『문예통신』에서 루소를 반박한다(éd. Tourneux, III, 154). 볼테르는 그가 읽던 책에서 이 문장에 밑줄을 긋고 표시를 해두었다. 1766년에 볼테르는 『척척박사 장 자크에게 보내는 편지Lettre au docteur Jean-Jacques Pansophe』를 쓰면서 이 문장을 언급한다.

그렇지만 루소는 고대 철학자들이 이미 제시한 "역설"을 다시 취한 것뿐이다. 키케로는 『최고선악론』에서 에피쿠로스를 따라 "모든 짐승은 태어나자마자 쾌락을 가장 좋은 것으로 추구하고 누리며, 고통을 가장 나쁜 것으로서 경멸하고 가능하면 제거하려고 한다. 이렇게 하는 것이야말로 틀림없으며, 완전한 판결자인 본성 그 자체에 따르면 결코 잘못이 아니"라고 주장한다. 에피쿠로스는 "쾌락과 고통을 제외한다면 본성이 무엇을 느끼며 무슨 판단을 내리며 어떻게 다른 것을 추구하거나 회피하겠는지" 묻는다(키케로, 『최고선악론』, 1권 30절, 김창성 역, 서광사, 1999, 28쪽). 동물은 그의 본성에 불충실할 수 없다. "야수들의 본성은 나쁜 교육에 의해서 왜곡되는 것이 아니라, 본성 자체가 그러한 것이네. 본성이 유아를 충동시키는 목적은 쾌락을 얻기 위한 것이 아니네. 단지 자신을 아끼고 무사함을 바라는 데에 있네. 왜냐하면 생물은 낳자마자 자기 자신과 자신의 지체를 아끼기 때문이지. 특히 가장 중요한 두 부분인 정신과 육체에 애착을 가지고, 이어서 나머지 부분에도 신경을 쓰고 있네. 즉 정신에는 최고선에 따르는 것들이 있고, 육체에는 중요한 것이 아니라고 하더라도 본성에 의해서 애초에 주어진 것들을 추구하고 본성에 반하는 것들을 거부하고 분별하기 시작하는 것이 있네."(키케로, 위의 책, 2권, 33절, 71–72쪽) 짐승은 사나워질 수는 있지만 인간은 타락할 뿐이다. 몽테뉴는 플루타르코스의 영향을 받아(루소는 플루타르코스를 아미요의 번역으로 읽었다) "생활방식에 새로운 억제를 가해서 없던 고통도 만들어가며, 내 건강의 안정과 순조로움을 동요시킨다는 것은 말이 안 된다. 우리 정신이 동요되면 병에 걸리기가 쉽다는 것은 짐승들이 충분히 보여준다."(『에쎄』, 2권, 12장, 앞의 책, 566쪽) "이 가련한 [인간은] 결코 실제로 자기 조건 너머로 넘어가지 못한다. 그는 얽매여 있으며, 진실하고 본질적인 특권도 탁월성도 없이 아주 평범한 조건으로, 그의 서열의 다른 생명들과 같은 의무에 예속되어 있다. 그가 사색과 공상으로 스스로 만드는 특권은 아무런 실속도 맛도 없다. 그리고 인간만이 동물들 중에서 사색하는 자유와 사상의 혼잡성을 가져서, 그것이 그에게 존재하는 것과 존재하지 않는 것, 그가 원하는 것, 가짜인 것, 진실한 것 등을 그에게 표현해준다고 해도, 그것은 너무나 값비싸게 얻은 편익이며, 그것으로는 별로 자랑할 거리도 되지 못한다. 왜냐하면 거기서 죄악, 질병, 우유부단, 번민, 절망 등 그를 압박하는 불행의 주요 원천이 생겨나기 때문이다."(『에쎄』, 2권, 12장, 위의 책, 529쪽)

의사들도 자주 동물의 건강과 인간의 질병을 비교하는 논문을 직접 썼다. 독일의 의사이자 화학자였던 게오르크 에른스트 슈탈의 *De frequentia morborum in corpore humanon prae brutis*(Halle, 1705)가 그 예이다. 나중에 많은 의사들이 루소의 생각을 고려의 대상으로 삼았다. 이 문제에 대해서는 피에트로 모스카티의 『야만인과 인간의 구조 사이에 일어나는 근본적인 유형과 차이에 대하여*Delle corpore e differenze essenziali che passano fra la struttura de' Bruti e la umana*』(Milan, 1770)를 참조.

74. 플라톤은 『국가』 3권에서 "부상당한 에우뤼필로스에게 여인이 보릿가루와 강판에 간 치즈를 듬뿍 뿌린 프람네 산 포도주를 마시라고 건넸는데, 오늘날에는 이것이 염증을 유발하는 것으로 생각되는데도 아스클레피오스의 아들은 그것을 권하는 여인도, 그렇게 하도록 처방한 파트로클로스도 나무라지 않았다"(III, 405–406쪽)고 언급한다. 포달레이리오스와 마카온은 아스클레피오스의 아들로, 트로이 전쟁에 참가한 의사이다. 플라톤이 언급한 일화는 『일리아드』의 11권에 실린 것이다. "이 잔에다 여신과도 같은 그녀가 그들을 위해 프람네 산 / 포도주로 밀주를 만들고 나서, 그 위에 청동 강판으로 / 염소 치즈를 갈아 넣고 그 위에 다시 흰 보릿가루를 뿌렸다. / 이렇게 밀주가 완성되자 그녀가 마시기를 권했다"(『일리아드』, 11권 638–641행, 천병희 역, 숲, 2007, 312쪽). 페늘롱은 『텔레마코스의 모험』 12권에 두 의사의 이름을 언급한다. "그렇게, 우리는 출발해서 곧 트로이아 전장에 도착했지. 마카온과 포달레이리오스는 그들의 아버지인 아스클레피오스의 탁월한 의술로 나를 치료해주었어."(『텔레마코스의 모험 2』, 앞의 책, 390쪽)

75. [원주] 또한 켈수스는 오늘날 없어서는 안 될 식이요법이 벌써 히포크라테스가 고안한 것이라고 언급했다(1782년 판).

76. 로마의 의사 켈수스는 『의학에 관하여De medicina』에서 의학의 기원을 간단히 언급하고 있다. 사실 식이요법을 고안한 의사는 히포크라테스(혹은 히포크라테스로 간주된 다른 미지의 저자)가 아니다. 히포크라테스 총서의 가장 오래된 판본 중 하나인 『고대의학L'ancienne médecine』에서는 식이요법이 오래전부터 있었던 전통이라는 언급이 있다.

77. 뷔퐁은 야만인들과 유복하고 문명화된 국가의 시민들을 비교하면서 후자에게 장점이 있다고 결론을 내린다. 하지만 뷔퐁은 야만인의 신체적인 우월성을 인정한다. 가장 적합한 자들이 선택된 결과이다. "이 두 종류의 민족을 동일한 환경에 놓고 고려한다면 야만인의 나라의 주민들이 문명화된 나라의 주민들보다 피부는 더 구릿빛이고, 더 추하고, 더 키가 작고, 몸에는 더 주름이 잡혀 있으리라 생각할 수 있다. […] 각 개인은 오로지 자신의 육체적 특질, 재주, 힘을 통해서만 생존하기 때문에 야만인에게서 불행히도 가장 약하고, 결함을 갖고 태어났거나 불편한 상태가 된 사람들은 곧 나라의 구성원이 더는 될 수 없게 된다."(『자연사』, II, 앞의 책, 477쪽)

78. [원주] 몇몇 예외가 있을 수 있다. 예를 들어 니카라과 지방의 이 동물은 여우를 닮았는데 인간의 손과 같은 발이 있고, 코레알에 따르면 배 아래에 주머니가 있어서 어미가 달아나야 할 필요가 있을 때 새끼를 그곳에 넣는다. 멕시코에서 틀라쿠아친이라고 부르는 동물이 분명 이것이다. 라에트는

그 동물의 암컷에 같은 용도의 비슷한 주머니가 있다고 했다 (1782년 판).

79. 위의 주석에서 코레알의 『서인도 여행기*Voyages de François Coréal aux Indes Occidentaux*』(1722, 1부, 5장, 85쪽)를 언급하고 있다. 장 라에트Jean Laët(1593–1649)는 플랑드르의 지리학자, 자연사가, 편집자로 네덜란드의 서인도의 회사 원정 동안 항해가 마르크그라프와 피종의 관찰을 모아 책을 썼는데, 이것이 『신세계의 역사 혹은 서인도의 기술*Novus orbis seu descriptio Indiae occidentalis*』이다. 이 책은 1633년에 라틴어로 출판된 뒤, 나중에 프랑스어로 번역되었다(*L'histoire du Nouveau Monde ou description des Indes Occidentales*, Leyde, 1650). 여기서 언급된 틀라쿠아진Le Tlaquatzin은 1650년 번역판의 143페이지에 등장한다.

80. "동물의 잠의 상태는 […] 깨어 있는 동안 기능을 가장 많이 혹은 가장 적게 사용함에 따라 일어나게 되는 우발적인 상태가 아니다. 반대로 이 상태야말로 존재의 본질적인 양태이며, 이것이 동물의 신체 구조의 토대가 된다. 우리의 존재는 바로 잠을 통해 시작한다. 태아는 거의 항상 잠을 자며 어린이도 깨어 있는 시간보다 자는 시간이 더 많다. 잠은 순수하게 수동적인 상태이거나 일종의 죽음의 상태로 보이지만 살아 있는 동물의 최초의 상태이자 삶의 토대라고 하겠다. 그것은 박탈도, 무화anéantissement도 아니라, 존재의 한 가지 방식이며, 어떤 다른 것 이상으로 실제적이고 더 일반적인 존재 방식이다."(뷔퐁, 『자연사』, II, 앞의 책, 314쪽)

81. "사유와 지식과 가장 관련된 감각은 촉각이다. 인간은 […] 동물보다 더욱 완벽한 촉각을 가졌다. 후각은 본능과 욕구와 가장 관련된 감각이다. 동물은 인간보다 훨씬 훌륭한 후각을 가졌다."(뷔퐁, 『자연사』, II, 위의 책, 326쪽)

82. 이 대목을 보면 루소가 사회 이전에 놓은 "야만인"을 여행기들에서 묘사된 야만인들과 동일시하고 있음을 알 수 있다. 루소는 뒤에서 "시작된 사회"와 "세계의 진정한 유년" 상태에 대해 말하면서 자신이 이 원시 사회를 "이 점에서 우리 모두가 갖고 있는 야만인들의 사례"를 따라 묘사했다고 말한다. 그렇지만 몇 가지 변화가 벌써 나타났으니, 이 야만인들은 인내력이 덜하고 연민에 이르는 일도 덜하다. 여행기가 묘사한 사회가 이미 원시 상태를 벗어난 최초의 사회일지라도, 자연 상태를 그려내기 위해 쓸 수 있는 요소들을 제공해주는 것은 사실이다. 뒤 테르트르나 콜베가 그린 사람들은 야만적인 기원에 훨씬 더 가깝고, 어떤 본질적인 특징들도 갖췄다. 그들에게 인위적으로 획득된 요소들이 그렇게 많지는 않더라도 문명의 0도에서 인간의 이미지를 보다 쉽게 추측해볼 수 있다.

19세기의 조제프 드 메스트르는 야만인과 원시인의 비교 가능성을 딱 잘라 부정한다. 드 메스트르는 루소가 "끊임없이 야만인을 원시인으로 간주했다"는 점을 지적한다. "반면 야만인은 직무유기로 인해 문명의 거대한 나무를 벗어난 인간의 후손에 불과하거나 그럴 수밖에 없으며, 내가 그렇게 판단할 수 있는 만큼 그들의 종은 더는 반복될 수 없다.

야만인이 또 새로운 야만인을 형성하는지 의심스럽기 때문이다.''(『성페테르부르크의 야회*Les Soirées de Saint-Pétersbourg*』, éd. Vitte, Lyon-Paris, 1924, t. I, 63쪽) 또 그는 "루소와 루소를 따르는 자들이 자연 상태라고 부르는 것은 그보다 더 우둔할 수 없는 단계이다"(위의 책, 82쪽)라고 썼다. 조제프 드 메스트르는 여러 저작에서 아메리카 인디언이 퇴화되었다는 점을 주장한다(『주권에 대한 연구*Étude sur la souveraineté*』 및 『인간들 사이의 조건들의 불평등에 대한 루소의 저작에 대한 검토*Examen d'un écrit de J.-J. Rousseau sur l'inégalité des conditions parmi les hommes*』 등). 루소를 반박하는 사람들과 신세계 주민들이 신체적, 정신적으로 열등하다는 주제에 얽힌 복잡한 역사에 관해서는 안토넬로 제르비, 『신세계의 논쟁. 논쟁의 역사, 1750-1900*La disputa del Nuovo Mondo, Storia di una polemica, 1750-1900*』 (Milano-Napoli, Ricciardi, 1955)를 참조.

메스트르와 루이 드 보날드가 제시하는 전통주의는 시대의 기원을 신의 말씀이 인간 정신에 계시되었던 시점으로 삼는다. 역사를 통해서 인간의 행동은 이러한 최초의 계시의 관점에서 그것이 충실성을 보여주는지 불충실성을 보여주는지에 따라 판단되어야 한다는 주장이다. 루소에게 "원시주의"가 있다고 해도, 루소는 최초의 행복을 비성찰적인 자발성의 특권으로 상상하고자 한다. 야만인이 행복한 단일성과 즉각성의 특권을 갖는 것은 자연이며, 자신의 본성에 따른 것이지 초월적인 말씀을 따라서가 아닌 것이다. 이 주제에 대해서 특별한 종류의 계시, 즉 모호한 계시가 있다고 말해볼 수도 있을지 모르겠다. 그렇지만 이런 계시는 존재가 자기와 취하는 의식적인 거리에 미치지 못한 채이다.

83. "잘로프족은 물처럼 술을 마신다."(『여행의 일반사*Histoire générale des voyages*』, Paris, 1747, t. III, 140쪽) 루소가 호텐토트족에 대해서 가져온 내용은 피에르 콜브를 원천으로 한 것이다. 콜브의 『희망봉 묘사*Description du Cap de Bonne Espérance*』(Amster dam, 1741, 3 vol.)는 『여행의 일반사』 5권(Paris, Didot, 1748, 109–209쪽)에 수록되었다. 루소는 이 책에서 발췌한 내용을 뇌샤텔의 원고에 적어놓고 있다(Ms. Neuchâtel 7842 fos & v°–8).

아메리카 인디언과 특히 카리브족에 대해 가져온 내용은 다양한 원천에서 뽑아온 것이다. 이 문제에 대해서는 장 모렐의 「인간 불평등 기원론 자료연구Recherches sur les sources du Discours de l'inégalité」(*Annales J.-J. Rousseau*, t. V, 1909, 119–19 8쪽)를 참조. 아울러 질베르 시냐르의 분석(『17–18세기 프랑스문학에서 나타나는 아메리카와 이국적인 꿈*L'Amérique et le rêve exotique dans la littérature française au XVIIᵉ et au XVIIIᵉ siècle*』, Paris, Droz, 1934) 및 조르주 피르, 「장 자크 루소와 여행기Jean-Jacques Rousseau et les relations de voyages」, RHLF, 1956, 355–378쪽을 참조.

그러므로 루소가 가진 정보의 양은 상당한 것이다. 『인간 불평등 기원론』과 이들 여행기 사이에 많은 공통점이 있다. 물론 루소가 언급한 사실들의 출처를 정확히 밝히는 일이 불가능하기는 하다. 또한 루소는 자칫 지루해질 수도 있을 것을 걱정해서 인용을 늘리지 않으려고 주의했고, 충실하고 뚜렷이 자신의 의견을 증명하는 데 쓸 수 있는 것만을 추리고 압축한다.

그렇지만 루소는 독자에게 이 정보를 훌륭한 자료에서 뽑은 것임을 알도록 하고 싶었고, 점점 더 도움을 받은 자료의 저자들을 언급하면서 문자 그대로 인용했다. 특히 저작 뒤에 배치된 주석에서 인용문이 자주 등장한다. 그래서 루소가 인용한 사실들 하나하나에 대해 그에게 보증이 될 수 있었을 수많은 텍스트들을 찾아봤자 헛일이다. 루소가 어떤 사회학적이거나 민족학적 세부사항을 그것이 충분히 증명된 것이고 눈으로 확인했던 증인의 권위로써 확인될 필요가 없기라도 하듯 개진하고 있음을 강조하는 것이 더 중요한 일이다. 그래서 이들 세부사항은 비인칭적인 명백성을 갖기에, 그것이 정당한지 의심하는 것은 중요하지 않다. 해석해야 할 것은 그것의 의미인 것이다. 사실 『여행의 보편사』는 널리 알려진 책이고, 루소는 그 책을 읽은 독자의 입장에서 그 책을 잘 알고 있다는 점을 강조할 수 있었다. 또한 몽테뉴, 흐로티우스, 뷔퐁과 같은 중재인들도 고려해야 할 것이다. 이들 역시 여행기를 읽으면서 정보를 얻었다. 그렇지만 디종의 아카데미상을 받고자 했던 경쟁자들 중에서 오직 루소만이 동시대의 인류학과 민족학의 사실들을 광범위하게 이용했던 저자였음에 주목하자(Roger Tisserand, 『1754년 디종의 아카데미 현상공모에서 루소의 경쟁자들 *Les concurrents de J.-J. Rousseau à l'Académie de Dijon pour le prix de 1754*』, Paris, Boivin

[1936]을 참조할 것).

84. "저자의 재기가 뚜렷이 드러나는 사물들의 속성을 가리키는 말이다."(『아카데미 프랑세즈 사전』, 1762)

85. "대부분의 동물은 그들이 싫어하는 양식을 취하기보다는 기아로 죽어가고 허기로 죽어간다."(뷔퐁, 『자연사』, II, 앞의 책, 335쪽)

86. "플루타르코스는 어디에선가 짐승 사이에는 사람과 사람 사이만큼 거리가 보이지 않는다고 하였다. 그는 마음의 능력과 내적 소질에 관해서 말한다. 사실 내 생각으로는 에파미논다스는 내가 알고 있는 어떤 사람들보다는 너무나 거리가 먼 인물이기 때문에, 나는 이것을 플루타르코스보다 더 강조한다. 그리고 어느 한 사람과 한 짐승보다도 한 사람과 한 사람 사이의 거리가 더 멀다고 생각한다."(몽테뉴, 『에쎄』, 1권, 42장, 앞의 책, 319쪽) 로크 역시 같은 생각을 한다.(『인간 지성론』, 4권, 22장). 루소는 『에밀』의 1권에서 인간의 지적 능력이 완전해지는 가능성을 유추적인 용어들을 사용해서 환기하고 있다. "우리는 우리의 본성이 우리에게 존재하도록 허락한 것을 모른다. 우리 중 누구도 인간과 다른 인간 사이에 존재할 수 있는 거리를 측정하지 못했다."

87. 볼테르는 "정말이지 형편없는 형이상학이다"라고 여백에 적었다. 이때 형이상학이란 말은 데카르트주의, 혹은 말브랑슈주의가 내세우는 이원론을 가리키는 말이다. 그렇대도 루소는 동물에게 지성이 있고 관념을 형성할 수 있는 능력이 있다고 생각한다. 이런 점에서 루소는 이를 부정한 데카르트

와 다르다. 그렇지만 여기서 관념은 그저 콩디약이 쓴 의미로서의 관념이라고 해야겠다.

루소가 제시하는 이원론은 『에밀』 4권에 들어간 「사부아 보좌신부의 신앙고백」에 다시 나타난다. 이 부분에서 동물적 삶의 즉각성이 아니라, 신의 즉각성을 갈망하는 루소를 보게 된다. 동물의 신체적인 행복을 기술하면서 동물성의 향수에 젖어보던 그런 문장이 신성을 갈망하는 상승적인 도약의 움직임을 나타내게 된다. "뭐라고! 인간이 악인이 되지 않도록 본능만을 따르게 하고 동물로 만들어야 한다고? 결코 그렇지 않다. 내 마음의 신이여, 당신이 내 마음을 당신의 이미지를 따라 지었대도 당신을 비난하지 않으렵니다. 그래야 제가 당신처럼 자유롭고, 선하고, 행복할 수 있습니다." 그렇지만 『인간 불평등 기원론』에서 이런 종교적인 마음의 움직임은 이상하게도 전혀 등장하지 않는다. 루소는 자연 상태에서 인간이 상실한 충일성을 보상하는 어떤 것도 제시하지 않았다.

뷔퐁은 인간이 특권을 가졌다는 점에서 루소의 입장과 가깝다. 뷔퐁은 "나는 동물들에게 모든 것을 부여했다"고 썼다. "단지 사유와 성찰만을 제외한다면" 말이다. "동물들도 감정이 있고, 우리가 가진 이상으로 더욱 높은 단계의 감정을 갖기조차 한다. 동물들 역시 그들의 현재 존재에 대한 의식이 있다. 그러나 동물들은 과거 자기 존재에 대한 의식은 없다. 동물들에게도 감각작용이 일어난다. 하지만 동물들에게는 비교하는 능력, 즉 관념을 만들어내는 능력이 없다."(뷔퐁,

『자연사』, II, 앞의 책, 331쪽)

88. 볼테르는 이 부분에 "동물들도 자주 사용하다보면 본능이 완전해진다"고 적었다. 볼테르는 동시대 유물론자 라 메트리를 대해 항상 빈정댔지만『인간기계론』에 나타나는 일종의 진화론은 받아들인다. 라 메트리는 "동물에서 인간으로의 이행은 급작스러운 것이 아니다"(『인간기계론』, éd. Varianian, 162쪽)라고 썼다. 라 메트리는 동물과 인간의 차이는 '신체조직organisation'의 복잡성의 정도뿐이다. 동물은 교육될 수 있고, 원숭이는 노력 여하에 따라 "완벽한 인간, 작은 도시인"이 될 수 있다. "우리들만큼 재능이나 근육을 갖추고 있으니 생각도 할 수 있고 교육 받은 것을 이용해볼 수도 있다"(위의 책)

루소는 인간이 "특별한 능력"을 갖고 있다고 생각하면서 인간과 동물의 넘어설 수 없는 차이를 유지한다. 여기서도 루소는 동물이 "물질적인 내적 감각"이 있다고 본 뷔퐁의 입장과 아주 가깝다. 반면 호모 뒤플렉스homo duplex로서의 인간에게는 "정신적 원리"가 있어서, 그것은 내적 갈등을 일으키기도 하지만 진보를 가능하게 한다. 동물이 "아주 낮은 단계로나마 성찰할 수 있는 힘을 타고 났다면 어떤 진보가 가능했을 것이며, 더 많은 재주를 갖게 되었을 것이다. 오늘날의 비버는 최초의 비버들보다 더 놀라운 기술을 갖고 더 견고한 집을 지을 것이고, 꿀벌은 나날이 자기가 사는 집을 더욱 완벽하게 만들 것이다"(뷔퐁, 『자연사』, II, 앞의 책, 7쪽) "[…] [동물은] 창안하지 못하고, 무엇도 완벽하게 할 수 없다. 그들은 결과적으로 그 무엇에 대해서도 성찰하지 않는다. 그들은 계속해서 똑같은 것을 똑같은 방식으로 만들 뿐이다."(뷔퐁, 『자연사』, II, 앞의 책, 330쪽)

89. 루소가 여기 쓴 '완전가능성perfectibilité'이라는 말은 신조어로, 이 단어는 1771년 이전의 『트레부 사전』에 등재되지 않았고, 『아카데미 프랑세즈 사전』의 4판(1740)에도 나타나지 않았다. 5판(1798)이 되어서야 루소가 이 말을 사용했던 의미로 실린다. 앙투안 샤르마Antoine Charma는 콩도르세에 대한 연구에서 이 단어는 1750년 이후 튀르고가 대화하면서 처음 썼다고 말한다. 또 이 단어는 『문예통신Correspondance littéraire』 1755년 2월에 등장하는데, 이 부분은 『인간 불평등 기원론』의 위의 대목과 유사해보인다. "[…] 인간은 정말 기이한 종의 일원이다. 자연의 생물과 무생물에게서 보이는 것과 전혀 다른 것이다. 인간과 세상의 다른 모든 피조물을 구분해주는 주요한 특징은 인간이 자신을 보다 완전하게 만들 수 있게끔 하는 능력 혹은 완전가능성perfectibilité이다. 이 능력은 인간 존재와 전 자연에서 끊임없이 더없이 놀라운 급변을 만들어낸다. 다른 모든 동물 종은 우리가 그들이 어떻게 살았는지 알게 된 이후로 완전성의 동일한 정도를 그대로 유지하고 있다. […] 오직 인간만이 자신의 본성에 따라 더없이 뚜렷한 차이를 경험하고 연속적이고 계속적인 변화를 겪도록 만들어졌다. 그러한 변화를 따라 인간 종이 갖는 완전성에 가까이 가거나 그 완전성에서 멀어져 타락에 이르게 된다. 더없이 훌륭한 정신을 가지신 분들과 더없이

숭고한 철학자들이 마땅히 주의를 기울여야 하는 위대하고 아름다운 질문이 있다면, 그것은 이 완전성의 상태가 인간을 위한 실질적인 행복과 특권이라고 해야 하는지, 동물들은 처음에 가질 수 있었던 완전성의 정도에 따라 태어난 상태보다 더 완전해질 수는 없는 것인지 아는 것이다. 동물이 더 완전해질 수 없는 것이라면, 이를 다른 측면에서 보면 퇴화하지 않고 자연에 복종하면서 소명을 완수하는 장점이 있다고 해야 하지 않겠는가. 수 세기의 역사가 확인해주듯이 인간과 인간의 비참한 운명을 진지하게 성찰해보자면 인간이 자연으로부터 받은 완전가능성의 능력이 유용하기보다는 해로운 것이었다고 생각해볼 수 있다."(éd. Tourneux, t. II, 492) 이 글은 그림 혹은 레날이 썼을 것으로 추정할 수 있는데 이 글이 나온 시점은 오래전부터 출판업자 레가 가지고 있었던 『인간 불평등 기원론』의 원고의 교정쇄가 루소에게 넘어왔을 때이다. 루소가 레에게 보낸 편지들 중에 완전가능성에 관련하여 부가한 것은 없다. 그러므로 루소가 그림 혹은 레날의 글에서 영향을 전혀 받지 않았음이 확실하다. 물론 반대 상황도 가능하다. 그림은 루소의 원고를 받았거나 루소를 만났을 때 자신의 생각을 전했을 수도 있다. 아울러 디드로가 중재했을 가능성도 있다. 아마 디드로는 그림과 루소 모두에게 영향을 주었을 것이다. 그렇지만 루소는 여기서 언급한 완전가능성의 개념을 그대로 계속 밀고나가지는 않는다. 『에밀』 1권에서 루소는 이렇게 쓴다. "그러므로 우리들 각자의 출발점을 우리는 알거나 알 수 있다. 그래서 지성의 공통된 지점에 다다르게 된다. 그런데 다른 극단을 아는 자는 누구일까? 각자는 자신의 천재, 취향, 필요, 재능, 헌신, 그가 전념하게 되는 계기에 따라 더 진전을 보기도 하고 덜 보기도 한다. 나는 어떤 철학자도 이렇게 말할 정도로 과감할 수 없다고는 생각하지 않는다. 바로 여기가 인간이 닿을 수 있고 지나갈 수 없을 끝이다, 라는 말이다." 완전가능성의 개념은 진보 이론의 역사에서 대단히 중요한 역할을 하게 된다(쥘 델바이유Jules Delvaille, 『18세기 말까지 진보 개념의 역사에 대한 시론Essai sur l'histoire de l'idée de progrès jusqu'à la fin du XVIIIe siècle』, Paris, 1910; 투바흐(Frederic C. Tubach), 「완전가능성. 루소의 두 번째 논고와 독일 계몽주의Perfectibilité: der zweite Diskurs Rousse aus und die deutsche Aufklärung」, Etudes germaniques, avril–juin, 1960, 144–151쪽 참조).

90. 프랑수아 코레알, 『서인도 여행기』, 2 vol. 파리, 1722, t. I, 260–261쪽. 오리노코강과 아마존강 사이에서 살아가는 민족들은 "아이들이 태어나자마자 그들의 머리와 얼굴을 납작하게 만드는 우스꽝스러운 풍습이 있다. 그들은 이렇게 하려고 아이들 머리에 널빤지 두 장을 대어 납작하게 만든다." 볼테르는 루소의 텍스트 옆에 "야만인이 아이들의 이마를 납작하게 만드는 것은 머리 위로 날아가는 새들을 쏘기 위해서이다"라고 적었다.

91. 『에밀』 1권에서 의식의 최초의 상태는 다음과 같이 묘사되어 있다. "우리는 태어나면서부터 배울 수 있다. 하지만 아무것도 알지 못하고 아무것도 경험하지 못한다. 마음은 불완전하

거나 완전히 형성을 끝내지 못한 신체기관에 얽매여 있으므로 자기 존재에 대한 감정을 갖추지 못하고 있다."(t. IV, 279-280)

92. "우리의 영혼이 육체의 정념에 의해 받는 충격과 타격은 마음속에서 많은 것을 일으킬 수 있지만 아직 그의 것이라고 할 수는 없다. 마음은 그 정념에 대단히 강하게 이어져 있어서 마음이 바람의 숨과는 다른 방식과 운동을 갖는다는 것은 받아들일 수 있는 모험이라 할 것이고, 정념의 자극이 없이 마음은 바람이 돕지 않는 바다 한가운데의 배처럼 아무런 활동도 하지 않고 머물러 있다. 아리스토텔레스주의자들의 입장을 따르자면 이 점이 증명되는데 우리가 보기에는 크게 잘못된 것 같지 않다. 마음의 대부분의 아름다운 행동들은 정념의 이러한 충동을 필요로 한다는 것은 잘 알려져 있기 때문이다."(몽테뉴, 『에쎄』, 2권, 12장)

디드로는 『철학 단상』의 1절에서 "정념을 한도 끝도 없이 비난들을 한다. 인간의 모든 고통이 정념에서 나온다고 몰아세우지만 그것이 또 모든 즐거움의 원천임은 잊는다. 지나치게 좋게도, 지나치게 나쁘게도 말할 수 없는 어떤 요소가 사람의 체질을 이룬다. 하지만 내가 화가 나는 것은 다들 정념을 항상 나쁜 쪽으로만 보기 때문이다. 정념에 유리한 말을 한 마디라도 하면 이성을 모욕이라도 한다고 생각한다. 그러나 마음을 위대한 것으로 드높일 수 있는 것은 오직 정념이며, 그것도 위대한 정념뿐이다. 정념이 없다면 풍속에서든 작품에서든 숭고란 없다. 문예는 유년으로 돌아가고 미덕은 초라해지고 만다"고 썼다. 장 자크 뷔를라마키는 "인간은 대단히 완벽한 규칙을 오랫동안 따를 수 없었다. 인간의 정념이 격화되어 자연법의 힘은 이내 약화되고 말았고, 자연법은 정념 때문에 약화되고 이성이 마비된 인간을 더 오랫동안 지켜줄 만큼 충분히 강력한 규제를 더는 할 수 없게 되었다"(『정치법의 원칙들*Principes du droit politique*』, 4절, 로잔, 프랑수아 그라세, 15쪽)라는 입장이다.

루소는 '필요'의 일차 개념을 제시하는 것으로 출발하여 정념과 지성이 상호 종속되어 있음을 밝혔다. 여기에 필요, 도덕적 변형, 지성의 진보가 긴밀히 이어져 있는 인간의 발전에 대한 철학 전체가 요약되어 있다.

93. "짐승은 우리가 가지고 있는 최고 수준의 우월성을 가지고 있지 않다. 그러나 우리가 가지고 있지 않은 이점을 가지고 있다. 그것들은 우리같이 희망은 갖지 않지만 두려움 또한 갖지 않는다. 그것들은 우리와 마찬가지로 죽음을 면할 수 없으되 그 죽음을 모르고 있다. 그것들은 대부분이 우리보다 더 잘 자기를 보존하고, 그 정념을 우리처럼 악용하는 일이 없다."(몽테스키외, 『법의 정신』, 1권, 1장, 앞의 책, 27쪽) 루소는 『에밀』에서 이 주제를 다시 다룬다. "어떤 것도 예측하지 못하는 무지한 자는 삶의 가치를 전혀 느끼지 않지만 생명을 잃을까 걱정도 하지 않는다… 야만인들과 동물들은 죽음에 맞서 싸우는 일이 없고 불평하지 않고 죽음을 견딘다." (『에밀』, 2권) 동물은 순간을 살아가고 인간은 예측하고 기억한다는 표현은 키케로의 『의무론*De officis*』(I, XI)에 등장한다.

94. "토지의 불모는 사람으로 하여금 부지런하고 성실하게 만들며 노고에 익숙하게 만들고 용감해서 전쟁하기에 알맞게 만든다. 그들은 정녕 그 땅이 거부하는 것을 얻지 않으면 안 되는 것이다. 국토의 비옥은 안락과 아울러 유약과 생명 유지에 대한 어떤 애착을 준다."(몽테스키외, 『법의 정신』, 18권, 4장, 앞의 책, 304쪽) 볼테르는 여백에 "기술이 더운 나라에서 나왔다는 것은 사실이 아니"라고 썼다.

95. 이 생각은 『에밀』 2권에서 자세히 나타난다. "모든 욕망은 결핍을 전제한다. 그러므로 우리의 비참은 우리의 욕망과 우리의 능력의 불균형에 있다. 능력과 욕망이 똑같을 수 있는 감각 존재는 절대적으로 행복한 존재일 것이다." 그러나 우리의 상상력은 우리의 욕망을 증가하게 한다. 『에밀』 3권의 초반에서 루소는 또 한 번 완전한 자급자족의 행복을 그려내는 데 열중하는데, 그 시기는 "열둘에서 열세 살"의 어린이들의 시기이다. "가혹한 공기와 계절의 피해를 거의 받지 않으므로 그는 그들과 어렵지 않게 맞서게 된다. 그의 태어나는 열기는 그에게 옷의 대신이 되며, 그의 식욕은 양념의 대신이 된다. 먹을 수 있는 모든 것이 그의 나이 때에는 맛있는 것이다. 잠이 온다면 땅에 누워 잔다. 그는 어디에서나 그에게 필요한 모든 것으로 둘러싸여 있다는 것을 안다. 어떤 상상의 필요도 그를 고통스럽게 만들지 않는다."(『에밀』, IV, 303, 426) 그러나 루소가 가장 소중한 시대로 간주하는 인생의 이 시기는 또한 "대단히 짧기만 하다". 제자에게 사춘기의 위기가 오면 스승은 먼저 최선을

다해야 그의 "상상의 세계를 좁히게 된다". 하지만 상상력이 개화되는 것을 막기란 불가능하다는 것을 알기 때문에 그는 그저 그것을 늦추도록 노력하게 된다. 일단 상상의 활동을 피할 수 없게 되면 스승은 그것을 미덕을 위해 개척하도록 노력한다. 환상적인 완전성의 꿈에 도움이 되면서 에밀이 자신의 서원을 사회가 부여한 저속한 즐거움에 이르지 않도록 해야 하는 것이다. 자연 상태에서 이는 우리의 식욕의 죄 많은 확장이었을 것인데, 사회 상태에서는 건강한 기분 전환이 되는 것이다. 욕망과 상상력의 문제에 대해서는 피에르 뷔르줄랭이 『La Philosophie de l'existence de J.-J. Rousseau』(Paris, 1951)에서 훌륭하게 분석한 바 있다. 이외에도 마르틴 랑의 『Rousseaus Lehre vom Menschen』(Göttingen, 1959); 스타로뱅스키의 『생생한 눈L'Œil vivant』에 실린 「루소와 성찰의 위기Rousseau et le péril de la réflexion」를 참조.

96. 루소는 뷔퐁이 "동물들은 지금 자기 존재에 대한 의식을 갖지만 과거 자기 존재에 대한 의식은 없다"고 했던 말을 야만인에 적용한다. 뷔퐁은 인간의 존재의식이 복합적임을 강조한다. "우리의 존재의식은 [⋯] 현재 우리의 감각작용은 물론 감각작용과 과거의 우리 존재 방식을 비교하면서 생긴 일련의 관념으로 구성되어 있으므로 관념이 많을수록 더욱 자기 존재를 확신할 수 있음이 분명하다. [⋯] 동물들은 이 성찰의 힘을 갖지 못했기 때문에 관념을 형성할 수 없고, 결과적으로 동물의 존재의식은 우리 인간의 존재의식보다 덜 확실하고 덜 확장되어 있음이 분명하다. 동물들은 시간에

대한 관념이 전혀 없고, 과거에 대한 어떤 지식도, 미래에 대한 어떤 관념도 가질 수 없다. 동물들의 존재의식은 단순하고, 그것은 그저 지금 현재 그들에게 작용하여 변화시키는 감각작용에 달린 것이며, 감각작용이 산출하는 내적 감각이다."(뷔퐁, 『자연사』, t. II, 앞의 책, 337쪽) 여기서 뷔퐁은 로크를 참조해서 "유년기의 감각작용은 평균 연령만큼, 그리고 아마 그보다 더 생생하고 더 빠를 것이다. 그런데 그때 감각작용은 거의 흔적을 남기다시피하지 않는다. 그것은 유년기에 관념을 형성할 수 있을 뿐인 성찰의 힘의 활동이 거의 전무하며, 성찰의 힘이 작동하는 순간마다 잠시 동안 사소한 것들만 결합할 뿐, 전혀 질서를 잡지 못하고, 전혀 연속이 이루어지지 못한다. […] 유년기는 현재 순간이 전부이다."(뷔퐁, 『자연사』, 위의 책, 339쪽)

『에밀』 1권에서 루소는 "태어났을 때 완전한 인간의 힘과 지위를 가질 수 있는" 아이를 가설로 환기하면서 이렇게 확신한다. "그는 하나의 관념만 가질 것이다. 즉 '나'의 관념 말이다. 그 관념에 자신의 모든 감각작용을 결부시킬 것이다." 그러나 아이는 태어나자마자 진보하고 스스로 완전해지기 시작한다. 여기서 야만인이 지체하는 단계를 에밀은 급속하게 뛰어넘어버린다. "모든 것이 활동적이고 감각적인 존재에게는 교육이다."

스승이 개입하는 것은 관념들과 감정들의 발전 방향을 잡고 조절하기 위해서이다. 스승이 없다면 타락한 사회가 이러한 발전을 좌우할 수 있기 때문이다. 짧은 유년의 기간

동안 아직 상상력이며 통찰력이 깨어나지 않았고, 언어가
나타나지 않았을 때 에밀은 자연의 인간을 닮을 수 있다.
에밀은 신속히 인간의 인간*l'homme de l'homme*이 되겠지만 이는
본성을 기억하는 교육에 달렸다. 그 기억은 진정한 '회귀'가
아니라 멀리 떨어져 있는 충실성을 따라야 하는 것이다.

97. 이 내용은 루소가 뒤 테르트르 신부의 책『생크리스토프
열도의 일반사*Histoire générale des isles de Saint Christophe*』(Paris,
1654)에서 찾은 정보들이다. "그들 모두는 자유롭게 살아가
고, 갈증이 일면 마시고 허기가 지면 먹고 하고 싶을 때
일하거나 쉰다. 그들에게는 근심이라는 것이 전혀 없다. 내일
을 말하는 것이 아니라 아침식사와 점심식사 사이의 시간을
말하는 것이다. 당장의 식사에 필요한 물고기만 잡고 짐승만
사냥하니 다음 식사까지 생각해서 고생하지 않는다. 그들은
많은 노동으로 근사한 식사의 즐거움을 마련하느니 차라리
그런 것이 없더라도 더 잘 살아간다."(5부, 1장, 1절) "우리
프랑스 사람들이 [야만인들보다] 더 섬세하고 더 꾀발라
그들을 너무 쉽게 속인다. 그들은 저녁에는 침대를 팔지
않는다. 이 선한 사람들은 현재 자기들에게 그것이 필요하다
는 것을 알기 때문에 어떤 이유에서라도 침대를 넘기지 않을
것이다. 그런데 아침이 되면 그들은 오늘 밤 자기들이 전날
밤과 똑같은 상황이 되리라는 것을 생각하지도 않고 싼값에
팔아버린다. 그래서 그들은 해질 무렵에 되돌아와서 땅바닥
에서 잘 수는 없지 않느냐고 말하면서 침대의 값으로 교환했
던 것을 되가져가지 않을 수 없다. 침대를 돌려받을 수 없다는

걸 알게 되면 그들은 탄식의 눈물을 흘린다."(5부, 1장, 5절) 샤토브리앙은 『기독교의 정수』(4권, 7장)에서 뒤 테르트르 신부에게 한 장을 마련해주었다.

98. "그가 자기와 닮은 여러 사람들을 완전히 황량한 고장에서 마주치게 되었대도 이들이 완전히 궁핍하고 야만적이나 다름없는 생활을 영위하는 데 얼마나 많은 시간이 필요했을까? 그들이 가진 경험이며, 그들의 근면이며, 몇몇 짐승들의 재주로 그들이 갖게 될 수 있었던 재주며 하는 것을 통해 조금씩 어떤 삶의 편의들을 얻게 되고, 다양한 기술들을 고안해낼 수 있었던 것은 그 다음의 일이다. 이 점에 동의하려면 현재 우리가 살아가는 데 소용이 되는 수많은 것들만을 고려해야 하고, 타인의 도움과 교육 없이 혼자 이 모든 것을 고안하는 일이 얼마나 어려운 일인지 생각해봐야 한다."(푸펜도르프, 『자연법과 만민법』, 2권, 2장, 2절)

99. 루소는 언어의 기원에 대한 일관된 이론을 세우려는 것이 아니라 언어의 기원이라는 문제가 제기하는 여러 난점을 보여주기 위해 여러 가설들을 고려한다. 언어는 인간이 다른 도구들을 얻고 보존할 수 있는 최초의 도구이다. 언어의 우연성을 보여주는 일은 언어가 사용되었을 때 비롯되는 모든 결과에서 어떤 성격이 파생되었는지 보여주는 일이기도 하다. 아리스토텔레스처럼 인간의 특징을 사회성과 언어에서 찾는 철학자들과는 달리 루소는 사회성과 언어가 인간의 본성과 관련된 속성이 아니라 오랜 역사가 흐르면서 얻게 되었던 것이라는 점을 증명하고자 한다. 언어의 복수성과

기원과 관련된 이론의 역사는 아르노 보르스트(Arno Borst)의 저작 *Der Turmbau von Babel*, 슈투트가르트, 1957-1962 전 6권 및, 에두아르 클라파레드(Edouard Claparède), 「루소와 언어의 기원」, *Annales J.-J. Rousseau*, t. XXIV, 1935, 95-120 쪽을 참조.

100. 루소는 콩디약이 『인간지식기원론*Essai sur l'origine des connoiss ances humaines*』(파리, 1746)에서 제시한 이론을 내세운다. 콩디 약은 위 저작의 2부에서 "일종의 이미 설립된 사회"를 상정한 다. "대홍수가 끝난 직후 성별이 다른 두 아이가 기호를 사용할 줄 알기도 전에 광야에 버려졌다."(『인간지식기원 론』, 2부 섹션1, 서장) 루소와 콩디약은 모두 뒤 보스 신부의 『시와 회화에 대한 비판적 성찰*Réflexions critiques sur la poésie et sur la peinture*』(1719)을 읽었다. 뒤 보스 신부는 이 책의 35장에서 언어의 기원의 문제를 다뤘다. 루소는 우리가 앞서 지적한 베르나르 라미의 『수사학*Rhétorique*』도 염두에 두고 있다.

101. 루소는 『언어기원론』(2장)에서 "추론이 먼저가 아니라 감각이 먼저였다. 사람들이 말을 고안해서 자기의 필요를 표현했다고들 주장하지만 나는 그런 생각을 받아들일 수 없다. 최초의 필요는 사람들을 가깝게 만드는 것이 아니라 자연스럽게 멀리 떨어뜨려 놓았다. 인류가 멀리 퍼져나가 지구가 신속하게 사람들로 가득 차게 되려면 그래야 하지 않을 수 없다. 그렇지 않다면 인류는 세상 한 구석에서 층층이 몰려 살았을 것이고 세상의 나머지 부분은 아무도 없는 황량

한 곳으로 남았으리라"고 썼다.

102. 이것은 콩디약의 생각이다(『인간지식기원론』, 2부 1섹션1, 1장, 7절).

103. 콩디약도 같은 문제를 제기한다. "언어를 형성하는데 […] 얼마나 많은 성찰이 필요했을까. 이들 언어는 성찰에 얼마나 큰 도움을 받은 것일까! […] 기호를 선택하고 그것을 관념에 적용할 만큼 충분한 성찰을 할 수 없었다면 제도적인 기호들을 사용할 수 없었을 것 같다. 다들 내 생각을 반박할지 모르겠다. 도대체 어떻게 이 기호들을 사용하면서 성찰의 훈련을 할 수 있는 것일까?"(『인간지식기원론』, 1부 섹션2, 5장, 49절) 루소는 이 문제를 해결불가능하다고 본다. 루소는 이 문제를 언어의 필요와 언어의 성립 사이에 놓인 무한히 오랜 시간적 거리를 지적하기 위해 끌어들인다. 콩디약은 이 과정을 대단히 빨리 진행시켰다. 이 두 아이들이 "자연적 기호에 익숙해질수록 아이들은 원할 때 그 기호들을 기억해 낼 수 있었다. 그들은 기억의 연습을 하게 되었고, 스스로 마음껏 상상력을 발휘하여 자기들도 모르는 사이에 본능을 통해서만 했던 일들을 성찰을 통해 할 수 있게 되었다."(위의 책, 2부 섹션1, 1장, 3-4절)

104. 『에밀』 1권에서 루소는 "인간의 최초의 상태가 비참과 유약의 시대였기 때문에 이들의 최초의 목소리는 애원이자 눈물이다. 아이는 필요를 느끼지만 이를 채울 수가 없다. 그는 외침의 수단으로 타인에게 도움을 간청한다. 우리가 주의를 거의 기울이지 않는 이 눈물로부터 인간과 그를 둘러

싼 모든 것과의 최초의 관계가 태어난다. 여기서 사회적인 질서가 형성되는 긴 사슬의 첫 번째 고리가 형성된다"고 썼다. 또 『언어기원론』의 1장에서 루소는 "동물들도 관념을 교환하는 데 충분하고도 남는 신체 조직을 갖추고 있지만 이를 이용하는 동물은 전혀 없다. 내가 보기에 이것이야말로 특징적인 차이인 것 같다. 비버, 개미, 꿀벌처럼 공동노동과 공동생활을 영위하는 동물들이 어떤 자연적인 언어를 갖추고 의사소통을 한다는 점은 확실하다. 비버의 언어와 개미의 언어가 몸짓으로 되어 있어서 이들은 단지 눈으로만 말한다고 생각할 충분한 이유가 있다. 어떻건 이 점으로부터 비버의 언어든, 개미의 언어든 이들 언어는 모두 자연적인 것이지 획득된 것이 아니다. 이 언어로 말하는 동물들은 날 때부터 언어를 갖고 태어나고 하나도 빠짐없이 전부 이 언어를 갖고 어디에서든 그 언어는 동일하다. 언어를 바꾸는 법이 없고 발전은 전혀 없다. 관습언어는 인간만이 갖는다. 바로 이런 이유로 인간은 좋든 나쁘든 발전을 하지만 동물은 그렇지 않다"고 썼다.

105. "나는 기호를 세 가지로 구분한다. 첫 번째는 우연적인 기호, 또는 어떤 특별한 상황으로 우리가 가진 관념과 이어 놓은 대상들이다. 그렇게 해서 이들 기호를 보면 그 대상이 기억나는 것이다. 두 번째는 자연적인 기호, 또는 자연이 기쁨, 공포, 고통 등의 감정을 표현하기 위해 마련해 놓은 외침이다. 세 번째는 제도적인 기호 또는 우리 스스로 선택한 기호들로, 관념과 기호의 관계는 자의적일 뿐이다."(콩디약,

『인간지식기원론』, 1부 섹션1, 4장, 35절) "자연의 외침"은
자연적인 기호들 중에서 가장 단순한 것으로, 콩디약은 몸짓
혹은 "행동의 언어langage d'action" 역시 자연적인 기호라고
본다. 그가 말했던 두 아이가 "함께 살아갔을 때 그들은 이런
자연적인 기호들을 수행하여 더 많은 연습을 하게 되었다.
그들이 서로 교제하면서 각각의 정념의 외침과 그 외침이
자연적인 기호가 되었던 지각이 연결되었다. 그들은 보통
그 외침에 몸의 움직임, 몸짓, 무슨 행동을 더해서 표현했다.
[…] 그래서 이들은 오직 본능에 따라 서로 도움을 요청하고
제공했다. 나는 '오직 본능에 따라'라고 말했는데 성찰은
아직 여기 관여되지 않았기 때문이다."(콩디약, 위의 책, 2부
섹션1, 2절)

106. 『사물의 본성에 관하여』(5권, 1028행 이하)에서 루크레티
우스는 언어의 기원이 사회적이라는 가설을 거부한다. 인간
의 말은 자연이 불러일으킨 자발적인 외침에서 나오는 것이지
최초의 언어적 합의가 있어서가 아니다. "그래서 인간이 각각
의 사물에 이름을 부여할 수 있게 되었고, 다른 사람들은
그로부터 언어의 최초의 요소들을 배울 수 있었다고 생각하는
것은 정말 미친 생각이다. 그가 각각의 대상을 하나의 이름으
로 지시하고, 언어의 다양한 음들을 발음할 수 있었다면 왜
다른 사람들은 그와 동시에 그렇게 할 수 없었다고 가정해야
하는가? 더욱이 만일 다른 사람들이 그들 사이에서 똑같이
언어를 사용하지 않았다고 한다면 그 유용성의 개념은 어디에
서 나온 것일까?"

루이 드 보날드는 『원시 입법*Législation Primitive*』의 서론에서 루소의 생각을 인용하고 이렇게 덧붙였다. "이 작가가 취했던 입장의 증거는 말은 '전달'을 통해 인간에게 왔고, 모든 언어는 '선물don'이었다는 것이다."(éd. Adrien Le Clerc, Paris, 1857, 128쪽)

107. 이러한 종합적인 성격은 뒤 보스 신부에 따르면 모어母語의 특권이다. 라틴어 시가 프랑스 시보다 선호되는 이유가 여기 있다. 우리가 역사를 거슬러 올라갈수록 우리는 시의 기원에 더욱 가까이 가게 된다. 이는 비코와 와버튼의 주장이다. 디드로는 이를 『농아에 대한 편지』에서 다시 취한다. "한 대상을 보고, 그것을 아름답다고 판단하고, 유쾌한 감각작용을 느끼고, 그것을 소유하고 싶은 것은 모두 한 순간에 마음속에 일어나는 작용이다. 이 말이 발화되기가 무섭게 모든 것이 말해지며, 모든 것이 이해된다."(『농아에 대한 편지』, 이충훈 역, 워크룸프레스) 콩디약도 이러한 입장에 동의한다. "나는 본다, 나는 듣는다, 나는 원한다, 나는 사랑한다 및 다른 비슷한 관념들을 표현하는 데는 오랫동안 특별한 어조로 사물들의 이름을 발음하고, 어떤 행동을 통해 우리가 처해 있는 상황을 가깝게 표현하는 방법뿐이었다."(콩디약, 『인간지식기원론』, 2부 섹션1, 9장, 82절) 모페르튀도 "언어를 아직 형성하지 못한 야만인은 대명사, 동사, 수, 실사, 형용사를 뒤섞고 동시에 표현할 수 있었을 것이다. '나는 큰 곰을 죽였다'는 말을 한 마디로 말한다."(모페르튀, 『관념을 표현하기 위해 인간이 사용하는 상이한 수단에 대한 논고*Dissertaions sur les différents*

moyens dont les hommes se sont servis pour exprimer leurs idées』, 『전집』,

t. III, Lyon, 1756, 444쪽)

108. [원주] 부정법 현재(1782년 판).

109. "동사들은 최초에 사물의 상태를 불확정적으로만 표현했을 뿐이었다. 가다aller, 행동하다agir와 같은 부정법 형태의 동사들이 그렇다. 이 동사를 말할 때 행동을 동반해서 시제, 법, 수, 인칭과 같은 나머지 의미를 보충한다. 나무, 보다arbre voir라고 말한다면, 자기가 보느냐, 타인이 보느냐, 한 그루냐, 여러 그루냐, 과거, 현재, 미래 중 어떤 시제냐, 긍정적인 의미냐, 부정적인 의미냐를 몸짓을 통해 표현했다."(콩디약, 『인간지식기원론』, 2부 섹션1, 9장, 85절)

110. 루소와 콩디약 모두 형용사는 뒤늦게 발달했다는 의견에 동의한다. "이후, 그렇지만 천천히 대상의 상이한 감각 자질을 구분하게 되었다. 그 대상이 어떤 상황에 놓일 수 있는지 주목하게 되었다. 그리고 단어들을 통해 이런 사물들 모두를 표현하게 되었다. 이것이 형용사이고 부사이다."(2부 섹션1, 92장, 82절) 디드로의 의견은 아래와 같다. "감각 대상이 처음으로 감각을 자극했을 때 여러 감각 자질을 동시에 갖춘 대상이 처음으로 이름을 얻게 되었습니다. 이들 서로 다른 개체들이 우리의 세상을 구성하는 것이지요. 그다음에 감각 자질을 하나씩 구분하게 되었고 여기에 이름을 붙였는데 대부분의 형용사가 그것입니다. 마지막으로 감각 자질을 추상화해서 이들 개체 모두에 공통된 무엇을 찾았거나 찾았다고 생각했습니다. 비투과성, 연장, 색깔, 형상 등이 그것입니다.

그리고 형이상학의 일반명사와 거의 대부분의 실사가 만들어 졌습니다. 이들 명사가 실재하는 존재를 표시한다고 조금씩 믿게 되었습니다. 그래서 감각 자질을 그저 우연히 일어난 사건으로 봤던 것이고, 형용사는 실제로 실사에 매여 있는 것이라고 생각했던 것입니다. 사실 실사는 아무것도 아니고 형용사가 전부인데도 말이죠."(『농아에 대한 편지』, 위의 책, 20–21쪽)

111. [원주] 우리가 두 가지 사물에서 *끄*집어내는 첫 번째 관념은 이 두 사물이 동일한 것이 아닌 까닭이다. 그래서 이 두 사물이 공통으로 가지고 있는 것을 관찰하기 위해서는 종종 많은 시간이 필요하다(1782년판).

112. 볼테르는 여백에 "적어도 그것은 A와 닮아 있기 때문에 AB라고 불렸다"고 썼다. 모페르튀는 『언어의 기원과 단어의 의미에 대한 철학적 성찰*Réflexions philosophiques sur l'origine des langues et la signification des mots*』에서 이런 대수학적인 환원을 이용했다(『전집』, t. I, Lyon, 1768, 253–309쪽).

113. 콩디약은 "명사를 개별대상으로 상상할 수는 없었다. 일찍부터 일반명사가 필요했다. 하지만 명사 하나하나가 동일한 추상화를 형성하고 동일한 관념에 동일한 명사를 부여했다는 점을 확신하려면 얼마나 섬세하게 모든 환경을 고려해야 했던 것일까?"(『인간지식기원론』, 2부 섹션1, 10장, 102절)라고 썼다. 그렇지만 루소는 즉각적인 삶과, 성찰을 거친 사유 사이에 오랜 간격이 있다고 주장한다. 루소는 일반 용어들의 형성은 오랫동안 지성이 연마한 끝에서나 가능한 것이라고

본다. 이를 위해서는 일반관념을 통해서 정확히 구성되는 정신의 도구가 필요한데, 원시인은 이를 사용할 수 없었다.

114. 루소는 오랫동안 체계적으로 탐색한 뒤에야 총칭적인 용어가 발명되었다고 본다. 이는 시간적인 간격과 장애물들을 늘리기 위한 것이다. 또 그는 최초의 경험에 비해 일반관념이 뒤늦게 나타났음을 보여주기 위해 일반관념의 개념에 과도할 정도로 지적인 측면을 강조했다. 콩디약은 인간이 처음부터 일반관념을 가질 수 있는 능력이 있었다고 판단한다(콩디약, 『문법』, 1부, 2장).

115. "우리의 관념을 교환하는 기술을 발명하게 된 것은 관념을 교환하는 데 사용하는 신체기관보다는 인간에게 고유한 능력이 있어서인 것 같다. […] [동물들은] 언어를 바꾸는 법이 없고 발전은 전혀 없다. 관습 언어는 인간만이 갖는다. 바로 이런 이유로 인간은 좋든 나쁘든 발전을 하지만 동물은 그렇지 않다. 이 차이 하나로 아주 엄청난 일이 생기는 것 같다." (『언어기원론』, 1장)

116. "우리가 동물들에게서 이들이 보편관념을 지시하기 위해 일반적인 기호를 사용한다는 것을 알 수 있을 어떤 증거도 관찰할 수 없다는 것이 명백하다. 그리고 동물들이 말을 사용하지도 않고 다른 일반 기호도 사용하지 않기 때문에 우리가 동물들이 추상화하는 능력이 없거나 일반관념을 형성할 능력이 없다는 점을 생각하는 것이 옳다."(존 로크, 『인간지성론』, 2부, 11장, 10절, 개별관념으로부터 일반관념으로의 이행에 관해서는 4부 7장 9절을 보라)

117. 볼테르는 '순전히 인간의 방식으로'에 밑줄을 긋고 여백에 '안타깝다'고 적었다. 『문학통신*Correspondance littéraire*』(1756 년 1월)에 실린 내용과 비교해보자. "루소 씨는 우리에게 자기 예를 들기까지 하면서 명백하게 증명하기를 추론으로는 이 모든 것에 대해 만족스러운 것을 전혀 만들어내지 못한다 고 했다. 아울러 그의 말만을 들어본다면 이와는 반대로 인간 이 말을 했거나 성찰을 했을 리가 만무했던 것이거나, 인간이 사회를 형성한다는 것도 불가능하게 된다. 그런데 우리는 왜 인간에게 본능이 있다는 걸 받아들일 수 없는 것일까? 동물에게는 본능이 있다고 생각하면서 말이다. 물론 본능으 로는 아무것도 설명할 수 없기는 하다. 그렇지만 그것은 적어 도 우리를 진리로 이끌어주기는 한다. 사실 이 진리란 이해하 기 불가능하지만 우리 지성의 한계를 넘어선다는 점에서 진실하기는 한 것이다. 더없이 분명한 추론에 따라 동물이 풀을 뜯어먹느니 차라리 굶어죽는다는 것은 수백 번 옳다. 그러나 동물은 본능에 따라 풀을 먹는다. 인간은 본능에 따라 말을 하고 성찰하고 사회를 연구한다. 각각의 존재는 자연에 복종하고, 이렇게 복종하면서 행복과 안락을 구한다. 자연은 피조물이 자연의 법칙을 모르도록 내버려두는 일이 없다시피 하므로 말하자면 맹목적인 충동에 따라 이 법을 지키도록 강요한다. 맹목적이라고 말했지만 이는 저항할 수 없는 것이 다. 내가 보기에 루소 씨의 체계를 읽고 판단할 때는 이런 철학의 방식을 따라야 한다. 루소 씨는 "인간이 생각하는 법을 배우기 위해서 말이 필요했다면 말하는 기술을 배우기

위해서 생각할 줄 알 필요가 있었다"고 썼다. 나는 이 점에
대해서 다음과 같이 답변하려고 한다. 인간이 말을 찾아냈던
것은 생각해야 해서가 아니라 본능에 따라서라고 말이다.
본능 때문에 인간은 생각하게 되었고 생각하고 말해야 했기
때문에 인간은 말을 기술과 언어의 형태로 환원했던 것이다."
(éd. Tourneux, t. III, 153–154쪽)

루소는 '순전히 인간의 방식으로'라는 말이 언어가 어떻게
고안되었는지 밝히는 데 충분치 못하다는 점을 인정하면서
언어라는 신성한 제도를 주장하는 입장에 상당 부분 양보한
다. 그러나 이는 그저 가설일 뿐이다. 이유를 설명할 수 없기
때문에 가설을 불러왔다. 그것은 선행가설의 실패에 기인한
다. 언어라는 신성한 제도를 유보 없이 받아들인다는 것은
원시인이라는 개념 자체는 물론, 사회 이전에 있었던 역사
전체를 거부하는 것으로 나아갈 수 있으니, 이 때문에 논고의
구성 전체가 무너질 수도 있었다.

뒤마르세의 뒤를 이어 『백과사전』의 언어학 항목을 맡아
썼던 문법학자 니콜라 보제(1717–1789)는 「언어langue」 항목
에서 루소가 이렇게 시인했음을 들어 『인간 불평등 기원
론』에서 제시된 입장을 뒤집어보려고 했다. "제네바의 철학
자는 조건의 불평등이 사회의 성립에 필연적으로 수반되는
결과임을 잘 알았다. 그리고 사회의 성립과 언어의 성립은
상호 전제하에 이루어진다고 생각했다. 둘 중의 어떤 하나가
다른 하나에 반드시 선행되어야 하는지 논의하는 문제가
까다롭다고 보았기 때문이다. 몇 걸음 더 나아갔던 것 아닐까?

언어가 야만인으로 태어난 인간의 가설을 뒷받침 할 수 없음을 분명히 알았으므로, 또 순전히 인간의 방식으로 성립된 것이 아님을 알았으므로, 그는 사회에 대해서도 동일한 결론을 내렸던 것이 아닌가? 어느 것도 설명이 불가능하니, 그는 전적으로 그가 내세운 가설을 방기했던 것 아닌가? 신이 인간 종에 속한 최초의 개인들에게 말할 수 있는 값진 능력을 부여하는 것으로는 만족하지 못해서 태어나는 사회에 반드시 필요한 단어와 표현법을 생각할 수 있는 기술과 욕망을 즉각 불어넣어주면서 이내 이러한 능력이 훈련될 수 있게 했던 것이다."

『인간 불평등 기원론』의 해당 부분은 다음 세기의 조셉 드 메스트르도 반박했다. "스스로 복종할 수 없는 한 사람은 물론, 서로 이해할 수 없는 여러 사람들도 언어를 고안해 낼 수 없었다. [⋯] 루소는 그의 듣기 좋은 랩소디 한 편에서 올바르게 말하려는 욕망을 보여주었다. 루소는 언어가 그에게 대단히 훌륭한 것으로 보인다는 점을 시인한다. 샤롱이 말하듯이 '정신의 손'이라고 할 수 있는 말[이] 놀라운 감탄을 불러일으켜 그를 자극하고 있다. 무엇 하나 빠짐없이 고려하고서도 그는 언어가 어떻게 고안되었는지에 대해서는 이해하지 못하고 있다."(『생페테르스부르크의 야회Les Soirées de Saint-Pétersbourg』, 1권, éd. Vitte, 1924, 87–88쪽)

『언어기원론』 4장에서 루소는 "모든 언어에서 탄성les exclamations의 소리는 분절되지 않은 것이다. 외침과 탄식은 분절이 이루어지지 않은 단순한 목소리이다. 농아들은 분절되지 않은 소리만을 내지른다. 라미 신부는 신이 인간에게 특별히 말하는 법을 가르쳐주지 않았는데도 인간이 다른 언어들을 발명할 수 있으리라고는 생각하지 않았다. 분절의 수는 아주 적지만 만들어지는 소리는 무한에 가깝고 그 소리들을 분명하게 나타내는 악센트도 마찬가지로 무한히 늘어날 수 있다. 음악에서 사용되는 음표들에도 그만큼 많은 악센트가 있다. 프랑스어는 실제로 악센트가 서너 개에 불과하지만 중국어는 훨씬 많다. 반대로 중국어는 자음이 적다. 악센트를 무수히 많이 결합해 쓸 수 있는데다, 박拍이나 장단을 더할 수 있으니, 가장 풍부한 언어라고 해도 그 언어가 필요로 하는 것보다 더 많은 단어는 물론이고 다양화된 더 많은 음절이 생기게 된다"고 썼다. 라미 신부는 그의 『수사학』에서 "철학자들과 역사학자들이 인간이 버섯처럼 땅에서 태어났다고 주장하고자 하는데, 이들이 설령 우리가 서로 돕고 살아야 할 필요 때문에 모여 살아야 했고, 언어를 고안해야 했다고 말하고자 한대도, 나는 인간들이 서로 이해하지 못했으므로 오히려 떨어져 살았는지 아닌지 모르겠다. 사람들이 우연히 생긴 것이 아님을 알아야 하기 때문에 인간에게는 최초의 기원이 있고, 그들은 신이 창조한 최초의 인간으로부터 내려온 것이다."(라미, 『수사학』, 1권, 4장, 앞의 책, 17쪽)

118. 『에밀』 1권에서 루소는 사람들이 "아이들에게 서둘러 말하게 한다"고 주장했다.

119. 볼테르는 여백에 "인간은 원숭이에게서는 찾아볼 수 없는 본능과 능력이 있다"고 적었다.

120. 루소는 이 부분에서 푸펜도르프에게 답변하고 있다고 하겠다. 푸펜도르프는 "이 세상에서 인간이 가장 불행한 동물이 아니라면 그것은 인간이 그와 같은 사람들과 맺는 교제가 그 원인"(『자연법과 만민법』, 2부, 1장, 8절)이라고 썼다.

121. 『에밀』 2권에서 루소는 "인간이 자연 상태에 가깝게 남아 있을수록 그의 능력과 욕망 사이의 차이는 더 적고, 결과적으로 그는 행복한 상태로부터 덜 멀리 있다. 그가 모든 것을 갖지 않은 것처럼 보일 때보다 덜 비참한 때는 없다. 비참이란 사물의 결여가 아니라 그 결여를 느끼게 해주는 필요의 상태이기 때문이다."(IV, 304)

122. 도덕적 선과 악의 전제는 타인과 맺은 관계와 성찰의 실행이다. 관계가 맺어지기 전에 우리의 자연적인 성향은 자기 보존만을 목표로 하고, 그것이 법으로 간주되었음이 틀림없다. 자연인과 아이의 전前도덕적 상황에 관해 루소가 수많은 사례들을 제시하지만 『에밀』 1권의 다음 문단만 여기 옮기겠다. "이성만이 우리가 선과 악을 알 수 있도록 가르쳐준다. 우리로 하여금 선을 사랑하게 하고 악을 미워하게 하는 양심은 그것이 비록 이성과 무관할지라도 이성 없이 발전할 수는 없는 것이다. 철들 나이가 되기 전에 우리는 그것을 알지도 모른 채 선과 악을 행한다. 우리의 행동에는 도덕성이라고는 전혀 없는 것이다."

『대화』의 두 번째 대화에서 이 순수함은 장 자크의 것이다. "우리의 인간은 그러므로 덕성스럽지 않습니다. 그가 그럴 필요가 없을 것이기 때문입니다. 같은 이유로 그는 악한 사람

도 악인도 아닐 것입니다."(I, 824)

123. 푸펜도르프는『자연법과 만민법』(2권, 2장, 2절)에서 홉스를 인용했다. 홉스는 "자연 상태에서는 자유롭게 지배하는 정념, 전쟁, 두려움, 가난, 공포, 고독, 야만, 무지, 잔혹밖에 찾을 수 없다'(『시민론』, 10장, 1절)고 썼다. 바르베락은 푸펜도르프 번역에 붙인 한 주석에서 "이 점을 증명해야 한다. 정념의 영향력이 왜 그렇게 클까? 인간은 시민사회에서 살아가기에는 덜 인간적인 것일까? 시민사회에는 정념을 자극할 수 있는 대상들과 경우들이 적은가, 아니면 더 많은가?"라고 썼다.

124. 볼테르는 "악인"이라는 말에 밑줄을 긋고 여백에 "야만인은 배고픈 늑대처럼만 악할 뿐이다'라고 적었다. 홉스의 해당 구절은『시민론』에 등장한다(Ita ut vir malus idem fere sit, quod puer robustus, vel vir animo puerili… (Amsterdam, 1760, 25)).

125. 원문에 라틴어로 되어 있다(tanto plus in illis proficit vitiorum ignoratio, quam in his cognition virtutis). 이 말은 유스티니아누스가 한 말로 알려져 있다(『역사*Histoire*』, 2부, 2장, 15절). 호로티우스는『전쟁과 평화의 법』(2권, 2장, 2절)에서 "그런데 최초의 사람들이 단순성의 상태에서 태어났다는 점은 그들이 벌거벗었던 점 때문에 그렇게 보인다. 유스티니아누스가 고대 스키티아 사람들에 대해서 말했던 것처럼 그들은 덕을 몰랐다기보다는 악을 몰랐다."

126. 루소는 여기서 맨드빌을 암시하며, 그의 관점을 아래에

몇 줄로 요약한다. 도덕의 비이성적인 기초로서, 자발적으로 솟아오르는 연민은 『인간 불평등 기원론』 및 『대화』에서 지적되고 있다. 루소는 연민이 "성찰에 앞서는" 미덕임을 주장한다. 그러나 『언어기원론』 9장에서 루소의 생각은 조금 다르다. "[…] 사람들은 형제애라는 관념으로 이어지지 않았고 조정자는 오직 무력뿐이었으므로 서로를 적이라고 생각했다. 사람들이 그렇게 생각한 것은 그들이 약했고 무지했기 때문이다. 아는 것이 전혀 없으므로 하나 같이 두려운 것뿐이었다. 그들에게는 방어가 공격이었다. 다른 사람들 때문에 속수무책으로 지구 표면에 홀로 버려진 사람은 한 마리 난폭한 동물이었을 것이다. 그는 다른 사람들이 제게 해를 입힐까 두려워 그들에게 해를 가할 준비가 되어 있었다. 두려움과 약함은 언제나 잔인함의 근원이다. 우리 마음속의 사회적인 정서는 지식에 비례하여 커진다. 연민도 사람 마음에 자연스럽게 깃들기는 하지만 상상력이 연민은 작동하게끔 하지 않는다면 영원히 활성화되는 일 없이 남을 것이다. 어떻게 연민이 우리 마음을 움직이는가? 우리를 우리 자신 외부에 세워봄으로써, 우리를 고통 받는 존재와 동일시함으로써 가능하다. 그 사람 참으로 고통스럽겠다고 판단하는 만큼 우리도 고통스러워진다. 우리는 우리 안에서가 아니라 그의 안에서 고통을 느낀다. 이렇게 자기를 외부에 세워 놓아보는 일이 얼마나 지식을 많이 가져야 가능한 것인지 생각해보라! 그것이 무엇인지 전혀 모르는 악을 내가 어떻게 상상할 수 있다는 말인가? 어떤 이가 고통스러워하는 것을 보는데 그 사람이 고통스러운지 아닌지 모르고 그 사람과 나 사이에 공통된 것이 무엇인지도 모른다면 나는 어떻게 고통을 느낄 수 있을까? 단 한 번도 성찰을 해본 적이 없는 사람은 온화할 수도, 정의로울 수도, 동정심을 느낄 수도 없다. 악한일 수도 없고, 복수심에 불탈 리도 없다. 아무것도 상상하지 못하는 사람은 자기 자신밖에 느끼지 못한다. 인류 한가운데 그 혼자인 것이다."

127. 버나드 맨드빌은 1670년에 네덜란드의 도르트에서 태어나서 레이덴 대학에서 의학을 공부한 뒤 영국에 정착했다. 그의 주저 『꿀벌의 우화*The fable of the Bees or private Vices public Benefits*』는 프랑스어로 여러 차례 번역되었는데 베르트랑의 번역이 가장 훌륭하다(4 vol. in-8°, Amsterdam, 1740). 견유학파의 후손 맨드빌은 시민국가의 공공의 번영이 개별자들의 악에서 기원한다고 주장하면서, 공공의 번영과 사적인 미덕이 양립불가능함을 보여주었다. "그러니 정신 나간 인간들이여, 볼멘소리는 이제 그만. 여러분이 한 국가의 위대함과 정직을 하나로 만들고자 하는 일은 헛되다. 땅의 형편과 매력을 즐기고, 전쟁에서 유명해지고, 유복하게 잘 살아가는 동시에 미덕도 갖추고 살아간다고 자랑스러워하는 자들은 미친 사람들뿐이다. […] 우리가 그 대신 달콤한 과실을 원한다면 사기, 사치, 자만이 지속되어야 한다…. 번영을 구가하는 상태에도 악덕은 필요하다. 우리가 먹지 않으면 안 되기 때문에 허기가 필요한 것처럼 말이다. 미덕만이 한 국가를 영광스럽게 유명하게 만들기란 불가능하다. 행복했던 황금시대를 되살리고

자 한다면 정직함 외에도 우리의 선조들이 먹거리로 삼았던 상수리나무 열매를 다시 먹어야 한다.''(『꿀벌의 우화』, 베르트랑 역, 1권 25-26쪽)

128. 루소는 여기서 맨드빌의 긴 문단을 요약하고 있다(『꿀벌의 우화』, 2권 및 「자선과 자선의 학교들에 대한 시론」, 27-29쪽).

129. [원주] 제 손에 수많은 자의 피를 묻히는 것을 즐겼던 인물인 실라와 같은 자나, 페레스의 폭군 알렉산드르와 같은 자를 말한다. 실라는 자기가 일으키지 않았던 악은 가슴 아파했고, 알렉산드르는 안드로마코스와 프리아모스의 장면에서 탄식하는 모습을 들킬까봐 어떤 비극이 무대에 올라도 두려워 이를 볼 수 없었다. 그런 그가 자기의 명령을 받들어 매일같이 목을 졸려 죽음에 처해지는 수많은 시민들의 처절한 외침을 듣고도 아무런 마음의 동요도 느끼지 않았다. "유순한 마음 / 자연이 인류에게 주었던 바로 그 선물 / 눈물을 흘리게 해주었던 바로 그것Mollisima corda / Humano generi dare se Natura fatetur, / Quae lacrymas dedit"(유베날리우스, 『풍자Satire』, XV, v. 131-13 3)[1782년 판].

130. 실라에 대해서는 플루타르코스『실라의 생애』, XXX를 참조 "페레스의 폭군 알렉산드르는 극장에서 비극의 연기를 듣는데 고통스러울 수 없었다. 그의 시민들이 그가 헤쿠바와 안드로마케의 불행에 고통스러워하는 것을 볼까 두려워했기 때문이다. 연민 없이 잔인하게 매일같이 수많은 사람들을 살육했던 자가 그였다.''(몽테뉴, 『에쎄』, 2권, 27장) 루소는 플루타르코스의 『펠로피다스의 생애』(XXIX)에서 이 에피소

드를 찾았던 것 같다.

131. 라 로슈푸코. "연민은 종종 타인의 아픔에서 우리에게 고유한 아픔을 느끼는 감정이다. 그것은 우리가 받을 수도 있는 불행을 능숙하게 예측하는 것이다. 우리는 타인들이 우리에게 똑같은 경우에 주기로 약속하기 위해 그들에게 도움을 준다. 우리가 그들에게 하는 봉사는 고유하게 말해서 우리가 미리 우리 자신에게 하는 선인 것이다"(『성찰』, § CCLIV). 라 브뤼예르도 『성격론』에서 "연민의 정이나 동정심이 우리로 하여금 불행한 사람들의 위치로 몰아넣고 결국 우리 자신에게 되돌아오게 한다는 것이 만약 사실이라면, 왜 그들은 그 비참한 처지에서 우리로부터 슬픔의 위안을 얻는 것이 그렇게도 적을까? 비참한 사람들에게 온정의 손길을 내밀지 않는 것보다는 차라리 배은망덕에 몸을 내맡기고 있는 쪽이 좋다"(라 브뤼예르, 『인간성격론』, §48, 동서문화사, 398쪽)고 썼다.

132. 『고백』 8권의 한 주석에서 루소는 이 대목을 디드로를 겨냥해서 썼다고 밝혔다. "철학자가 불행한 사람의 하소연에 무감각해지려고 귀를 막고 사리를 따른다고 하는 부분은 그에게서 나온 것이고, 훨씬 더 심한 다른 것들을 내게 제시하였지만 그것들을 쓸 엄두를 낼 수 없었다."(『고백 2』, 8권, 188쪽) 장 모렐은 이 주석이 『고백』의 원고에 아주 나중에 추가된 것임을 밝혔다. 이 주석에 해당한 텍스트에서 중요한 것은 "디드로의 충고"뿐이었다. "『인간 불평등 기원론』에서 이러한 성찰이 나왔다. 그 책은 내 모든 저작 이상으로 디드로

의 취향이었던 작품이다. 그 작품에 대한 디드로의 충고는 내게 대단히 유용했다"(위의 책). 텍스트와 주석 사이에는 대단히 큰 차이가 있다. 그러니 둘 중 무엇을 믿어야 할까? 『고백』의 주석과 1770년 2월 26일자 드 생제르맹에게 보내는 편지(CG XIX 246) 사이에는 놀랄 만한 유사성이 있다. "디드로투의 몇몇 대목을 삭제했습니다. 디드로는 내 뜻과는 무관하게 그 부분을 추가하게 했죠. 그는 더 심한 부분도 추가했지만 저는 그것을 사용할 결심을 내릴 수 없었습니다."『고백』의 앞의 주석은 드 생제르맹에게 보낸 편지와 같은 시대에 씌어진 것 같다. 루소의 박해망상이 악화일로에 있던 국면과도 일치한다. 장 모렐은 "루소는 충고에서 신의 없는 충고로, 신의 없는 충고에서 대목 전체를 삽입하는 것으로 나아간다. 처음에 그것은 단순한 "충동"이었고, 다음에는 지적되지 않은 "몇몇 대목"이 되었고, 마침내 그 생각이 정확해진다. "논증하는 철학자의 대목은 완전히 그에게서 나온 것이다." 더욱이 이 편지를 통해 루소의 흥분은 더욱 높아지고, 결국 고장이 나버리고 말았다."(*Annales J.-J. Rousseau*, t. V, 124쪽)

『대화』의 두 번째 대화(I, 852–853)에서 루소는 같은 방식으로 고발하지만 그 방식은 덜 확실하다. "그의 주제로 이끌린 그의 최초의 저작들은 공공의 풍속의 광경의 분개를 샀고, 그와 함께 살았고 그래서 아마 그들의 관념을 가졌던 사람들에 의해 자극되었습니다. 간혹 악인들과 악덕을 대단히 신랄하고 생생한 특징을 잡아 그려야 했습니다. 그러나 항상 신속하고 빠르게 그려야 합니다." 1754년 봄에 썼던 한 자료를 다시 살펴보자. 루소의 '친구들'이 중재하는 영향력이 여기 드러난다. 법원장 샤를 드 브로스는 아내에게 보낸 한 편지에서 "『조건의 불평등』에 대해 쓴 그의 논고는 물의를 일으켰소. 그의 친구들이 상당히 완화시켜 놓았지만 그들에게 들은 이야기들은 끔찍했소" 여기서 루소의 '친구들' 중에 뒤클로와 달랑베르도 중재 역할을 했겠지만, 디드로가 있음은 물론이다. 적어도 다음과 같은 점은 확실하다.

1. 루소는 『인간 불평등 기원론』에 앞서 철학자의 무감각에 대한 유사한 생각을 정리했다. 그는 그 연관성을 부정할 생각도 하지 않았다. "철학의 취향은 인간을 사회와 연결하는 존경과 선행의 모든 관계를 느슨하게 만든다."(『나르시스 서문』, t. II, 967쪽)

2. 루소는 『인간 불평등 기원론』을 쓸 때 틀림없이 디드로를 만났다. 두 사람은 정보, 생각, 사상을 나누었으며, 디드로는 그러면서 지적으로 자극하면서 분위기를 띄웠을 것이다. 두 사람의 대화 속에서 나타난 창안의 순간에 누가 자기 이익을 따져볼 수 있었겠는가. 샤를 드 브로스의 편지를 보면 디드로가 디종의 아카데미가 제안한 주제에 굉장한 관심을 갖고 있음을 알 수 있다. "디드로는 이 공모전 주제에 대해 내게 많은 이야기를 했다. 그는 주제가 훌륭하다고 생각했지만 전제정치 하에서 다루기란 불가능하다고 했다."(R. Tisserand, *Les concurrents de J.-J. Rousseau à l'Académie de Dijon pour le prix de 1754*, Paris, Boivin, 15쪽에서 재인용)

3. 『인간 불평등 기원론』이 디드로의 『부갱빌 여행기 보

유』에 영향력을 행사했다고 말할 수 있다.

질베르 시냐르는 먼저 "디드로가 계속 자기 이익을 따져봤으리라는 것이 대단히 개연성 있는 일"이라고 확신하면서 "『부갱빌 여행기 보유』는 루소가 『인간 불평등 기원론』에서 잡았던 초안을 완성한다"고 덧붙였다. "디드로는 루소가 『인간 불평등 기원론』에서 말했던 최초의 시대라는 가설을 더욱 실제적으로 재구성하고 지리적 여건을 부여하고 증명하기 위해 타히티의 예를 사용하게 된다." 이 문제는 헤르베르트 디에크만(Droz, 1955, lxxiii–xciv쪽)이 다시 세부적으로 취해 세밀한 비평을 했다. 그는 『부갱빌 여행기 보유』에 『인간 불평등 기원론』의 "흔적과 요소들"이 남아 있다고 확신한다. "그러나 이 흔적과 요소들은 대단히 많은 것들과 뒤섞여 있다!" 더욱이 이 두 작가의 방식은 본질적으로 다르다. "『부갱빌 여행기 보유』의 자연 상태는 루소에게서처럼 과거가 아니라 현재에 존재하는 것이다. 타히티는 최근에 발견되었고, 그 섬은 파리에서 수백만 킬로미터 떨어져 있다. 역사적이고 논리적인 개념이 부재한다는 것으로 디드로가 사회에서 불안의 기원의 문제를 제기하는 것이 아니라 단지 불안이 있다는 것을 확인하고 있다는 것이 설명된다. 『부갱빌 여행기 보유』의 기본 시각은 역사를 배제하는 것이다. 도덕 개념의 계보학의 문제는 단지 부수적으로만 다뤄졌다."(위의 책, lxxxix쪽)

133. 볼테르는 여백에 "이로쿠아 인디언들이 우리보다 더 동정심이 많다고 말하려는가"라고 썼다.

134. 「마태복음」, 7장 12절, 「누가복음」, 6장 31절.

135. 이 내용은 전적으로 홉스에 반대하는 것이다. 볼테르는 여백에 이렇게 적었다. "작작 미쳐야지. 북아메리카 인디언들이 전쟁으로 멸절되었다는 걸 모르나?" 볼테르가 루소에게 보낸 1755년 8월 30일자 편지에서 "나는 캐나다 야만인을 찾으러 배를 탈 수도 없소. 내가 고통스러워하는 병은 유럽 의사가 필요한 병이라는 것이 첫 번째 이유이고, 전쟁이 그 나라에도 번지고 그들이 우리 유럽의 모범을 따른 나머지 우리나 다름없이 사악해졌다는 것이 두 번째 이유요"(부록 참조)라고 썼을 때 이 부분을 염두에 둔 것이다.

136. "그러므로 인간의 정념에서 육체적인 것과 정신적인 것을 구분하도록 하자"(뷔퐁, 『자연사』, t. II, 앞의 책, 335쪽).

137. 볼테르는 "복종해야 하는"에 밑줄을 긋고 "도대체 왜?"라고 적었다. 루소는 남성과 여성 사이에 '자연적인 불평등'이 있음을 받아들이며, 그 불평등 때문에 여성은 남성에게 복종한다. 반면 볼테르는 남성과 여성의 완벽한 평등을 여러 차례 주장했다. "여성들은 우리 남성이 하는 모든 것을 할 수 있습니다. […] 유일한 차이가 있다면 그것은 여성들이 더욱 사랑스럽다는 것이죠."(베르제에게 보낸 편지, 1736년 10월 18일)

138. [원주] 혐오감(1782년 판).

139. 루소는 뷔퐁이 『동물의 본성에 대한 논고』에 개진한 입장을 따르지만 뷔퐁이 동물에게서 봤던 기초적인 행복을 야만인에게 부여한다. "선할 수 있는 것은 이 정념의 육체뿐이다. […] 홀딱 반한 사람들이 뭐라고 말하더라도 도덕은 그만한

가치가 없다. 사실 말이지 사랑의 도덕이란 것이 무엇인가? 그것은 오만이며, 정복의 즐거움 속에서 갖게 되는 오만이며, 우리가 지나치게 존중하지 않는 것에서 비롯한 오류이다. 자기 혼자만 갖고자 하는 오만이요, 그것을 숨기고자 하는 형편없는 정념, 너무도 비천한 정념으로서의 질투가 따라붙게 마련인 불행한 상태이다. 그것을 즐기는 방식에서 갖게 되는 오만이며, 그 때문에 즐거움을 늘리는 대신 몸짓이며 노력만을 늘릴 뿐이다. 그것을 상실하는 방식에서 갖게 되는 오만이며, 처음의 사랑과 관계를 끊으려고 한다. 버림이라도 받는다면 얼마나 치욕스러운가! 이 치욕은 자기가 오랫동안 잘 속는 사람이었고, 그래서 속고 말았음을 깨닫게 되면 절망으로 변한다. […] 이런 비참함을 겪는 동물이 있던가. 동물은 가질 수 없는 즐거움을 찾지 않는다. 감정에만 이끌리는 동물은 선택할 때 잘못 생각하는 법이 없다. 동물의 욕망은 항상 향유의 힘에 비례한다. 동물은 향유하는 만큼 느끼고, 느끼는 만큼만 향유한다. 반대로 인간은 즐거움을 창안해내고자 하므로 계속해서 본성을 변질시키고 자신의 존재를 함부로 하고 자기 마음속에 나중에 그 무엇으로도 채울 수 없는 공허를 계속 파내려간다."(『자연사』, t. II, 위의 책, 352쪽)

140. 볼테르는 여백에 이렇게 썼다. "그걸 당신이 어찌 아는가? 야만인이 사랑하는 것을 보기라도 했는가?" 상상력의 힘은 모호하다. 루소는 상상적인 것이 아무런 영향력을 행사하지 못하는 행복을 찬양한다. 『에밀』 4권에서 그는 이렇게 말한다. "모든 제한된 존재의 정념을 악덕으로 변하게 만드는 것은

상상력의 오류이다…. 나는 항상 일찌감치 타락해버리고, 여자와 방탕에 몸을 맡긴 젊은이들이 비인간적이고 잔인하다는 것을 보았다. 혈기에 넘치는 기질은 그들을 참을성 없게 만들고, 복수심 강하게 만들고, 성을 내게 만든다. 그들의 상상력은 한 가지 대상으로 가득차서 모든 나머지는 거부해버렸다. 그들은 연민도, 동정심도 모른다. 그들은 최소한의 즐거움만 갖는다면 아버지, 어머니, 전 세계를 희생할 수도 있을 것이다."(IV, 501-502)

141. 몽테뉴, 『에쎄』, I, 31장. "식인종들에 대해서".

142. 볼테르는 여백에 이렇게 썼다. "수컷이 더 많이 태어나지만 이십 년 후에는 암컷의 수가 수컷을 능가한다."

143. "짐승들이 느끼는 감각이란 허기, 갈증, 사랑의 자극뿐이다. 사랑의 자극조차 특정 시기에만 짐승들을 갈급하게 만든다. 종의 번식에 필요하기 때문이지, 단순히 헛된 쾌락을 얻고자 하는 것이 아니다. 짐승들은 그 목적에 이르렀을까? 만족하고 나면 짐승들의 욕망은 저절로 사라진다. 반대로 인간의 마음에 일어나는 사랑의 움직임은 계절에 국한되지 않는다."(푸펜도르프, 『자연법과 만민법』, 2권, 1장, 6절)

그렇지만 루소가 표현하는 생각은 푸펜도르프와 반대 방향을 향한다. 푸펜도르프는 "인간이 법 없이 살아갈 수 없"음을 증명했다고 생각한다. 반대로 루소는 자연인이 평화롭게 살아가고, 실정법이 없이도 살아갈 수 있다고 확신한다. 여기에서도 루소는 다른 저자들이 동물의 전유물로 간주한 것을 자연인에게 부여한다. 푸펜도르프는 "짐승들은 식욕을 정말 쉽게 채운다. 간소하고 평범한 것만 먹으면 그만이다. 자연은 그런 것들이라면 어디에서나 풍부히 제공한다. 그러니 양념도 조미료도 필요 없다. 짐승들은 배가 차면 자기들을 고통스럽게 만드는 걱정이 더는 없다. 짐승은 쉬이 화를 내지 않는다. 짐승은 위험을 받지 않는 한 누구에게도 해를 끼치는 일이 없다시피 한다."(위의 책)

144. 볼테르는 여백에 이렇게 썼다. "이 결론은 형편없는 소설이나 다름없다."

145. 볼테르는 여백에 이렇게 썼다. "아름다움은 사랑을 자극하고 정신은 예술을 낳는다."

146. 『에밀』 4권에서 "인간을 사회적으로 만들어주는 것은 인간의 약함 때문이다. 우리의 마음을 인류에게 이끄는 것은 우리의 공통된 빈곤이다. 우리가 인간이 아니었다면 그것의 원인인 것은 아무것도 없을 것이다. 애정 치고 결핍의 기호記號가 아닌 것이 없다. 우리 각자 다른 사람들을 필요로 하지 않았다면 그들과 함께 살 생각도 못 했을 것이다."(IV, 503)

147. 루소는 다시금 그의 사상을 이끄는 근본적인 직감을 규정한다. 집단적으로 되었을 때 외부의 장애물과 접촉하면서 무엇이 생기는지 이해한다면 이성의 계보학, 악의 계보학은 물론 사회 집단과 시민적 불평등이 나타나는 사회 집단의 설립이 어떻게 이루어지는지 이해할 수 있다. 이성, 악, 사회적 불평등이라는 세 가지 계보학은 단 한 가지 과정을 통해 전개되며, 그 과정에서 세 가지는 모두 상호 종속된다. 『에밀』 4권에서 루소는 "사회를 인간에 의해, 인간을 사회에 의해 연구해야

한다. 정치와 도덕을 분리해서 다루고자 하는 사람들은 이 둘의 어떤 것도 전혀 이해할 수 없다"고 썼다. 다른 한편, 우리가 자기애와 연민의 단순한 충동을 넘어서자마자, 도덕은 "인간의 지식"의 발전과의 밀접한 상관관계 속에서 역사적으로만 이해될 수 있다.『크리스토프 보몽에게 보낸 편지』에서 루소는 다음과 같이 썼다. "[…] 모든 도덕의 기본 원리는 […] 인간이 천성적으로 선하기에 정의와 질서를 사랑한다는 것, 인간의 마음속에는 처음부터 사악함이 없다는 것, 그리고 본성의 최초 움직임은 언제나 올바르다는 것입니다. 저는 인간이 가지고 태어나는 유일한 열정, 즉 자애심은 그 자체로는 선과 악에 초연한 정념이어서, 그것이 발달하는 상황에 따라 우연하게 선해지거나 악해질 뿐임을 보여주었습니다. […] 자애심은 단순 정념이 아닙니다. 그런데 단순 정념은 두 가지 원리, 즉 생각하는 존재라는 원리와 감각 능력을 가진 존재라는 원리를 가지고 있으며, 이 두 원리의 행복은 같지가 않습니다. 감각의 욕구는 신체의 행복을 지향하며, 질서에 대한 사랑은 영혼의 행복을 지향합니다. 계발되어 활발해진 이 질서에 대한 사랑은 의식이라는 이름을 갖습니다. 그러나 이 의식은 오로지 인간의 지식에 의해서만 발전하고 작용합니다. […] 그러므로 의식은, 아무런 비교도 하지 않아서 자신의 상관관계를 전혀 알지 못하는 인간에게는 아무 가치가 없습니다. 이러한 상태에서는 인간은 자기밖에 인식하지 못합니다. 그는 자기 행복이 타인의 행복에 상반되는지 부합하는지도 알지 못하며, 아무도 미워하지도 좋아하지도 않습니다. 자신의 신체적인 본능에만 국한돼 있는 그는 형편없는 존재여서 짐승이나 다름없습니다. 바로 그것이 제가 『인간 불평등 기원론』에서 보여준 것입니다."(『크리스토프 드 보몽에게 보내는 편지』, 김중현 역, 책세상, 29–31쪽)

전통적인 변신론에서 중요한 역할을 하는 원죄의 관념은 루소를 만족시킬 수 없었다. 그것은 신을 무고하게 만들지만 반면 이는 인간을 "본성상" 죄인으로 만들기 위한 것이다. "원죄는 그 자체의 원리만 빼고 모든 것을 설명해줍니다. 그러니 그 원리를 설명하는 것이 중요합니다. 당신은 저의 원리에 근거해서, 우리가 우리 자신의 마음의 신비를 이해할 수 있도록 해주는 빛줄기가 더 이상 보이지 않는다고 주장하십니다. 당신은 훨씬 더 보편화된 그 원리가 최초의 인간이 저지른 죄를 해명해주기까지 한다는 것을 모르십니다. 당신의 원리야말로 그 최초의 인간이 저지른 죄를 제대로 해명하지 못하고 모호한 상태로 내버려두고 있습니다. 당신은 악마의 수중에 있는 인간밖에 볼 줄 모르시지만, 저는 인간이 어떻게 악마의 손에 떨어졌는지를 봅니다. 당신 말씀에 의하면, 악의 원인은 타락한 본성입니다. 그런데 그 타락 자체가 원인 규명이 필요한 악인 것입니다. 인간은 선하게 창조되었다는 것, 당신과 저는 모두 그 점을 인정하고 있다고 생각합니다. 그러나 당신은 인간이 과거에 악했기 때문에 현재도 악한 거라고 말씀하시고 저는 인간이 과거에 어떻게 악하게 되었는지를 보여줍니다. 당신이 생각하시기에, 우리 중 누가 더 원리에 가까이 거슬러 올라갔습니까?"(위의 책, 34–35쪽)

148. 로크와 로크주의자들이 관념과 능력의 기원을 추론하면서 시간의 지속의 문제를 충분히 고려하지 않았던 반면, 루소는 시간의 지속의 문제를 강조한다. 그러므로 그가 신학자들이 말하는 대단히 짧은 시간 동안 이루어졌던 편협한 연대기를 언급하지 않고자 했음을 이해할 수 있다. 루소는 플라톤의 『법률』 3권을 시작하는 내용을 참조한다. "도대체 무엇이 나라 체제politeia의 기원이 된 것으로 우리가 말할 것인지? [⋯] 나라polis들이 훌륭함과 함께 나쁨으로 이행하는 진행을 그때마다 관찰해야만 되는 [⋯] 길고도 무한한 시간과 그 기간 동안의 변화들의 관점에서"(676a–b)가 아닌지 말이다. "그러기에 이를 수만 년 동안이나 당시의 사람들은 모르는 상태로 있었지만, 천 년 또는 이천 년이 경과하는 동안에"(677d) 생겼던 일들이 인간에게는 알려지지 않은 채 남아 있었다고 가정할 필요가 있다.(플라톤, 『법률』, 박종현 역, 서광사, 213, 217쪽)

  19세기 초의 자연사가 장 라마르크는 『인간 불평등 기원론』에 큰 영향을 받았다. 그는 "주변 환경들은 언제나 어디에서나 생명을 누리는 개체들에 실제로 영향력을 행사한다. 그런데 우리가 이 영향력을 깨닫기가 어려운 것은 그 결과들이 수많은 시간이 흐른 뒤에서야 (특히 동물들에게서) 지각되거나 깨닫게 되기 때문이다. [⋯] 시간과 우호적인 주변 환경들은 [⋯] 자연이 만들어내는 모든 산물들을 존재하게 하기 위해 사용하는 두 가지 주요한 수단이다. 우리는 자연에서 시간은 한계가 없고, 그 때문에 자연이 갖는 시간은 항상 자연의 용도에 따른다는 것을 알고 있다.

그러므로 자연이 필요로 했고 자연이 여전히 생산해내는 모든 것을 다양하게 만들기 위해 늘 사용하는 주변 환경이 자연으로서는 마르지 않는 샘과 같다고 하겠다.

가장 중요한 것으로는 환경, 주변 환경과 대기의 다양한 기온, 다양한 지역과 상황, 습관, 가장 일반적인 운동, 가장 빈번한 작용들, 자기 보존의 수단들, 생활하고 자신을 보존하고 수를 늘리는 방식의 영향에서 찾을 수 있다.

그런데 이렇게 환경들이 다양한 결과 능력은 계속 사용함에 따라 확장, 강화되고, 오랫동안 새로운 습관을 간직하게 되면서 다양해진다. 눈에 띄지 않게 몸의 구성, 단단함, 한마디로 말해서 부분들의 본성과 상태 및 신체기관들이 이 모든 영향력에 연속적으로 참여하고 세대를 거듭하면서 보존되고 증식된다."(『동물철학*Philosophie zoologique*』, 파리, 1809, 7장)

149. 여기서 옮긴 시민사회société civile는 『사회계약론』 2권 1장 (『제네바 초고』, 1권, 4장)에서 "개별 이익들의 대립이 사회société civile의 설립을 필요하게 했다면, 그것을 가능하게 한 것은 개별 이익들의 일치다"(김영욱 역, 후마니타스, 35쪽)의 내용과 비교해야 한다. 이 사회는 일반의지를 따르는 정부 이전의 사회라고 할 수 있다.

150. 볼테르는 이 부분에 "뭐라고, 곡식을 심고 파종하고 울타리를 둘러친 자가 자기가 들인 수고의 결과를 누릴 권리가 없다고! 뭐라고, 저 부당한 인간, 저 도적이 인류에게 선행을 베푸는 자일 수 있다고! 이건 부자들이 가난한 자들에게

도둑을 맞기를 바라는 거지철학이 아니고 뭔가"라고 기록했다.

샤토브리앙은 루소의 이 텍스트와 파스칼의『팡세』에 나오는 유명한 "저 가난한 아이들이 이 개는 내 것이고, 햇빛이 드는 이 자리가 내 자리라고 말하곤 한다. 이것이야말로 모든 대지의 찬탈의 서곡이자 그것의 이미지이다"라는 구절 사이에 유추관계가 있음을 보여주었다. 샤토브리앙은 이렇게 말한다. "바로 이런 생각이 파스칼을 벌벌 떨게 했다. 파스칼이 기독교도가 아니었다면 저 위대한 인간은 도대체 어떤 인간이 되었을까?"(『기독교의 정수』, 3부, 2장, 6절) 질베르 시냐르는 파스칼이 제시한 이 생각이 그저 기독교 도덕과 법적 도덕이 공유하는 일반 논고에 불과하다고 말한다. "키케로에서 흐로티우스로 내려오는 계보에 성 아우구스티누스와 성 토마를 거치는 계보를 그릴 수 있을 것이다."(『파스칼을 읽으며』, 릴, 제네바, 1948, 91쪽) 사실 이 전통은 오직 자연법만을 따르는 인류에게 모든 것이 모두에게 공유재산이고, 소유권은 인간의 관례로서의 실정법에 근거한 시민법에 불과한 것이라고 가정한다. 루소는 평소처럼 격렬하게 소유권의 기원을 다룬 고전적인 관념들을 되풀이하기만 할 뿐이다. 제안된 사실들은 동일해도, 다른 저자들은 이 사실들을 차분히 만족스러워 하면서 언급하는 반면 루소는 이를 비난하고 있다(A. O. 러브조이, 「성 암브로아즈의 공산주의」, 『지성사 에세이』, 볼티모어, 1948, 296-307쪽을 참조).

노동의 산물로서 소유권이 자연법이라고 보는 견해는 17세기 말에나 등장하는데, 부르주아 사회의 이론가인 로크의 작품에 등장한다(Raymond Schlatter, *Private Property. The History of an Idea*, New York, 1973; Raymond Polin, *La Politique morale de John Locke*, Paris, 1960). 루소가 『인간 불평등 기원론』을 출판한 시기에 공유재산에 울타리를 치는 일이 프랑스에서도 확산되었음을 지적해야 한다. 영국을 모범으로 삼고자 하고 토지의 수확을 늘리려고 했던 지주들이 벌인 일이다. 샤를 모라제의 지적처럼 이 시기 루소의 텍스트는 시사적인 문제를 제기한다. "토지에 울타리를 쳤다…. 그런데 이들 개화된 지주들이 계속하던 일이었다. 확실한 이득을 통해 수확을 늘리고, 공장형 축산에 성공하고, 양질의 고기를 제공하고자 했다. 주변 도시들에서 급증하는 인구를 위한 일이었다. 프랑스 전역에서 예전에 발견된 들판에 말뚝과 구덩이를 둘렀다. 노동자들이 말뚝을 뽑아버리고 구덩이를 채웠다. 그들은 공동으로 사용했던 방목장이 없어지면서 파산한 이들로, 19세기 중반까지 폭력적으로 항의했으나 헛된 일이었다."(『부르주아 프랑스*La France bourgeoise*』, 파리, 1946, 76쪽) 이 문제에 대해서는 앙드레 리슈텐베르제, 『18세기의 사회주의*La socialisme au XVIIIe siècle*』, Paris, 1895; Maxime Leroy, 『프랑스 사회법의 역사. 몽테스키외에서 로베스피에르까지*Histoire des lois sociales en France. De Montesquieu à Robespierre*』, Paris, Gallimard, 1946을 참조)

151. 자연인의 삶은 즉각성l'*immédiateté*에 있었다. 장애물에 맞서 투쟁해야 할 때 자연인은 잠재력을 발휘하게 될 것이다.

자연을 변화시키거나 굴복시키기 위해 도구를 고안할 것이다. 성찰할 수 있게 되고, 이성이라는 중개적인 능력을 발견할 것이다. 그렇지만 이런 진보는 이중적인 것이다. 즉각성이라는 최초의 특권이 상실되기 때문이다. 앞으로 인간은 자연과 자기 자신을 매개하는 관계밖에 갖지 않게 된다. 그는 더 힘이 세졌지만 홀로 남았다. 『사회계약론』 1권 6장에서 루소는 "나는 인간이 다음 지점에 이르렀다고 가정한다. 자연 상태에서 인간의 보존을 방해하는 장애물들의 저항력이, 개인이 자연 상태에서 자신을 유지하기 위해 사용할 수 있는 힘을 능가하게 되었다. 그때 원시 상태는 더 이상 존속할 수 없으며, 인류는 존재 방식을 바꾸지 않으면 소멸할 것"(김영욱 역, 후마니타스, 23쪽)이라고 썼다. 루소 사상에서 장애물의 역할에 대해서는 스타로뱅스키의 『투명성과 장애물』(1971)을 보라.

모렐리는 1755년에 출간한 『자연의 법전 *Code de la Nature*』에서 장애물의 이론을 공식화하는데 이는 루소의 이론과 나란히 놓을 가치가 있다. "인간이 매번 필요를 충족할 때 아무런 장애물도 만나지 않았다면 최초의 무심한 상태로 다시 떨어져버리고 말 것이고, 필요의 감정이 다시금 일어나 자극할 때만 다시 나타나게 될 것이다. 필요가 쉽사리 충족되면 짐승의 본능을 뛰어넘는 지식이 필요치 않을 것이며, 짐승보다 더 사회적이 되지 않을 수도 있을 것이다. 그러나 지고한 지혜를 가진 신의 의도는 그것이 아니었다. 신은 인류를 경이로운 만큼 단순한 메커니즘으로 스스로 조정되는 지성

적인 전체un Tout intelligent로 만들고자 했다. 그 전체의 부분들
이 준비되었고, 말하자면 더없이 멋지게 연결되기 위해 다듬
어졌다. 어떤 사소한 장애물이 그들의 경향과 대립하기보다
는 그들을 강력히 결합하도록 했을 것이다. 떨어져 있으면
약하고, 섬세하고, 민감했던 그들의 욕구를 만족시킬 수 있는
대상이 일시적으로 멀어지면 욕망과 불안이 자극되어 일종
의 '사회적 인력attracti-on morale'이 증가되었을 것이다."(『자연
의 법전』, 질베르 시냐르 편, 1950, 165-166쪽)

152. 루소는 "이 원소cet élémet"라고 썼다. 불이 더는 물질을
구성하는 원소가 아니라는 사실은 18세기 후반의 화학자
라부아지에에 의해 증명되었다. 그러나 루소는 여기서 플로
지스톤을 주장한 독일 화학자 슈탈의 체계에 기대고 있는
것 같다.

153. "그러므로 인간의 자연적인 최초의 움직임은 그의 주변의
모든 것과 자신을 재어보고 그가 발견한 각각의 대상에서
자신과 관련될 수 있는 모든 감각 자질들을 경험하는 것이므
로, 그의 최초의 연구는 자신의 보존과 관련된 일종의 실험물
리학이다… 인간의 최초의 이성은 감각적 이성이고, 그것이
지성적인 이성의 토대가 된다."(『에밀』, 2권, IV, 369-370쪽)

154. 원문에 machinal이라고 되어 있는데, 루소가 앞에 말한
성찰réflexion과 관련하여 '반사적'이라고 번역했다.

155. l'amour du bien-être를 위처럼 옮겼다. 안락le bien-être은 『아카
데미 프랑세즈 사전』(1762)에서 "안락하고 편안한 생활une
subsistance aisée & commade"과 같이 정의되었다.

156. 루소는 알렉상드르 루이 브누아 드 카롱들레 신부에게 보낸 편지(1764년 3월 4일)에서 "자기애는 모든 인간을 움직이게 할 수 있는 가장 강력한 동기이자, 내 의견으로는 유일한 동기입니다"(*Correspondance générale*, t. XIX, éd. R.A. Leigh, Oxford, 1973, 199쪽)라고 썼다.

　여기서 안락을 구하고자 하는 욕망은 사회와 상대적인 존재 방식을 가능케 하는 한 가지 원천으로 나타난다. 그런데 개인이 자기 보존을 추구하는 안락을 구하고자 하는 욕망은 루소에게서는 자기애amour de soi와 동의어로, 이것은 아이와 고독한 야만인이 갖는 "자연적인 정념"이다. 그 정념은 사회생활이 시작되는 순간 사라지는 것은 아니다. 반대로 사회 상태와 이 상태에 부합하는 정념은 자기에 대한 자연적인 사랑의 수정에 불과하다. 사회인은 자연인에게서 나왔지만 그는 결국 자연인과 대립한다. "기원의" 연속성과 "논리적" 모순이 동시에 존재하는 것이다. 『에밀』 4권에서 루소는 다음과 같이 말했다. "우리의 정념의 원천, 모든 다른 정념들의 기원과 원칙, 인간과 태어나 그가 살아가는 만큼 결코 그를 떠나지 않는 유일한 정념은 자기애이다. 원초적이고, 본유적이고, 모든 다른 것에 앞선 정념, 다른 모든 것이 한 마디로 그것의 변형에 불과한 정념이다. 이런 의미에서 원한다면 모든 정념들은 자연적이다. 그러나 이 변형들 대부분은 그것 없이 이루어질 수 없었을 낯선 원인들을 갖는다. 그리고 이 동일한 변형이 우리에게 이득이 되기는커녕 우리에게 해롭다. 그것은 최초의 대상을 바꾸고 원칙들에 반대하여 나아간다. 바로 그때 인간은 자연 외부에 서고 자기와 모순되기 시작하는 것이다."(IV, 491쪽) 여기서 "외부의 원인들"은 자연 세계에서 빚어진 난점이나 그 세계의 전복으로 맞부딪히게 된 장애물과 같다. 처음에 자연 세계에는 한 가지 대립이 있었을 뿐이지만, 그 대립에서 세계(장차 '외부'가 될)를 지배하고자 하는 욕망과 자신의 차이를 의식하는 부정의 정신이 솟아날 것이다. 『에밀』 3권을 보면 안락을 구하고자 하는 자연적인 욕망은 호기심과 지식의 원천으로 드러난다. 도덕의 발전과 지성의 발전의 원인을 동일한 것으로 보고 있다는 증거이다.

157. 루소는 '자유로운 연합l'association libre'을 느슨한 형태의 결합으로 파악하고 이 공동생활의 형태를 '무리를 지어en troupeau' 살아가는 것이라고 설명한다. 루소는 이 군거群居를 최초의 사회의 상태로 생각하지 않는다.

158. 루소는 『에밀』 2권에서 추론하고 앞을 내다보는 야만인을 취하는데 여기서는 그보다 더 나아간 발전의 상태를 보여준다. "어떤 장소에도 속하지 않고, 정해진 어떤 임무도 갖지 않고, 누구에게도 복종하지 않고, 자신의 의지 외에는 다른 법도 갖지 않으면서 자신의 삶의 각각의 행동에 따라 추론하지 않으면 안 되었다. 그는 미리 결과를 고려하지 않고서는 한 발자국도, 하나의 움직임도 하지 않았다. 그의 신체가 단련될수록 그의 정신도 밝아지고, 그의 힘과 그의 이성은 동시에 증가하고 서로서로 확장된다."

159. 디드로 역시 『프라드 신부 변론의 계속Suite de l'apologie

de l'abbé de Prades』(§V)에서 군거하는 생활양식을 지적했다. 그곳에서 인간은 "원숭이, 사슴, 까마귀들처럼 자연의 단순한 권유에 따라 모여 살아갔다."

160. 콩디약은 『인간지성기원론』에서 "의사 교환이 말과 행동이 뒤섞인 담화로 이루어졌던 시대가 있었다"(파리, 1746, 2부, 섹션 1, 1장, §9)고 말했다. 루소는 17세기와 18세기 학자들이 몰두했던 원시적이고 보편적인 언어의 문제를 그저 지나가면서 언급한다. 예를 들어 뒤보스 신부는 '모어母語, langues mères'와 '파생어langues dérivées'를 구분한다. 루소는 어떤 인간 그룹이 고립되고 지역에 따라 관례가 세워질 때 거의 곧장이다시피 개별 언어들이 나타났다고 생각한다. 인간이 서로 분산되어 살았다는 점이 최초의 사실로 간주되므로 언어의 다양성을 설명할 때 바벨탑 신화에 의존할 필요도 없고, 최초의 가족이 분할되었다고 말할 필요도 없어진다.

161. 루소는 뒤 테르트르의 책의 다음 부분을 잘 알고 있었다. "그 언어 이상으로 빈곤한 언어는 없다. 그들은 조잡한 감각을 자극하지 않는 것을 표현하는 단어들이 없었다. 그들은 지성, 의지, 기억이 무엇인지 모른다. 그것은 감추어진 힘으로써 결과를 통해서만 외부에 드러나기 때문이다. 그들은 어떤 미덕에도 이름을 붙일 수 없다. 어떤 미덕도 실천하지 않기 때문이다."(『생크리스토프 열도의 일반사*Histoire générale des isles de Saint Christophe*』, 파리, 1654, 5부, 1장, §12, 463쪽)

162. 볼테르는 이 부분에 "우스꽝스럽다"라고 적었다.

163. 원시 기술을 묘사하는 이 부분은 여행기에서 가져온 것이다.

뒤 테르트르 신부는 카리브 사람들에 대해 이렇게 말한다. "그들이 거주지를 조성하기 위해 숲을 베어 쓰러뜨려야 했다면 가진 것이라고는 돌도끼뿐이었다. 낚시를 하러 가려고 했다면 그들은 삼杉가다 낚시 바늘밖에 없었다."(『생크리스토프 열도의 일반사』, 5부, 1장, §5, 424쪽) 루소는 "전前역사적" 인간에 그와 동시대의 "야만인들"의 기술 장비를 마련해줌으로써 이를 확대 적용했던 최초의 인물 중 한 명이다. 이런 점에서 루소는 뷔퐁보다 먼저 앙투안 드 쥐시외를 따랐다고 하겠다. 뷔퐁은 1778년에 출판한 『자연의 시대들*Epoques de la Nature*』에서나 최초의 인류가 가졌던 기술을 제시했다. "그들은 처음에 저 단단한 조약돌, 비취, '연마한 돌pierres de foudre'을 도끼 형태로 날카롭게 만들기 시작했다. 그들은 그것들이 하늘에서 떨어지고 천둥이 쳐서 만들어진 것이라고 믿었다. 그렇지만 그것들은 순수한 자연 상태에서 인간의 기술로 만들어진 최초의 기념물이었다."(마지막 일곱 번째 시대) 자크 로제의 비평판(Paris, Editions du Muséum, 1962, 205–206쪽).

164. "[여러 재앙의 곤경으로 해서] 한 가족 단위로 그리고 일족一族 단위로 뿔뿔이 흩어진 사람들로 구성되지 않겠습니까? 그런 통치 형태들에서는 그들에게 있어서의 통치권이 아버지 또는 어머니에게서 받게 된 것이기 때문에 가장 나이 많은 부류가 다스리고, 다른 사람들은 그들을 따라, 마치 새들이 한 무리를 이루듯, 할 것입니다. [...] 하지만 그 다음에는 더 많은 수가 공동체로 결집해서 여러 나라를 만들고서,

산자락에서 최초의 농경으로 방향을 잡게 되며, 일종의 빙 두른 돌담들로 짐승들을 막기 위한 방법들을 만들어 다시금 하나의 커다란 공동의 거주 지역을 이루게 됩니다.'(플라톤, 『법률』 3권, 680e-681a) 『구약성서』의 「창세기」도 같은 내용이다. 뷔퐁은 북아메리카 원주민들에 대해 이렇게 썼다. "북아메리카의 이 지역은 사람이 거의 살지 않아서 [파브리 씨는] 사람 한 명을 만나려면 사백 킬로미터나 팔백 킬로미터를 걸어야 했고, 그가 걸어왔던 곳에 이웃 마을이 있음을 보여주는 흔적을 전혀 찾을 수 없었다. 거주지들은 극단적으로 멀었고, 한 곳에는 종종 한 가족이, 간혹 두세 가족이 살고 있었지만 스무 명 이상이 함께 살아가는 곳은 없다시피 했고, 그 스무 명도 다른 스무 명들과 엄청나게 먼 거리를 두고 살아갔다." (『자연사』, t. II, 앞의 책, 48쪽) 이 최초의 격변은 아직 진정한 "시민 상태"를 세우지 않았으니 채취와 사냥이라는 원시적인 활동을 전혀 바꿔놓지 못했다. 구석기시대에 해당하는 이 단계에서는 노동의 분업도 전혀 들어서지 않았다. 두 번째 격변은 엄청난 결과를 낳았는데 야금과 농업이 고안되었던 것이다. 양식糧食을 생산하는 기술들로 채취의 단순한 활동이 대체될 때 인간관계들은 새로이 변형을 겪는다.

165. 루소는 오두막집을 짓는 것과 같은 기술적 변형이 먼저 이루어졌다고 본다. 도덕적이고 사회적인 변형들보다 이런 기술적 변형들이 시간적으로 앞서고 전자를 규정하게 된다.

166. 오늘날 민족학자들과 선사학자들은 공히 최초의 노동 분업이 '사회화'를 통해 이뤄졌다고 가정한다. 사냥이 우세했던

인간 그룹에서 성차性差라는 생물학적 이유가 사회화의 바탕이 된다(라울 마르카리위스와 로라 마르카리위스,『족외혼과 토테미즘의 기원*L'origine de l'exogamie et du totémisme*』, 파리, 갈리마르, 1961, 33쪽 이하 참조).

167. 필요가 증대하면서 생기는 불길한 결과 대부분이『에밀』에서 찾을 수 있는데, 루소가 참조한 중요한 원천들 중 하나가 플라톤의 『국가』(2권, 369–373)이다.

168. 뷔퐁은 "지구 표면에 무수한 격변, 전복, 특별한 변화, 변질이 일어났음을 […] 의심하기란 불가능하다. 해수의 자연스러운 운동 때문이기도 하지만 비, 결빙, 유수流水, 바람, 지구 내부의 불, 지진, 침수 등에 의한 것이기도 하다. 그 결과 특히 천지창조 이후 초기시대에 바다가 계속해서 육지로 올라오는 일이 있었다. 그래서 초기시대에는 육지의 물질이 오늘날보다 훨씬 더 물렀던 것이다"(『자연사』, t. I, 앞의 책, 329–330쪽)라고 말한 바 있다. 루소는 뷔퐁 지질학 이론을 잘 알고 있었다. 이 사실은 제네바의 자연사가로 루소와 함께 1754년 9월에 배를 타고 레만 호수를 산책했던 장 앙드레 드 뤽의 증언으로 알 수 있다.(장 앙드레 드 뤽, 『인간과 대지의 역사와 산에 대한 자연과 도덕의 편지*Lettres physiques et morales sur les montagnes et sur l'histoire de la terre et de l'homme*』, 헤이그, 6vol, 1779–1780, t. II, 8–10쪽) 드 뤽에 대해서는 알렉시스 프랑수아,「장 자크 루소와 18세기 제네바의 과학: 뤽의 자연사가들과의 관계」(RHLF; t. XXXI, 1924, 206–224쪽)를 참조.

169. 루소는 『언어기원론』 9장에서 "인간이 만든 연합은 대부분 자연에서 일어난 우연한 사고의 결과이다. 전대미문의 홍수, 바닷물의 범람, 화산 폭발, 대지진, 벼락이 내리쳐 불이 붙어 숲 전체가 소실되는 산불과 같은 모든 것이 한 나라의 미개인에게 두려움을 일으키고 흩어져 살게 했다가, 공동의 손실을 함께 복구하기 위해 모이게끔 한 것 같다. 고대에 그토록 빈번했던 지구의 불행의 전통을 보게 되면 섭리가 어떤 도구를 이용하여 사람들을 서로 모이지 않을 수 없게 했는지 알게 된다. 사회가 세워진 후에 우발적으로 일어난 저 엄청난 사건들이 더 이어지지 않고 훨씬 드문 일이 되다시피 했다. 아직도 틀림없이 그럴 것이다. 흩어져 살던 사람들을 한데 모이게 했던 불행한 일들이 반복되면 모였던 사람들이 다시 흩어져 살게 되리라. 대단한 홍수가 닥치고, 바닷물이 유입되고, 화산이 폭발하고, 엄청난 지진이 일어나고, 벼락 때문에 불이 붙어 화재가 일어나 숲을 모조리 태워버리고, 한 고장에 거주하는 야만인들을 두렵게 만들고 흩어지게 만들었음이 분명한 모든 것은 다음에 공동의 손실을 공동으로 복구하기 위해 서로 모였음에 틀림없다"고 썼다.

170. 루소는 『언어기원론』 9장 말미에 붙인 한 주석에서 "최초의 사람들은 틀림없이 누이와 결혼했다. 초기의 풍속은 단순해서 가족이 외따로 살아가는 동안 그리고 가장 오래된 민족들이 결혼으로 결합한 뒤에도 이러한 관계가 무리 없이 이어졌다. 그러나 이 관례를 폐지하는 법은 인간이 만든 제도이지만 성스러운 것이다. 가족들 간에 맺은 관계로만 이를 생각하는

사람은 가장 중요한 측면을 놓치는 것이다. 가족 관계는 남녀를 친밀하게 하면서 그토록 성스러운 법이 더는 마음에 말하지 않고 감각에 큰 힘을 행사하지 않게 될 때부터 사람들은 더는 정직하지 않을 것이며 끔찍하기 이루 말할 수 없는 저 풍속은 머지않아 인류를 모두 파괴하고 말 것이다"라고 썼다.

171. 볼테르는 루소의 문체를 비난하면서 옆에다 다음과 같이 썼다. "어떤 정념이 희생을 받아들이는가."

172. 이 최초의 축제는 『언어기원론』 9장에서 상세히 묘사된다. "가족들의 최초의 관계가 형성된 곳이 바로 그곳이다. 남녀가 처음 만난 곳이 바로 그곳이다. 젊은 처녀가 살림에 쓸 물을 길러 오고 젊은 총각은 가축에게 물을 먹이러 온다. 어렸을 때부터 똑같은 것만 봐왔던 눈이 더 다정한 것을 보기 시작하는 곳이 바로 그곳이다. 새로운 대상을 보자 마음이 움직이고 한 번도 경험해보지 못한 매력을 느끼자 행동도 덜 거칠어지고 혼자가 아니라는 기쁨이 느껴진다. 저도 모르게 물이 점점 더 필요해지고 가축은 점점 목이 더 자주 말랐다. 숨이 턱에 차서 도착하고 떠날 때는 아쉽게 떠났다. 시간 구분이란 게 없던 저 최초의 행복한 시대에 시간을 재볼 이유가 뭐란 말인가. 즐거움과 권태만이 시간을 재는 척도였다. 오랜 세월을 꿋꿋이 산 오래된 참나무가 내린 그늘에 한껏 달아오른 젊음은 단계적으로 야만성을 잃고 조금씩 서로에게 길들여졌다. 자기 생각을 이해시키고자 노력하면서 자기 생각을 표현하는 법을 배웠다. 최초의 축제가 열린 곳이 그곳이며, 기쁨을

못 이겨 두 발은 뛰어오르고 열정적인 몸짓으로 더는 충분치 않자 몸짓에 더해 목소리에 정념의 악센트가 실렸다. 기쁨과 욕망이 하나가 되어 동시에 느껴졌다. 마침내 민족의 진정한 요람이었던 곳이 그곳이다. 최초의 사랑의 열정은 크리스털 같이 순수한 샘에서 솟아 나왔다."

루소가 위에서 그린 원시의 축제는 개인차를 의식하기 시작하는 시선이 교환되는 기회가 된다. 그때 다른 사람보다 더 사랑받고자 하는 교만한 욕망이 솟아나고, 다른 사람들을 넘어서거나 몰아내기 위해 그들이 비교를 통해 나를 주의 깊게 보게끔 하기 시작한다. 만장일치는 그것이 이루어진 것을 기념하는 듯한 의식儀式 속에서 사라진다. 그러나 루소가 『달랑베르에게 보내는 편지』에서 묘사한 시민 축제는 정반대의 움직임을 통해 활성화되는데, 그것은 만장일치가 그 자리에 있기 때문이다. 그 축제에서 개인은 집단적 흥분에 휩쓸려 자신의 차이를 잊고, 분리된 존재와 혼자만의 오만에서 해방되어 완벽한 평등이 구현된 "투명성" 속에서 모든 사람들의 시선에 노출되게 된다. 장 스타로뱅스키는 『장 자크 루소. 투명성과 장애물』에서 루소가 언급한 축제의 두 양상을 강조하면서, 이를 『사회계약론』의 정치적 이상과 연결시킨다. 원시적인 축제가 타인들과 다른 나의 차이를 부각하고 이를 욕망의 대상 혹은 장애물에게 과시하면서 사람들 사이에 분리와 단절을 가져온다면, "아무것도 보여주지 않는" 시민 축제는 "전적으로 자유롭고 비어 있는 공간의 구현"으로, "그곳은 투명성을 볼 수 있는 장소일 것"(장 스타로뱅스키,

『투명성과 장애물』, 이충훈 역, 아카넷, 2012, 192쪽)이다. 아울러 "『사회계약론』이 권리에 대한 이론적 차원에서 제시한 모든 것을 축제는 감정의 실존적 차원에서 표현"하며, "『사회계약론』이 의지와 소유의 차원에서 규정하는 것을 축제는 시선과 존재의 차원에서 실현한다. 각자는 타인의 시선 속에서 양도되고, 모두가 인정할 때 스스로를 되찾는다. 절대적 증여의 방향이 바뀌면 자기 자신을 나르시스적으로 응시하게 된다. 그러나 이렇게 응시된 자아는 순수한 자유, 순수한 투명성이며, 다른 자유, 다른 투명성과 연속성을 가진다."(장 스타로뱅스키, 위의 책, 193–194쪽)

173. 볼테르는 "그만큼 인간이 유순한 적이 없다"와 "인간의 최초 상태"에 밑줄을 긋고 옆에 "그리고 자연과 다투어야 했을 때"라는 말을 추가했다.

174. 로크, 『인간지성론』, 4권, 3장, §18.

175. 뷔퐁은 카리브 사람들에 대해서 "적들에게 그렇게 잔혹한 그들이 […] 아내의 간통은 기꺼이 용서하지만 아내와 간통했던 자에게는 그렇지 않다"(『자연사』, t. II, 앞의 책, 203쪽)고 말한다.

176. 볼테르는 "중간 지점"에 밑줄을 긋고 "중간 자리라니 얼마나 공상적인 생각인가!"라고 썼다. 동시대 비평가들 대부분 역시 볼테르와 같은 의견이었다. 1756년 6월에 『주르날 데 사방』지에 실린 서평을 보면 다음과 같은 지적이 있다. "인간을 최초의 상태의 우둔한 무기력에서 벗어날 수 있도록 했던 이 완전가능성la perfectibilité이 중간에 중단될 수 있을까? […]

우리 생각에 우리의 지금 사회 상태와 사회가 시작되었을 때의 거리는 시작된 사회와 사회의 완전성에 이르는 거리보다 훨씬 더 먼 것 같다. 결국 루소 씨가 인간에게 부여하지 않을 수 없었던 이 완전가능성이라는 것은 인간을 최초의 상태에 놓았다면 불필요하고 환상에 불과한 능력이었을 것이고, 인간을 사회의 완전한 상태에 놓았다면 더는 능동적이고 지속적인 원리일 수 없을 것이다. […] 루소 씨는 다양한 나라들에 살고 있는 야만인들의 예를 들고 있지만 쓸데없는 일이다. 그가 말하기를 그 야만인들 모두는 이 점에서 동일하다는 것이다. 우리는 루소 씨에게 이렇게 답변하고자 한다. […] 그 야만인들의 사례로 알 수 있는 것은 완전가능성으로 나아가는 길에서 그들이 우리보다 덜 진척했지만, 시간과 환경이 계속 이어지면서 완전가능성이 틀림없이 그들을 거의 우리와 동일한 지점으로 이끌어 주리라고 말이다."(『주르날 데 사방』, 1756년 6월, vol. II, Paris, Lambert, 414쪽)

177. 부자도 가난한 자도 존재하지 않았던, 금속의 사용을 몰랐던 원시시회의 행복에 대해서 플라톤의 『법률』 3권(678, 679) 및 로베르트 폰 포일만, *Geschichte der sozialen Frage und des Sozialismis in der antiken Welt*, 3e éd. Munic, Beck, 1925, t. I, 80–114쪽을 참조. 디드로는 『백과사전』의 1권에 "아비안 사람들Abiens"과 "바쿠스주의 철학자들Bacchionites" 항목을 썼는데, 여기서 미덕이 넘치는 공산주의를 찬양한다. "그들 가운데에서 '너의 것'과 '나의 것'이라는 해로운 차별을 쫓아 버린 후, 그들에게는 떨 이유가 더는 없고 인간을 그렇게

하는 만큼 자신을 행복하게 하기 위해 해야 할 일이 남지 않게 되었다."("바쿠스주의 철학자들Bacchionites" 항목)

178. "시작된 사회"에 교만의 경쟁 관계와 선호가 들어서기는 했어도 평등은 여전히 계속되었다. 토지는 아직 구획되지 않았고 노동은 아직 끔찍스러운 것이 아니었다. 루소의 묘사는 대부분의 여행기들의 묘사와 일치한다. "그들은 자연이 만든 그대로였다. 즉 자연적으로 갖고 태어난 순박함과 단순성을 따라 살아갔다. 그들은 모두 평등했고 우월함이나 예속이라고는 전혀 없었다. 아들이 아버지에게 갖게 마련인 존경심이라는 것이 없었다. 동료보다 부자도 없고 가난한 자도 없었다. 누구나 만장일치로 그들에게 유용하고 꼭 필요한 것만을 욕망했고, 잉여로 남은 모든 것은 소유할 가치도 없다는 듯이 무시해버렸다."(뒤 테르트르, 『생크리스토프 열도의 일반사』, 5부, 1장, §1)

"선한 야만인"의 주제가 나타나고 있다는 점을 상기해볼 필요가 있다. 그러나 이 주제는 18세기에 국한된 것은 아니다. 고대의 원천에서 출발한 이 주제는 르네상스와 17세기에 뚜렷이 드러나기 시작한다. 관련 서지로 조프루아 아트킨송, 『프랑스 르네상스의 새로운 지평들Les nouveaux horizons de la Renaissance française』, Paris, 드로즈, 1935; 질베르 시냐르, 『17–18세기 프랑스 문학에서 아메리카와 이국적인 꿈L'Amérique et le rêve exotique dans la littérature française au XVIIe siècle et au XVIIIe siècle』, 파리, 드로즈, 1934; 미르치아 엘리아데, 『선한 야만인의 신화Le mythe du bon sauvage』(『신화, 꿈, 신비Mythes, Rêves et

Mystères』, 파리, 갈리마르, 1957에 재수록); 주제폐 코키아라, 『선한 야만인 신화. 민족학 이론사 서론*Il mito del Buon Selvaggio. Introduzione alla storia delle teorie etnologiche*』, Messina, D'Anna, 1948.

179. 『백과사전』의 「농업」 항목에서 디드로는 농업이 소유의 기원임을 주장했다.

180. 볼테르는 옆에 "에스파냐 사람들에 복속된 멕시코 사람들과 페루 사람들은 대단히 문명화된 이들이고, 멕시코는 암스테르담 못지않게 아름답다"고 썼다.

181. 볼테르는 "말"에 밑줄을 긋고 옆에 "오류"라고 썼다. 볼테르는 『백과사전에 대한 문제들』(1770)(전집 18권, 7–15쪽)에서 이 곡물의 생산의 경제적이고 지리적인 문제를 연구한다.

182. 볼테르는 옆에 "철은 피레네산맥에서 대량으로 산출된다"고 썼다.

183. 루소는 뒤 테르트르 신부의 책에서 이 생각을 얻었던 것 같다. 카리브 여자들은 "정원을 가꾸고 대지를 경작하러 나갈 때 끝이 뾰족한 굵은 막대기를 들고 가는데 그것은 창과 비슷하다. 우리의 괭이를 전혀 사용하지 않는다."(『생크리스토프 열도의 일반사』, Paris, 1654, 5부, 1장, §5) 루소는 여기서 신석기혁명을 다루고 있다. 신석기혁명은 토지와 사육 문화를 도입했는데 이는 고대 금속시대의 출현보다 앞선 것이다. Cf. 고든 차일드, 『인류사의 사건들*What happened in History*』, 펭귄, 1942; 『초기 유럽사회*The prehistory of European Society*』, 펭귄, 1958.

184. 루소는 『에밀』 3권에서 이 점을 길게 설명한다. "각각의

분야에서 가장 일반적이고 가장 필수불가결하게 사용되는 기술은 두말할 것 없이 가장 존경받아 마땅하고, 다른 기술이 덜 필요한 기술이다. 그것의 공적은 가장 종속된 것 그 위에 있다. 왜냐하면 그것은 보다 자유롭고 독립성에 보다 가깝기 때문이다." 사회적 존재에 적응해야 하는 에밀로서는 기술을 규탄하거나 거부하는 것은 문제가 되지 않을 것이다. 위계질서를 세우고 선택을 실행해야 할 것이다. 역사의 전망에서 루소는 철과 밀이 인류를 상실했다고 말할 수 있다. 현대인의 교육의 전망에서 그는 "최초이자 가장 존경스러운 기술은 농업이다. 나는 야금은 두 번째에, 목공은 세 번째에 둔다"(IV, 459–460)고 썼다. 에밀은 목공일을 배운다.

185. 플라톤, 『국가』(2권, 369–371쪽). 『에밀』 3권의 한 부분은 이 문단과 이어지는 두 문단을 암시한다. "열[…] 사람으로 한 사회를 만들어보자. 각자는 그 자신 혼자와 아홉 명의 다른 사람을 위해서 그에게 가장 적합한 종류의 활동에 전념한다. 각자는 그 혼자 모든 다른 사람들을 가졌기라도 하듯이 다른 사람들의 재능을 이용할 것이고, 각자는 계속 연습하여 그의 재능을 완전하게 할 것이다. 그는 완전히 갖춰진 이 열 명이 다른 사람들을 위해 과잉의 것을 가질 것이다. 바로 이것이 우리의 제도들의 명백한 원리이다. 여기서 그 결과를 검토하는 것은 나의 주제가 아니다. 나는 다른 저작에서 그것을 검토했다." 『에밀』 3권의 다른 페이지에서 루소는 『인간불평등 기원론』의 고찰을 다시 들고 사회적 불평등과 노동 분업의 연관 관계를 보여준다. "한 사람으로 충분할 수 있는

자연적인 기술의 실행은 산업 기술의 연구가 되어 여러 사람의 손의 협력을 필요로 한다. 전자는 혼자 살아가는 사람들에 의해, 야만인들에 의해 실행될 수 있다. 그러나 후자는 단지 사회에서만 태어날 수 있고 사회를 반드시 필요한 것으로 만든다. 우리가 단지 신체적인 필요만 알 때, 각각의 사람은 그 자신으로 충분하다. 잉여의 도입은 노동의 공유와 분배를 필수불가결한 것으로 만든다. 왜냐하면 한 사람이 혼자 일할 때 단지 한 사람이 필요한 것만 얻게 된다 해도, 함께 협력하여 일하는 백 사람은 이백 사람을 먹여 살릴 수 있는 것을 얻게 될 것이기 때문이다. 그러므로 사람들의 한 부분이 쉬자마자 노동하는 사람들의 팔의 협력은 아무것도 하지 않는 사람들의 한가함을 보충한다."

186. 호로티우스에 따르면 원시 재산 공동체가 있어서 자원이 인간이 필요로 하는 것보다 많았던 동안 존속했다고 한다(『전쟁과 평화의 법』, 2권, 2장, §4, 5, 9). 바르베락은 "인류의 수가 엄청나게 증가하고, 토지를 경작하고 보다 편하고 쾌적한 생활을 해볼 생각을 하게 되자, 이런 원시 공동체에서 더는 살아갈 방편이 없게 되었다. 그러니 무엇이든 한 우물을 파야했다. 각자의 노동과 재주에서 나온 것이 그의 것이 되는 것이 정당했다."(푸펜도르프, 『자연법과 만민법』, 4권, 4장, §1에 실린 바르베락의 각주2번) 바르베락은 여기서 로크의 이론을 제시하고 있다. 로크의 이론은 분배의 관례가 아니라 노동의 소유에서 나온 것이며, 이 주장은 호로티우스, 푸펜도르프, 몽테스키외가 옹호했다(레몽 폴랭, 『존 로크의 도덕정

치La Politique morale de John Locke』, Paris, 1960, 255–281쪽 참조).

분명히 루소는 분배보다 노동이 먼저라고 주장한다. 루소는 노동의 '산물'을 소유하는 것이 더욱 합법적인 것이라고 생각하지만, 그는 바로 '토지'의 소유권의 개념으로 넘어간다. 이런 점에서 루소는 로크의 생각과 크게 다르지 않았다. "최초에 세계의 거대한 공유지에 사람들이 살기 시작했을 때 […] 인간을 지배하던 법은 토지의 수취를 오히려 권장하는 편이었다. 신은 인간에게 노동을 명했고, 인간은 궁핍으로 인해서 노동을 하지 않을 수 없었다. 그가 노동을 투하한 곳이 어디든 그곳은 그에게는 빼앗길 수 없는 그의 재산이었다. 그러므로 땅을 개간하거나 경작하는 것과 그것을 지배하는 것은 우리가 보는 것처럼 서로 연관되어 있었다. 전자는 후자에게 정당한 권리를 부여하였다. 그리하여 신은 인간에게 대지를 정복하라고 명함으로써 수취할 권한을 주었다. 그리고 노동과 작업을 할 물자를 필요로 하는 인간의 삶의 조건 때문에 필연적으로 사유재산이 생기게 되었다."(로크, 『통치론』, §35, 강정인, 문지영 역, 까치, 40–41쪽)

로크는 기원부터 노동과 점유를 개입시킨다. 거기에 자연법이 있다고 보는 것이다. 루소는 인간이 자신의 사적 공간에 갇혀 결정적으로 자연을 벗어나게 된다는 생각이다. 루소가 『인간 불평등 기원론』 2부의 첫 문장 "땅에 울타리를 두르고…"에서처럼 토지에서 쫓아낸 일을 다시 반복하지 않으면서 역사가로서 토지의 분배에 대해서 말하고 있다는 점에 주목하자. 『정치경제론』에서 루소는 소유권을 "시민들의 모든 권리 중에서 가장 신성한" 것이라고 말한다. "소유권이 시민이 가진 모든 권리 중 가장 신성하며, 어떤 관점으로 보면 자유 이상으로 중요하다는 점이 확실하다. 소유권과 생명의 보존이 밀접한 관계를 갖기 때문이거나, 재산이 인격보다 쉽게 침탈될 수 있고, 지키기 어려운 것이라 사람들이 쉽게 빼앗길 수 있는 것을 더 중요시하기 때문이거나, 소유권이야말로 시민사회의 진정한 토대이자 시민들이 약속을 수행하리라는 실질적인 보증이 되기 때문이거나일 것이다." 『사회계약론 초고』에서도 "사회계약을 통해 인간이 잃는 것은 자연적 자유와, 그에게 필요한 모든 것에 대한 무제한의 권리이다. 그가 얻는 것은 시민의 자유와 그가 소유한 모든 것의 소유권"(1권, 2장)이라는 주장이 보인다. 『에밀』의 2권에서 교육자가 자신의 학생에게 소유권의 감정과 개념을 각인하는 방식에 주목해야 한다. "아이들에게 원시적인 개념을 주입하는 방식에 대한 이러한 시도에서 우리는 소유권의 생각이 자연적으로 어떻게 노동에 의해 몰두하고 있는 첫 사람의 권리로 거슬러 올라가는지 알게 된다…. 거기서부터 소유권과 교환의 권리에 이르기까지 단 한 발자국뿐이다."(『에밀』) 루소의 소유권에 대한 생각은 무엇보다 『사회계약론』의 1권 9장에 잘 드러나 있다. "공동체가 형성되는 순간, 각 구성원은 지금 있는 그대로, 가진 재산을 비롯한 자신의 모든 힘과 자기 자신을 공동체에 내준다. 이 행위를 통해 다른 손으로 넘겨진다고 해서 점유가 그 본성을 바꾸어, 그것이 주권자 수중에서 소유권이 되는 것은 아니다."(『사회계약론』, 김영

욱 역, 앞의 책, 31쪽)

187. 『트레부 사전』(1721년 판)에 따르면 '데메테르의 축제'는 "고대 그리스 사람들이 케레스를 위해 열었던 축제의 이름"이라는 설명이 있다. 이 사전은 계속해서 "케레스는 밀을 이용하는 법을 알아내서 이를 아티카의 주민들에게 가르쳐주면서 동시에 최초의 법률을 부여했는데, 이를 Thesmophore라고 했다. 이 말은 Θεσμος법와 φόρω나는 가지고 있다는 말의 합성어로 입법가라는 말이다'라고 부연한다. 루소는 흐로티우스의 텍스트의 바르베락의 번역을 문자 그대로 인용하고 있다 (『전쟁과 평화의 법』, 2권, 2장, §2).

188. 루소가 『학문예술론』의 첫 부분에 쓴 문명의 불안이 여기서 다시 반복된다. 루소는 그저 "소외된" 의식의 불행을 나무라는 것으로 그치지 않고, 인간을 다른 인간들과 분리하는 분열의 원인을 세부적으로 분석하고 있다. 루소가 대단히 엄격하게 존재와 가상의 불일치라는 사회적 악les vices moraux과 사회적 불평등과 억압의 조건들을 나란히 놓고 있음에 주목해볼 수 있다. 이 점에 대해서는 『크리스토프 드 보몽에게 보낸 편지』의 다음의 대목을 읽어보자. "저는 사람들을 관찰할 수 있게 되면서부터 사람들의 행동을 유심히 바라보았으며, 사람들의 말을 유심히 들었습니다. 그러고 나서, 그들의 행동과 말이 전혀 일치하지 않는다는 것을 알게 되어 그 이유를 연구했습니다. 저는 그들에게 실제와 외관은 행동과 말처럼 별개의 두 가지로서, 이 후자의 다름이 전자의 다름의 원인이며, 따라서 후자의 다름의 원인을 계속 연구해볼 필요가 있음

을 알게 되었습니다. 저는 그 원인을, 그 어떤 것에 의해서도 파괴되지 않는 본성과 모든 점에서 완전히 상반되지만 줄곧 그 본성에 큰 영향력을 행사하면서 끊임없이 자기 권리를 주장하는 우리의 사회 질서 속에서 발견했습니다. 저는 그 모순을 그것이 유발한 결과들 속에서 주의 깊게 관찰해 보았는데, 그 모순 하나만으로도 인간의 모든 악덕과 사회의 모든 악행과 불행이 설명된다는 것을 알게 되었습니다. 그로부터 저는, 선천적으로 악한 인간을 전제해야만 인간의 악의 기원과 그 악의 발달을 짐작할 수 있는 것은 아니라고 결론 내렸습니다. 이러한 생각은 저를 사회 상태 속에서 관찰되는 인간 정신에 대해 탐구하도록 이끌었습니다. 그래서 저는 지식과 악덕의 발달은 항상 동일한 동기에서 이루어진다는 것을 발견했습니다. 물론 개인들이 아닌, 집단을 이루어 사는 사람들 속에서 말입니다. 저는 항상 이 둘을 철저히 구별했는데 이는 저를 공격한 사람들 누구도 생각해보지 못한 것이었습니다.'(『크리스토프 드 보몽에게 보내는 편지』, 앞의 책, 70–71쪽)

189. 이 부분에서 루소는 홉스의 생각에 합류한다. 홉스가 말하는 만인의 만인에 대한 투쟁은 불관용의 상태로, 이 때문에 반드시 계약을 체결하지 않을 수 없다. 루소는 자연 상태의 종말의 지점에 폭력의 지배를 둔다. 사회가 시작되고 기술을 획득하면서 인간은 최초의 본성을 벗어나 모순에 빠지게 된다. 이 시기는 인간의 본성이 이미 타락한 상태이고, 시민사회는 아직 태어나지 않았을 때이다. 루소는 전쟁을 인간 본성

의 표현이 아니라, 소유권의 결과로 본다. 다시 말하자면 인간과 세계 사이에 인공적인 관계들의 체계가 만들어낸 결과인 것이다.

디드로 역시 태어나는 사회의 전쟁 상태를 그리고 있다. 홉스와 큰 차이는 없다. "이제 자기들의 유용성에 이끌려 사람들의 한 무리가 다른 사람들의 무리 옆에 머물렀다. 사회라기보다는 무리troupeau라 할 것이다. 무슨 일이 벌어질까? 어떤 법에도 얽매이지 않았고, 누구 하나 할 것 없이 강렬한 정념에 자극을 받고, 자연이 불평등하게 나누어준 재능, 힘, 통찰력 등에 따라 결합되어 공동의 이득을 전유하고자 한다. 약자들은 강자들의 희생자가 될 것이고, 다른 기회에 최강자들은 약자들에게 불시에 공격받고 희생될 것이다. 이내 재능이며 힘의 불평등 때문에 사람들 사이에서 시작된 선善이 파괴되고 말 것이다. 그 선은 그들 스스로에게 유용했고 그들은 겉으로 서로 닮았기에 서로 자기 보존을 위해 제안된 것이었지만 말이다."(『프라드 신부 변호의 계속』, §XI)

190. 원문에 라틴어로 인용했다(Attonitus novitate mali divesque miserquem / Effugere optat opesm et quae modo voverat, odit). 오비디우스의 『변신』(XI, 127)에서 가져온 것이다.

191. 이 부분에서는 진정한 복종의 계약에 대해서도, 연합의 계약에 대해서도 아직 언급되지 않는다. 여기서는 법을 통해 부자에게 이득을 가져오는 불평등을 고정하고 영속시키기 위해 마련된 상호부조와 불침략의 협약만이 문제가 되고 있다. 루소는 여기서 "하나의 지고한 힘un pouvoir suprême"을

언급하고 있지만, 뒤에 가서는 이 '급변révolution'이 아직 어떤 행정관의 직도 세워내지 않았고, "법과 소유권을 세우는 것"으로 한정된다고 말한다. 또한 정치 상태는 "속이기mystification"부터 하는 것이니 시작부터 단추를 잘못 꿴 것이다. 루소는 역사의 불행한 우연을 말하지만 로크의 생각은 다르다. "인간이 공동체를 결성하고 스스로를 정부의 지배하에 두고자 하는 가장 크고 주된 목적은 그들의 재산을 보호하기 위함이다."(『통치론』, §124, 앞의 책, 120쪽) 로크는 인간이 자연 상태에서 벌써 소유권을 가지고 있었고, 소유권은 자연법에 부합한다고 주장한다. 반면에 루소는 소유권은 정당한 협약이 체결된 이후에, 일반의지의 행위를 통해서만 합법적이 될 수 있다고 생각한다.

그래서 루소가 봤을 때 전前사회 상태의 마지막 시기에 얻은 소유권을 계약을 통해 공고하게 만든 것은 인간 역사가 만들어낸 주요한 한 가지 오류이다. 그렇지만 조건이 허락한다면 "모두를 쓸어버리고" 전부 다시 시작하지 못할 것도 없다. 앙리 구이에는 "이 역사는 나쁜 것인가? 본질적으로 우발적인 것이므로 다른 역사를 생각해볼 수도 있다. 그 역사가 "해롭기 짝이 없는 우연"이 작용했기에 나쁜 것이니 더 좋은 역사를 생각해볼 수도 있다. 역사란 것이 무엇이든 나쁜 것임을 증명하는 것은 아무것도 없다. 이 점을 명확하게 한다면 루소의 사유가 일관적이지 못하다는 점에서 제기된 문제들을 피할 수 있을 것이다."(앙리 구이에, 「장 자크 루소 사유에서 자연과 역사」, *Annales J.-J. R*, t. XXXIII, 26쪽)

192. 루소는 『정치경제론』과 『사회계약론』의 두 버전에서 시민
상태의 설립자들이 동의한 자발적인 자유의 양도의 문제에
대해 말할 때 아주 다른 어조를 취한다. 그런데 여기서 중요한
것은 역사적 사실을 분석하는 것이 아니라 권리를 규정하는
일이다. 그렇기는 해도 『정치경제론』과 『사회계약론』 초고
에 다소 모호한 점이 있을 수도 있다. 이 두 텍스트는 완벽히
공정한 결합이 필요하다는 점을 제시하면서 그것에 위僞역사
성une pseudo-historicité을 부여하면서 이 사건을 복합 과거시제
로 설명하고 있다. "도대체 어떤 기상천외한 방법으로 인간을
자유롭게 하기 위해 예속하는 방법을 찾아낼 수 있었던 것일
까? 국가의 구성원들에게 강요하지도 않고, 그렇다고 의견을
묻는 것도 아니면서 국가를 위해 그들의 재산, 노동, 생명을
이용하는 방법은 어떻게 찾아냈던 것일까? 그들 자신의 의사
에 따라 그들의 의지를 구속하고, 거부의 의견이 있을 경우에
는 동의의 의견을 강조하여 기각하고, 원한 적이 없었던 일을
할 경우에는 그들 스스로 처벌하도록 하는 방법을 찾아냈던
것은 또 어떠한가? 도대체 모두 복종하면서도 누구도 명령하
지 않도록 하고, 모두가 봉사하면서도 봉사 받는 주인이 없도
록 하는 것이 어떻게 가능한가? 사실 겉으로 보기엔 복종하는
것처럼 보이면서도 타인의 자유를 해치지 않는 한에서 모두가
자신의 자유를 고스란히 보존하고 있으니 그만큼 더 자유롭지
않은가? 이런 경이로운 일이 가능한 것은 법이 있기 때문이다.
법이 없었다면 인간은 자유로울 수도 정의로울 수도 없었다."
　『사회계약론』은 똑같은 사실을 역사적인 사실과는 무관한

비시간적인 현재형으로 제시한다. "사회계약을 통해 인간이 잃는 것은 자연적 자유와, 그를 유혹하고 그의 손이 닿는 모든 것에 대한 무제한의 권리다. 그가 얻는 것은 시민의 자유와, 그가 가지고 있는 모든 것에 대한 소유권이다."(『사회계약론』, 1권, 8장, 앞의 책, 30쪽) 결국 『인간 불평등 기원론』은 인류의 가설적인 역사를 그려내면서 이렇게 흘러갔던 과거를 재구성하고 있으며, 그때 정치 상태는 시작부터 어긋난 것임을 지적한다. 반면 『사회계약론』은 현재 한 사회의 이상적인 모델과 그 사회를 가능케 하는 조건들을 공식화한다. 그 사회는 어떤 시대가 됐든 역사적으로 적용이 가능한 것이다.

193. "최초의 사회가 형성되었던 것으로부터 필연적으로 다른 모든 사회가 형성되게 된다. 그 사회에 저항하려면 그 한 부분이 되거나 그것과 하나가 되어야 한다. 그 사회를 모방하거나 그 사회에 삼켜지거나 해야 한다."(『전쟁 상태』, OC t. III, 603쪽)

194. 몽테스키외는 "국가의 생명은 인간의 생명과 같다. 인간은 자연적 방위의 경우에는 사람을 죽일 권리가 있다. 국가도 자기 보존을 위해서는 전쟁을 할 권리가 있다. 자연적 방위의 경우 나는 죽일 권리를 갖는다. 나를 공격하는 자의 생명이 그의 것인 것과 같이 나의 생명은 나의 것이기 때문이다. 마찬가지로 국가도 전쟁을 한다. 국가의 자기 보존도 다른 모든 보존과 마찬가지로 정당하기 때문이다. 시민들 사이에서 자연적 방위의 권리는 공격의 필요를 수반하는 것이 아니

다. […] 따라서 그들은 방위권을 다만 법의 구원만을 기다리다가는 살아남지 못할 일시적인 경우에만 행사할 수 있다"(『법의 정신』, 10권, 2장, 앞의 책, 162쪽)고 썼다.

195. 『사회계약론 초고』 5장에서 루소는 "여기에 추가하여, '전쟁'이라는 말이 공적인 전쟁을 뜻한다면 그보다 앞선 사회들이 있었다고 가정해야 하는데 누구도 이 사회들의 기원을 설명할 수 없다. 전쟁이라는 말을 개인 대 개인의 사적 전쟁으로 이해한다면, 이로써 주인과 노예가 생기는 것은 설명할 수 있어도 이로부터 지도자와 시민들이 생기는 것은 설명할 수 없다. 지도자와 시민에 대한 관계를 규정하려면 항상 어떤 사회적 합의를 가정해야 한다. 그 합의가 없다면 인민의 단체도 만들 수 없고 구성원들과 지도자의 결합도 불가능하다'고 썼다. 또한 『사회계약론』 1권 2-4장에서도 같은 내용이 나온다. "최강자의 정복"은 홉스(특히 『리바이어던』, 20장)에서, "약자들의 연합"은 『백과사전』 서문에서 달랑베르가 언급한 것이다. 달랑베르는 다음과 같이 썼다. "신체의 힘은 모든 인간이 평등하게 가졌던 권리를 무용한 것으로 만들어버렸던 최초의 원리였으니, 언제나 가장 수가 많았던 가장 약한 자들은 그 힘을 누르기 위해서 서로 한데 모였다. 그래서 그들은 법과 다양한 종류의 정부의 도움을 받아 힘이 더는 원리가 되지 않는 불평등의 협약을 체결했다. 이 두 번째 불평등이 확고하게 자리 잡게 되어서 사람들은 당연한 일이지만 그것을 보존하기 위해 서로 결합하여 그들에게서 그 무엇으로도 무너뜨릴 수 없는 우월성의 욕망을 통해 은밀히 그 불평등에

맞섰다. 그래서 그들은 덜 자의적인 불평등을 통해 일종의
보상을 구하고자 했으며, 신체적인 힘은 법으로 억제되어
더는 어떤 우월성의 수단도 제공할 수 없게 되었으니 그들은
이제 정신의 차이 속에서 불평등의 원리를 찾게끔 되었다.
그 불평등은 자연적인 것이고 사회에 더 유용하고 더 평화로
웠다. 그래서 우리 존재의 가장 고귀한 부분인 정신이 가장
천한 부분이 빼앗았던 것을 어떤 방식으로 되갚았던 것이다."

196. "국가가 질서를 갖추는 시기는 부대가 대오를 정비할 때처
럼 단체의 저항력이 가장 약해서 가장 쉽게 파괴될 수 있는
때"이며, "각자 자기 대열만 신경 쓰느라 위험에는 관심을
두지 않는 발효의 시기보다, 완전히 무질서한 상태의 저항력
이 더 강할 것이다. 이런 위기의 순간에 전쟁, 기아, 반란이
덮치면 국가는 반드시 전복되고 만다."(『사회계약론』, 2권,
10장, 앞의 책, 64쪽. 이 대목은 『사회계약론 초고』의 2권,
3장에도 실렸다.)

197. "주권자는 오직 자신을 구성하는 개별자들에 의해 형성되
므로, 개별자들의 이득에 반▨하는 이득을 갖지 않고, 그 결과
주권자의 권력Puissance souveraine은 개별자들에게 어떤 보증도
내세울 필요가 없는데, 그것은 단체가 자신의 구성원에게
해를 끼치고자 하는 것은 불가능한 일이기 때문이다. 그렇지
만 주권자에 대한 개별자들의 관계는 이와 같지 않다. 공동의
이익을 위한 일이라도 신민들이 약속 엄수를 확보할 수단이
없으면, 주권자는 그들이 약속을 지킬지에 대한 아무런 보장
도 받을 수 없다."(『사회계약론』, 1권, 7장, 앞의 책, 28쪽)

198. 디드로는 『백과사전』의 「권위autorité」 항목에서 권위, 권력, 지배력 등의 의미를 비교했다. "지라르 신부는 그의 저작 『동의어』에서 권위라는 말을 더 자유롭게 선택할 수 있다고 말했다. 권력le pouvoir은 더 큰 힘을 갖고, 지배력l'empire은 더 절대적이다. 권위는 지위와 이성에서 우월하다는 것이며, 권력은 사람들이 우리에게 갖는 충성도에 달렸고, 지배력은 약자를 사로잡는 기술에 달렸다. 권위는 설득하고, 권력은 이끌고, 지배력은 복종시킨다. 권위는 그것을 가진 자의 공적을 전제하고 권력은 관계에서, 지배력은 영향력에서 나온다. 누구에게도 영향력을 취하도록 해서는 안 된다. 권위는 법으로 이어지고, 권력은 법의 수탁자를 통해서 이어지고, 힘la puissance은 사람들의 동의나 무기의 힘으로 이어진다. 정의를 사랑하고, 대신들이 그가 맡긴 것 이상의 힘을 가로채지 않고, 힘의 토대로 신민의 헌신과 사랑을 갖는 군주의 권위 아래서 살아가는 사람은 행복하다. 법 없이는 권위도 없다. 한계 없는 권위를 부여하는 법은 존재하지 않는다. 모든 권력에는 한계가 있다. 신의 힘에 묶이지 않는 힘은 없다. 약한 권위는 경멸을 불러오고, 맹목적인 권력은 공평성을 해치고, 탐욕의 힘은 엄청나다. 권위는 법에 관련되어 있고, 힘은 그것을 사용하는 수단에 관련되어 있다. 권위는 존경의 생각을 일깨우고, 힘은 위대함의 생각을 일깨우고, 권력은 두려움의 생각을 일깨운다. 신의 권위는 제한이 없고, 그의 힘은 영원하며, 그의 권력은 절대적이다. 아버지는 아이들에게 권위를 가진다. 국왕은 그와 같은 존재들 사이에서 강력한 힘을 갖는다.

부유하고 작위가 있는 사람들은 사회에서 힘을 갖는다. 행정 관들은 그 사회에서 권력을 갖는다."(ENC, t. I, 898쪽)

아울러 디드로는 이 항목 뒤에 이어지는 「정치적 권위autorité politique」 항목에서 "어떤 이도 타인에게 명령할 권리를 자연으로부터 부여받지 않았다. 자유는 하늘이 준 선물이며, 인간 종에 속한 각 개인은 이성을 누리자마자 그 선물을 누릴 권리를 갖는다. 자연이 어떤 권위를 세웠다면, 그것은 아버지의 힘이다. 그러나 아버지의 힘에는 한계가 있고, 자연 상태에서 아버지의 힘은 아이들이 혼자 살아갈 수 있게 되자마자 사라진다. 다른 모든 권위는 자연과는 다른 기원을 갖는다. 제대로 검토해본다면, 권위의 근원을 힘force과 그 힘을 차지했던 자의 폭력과, 어떤 계약에 복종했던 사람들의 동의라는 둘 중 하나로 거슬러 올라가야 한다. 그 계약은 그렇게 복종한 사람들과 그들이 권위를 부여한 사람들이 체결했거나 체결한 것으로 보는 것이다.

폭력을 통해 획득한 힘la puissance은 그저 찬탈한 것에 불과하고, 명령하는 사람의 힘이 복종하는 사람들의 힘보다 큰 동안만 지속된다. 그래서 복종하는 사람들이 최강자가 되고 굴레를 벗어던질 때 그들에게 이를 부여했던 다른 사람과 동등한 권리와 정의로써 그렇게 한다.

간혹 폭력으로 세워진 권위는 본성을 바꾼다. 그 권위가 계속되고 복종시킨 사람들의 동의로 유지되는 것이다. 그러나 그렇기 때문에 그 권위는 내가 지금 말하려고 하는 두 번째 종류에 속하게 된다. 그때 권위를 찬탈한 사람은 군주가 되면서 더는 폭군이 아니게 된다.

　인민의 동의에서 나온 힘은 반드시 그 힘을 합법적으로, 사회에 유용하게, 공화국에 이득이 되도록 만든다는 조건을 전제한다. 그 조건은 권위를 고정하고 여러 한계들을 지정해 구속한다. 인간은 다른 사람에게 전적으로 또 완전히 자신을 내줄 수 없으며 그래서도 안 되기 때문이다. 그는 모든 것보다 우월한 주인이 있고, 그 주인에게 온전히 속한 존재이다. 그 주인이 바로 신이다."(ENC, t. I, 898쪽)

　이 부분에서 디드로는 푸펜도르프를 염두에 두고 있다. "우리가 힘이라는 방법을 통해 주권을 얻을 때 주권을 탈취한다고 한다. […] 그러므로 모든 합법적인 정복은 승리자가 패배자를 복속시킬 정당한 이유를 가지며, 패배자는 어떤 협약을 통해 승리자에게 종속된다는 점을 가정한다. 다른 식으로 말하면 이들은 여전히 서로 전쟁 상태에 놓여 있는 것이고, 그러므로 승리자는 패배자들의 주권자가 아니다." (푸펜도르프, 『자연법과 만민법』, 7권, 7장, §3절) 로크는 『통치론』 15장에서 '부권, 정치적 권력, 전제적 권력'을 토대로 하는 정부 설립의 세 가지 이론을 비판한다(『통치론』, § 169-174, 앞의 책, 161-165쪽 참조)

199. 로크 역시 명백히 역사적인 증거에 반하는 것이더라도 최초의 정체가 군주정이라는 생각을 받아들이지 않는다. "국가들의 역사에서 세워진 기념비들을 통해 알 수 있는 만큼 높이 거슬러 올라 지구가 사람들로 채워지던 시절에 정부가 한 사람의 손에 좌지우지되었음을 알게 되더라도, 그것으로

내가 확증하는 것이 무너지지는 않는다. 즉 정치사회는 각 개별자의 동의를 통해서만 시작되었다는 점 말이다. 각 개별자는 다른 개별자와 결합하여 사회를 구성하고자 하는 것이다."(『시민정부론』, 1749, 7장, §12) 푸펜도르프는 민주정이 가장 오래된 정체라고 판단한다. "민주정은 확실히 대부분의 국가들 가운데 가장 오래된 것이다. 더욱이 민주정이 가장 오래되었다는 점은 명백히 이성에 부합하며, 하나의 [정치]체로 모이기 위해 자유와 자연적 평등의 상태를 거부했던 사람들이 처음에 사회의 일들을 공동으로 통치하고자 했다고 가정할 이유가 충분히 있다. 사실 한 가장家長이 혼자 살아가는 삶의 불편을 깨닫게 된 후 기꺼이 그와 같은 다른 사람들과 함께 시민사회에 들어섰다고 상상해볼 때 그는 과거의 자족 상태를 한 순간에 잊어버리게 된 것이다. 과거에 그는 자족 상태에서 자기 보존에 관계된 모든 것을 스스로 자기 뜻대로 처리했었다. 그랬던 그가 개인의 안위가 달린 공공의 사안에 대해서 한 사람의 의지에 복종하게 된 것이다."(『자연법과 만민법』, 7권, 5장, §4)

라 퐁텐의 『우화』 6권에 실린 여덟 번째 우화 '노인과 당나귀'에 나오는 사람을 가리키는 것 같다. "[…] 그동안 적이 왔네. / 달아납시다. 노인이 말했네. / 왜요? 호색가가 물었네. / 내게 두 배의 짐을, 두 배의 안장을 싣게 하지 않겠소? / 우선 달아나서는 안 되오 노인이 말했네. / 그러자 당나귀가 말하길, 내가 누구 소유든 내게 뭐가 중요하겠소? / 우리의 적은 우리의 주인이라는 점을 / 알도록 하시고, 내가 풀을 뜯게 놓아두시오 / 나는 당신에게 올바른 프랑스어로 말하고 있소."

200. 플리니우스, 『트라이아누스의 찬사』, LV, 7. 이 모든 대목은 홉스가 제시한 주권 이론에 반대하기 위해 이끌어온 것이다.

201. 루소가 브라지다스에게 부여한 대답은 불리스와 스페르티아스가 히다르네스 태수에게 했던 것이고(헤로도토스, VII, 135), 플루타르코스도 같은 이야기를 한다. 이 일화는 라 보에시의 '한 사람에 반대하여'에 나온다.

202. 타키투스, 『역사』(4권, 17장) 타키투스의 이 인용문은 앨저넌 시드니의 『정부에 대한 논고』 섹션 15에 나온다. 루소는 『인간 불평등 기원론』의 2부를 쓸 때 그 책을 곁에 두고 있었다. 뇌샤텔 원고 7,842번을 보면 루소가 직접 베껴 썼던 두 페이지가 들어 있다.

203. 필머의 『가부장권론Patriarcha, or the naturel Power of Kings』(Robert Filmer, 런던, 1680)이 대표작이다. 이 책의 프랑스어 번역은 1755년에 나왔다. 로크는 『시민정부론』(1689)의 첫 번째 논고에서, 시드니 경은 『정부에 대한 논고Discours sur le gouvernement』(1698)에서 필머의 가부장권 이론을 비판했다. 그러나 보쉬에와 람세는 각각 『성경의 언어에서 끌어낸 정치학Politique tirée des propres paroles de l'Ecriture sainte』(1709)과 『시민 정부에 대한 철학적 시론Essai philosophique sur le gouvernement civil』(1719)에서 필머의 이론을 옹호했다. 필머의 책은 세습 군주정을 옹호한 것으로 1680년에 뒤늦게 출판되었는데, 이는 1680년과 1683년 사이에 『정부에 대한 논설』을 썼던 공화주의 신념가 앨저넌

시드니를 공격할 목적에서였다. 음모를 꾸민 혐의로 고발당한 시드니는 1683년에 사형 당한다. 시드니는 왕은 법에 종속되며, 인민에 책임을 져야 하고, 폐위될 수 있다고 선언했다. 시드니의 위의 책은 1698년에 P.-A. 삼송이 프랑스어로 처음으로 번역해서 1702년에 헤이그에서 세 권으로 출판되었다.

『정치경제론』에서 루소는 필머를 비판하며 국가의 지배의 원리가 가족의 지배의 원리와 같을 수가 있는지 묻는다. "이 둘은 토대가 달라도 너무 다른 것인데 말이다. 가장은 아이들이 그의 도움 없이 살아갈 수 없는 동안 신체적으로 아이들보다 더 강하기 마련이므로, 아버지의 권위는 자연에 근거한 것이라고 정당하게 생각할 수 있다. 국가라는 대가족에서는 모든 구성원이 자연적으로 평등하다. 이런 사회가 세워졌을 때 정치적 권위는 순전히 자의적인 것으로 여러 합의들만을 기초로 할 뿐이고, 행정관은 법이 있어야만 다른 이들에게 명령을 내릴 수 있을 뿐이다. 가장은 자신이 수행해야 하는 의무를 자연적인 감정과, 그가 도저히 복종하지 않을 수 없게 되는 어조를 통해 알게 된다. 지도자들은 그와 비슷한 것이 없으므로, 그들이 인민에게 지키겠다고 약속했던 것, 인민이 수행할 권리가 있는 것만을 지킬 뿐이다."(OC t. III, 241쪽)

204. 루소는 권리에 의해 사실을 검토해야 한다고 주장한다. 이는 『사회계약론』에서 사실에 의해 권리를 세우는 흐로티우스에 대한 비판과 같은 맥락이다. "그의 가장 일관된 추론 방식은 사실을 통해 권리를 확립하는 것이다."(1권, 2장, 앞의 책, 13쪽)

205.『에스파냐 군주정의 다양한 상태에 대한 대단히 기독교적인 여왕의 권리에 대한 논고*Traité des droits de la reine très chrétienne sur divers Etats de la monarche d'Espagne*』(1667, in-4)를 가리킨다. 익명으로 출판된 이 저작은 앙투안 빌랭과 부르제이스 신부abbé Bourzéis의 것으로 알려졌다. 1820-1821년에 뮈쎄-파테Victor-Donatien de Musset-Pathay가 간행한 『루소 전집』에 실린 다음의 주석을 참조 "한 군주의 '이름을 달고 그의 명령으로' 출판된 저작의 이 대목을 보고 이 글이 어떤 것인지, 이 글이 어떤 정황에서, 어떤 목적으로 출판되었는지 알게 된대도 놀랄 일은 아니다. 그 군주는 개인적인 행동에서나 내치의 모든 행위에서나 직접적으로 상반된 원리를 공포했던 이였다. 필리페 4세의 사망 이후, 루이 14세가 그의 결혼 계약서에서 명백히 포기를 밝혔음에도 그는 네덜란드 침공 준비를 했다. 이렇듯 자신을 '국가의 법률에 종속'된 존재로 보게 하면서 결과적으로 필요시 무기를 들 수 있는 사람이 되었으니, 외국의 권력자들이 보기에 그는 개의치 않고 스스로에게 이런 관계를 부여했던 것이다. 더욱이 이 글을 보면 그가 공포한 진리의 결과를 서둘러 예측하고 있음을 알 수 있다. 루소가 '국왕들은 그들의 국가에서 법률의 창시자이다'라고 인용한 부분이 그렇다. […] 루소의 『인간 불평등 기원론』에서 따로 떼어 제시된 이 대목은 우리가 보듯이 완전히 성격이 다른 것이고, 존재하는 정부에 교훈을 주는 데 이보다 더 능숙하게 제시될 수 없는 것이었다."(뮈쎄-파테, 『루소 전집』, 1823, t. I, 301-302쪽)

앨저넌 시드니는 『정부에 대한 논설』(t. II, 238쪽, 1702, in-4)에서 인용 표시는 없지만 위의 책을 암시하고 있다. 바르베락은 푸펜도르프(『자연법과 만민법』, 7권, 6장, 10절, 주석 2)에서 시드니가 썼던 이 대목을 확인하고 인용문을 통째로 인용하고 있다. 루소는 확실히 바르베락에게서 『인간 불평등 기원론』의 이 부분에 가져온 대목을 빌려왔다.

206. [원주] 나는 로크를 따라 그 누구도 자신의 자유를 제 멋대로 다루는 자의적인 권력에 복종하기 전에는 팔 수 없다는 점을 명백히 선언한 바르베락의 권위를 무시할 것이다. 그는 이렇게 덧붙인다. '그것은 누구도 주인이 될 수 없는 자기 자신의 생명을 파는 일이나 같기 때문이다.'(1782년 판)

207. 루소가 인용한 바르베락의 텍스트는 푸펜도르프의 『자연법과 만민법』 7권 8장 §6의 각주2에서 가져온 것이다. 로크는 『통치론』 §23절에서 "절대적이고 자의적인 권력으로부터의 이러한 자유는 인간의 생존에 필수적이고 또한 밀접하게 결부되어 있기 때문에, 인간은 그 자신의 보존과 생명을 몰수당하게 만드는 행위에 의하지 않고서는 그것을 양도할 수 없다. 인간은 자기 생명에 대한 권력을 가지고 있지 않기 때문에 협정이나 자신의 동의에 의해 다른 사람의 노예가 될 수 없으며, 또한 다른 사람이 기분 내키는 대로 그의 생명을 박탈할 수 있는 절대적이고 자의적인 권력에 그 자신을 내맡길 수 없다. 어떤 사람도 자신이 가진 것보다 더 많은 권력을 내줄 수 없으며, 따라서 자신의 생명을 박탈할 수 없는 사람은

다른 사람에게 그러한 권력을 내줄 수 없다."(『통치론』, §
23, 앞의 책, 29–30쪽) 몽테스키외는『법의 정신』에서 "자유로
운 사람이 자기를 팔 수 있다는 것은 옳지 않다. 판다는 것은
대가를 예상하고 있다. 노예가 몸을 팔면 그의 모든 재산은
주인의 소유가 될 것이다. 주인은 아무것도 주지 않고 노예는
아무것도 받지 않는 것이 될 것이다. 그는 노예에게 주어진
재산을 가질 것이라고 사람들은 말할 것이다. 그러나 노예
재산은 몸에 부속되어 있는 것이다. [⋯] 자유는 설사 그
사는 사람에게 값이 있다 할지라도 그것을 파는 사람에게는
값이 없다."(15권, 2장, 앞의 책, 266쪽)

208. 푸펜도르프,『자연과 인간의 법』(7권, 3장, 1절).『사회계약
론』1권 4장에서 "개별자가 자신의 자유를 양도하고 스스로
노예가 되어 주인을 갖는 것이 가능하다"는 호로티우스를
반박하며 "스스로 타인의 노예가 된 사람은 자신을 그냥
주는 것이 아니라, 자신을 팔아서 적어도 자신의 존속을 유지
하려는 것이다. 하지만 인민이라면 왜 그들이 자신을 팔겠는
가?"(『사회계약론』, 앞의 책, 16–17쪽)라고 되묻는다.

209. 볼테르는 "대단히 멋지다"고 적었다.

210. 볼테르는 이 대목에 밑줄을 그었다.

211. 디드로가 쓴『백과사전』의「정치적 권위」항목을 참조(미
주 198번). 이 대목에서 루소는『사회계약론』에서 나타나게
될 "부정否定의 현재"를 취해본다. 역사적인 가설을 잠시 포기
하고 국가의 이상적인 토대를 규정해보려고 한다고 볼 수도
있겠다. 그렇지만 로베르 드라테의 지적처럼 루소가 여기서

제시하는 계약은 복종의 계약이지만, 이후에 그는 연합의 계약만을 받아들인다(『루소와 그의 시대의 정치학』, 파리, 1950, 222-223쪽). 그러므로 루소가 아직 근본 협정의 진정한 본성에 대한 생각을 굳히지 않았다고 생각해야 한다.

212. "사람들은 각각의 국가가 가진 정수와 각 국가의 제도에 따라 어떤 법률이 생기고 어떤 정부 형태를 갖추게 된다는 점에 주목했다. 주권을 그런 식으로 제한한다면 인민의 자유로운 동의에 따라 왕좌에 오른 군주에게 해가 될 일이 없다. 군주가 제한된 권위만을 갖겠다고 결심할 수 없었다면 왕관을 받아 쓰지 않기만 하면 되기 때문이다. 군주가 왕관을 받아들이면서 장엄한 약속을 했을 때는 왕국의 근본법을 뒤엎고자 하지 않을 것이며, 완력을 쓰거나 마이동풍의 힘을 행사해서 스스로 자신을 절대적인 존재로 만들지 않겠다는 것이기 때문이다."(『자연법과 만민법』, 7권, 6장, 9절)

213. 『정치경제론』의 초고에서 루소는 "행정관의 직이 세습되어야 하는가?"라고 썼는데, 이 '행정관의 직'을 『사회계약론 초고』에서는 '왕권la couronne'으로 고쳤다. 이는 루소가 왕권과 행정관의 직을 같은 의미로 보고 있다는 점을 알려준다.

214. "주권이 사람들의 협약에 따른 즉각적인 결과일지라도 주권을 보다 성스럽고 불가침한 것으로 만들려면 더 고상한 원리가 필요하며, 군주의 권위는 인간의 권리만큼이나 신의 권리에서 나온 것이 아니다."(『자연법과 만민법』, 7권, 3장, 2절)

215. 볼테르는 "행복과 미덕에" 밑줄을 긋고 옆에 "시시하다tarare"

라고 썼다.

216. "개별자들이 행복하다는 것으로 수장에게 자연적인 이득이 생기기는커녕, 지도자는 개별자들이 빈곤에 처하게 하는 것으로 행복을 얻는 경우가 적지 않다. 행정관의 직이 세습되어야 하는가? 왕이라는 사람은 사람들에게 명령하는 아이와 같은 존재인 경우가 대부분이다. 그러면 선출직이어야 할까? 선출할 경우에는 수만 가지 불편이 불거진다."(루소, 『정치경제론』, OC III, 243쪽)

217. 아리스토텔레스는 『정치학』의 2권 9장에서 스파르타의 정치체제를 비판하면서 "결함이 있기는 원로원도 마찬가지"라고 썼다. "원로원 의원들은 유능하고 남자의 탁월함으로 잘 단련된 사람들이므로 원로원은 국가에 유익하다고 말할 수도 있을 것이다. 그러나 국가 중대사를 결정하는 직책이 종신직이어야 하는지는 의심스럽다. 마음도 몸과 함께 늙어가기 때문이다. 그리고 원로원 의원들의 교육 수준이 입법자 자신도 신뢰할 수 없을 정도라면 위험한 일이 아닐 수 없다. 많은 원로원 의원들이 뇌물을 받았고 공사를 처리하는 데서 정실에 끌렸다는 것은 주지의 사실이다."(『정치학』, 1,270b, 천병희 역, 109–110쪽)

218. 라틴어 senior에서 온 말이다.

219. [원주] 정부가 개입하지도 않은 채(1782년 판).

220. 『정치경제론』에서 루소는 "정부가 수행해야 하는 가장 중요한 일 중 하나는 극단적인 부의 불평등을 예방하는 일이다. 가진 자들의 재산을 뺏으라는 말이 아니라 축재蓄財의

수단을 뺏도록 하자는 것이고, 가난한 자들을 위해 구빈원을 세우라는 말이 아니라 시민들이 가난하게 되지 않도록 막자는 것이다. 국토의 이곳에는 사람들이 몰려 살고 저곳에는 사람들이 적게 산다. 이렇게 들쭉날쭉하니 인구 분포에 문제가 있는 것이다. 유용하지만 고된 직업은 천대받지만 순전히 교묘하기만 하고 기교를 자랑하는 기술은 우대받는다. 상업 때문에 농업을 소홀히 한다. 국가 재산을 제대로 관리하지 못하기 때문에 징세청부인이 필요하게 되었다. 매관매직賣官賣職이 극에 다다라 돈이 존경의 척도이고 미덕조차 돈으로 값이 매겨져 팔린다. 이런 것이 부유와 빈곤, 공적 이익을 대체해버린 사적 이익, 시민들 상호 간의 증오, 공동의 목적을 위해 수행해야 하는 의무의 방기, 인민의 타락, 정부를 추동하는 힘의 약화라는 뚜렷한 원인들이다. 그러므로 이런 병들이 느껴진다면 치료는 벌써 어려운 일이다. 그렇지만 현명하게 관리가 이루어지면 예방이 가능해서, 법의 존중, 조국에 대한 사랑, 일반의지의 활기를 올바른 풍속 속에서 유지할 수 있다."고 썼다.

221. 볼테르는 "유명해지고자 하는 열망"에 밑줄을 긋고 여백에 "네가 네 자신을 비난하다니 디오게네스의 원숭이여"라고 적었다. 그리고 루소의 이 단락의 마지막 세 줄에 대하여 "과장도 적당히 하시라! 너는 거짓 빛만 비추고 있구나"라고 썼다. "디오니소스의 원숭이"라는 말은 볼테르가 루소를 모욕할 때 자주 쓰던 표현이다.

222. [원주] 미래의(1782년 판).

223. 『폴란드 정부에 대한 고찰』에서 "명령에 복종하는 군대, 페스트, 유럽 인구의 감소는 두 가지 목적에서만 좋다. 이웃 나라를 공격하고 정복하고자 하는 목적이 하나라면, 시민들을 사슬로 묶어 예속하는 것이 다른 하나이다."(OC t. III, 1,013- 1,014쪽). 몽테스키외『법의 정신』, 11장, 6절 참조.

224. 루키아노스,『파루살루스*Pharsale*』, I, 376. 이 시구는 앨저넌 시드니의『정부에 대한 논설』섹션 19에도 역시 등장한다.

225. 볼테르는 "그들 모두를 억누르는 권력"에 밑줄을 긋고 "왕권이 모든 파당을 포함하고 억압한다면 네가 비난하는 왕권에 가장 큰 찬사를 표하는 것이다."라고 썼다.

226. 본[Vaughan]은 이 정확한 인용이 cui compositis rebus nulla spes(타키투스,『역사』, I, 21)이라고 가정한다. 인용은 대단히 개연적으로 앨저넌 시드니에게서 가져온 것 같다. "그들이 이런 사람들이다. quibus ex honesto nulla est spes. 그들은 법의 권위를 두려워했는데 법이 그들의 악덕을 억압하기 때문이다."(『정부에 대한 논설』, 섹션 19)

227. 엥겔스는『반反뒤링론』에서 "부정의 부정"이라는 헤겔의 방법이 나타나고 있는 이 대목에 주석을 붙였다. 여기서 루소가 표현한 생각과 마키아벨리가『티투스 리비우스에 대한 논설』1권 2장에서 제시한 생각을 비교해볼 필요가(행간문제) 있다. 군주정, 귀족정, 민주정과 같은 다양한 정부가 이어지는 것은 타락 때문이기도 하고 타락에 대한 반작용 때문이기도 하다. 극단적인 끝은 "방종"으로, 민주주의적 자유의 타락한 형태이다. "그래서 모든 사람은 자신의 변덕에

따라 살아가고, 매일 수많은 위반이 일어난다. 그때 필연에 의해 구속되거나 현자의 충고에 의해 개화되거나, 그러한 방종에 지쳐, 사람들은 단 한 명의 왕국으로 되돌아간다. 그래서 다시 추락에 추락을 거듭하게 되고, 같은 방식으로, 동일한 원인에 의해 무정부의 공포에 다시 빠지게 된다." 국가들을 과거의 구조로 다시 이끌어가는 "원"이 있다면 "우리가 정확히 우리가 출발했던 정확한 지점으로 돌아가기란 드물다. 왜냐하면 어떤 왕국도 동일한 영고성쇠를 여러 번 거치고 자신의 생활방식을 유지하기 위해서 충분한 힘을 갖고 있지 못하기 때문이다."

228. "그럴 때 다정다감한 자연의 목소리도 더는 우리를 잘못된 길로 들어서지 않게끔 해주는 지침이 되지 못하며, 자연이 우리에게 마련해주었던 자족l'indépendance도 더는 바람직한 상태가 되지 못한다. 평화와 무구無垢가 우리가 그것을 맛볼 기쁨을 누려보기도 전에 영원히 우리의 손에서 벗어나버리고 만 것이다. 최초의 시대에 살았던 사람들은 우둔했으므로 저 황금시대의 삶이 얼마나 행복했는지 몰랐고, 후대에 개화된 사람들은 그 삶을 이미 누릴 수 없게 되었으니, 인류는 언제나 그런 행복한 삶과는 거리가 멀었다. 즐길 수 있었던 때에는 그게 있는 줄도 몰랐고, 그런 행복이란 걸 경험해볼 수 있을까 생각했을 때는 이미 상실해버렸으니 말이다."(『사회계약론』의 제네바 초고. 1권 2장)

229. "누구든 바라는 것을 하는 사람은 행복하다. 만일 그 자신으로 충분하다면 말이다. 이는 자연 상태에서 살아가는 인간의

경우이다. 누구든 그가 원하는 것을 하는 사람은 행복하지 못하다. 만일 그의 필요가 그의 힘을 넘어선다면 말이다.'(『에밀』, 2권, 310쪽)

230. 이 관념들은 『학문예술론』에서 이미 발표된 것으로 『에밀』에 다시 수록된다. "지배 자체는 예속적이다. 그 지배가 여론에 달렸을 때 말이다. 왜냐하면 너는 네가 편견에 의해 통치하는 사람들의 편견에 예속되어 있기 때문이다…. 타인의 눈으로 보게 되자마자 그들의 의지에 의해 의지해야 한다…. 여러분은 항상 말할 것이다. 우리는 원한다고. 그리고 여러분은 항상 타인들이 원하게 될 것을 하게 된다.'(『에밀』, 308–309쪽) 이는 '소외된' 조건을 거명하게 될 마르크시즘의 정확한 기술이다.

231. 루소는 여기서 몽테뉴가 프랑스에 데려온 인도 사람들의 말을 인용하고 있는 대목을 기억했던 것 같다. "그들은 처음으로 수많은 위대한 사람들이 수염을 기르고, 무장을 한 사람들이 왕의 주변에 있는 것을 대단히 이상하다고 생각했다. 그들은 한 아이에게 복종했다. 그리고 사람들은 명령하기 위해 그들 사이의 누군가를 더 일찍 선택하지 않았음도 이상하게 생각했다.'(『에쎄』, 1권, 30장, Des cannibales) 재산의 불평등의 비판은 프랑스를 봤던 인디언에게 똑같이 부여되었다. 라 옹탕의 『기이한 대화들 Dialogues curieux』(1703)에서 그러한데, 우리는 이를 질베르 시냐르(발티모어, 런던, 파리, 1931)가 부여한 훌륭한 판에서 읽을 수 있다. 질베르 시냐르는 「장 자크 루소의 철학에 대한 여행기들의 영향」에서 루소에 대한

라 옹탕의 직접적인 영향의 흔적을 찾았다고 생각했다. 문학적 출처를 찾아야 했다면 라 보에시, 라 브뤼에르, 뷔피에 신부(『저속한 편견들에 대한 검토』), 종교적인 위대한 설교자들, 연극작품에서는 들릴 드 라 드레브티에르Delisle de la Drévetière의 『야만적인 아를르캥』(1718)을 거론할 수 있다. 루소에게 영향을 주었던 몽테뉴의 대목은 역시 푸펜도르프도 언급하고 있다(『자연법과 만민법』, 3권, 2장). 그러나 푸펜도르프는 인도인들의 추론을 비판한다. 노인들에게 명령하는 아이의 이미지는 『에밀』의 2권에 다시 취해져 개진될 것이다. "만일 한 번이라도 우리가 추잡하고, 추악하고, 우스꽝스러운 광경을 본다면, 그것은 행정관들의 몸이다. 머리는 수장이고, 의식의 옷을 입고, 배내옷을 입은 아이 앞에서 무릎을 꿇는 모습 말이다. 그들은 화려한 용어로 장광설을 늘어놓고 모든 대답을 하기 위해 소리를 지르고 침을 흘린다."

232. 이 내용은 헤로도토스의 『역사』 3권에 나온다. 페르시아 키루스 대제의 두 아들 캄비세스 2세와 바르디야(스메르디스는 바르디야의 다른 이름이다)가 이집트 원정을 떠났다가 바르디야를 사칭한 가우마타가 본국에서 왕위를 찬탈한 일을 말한다.

233. "지금도 역시 오타네스 가문은 페르시아에서 가장 자유로운 가문이다. 페르시아의 법을 위반하지 않는다면 원하는 만큼만 복종한다."(헤로도토스, 『역사』, 3권)

234. 여기서 루소는 뷔퐁을 언급하고 있다.

235. "[호텐토트족] 여자들은 […] 아이를 등에 업고 다닌다.

그렇게 다니면서 어린아이를 불편하지 않게 간수하려는 생각
은 전혀 하지 않는다. 아이들이 걸어 다닌다기보다 기어 다닐
수 있게 되면 여자들은 아이들을 방치하고 아이들이 할 수
있을 때 발을 사용하도록 내버려둔다.'(피에르 콜브, 『희망봉
의 기술Description du Cap de Bonne-Espérance』, 3 vol, Amsterdam,
1741, t. I, partie I, ch. vi, §3, 91쪽)

236. "[카리브족 아이들은] 삼사 개월이 되면 집 여기저기를
네 발로 기어 다니는데 꼭 강아지들 같다.'(뒤 테르트르, 『생크
리스토프 제도의 일반사Histoire générale des Isles de Saint Christophe』,
Paris, 1654, 5부, 1장, 4절, 415쪽)

237. 루소는 푸펜도르프의 『자연법과 만민법』(1권, 2장, 2절,
각주1)에 삽입된 바르베락의 주석을 첫 번째 사례로 들고
있다.

238. 베르나르 코너가 『복음 의학 혹은 의학의 신비Evangelium
medicum, seu medicina mystica』, 런던, 1697, 133–134쪽에서 언급한
일화인데, 특히 라 메트리는 『영혼의 자연사Histoire naturelle
de l'âme』(1754), 콩디약은 『인간 지식 기원론』(1부, 섹션 4,
23절)에서 이를 언급했다.

239. 여기서는 1724년 하멜른 근처에서 발견된 "와일드 피터wild
Peter"(영어로는 Peter the wild man이라고 알려졌다)를 말한다.
그를 1726년에 런던으로 데려와서 존 아버스넛John Arbuthnot
박사의 교육을 받게끔 했다. 박사는 피터의 지성의 발달을
추적해서 로크의 이론을 증명할 수 있기를 바랐다. 불행한
일이지만 신체 구성 인자의 요인 때문이든, 유년시절에 겪은

"사회 정서적 결핍" 때문이든 피터는 평생 정신박약을 겪었다. 영국에서 피터를 주제로 많은 문학작품이 쏟아졌다. 스위프트와 포프도 피터를 언급했다.

240. 카를 폰 린네는 1746년 스톡홀름에서 출판한 『스웨덴의 목신*Fauna suecica*』의 서문에서 "인간은 돌도, 식물도 아니고 동물이다. 인간이 살아가고 움직이는 방식은 동물의 그것을 따르기 때문이다. 또 인간이 발 하나만 가지고 충분히 살 수 없다는 점에서 지렁이와 같은 벌레도 아니다. 인간이 더듬이를 갖지 않았다는 점에서 곤충도 아니다. 지느러미를 갖지 않았다는 점에서 물고기도 아니고, 깃털을 갖지 않았다는 점에서 새도 아니다. 그러나 인간은 네발짐승이다. 다른 네발짐승들과 구조가 똑같은 입과 네 발을 갖추었기 때문이다. 네 발 중에 둘은 걷는 데 쓰고 다른 둘은 마주친 것을 잡는 데 사용한다는 차이는 있다. 정말이지 자연사가로서 나는 인간과 원숭이를 구분해주는 어떤 특징도 자연사라는 학문의 원칙에서 끌어낼 수 없었다. 사실 어떤 지역에 인간보다 털이 적고, 인간처럼 똑바로 서고, 인간처럼 두 발로 걷고, 손과 발을 사용하는 방식에서 외면상 인간을 닮은 원숭이들에 주목한 사람들이 있다. 세련된 교양을 갖추지 못했던 여행자들은 그런 특징들 때문에 그 원숭이들을 인류의 한 종으로 보기까지 했다. 인간과 다른 동물을 구분해주는 특징으로 언어가 있기는 하다. […] 분명 언어는 인간과 다른 동물을 구분해주는 것 같다. 하지만 그것은 개수, 형상, 비례, 위치에서 끌어낸 주목할 만한 특징이 아니라 사실 일종의 가능성이

나 결과에 다름 아니다"라고 썼다.

241. 루소에게서 진화론의 입장이 얼른 보이기는 하지만 그는
    이를 거부한다. 그러나 장 바티스트 로비네, 라마르크가 루소
    의 『인간 불평등 기원론』을 그들의 진화론의 토대로 삼았던
    것은 분명하다.

242. 뷔퐁은 "인간의 가슴은 다른 동물의 가슴과 상이하게 형성
    되어 외부에 드러난다."(『자연사』, t. II, 앞의 책, 61쪽) 뷔퐁은
    아울러 인간 육체의 말단과 동물의 말단 사이에 해부학적
    구조에 차이가 있다고 주장한다. 유사관계는 내적 기관의
    차원에서 뚜렷하게 나타나는 것이다. "우리가 이 점에 주의를
    기울여본다면 가장 큰 차이는 말단에 있으며, 인간의 육체가
    동물의 육체와 가장 다르게 만들어주는 것이 바로 이 말단임
    을 알 수 있을 것이다. […] 인간의 몸통 하단의 말단에서
    동물의 꼬리를 형성하는 여러 개의 척추를 발견하게 될 것이
    다. 그런데 인간 몸의 내부의 말단에는 이 외부의 척추 뼈들이
    없다. 마찬가지로 머리 위쪽 말단과 이마 뼈는 인간과 동물에
    서 대단히 다르다. […] 결국 동물과 인간의 사지를 비교해볼
    때 우리는 이 둘의 가장 큰 차이는 그들의 말단에 있으며,
    얼른 본대도 인간의 손과 말이나 소의 발처럼 닮지 않은
    것이 없다."(뷔퐁, 『자연사』, t. II, 위의 책, 315쪽)

243. "화학에서는 '고정'염과 휘발염(암모니아)을 구분한다. 고
    정염은 하소煆燒 이후에 빠지는 것이고, 고정이라고 하는 말은
    불을 가해도 승화되지 않는다는 의미이다."(『트레부 사전』,
    1721)

244. 뷔퐁, 『자연사』, t. I, 앞의 책, 127쪽.

245. 그러므로 문명이란 토양과 식생과 같은 자연의 거대한
저장고에서 인간 때문에 일어난 쇠퇴déperdition이다.

246. 루소의 저작에서 그가 했다는 실험의 사례는 등장하지
않는다.

247. 뷔퐁 역시 "인간은 소처럼 식물을 먹고 살 수 있을 것이다"라
고 썼다.(『자연사』, t. II, 앞의 책, 427쪽) 루소는 또한 1754년
1월의 『경제 저널Journal Economique』지에 실린 기사를 읽었다.
왈리스 박사와 타이슨 박사가 동물의 고기를 먹는 인간의
관습에 대한 논문을 소개한 것이다. 장 모렐은 이 기사를
다음과 같이 요약한다. "왈리스 박사는 인간의 치아 구조를
주장하는 가상디의 입장을 지지한다. 인간의 치아는 대부분
예리한 앞니이거나 어금니이다. […] 왈리스 박사는 돼지,
소와 같은 풀과 식물을 먹는 대부분의 네발짐승이 긴 결장結腸
을 갖고 있다고 덧붙였다. 늑대와 여우를 비롯한 다른 육식동
물들에게 이런 결장이 없는 것과는 반대되는 것이다. 그런데
인간에게 이 결장이 뚜렷하게 보인다는 점을 우리는 알고
있다."(*Annales de J.-J. Rousseau*, t. V, 1909, 181쪽) 그러나
뷔퐁은 1758년에 쓴 『육식동물』편에서 루소의 입장을 반박
한다. "고기를 전혀 먹지 않는 것은 자연에 순응하는 일이기는
커녕 자연을 파괴하는 일일 뿐이다. 인간이 고기를 먹지 않았
다면 적어도 이런 환경에서 살아남지도, 종족을 불리지도
못할 것이다."(뷔퐁, 『자연사』, t. II, 위의 책, 569쪽)

248. 루소는 이 인용문을 흐로티우스의 『전쟁과 평화의 법』의

번역자 바르베락의 주석에서 가져왔다(흐로티우스,『전쟁과 평화의 법』, 2권, 2장, 주석 13).

249. [1782년 판의 원주] 이 의견은 현대의 여행가들의 대부분의 보고에 기초한다. 프랑수아 코레알은 에스파냐 사람들이 쿠바, 생 도밍고, 다른 곳에서 데려온 루케이언 주민들 대부분이 고기를 먹었기 때문에 죽었다고 증언한다.

250. 『프랑수아 코레알의 서인도제도 여행기』(2 vol, 파리, 노엘 피소, 1부, 2장)를 보면 "루케이언의 주민들 대부분은 우리가 쿠바, 생 도밍고와 다른 곳에서 데려온 사람들인데 고기를 먹으면서 그곳에서 죽었다."(1권, 40쪽)

251. 뷔퐁은 말馬들에게 "먹이로는 풀과 식물로 충분하므로 […] 서로 싸우는 일이 없다. 먹이를 놓고 다투는 일이 전혀 없다. 먹이를 뺏는 일도 없고, 빼앗기는 일도 없다. 그런 것이 육식동물에게는 전투와 분쟁의 근원인데 말이다. 그래서 말들은 평화롭게 살아간다."(『자연사』, t. II, 앞의 책, 371쪽)

『에밀』의 1권에서 루소는 에밀의 유모에게 식물성 음식만을 권한다. "동물의 몸속에서 만들어진 것이라 할지라도 젖은 일종의 식물성 물질이다. 젖을 분석해보면 이러한 사실이 입증된다. 젖은 쉽게 산으로 변하며, 동물성 물질이 그런 것처럼 암모니아수 찌꺼기를 남기지 않고 식물처럼 순수 중성염을 남긴다. 초식동물의 젖은 육식동물의 젖보다 훨씬 부드럽고 몸에도 좋다. 자기 본래의 것과 질이 같은 물질로 만들어지기 때문에 초식동물의 젖은 그 본성을 더 잘 보존하고 있고 따라서 잘 부패하지도 않는다. 양으로 보더라도 전분질의 야채가 고기보다 혈액을 더 많이 만들어낸다는 사실은 누구나 알고 있다. 따라서 전분질의 야채가 젖 또한 더 많이 만들어낼 것이 틀림없다."(1권, 앞의 책, 97–98쪽) 또 『에밀』의 2권에서도 "우리의 첫 번째 양식은 젖이다. 우리는 오로지 점진적으로만 강한 맛에 익숙해진다. 처음에는 강한 맛에 거부감을 갖는다. 과일, 야채, 풀 그리고 마지막으로 양념과 소금을 치지 않은 몇 가지 구운 고기가 최초의 인간들의 진수성찬이었다"(위의 책, 266쪽)는 주장이 등장한다.

252. 루소는 여기서 『여행의 일반사*Histoire générale des voyages*』(Paris, Didot, t. V, 1748, 155–156쪽)에서 인용하고 있다.

253. 『생크리스토프 열도의 일반사*Histoire générale des isles de Saint Christophe*』(Paris, 1654 (혹은 1667–1671년 판)). 루소는 『앤틸리스 주민들에 대해서*Des habitans des Antilles*』(1장, 5절)를 언급하고 있다.

254. 자크 고티에 다고티*Jacques Gautier d'Agoty*, 『자연사, 자연학, 회화의 고찰들*Observations sur l'histoire naturelle, la physique et la peinture*』, Paris, 1752–1758을 가리킨다.

255. 볼테르는 "열다섯 살이면 벌써 늙었다"는 대목에 밑줄을 치고 "오류. 나는 서른다섯 살까지 살았던 말 두 마리를 본 적이 있다"고 썼다.

256. 본 번역의 부록에 실은 『자연사가에게 보내는 답변』을 참조.

257. 루소는 모페르튀의 『도덕철학론*Essai de philosophie morale*』을 인용하고 있다. 이 책의 2장 제목은 "일상적인 삶에서 악의

총합은 선의 총합을 능가하는지"이며 "인생을 고찰해본다면 우리의 인생이 얼마나 많은 고통으로 차 있으며, 얼마나 적은 즐거움으로 채워져 있는지 보고 놀랄 것이다. […] 내가 생각하기에 대부분의 사람들은 인생의 모든 순간에서 지속만을 고려했다면 행복한 순간들보다 불행한 순간들로 훨씬 더 많이 채워졌다고 사람들은 인정하는 것 같다. 그런데 여기에 강도를 집어넣는다면 악의 총합은 훨씬 증가할 것이다. 일상 생활에서 악의 총합은 선의 총합을 능가한다는 명제는 여전히 진실이다"라는 구절이 등장한다.

　이 점에서 뷔퐁은 모페르튀와는 반대로 생각한다. "동물들이 쾌적하지 않은 감각 훨씬 이상으로 쾌적한 감각을 가지며, 쾌락의 총합이 고통의 총합보다 훨씬 크다는 점이 확실하다." (『자연사』, t. II, 앞의 책, 332쪽) 로베르 모지, 『18세기의 행복에 대한 관념』, 1960, 61–62, 348–349, 406–407쪽.

258. 루소는 『여행의 일반사』 5권에 실린 피에르 콜브의 다음 대목을 읽었을 가능성이 있다. "호텐토트족 사람들이 열망하는 것은 오직 친절과 서로 돕고자 하는 갈망뿐이다. 그들은 계속 그렇게 할 기회를 찾는다. […] 호텐토트족의 친절, 청렴, 정의에 대한 사랑, 순결은 그 어떤 나라들도 그들만큼 갖지 못한 미덕이다. 그들의 행동은 어김없이 매혹적인 단순성이 나타난다. 기독교주의를 끌어안고자 하지 않는 민족들을 많이 본다. 그들이 내세우는 이유는 기독교인들은 탐욕, 질시, 불의, 사치뿐이라는 것이다."(여행의 일반사』, 파리, 디도, 1748, 5권, 147쪽) 야만인들의 삶의 방식에 대한 이런 "낙관주

의적" 시각은 항해자들이 최초로 그들을 발견한 이후로 계속 나타났다. 16세기 철학자 피에르 샤롱은『지혜론』에서 "인간은 자연적으로 선하다"(2권 3장)라고 쓴 바 있다.

259. 1666년에 일어났다.

260. "장사는 청년들의 낭비가 없으면 되지 않는다. 농군은 곡식이 비싸야 하며, 건축가는 집이 무너져야 하고, 재판소 관리는 사람들이 소송과 싸움질을 해야 되며, 성직자들의 영광과 직무까지도 우리의 죽음과 악덕이 있어야만 된다. 의사는 자기 친구가 건강한 것도 좋아하지 않으며, 군인은 자기 도시의 평화도 좋게 보지 않는다고 옛날 그리스 희극 작가는 말한다. 다른 일도 다 마찬가지이다. 더 언짢은 일로, 우리 각자가 자기 속을 뒤져보면, 우리 마음의 소원은 대부분 다른 사람의 손해가 생겨나 커지는 것이다."(몽테뉴,『에쎄』, 1권, 22장, 앞의 책, 158쪽)

261. 루소는『에밀』3권에서 "사람들은 몇 가지 식료품을 실제보다 더 좋아 보이게 하려고 위조를 하기도 합니다. 이런 위조는 눈과 맛을 속인답니다. 하지만 위조는 몸에 해를 끼치고, 전과는 달리 그럴듯하게 보이지만 그 물건을 전보다 더 나쁘게 만드는 것이지요."(『에밀 1』, 앞의 책, 323쪽)라고 썼다. 『신엘로이즈』에서 생프뢰는 에드워드 경에게 보내는 편지에서 "그토록 검소하게 준비된 요리들은 어떤 것들일까요? […] 이 지방의 훌륭한 채소들, 우리 정원에서 자라는 맛있는 채소[…]들입니다. 이것들이 이 집 식탁을 채우고 장식하는 요리들로, 축제의 날들이면 우리의 입맛을 돋우고 만족시켜

줍니다. […] 오래전에 그만둔, 식사 뒤 물을 타지 않은 포도주를 마시는 습관을 저는 그곳에서 쥘리의 요청에 의해 다시 갖게 되었습니다'(5부 두 번째 편지, 김중현 역, 책세상, 204–206쪽)라고 쓴다.

262. 용기Vaisseau는 우묵한 용기 혹은 그릇을 말한다. 루소가 주석 그릇에 독성이 있음을 확신한 최초이자 유일한 사람은 아니다. 루소는 『메르퀴르 드 프랑스』에 한 통의 편지를 보냈는데, 이 편지가 1753년 6월에 <주석 그릇의 위험한 사용에 대해서>라는 제목의 기사로 실렸다.

263. 『에밀』의 다음 구절을 참조 "인간은 개미 무리처럼 빽빽하게 모여 살도록 되어 있지 않고, 그들이 경작해야 할 땅 위에서 흩어져 살게끔 되어 있다. 인간은 모여들면 모여들수록 더욱 더 타락하게 마련이다. 정신의 악덕과 마찬가지로 신체의 불구도 지나치게 많은 사람들이 모여 사는 데서 생겨나는 필연적인 결과다. 인간은 모든 동물들 가운데 무리지어 살기에 가장 부적합한 동물이다. 양들처럼 인간이 밀집해 있다면 모두 아주 짧은 시간 안에 죽고 말 것이다. 인간이 내쉬는 숨은 다른 인간들에게 치명적이다. […] 도시는 인류의 파멸을 초래하는 심연이다. 몇 세대만 지나면 도시에 사는 족속들은 결국 망하거나 쇠퇴하고 만다. 그들을 되살려내야만 하는데, 그렇게 할 수 있는 것은 언제나 시골이다."(『에밀 1』, 1권, 앞의 책, 99–100쪽)

264. 루소는 볼테르가 리스본 지진의 소식을 듣고 쓴 『리스본 재앙에 대한 시』에 맞서 이런 논변을 되풀이한다. 그는 1756년

8월 18일에 볼테르에게 보내는 편지에서 이렇게 썼다. "자연이 육칠 층이 되는 건물 이만 호를 모아놓은 것이 아니라는 점을 인정하십시오. 저 대도시의 주민들이 서로 떨어져 살았고 더 간소하게 거주했다면 재앙은 훨씬 더 적었을 것이며 아마 없었을 수도 있습니다."(CC, t. IV, éd Leigh, 앞의 책, 39쪽)

265. 이 책 128-129쪽 참조.

266. 『에밀』 1권에 동일한 비판이 있다. "자신의 아이에게 젖먹이는 일을 그만둔 것으로 만족하지 않고 여성들은 아이를 갖고 싶어 하는 것도 그만두었다. 당연한 결과다. 어머니라는 상태가 부담스러워지면 곧 거기서 완전히 해방될 수 있는 수단을 찾아낸다. 쓸모없는 일을 만들어내어 그것을 계속해서 되풀이하려고 하며, 인류의 증식을 위해 주어진 매력을 인류에게 해가 되게 만들어버린다."(『에밀 1』, 1권, 앞의 책, 72쪽)

267. 볼테르는 "아메리카에 이런 파렴치한 일이 벌써 있었다는 점이 발견되었다. 우리가 읽었던 유대인들의 책에는 남색가들보다 더 야만적인 민족이 나온다!"고 여백에 적었다.

268. [1782년 판 원주] 그러나 부권父權으로 인류애를 노골적으로 위배하는 더욱 위험하고 더욱 빈번하게 일어나는 수많은 경우들이 있지 않은가? 아버지들이 신중치 못하게 아이들을 구속함으로써 맞지 않는 성향들을 강요하고 재능들이 묻히는 경우가 얼마나 많은가! 어엿한 신분으로 고결하게 태어났으나 전혀 맞지 않는 신분으로 전락해서 불행하게 죽어가는

사람들이 얼마나 많은가! 행복한 결혼이 될 테지만 조건이 맞지 않아 깨지고 침해받는 경우가 얼마나 많으며 자연의 질서와 언제나 모순되는 신분 조건의 질서로 불명예를 당하는 순결한 배우자들이 얼마나 많던가! 이해관계로 묶여서, 사랑과 이성으로 취소되는 다른 결합들은 또 얼마나 많은가! 정직하고 덕성스럽기는 하지만 어울리지 않는 짝이라 서로 고통을 주게 되는 배우자들이 얼마나 많은가! 탐욕스러운 부모에게 희생되어 악에 빠지거나 슬픈 나날을 눈물에 젖어 보내고 돈으로 이어졌을 뿐 마음은 밀쳐내는 파기할 수 없는 관계에 신음하는 불행한 젊은 처녀들은 또 얼마나 많은가! 간혹이지만 용기와 미덕으로 야만적인 폭력 때문에 죄악이나 절망에 빠지기 전에 삶을 끝낼 수 있었던 여인들은 행복하여라! 영원히 비탄에 빠져 지낼 부모여, 내가 마지못해 여러분을 더욱 고통스럽게 만들었다면 용서하시라. 그러나 그것이 누구라도 자연의 이름으로 가장 성스러운 권리를 감히 위반하는 자에게 영원하고 끔찍한 모범이 될 수 있으리라!

내가 우리네 풍속의 결과인 이렇게 잘못 맺어진 결합에 대해서만 말하기는 했지만 사랑과 공감에 이끌렸던 사람들 스스로는 불편이 없으리라 생각하시는가?

269. "내가 근원에서"부터 본 문단의 끝까지는 루소가 1755년 2월에 레에게 보낸 추가본이다. 이 시기에 『인간 불평등 기원론』은 벌써 인쇄에 들어가 있었다.

270. 계관석은 "일종의 붉은 비소砒素로, 노란색 석웅황石雄黃과 흰 보통 비소와는 다르다."(『트레부 사전』, 1721)

271. 몽테스키외『페르시아인의 편지』에서 이 문제를 길게 다룬다(112-122번째 편지).

272. 루소는『학문예술론』에서 내세운 주제들 중 하나를 다시 취해 새로 제시하면서 공리주의에 반대하는 입장을 취한다. 루소는 경제의 문제에서 라 브뤼에르와 페늘롱의 도덕적 입장을 받아들이며, 사치의 옹호자들이 내세우는 체계가 결국 비효율적임을 증명하고자 한다. 몽테스키외는『페르시아인의 편지』에서 "토지 경작에 절대적으로 필요한 기술만 허용하고 […] 쾌락이나 꿈을 충족시키는 데 유용한 기술을 모두 없애버린 나라가 있다면, 이 나라야말로 세상에서 가장 비참한 나라일 것이다. 국민 개개인이 욕구 충족에 필요한, 그 수많은 것들 없이 살아갈 용기가 있다 해도, 국가는 매일같이 쇠약해질 테고, 너무나 허약해진 나머지, 소규모 무력을 지닌 국가라도 그 국가를 정복할 수 있을 거다"(106번째 편지, 이수지 역, 303쪽)라고 말하며 사치를 옹호하는 결론을 내린다.『법의 정신』의 7장에서 몽테스키외는 정부의 다양한 형태와 관련해서 사치금지법을 논의한다. "사치는 언제나 재산의 불평등과 비례한다. 어떤 국가에 부가 평등하게 분배되어 있다면 사치는 존재하지 않을 것이다. 왜냐하면 그것은 남의 노동에 의해서 주어지는 안락에만 기초를 두는 것이기 때문이다. 부가 평등하게 분배되어 있기 위해서는 법이 각자에게 그 육체적 필요를 충족시키는 것 이상을 주지 않을 필요가 있다. 그 이상을 가지게 되면 어떤 사람들은 소비하고 또 다른 사람들은 획득함으로써 가치가 성립될 것이다."(7권,

1장, 앞의 책, 120쪽) 몽테스키외는 부가 불평등하게 분배되어 있는 군주정체에는 사치가 존재하며 "사치는 군주국가에서는 필요하다. 그것은 전제국가에서도 필요하다. 군주국가에서 사치는 사람들이 자기가 가지고 있는 것을 자유로이 사용하는 일이고, 전제국가에서는 자기의 예종에 따르는 이점利點을 남용하는 일이다. 다른 노예에게 사나운 위세를 휘두르기 위해 주인에게 선발된 노예는 오늘의 행운을 내일도 유지할 수 있느냐가 확실치 않으므로 교만함과 욕망과 나날의 쾌락을 충족시키는 즐거움 이외에는 아무것도 없다.'(7권, 4장, 앞의 책, 124쪽) 그러나 공화국과 귀족정에서는 사정이 정반대이다.

273. 실질적으로 자연으로 돌아가고자 하는 어떤 시도든 분명히 좌절시키기란 불가능하다. 되돌아간다는 것은 설령 지식의 진보가 도덕의 실추를 동반했음을 인정해야 한다고 하더라도 그저 타락일 수밖에 없다. 사람들은 루소가 '자연으로 돌아가라'라는 교리를 내세웠다고 생각하지만 루소의 입장은 그렇지 않다. 사회의 삶 내부에서 이미 잃어버린 머나먼 자연에 충실하라고 말하는 것이 더 정확할 수도 있을지 모른다. 이곳에서 루소는 과감한 주장의 어조를 완화하기 위해 자신을 유순한 기독교도로, 유순한 시민으로 내세운다. 그렇지만 그가 내세우는 시민적이고 종교적인 권위에의 복종 행위에는 현재 인간과 사회에 대한 경멸의 입장이 들어 있다.

디드로가 『철학 단상』에서 숲속에의 은둔이라는 가설을 세웠다면 이는 그 가설을 거부하기 위함이다. 디드로는 여기

서 가설을 통해 자연으로 회귀라는 생각을 제거하고 금욕적인
고행이라는 전통적 이미지를 덧붙인다. "초대교회의 수사
파코미우스가 고독에 묻히려고 인류와 단절한 것이 잘한
일이라면, 나도 그를 한번 모방해볼 수도 있겠다. 나는 그를
모방하면서 그만큼 덕성스러운 사람이 되리라. 다른 백 명의
사람들이 왜 나처럼 할 수 없는지 모르겠다. 그러나 사회의
위험이 두려워 한 지방사람 전체가 숲속에 흩어지고, 그들이
스스로 신성화하기 위해 야만적인 짐승으로 살아가고, 수많
은 열주들이 사회적 감정의 폐허 위에 서고, 탑 기둥에서
고행하는 수도사들로 이루어진 새로운 민족이 종교를 통해
자연의 감정을 벗어버리고 진정한 기독교인이 되기 위해
조상彫像을 만드는 것을 보는 것이 멋진 일일지 모른다."(디드
로, 『철학 단상』, §6) 물론 여기서 디드로와 루소의 차이를
지나치게 강조할 필요는 없다. 루소는 사회 질서를 필연적으
로 설립할 수 없게 만드는 것은 자연의 감정이 아니라 기원의
단순성에 대한 망각으로 본다.

　루소는 『에밀』에서 "자연 상태를 벗어남으로써 우리는
우리의 동료들도 거기서 벗어나도록 강요한다. 남들이 뭐라
하든 무시하고 거기에 머물러 있을 수 있는 사람은 없다.
자연 상태에서 살아갈 수 없는데도 거기에 머물러 있을 수
있는 사람은 없다. 자연 상태에서 살아갈 수 없는데도 거기에
머무르고자 하는 것은 실지로 거기에서 벗어나는 것이나
마찬가지일 것이다. 왜냐하면 자연의 첫 번째 법칙은 자기를
보존하는 배려이기 때문이다."(『에밀 1』, 3권, 앞의 책, 342쪽)

그래서 에밀이 "자연인"이라면 그는 자연 상태에서 살아갈 수 없을 것이다. "자연은 자신의 도구와 규칙들을 평판에 의해서가 아니라 필요에 따라 선택한다. 그런데 필요는 인간의 상황에 따라 달라진다. 자연 상태에서 사는 자연인과 사회 상태에서 사는 자연인 사이에는 많은 차이가 있다. 에밀은 아무도 살지 않는 오지로 쫓아 보낼 미개인이 아니라 도시에서 살도록 만들어진 미개인이다. 그는 도시에서 자신의 필수품을 찾아내고 주민들을 이용할 줄 알아야 하며 그들처럼은 아니더라도 최소한 그들과 더불어 사는 법을 알아야 한다."(『에밀』, 3권, 위의 책, 364쪽) "깊은 숲속에서 태어난 사람이 더 행복하고 더 자유로울 수는 있겠지만 자기 성향을 따르기 위해 싸울 필요가 전혀 없는 사람은 선하기는 하되 미덕은 없는 자이고, 이제 그가 자기 정념을 누르고 덕성스러운 사람이 되고자 할 수 있을지라도 그런 덕성스러운 사람이 될 수는 없을 것이다."(『에밀 2』, 5권) 이 문제에 대해서는 동 데샹Dom Deschamps(1716–1774)의 『진실한 체계Le Vrai système』(제네바, 드로즈, 1963, 130쪽)를 참조.

274. 볼테르는 여백에 "횡설수설"이라고 썼다. 사실 이 수수께끼 같은 대목은 연구자들을 혼란스럽게 만들기는 한다. 우리는 루소가 여기서 암시하고 있는 원칙이 "선과 악의 지식의 나무"를 먹는 것은 금지(『창세기』, 2장 16–17절)되어 있다는 것이라고 가정해볼 수 있다. '인간의 행동들'이 '그 행동이 오랫동안 얻지 못했던 도덕성'을 얻는 것은 바로 이 금지 때문이다. 대속代贖에 의해 인간은 생명의 나무를 약속받았음

을 알게 된다. "승리하게 될 자에게 나는 신의 천국에 있는 생명의 나무를 먹게 할 것이다."(「묵시록」, 2장 7절) "이제 더는 밤은 없을 것이다. 램프도 빛도 필요하지 않을 것이니 주께서 그들을 비출 것이기 때문이다."(「묵시록」, 22장, 5절)

275. 라플란드 사람들의 키에 대해서는 『크리스토프 드 보몽에게 보내는 편지』를 참조. "스파르타와 로마가 기적 그 자체였다면 그것은 정신적인 측면에서 기적이었으며, 라플란드에서 사람의 자연적인 신장을 4피트로 잡은 것이 잘못 생각한 것이라면 우리가 사람의 마음의 크기를 우리 주위에서 보이는 사람들의 마음의 크기를 바탕으로 잡는 것 역시 마찬가지로 잘못 생각한 것이겠지요."(『크리스토프 드 보몽에게 보내는 편지』, 앞의 책, 98쪽) 루소의 대부분의 인류학적인 정보들은 뷔퐁에서 가져온 것이다(『자연사』, t. II, 위의 책, 440쪽). 볼테르는 여백에 "거짓"이라고 썼다.

276. 크니도스 출신의 의사 크테시아스는 아르타크세르크세스 므네몬이 정식으로 임명한 의사가 되었다. 디오도로스 시켈로스가 말하기를 그는 전쟁 때 포로가 되었다고 했고, 17년을 페르시아의 궁정에서 보냈다고 했다(『역사 *Bibliotheca Historiae*』, II, 32,4). 그의 아시아 다른 나라들에 대한 관찰은 부분적으로 디오도로스에 의해 전해진 것이다.

277. 유인원과 인간과의 관계의 문제는 오랜 역사를 갖고 있다. 1699년에 영국 의사 에드워드 타이슨은 런던에서 『오랑우탄, 호모 실베스트리스 *Orang-Outang, sive Homo Sylvestris. Or, the Anathomy of a Pygmye compared with that of a Monkey, an Ape, and a Man*』라는

제목의 중요한 저작을 출판한다. 타이슨은 오랑우탄을 동물로 구분하지만, 동시대 사람들은 오랑우탄과 인간이 유사하다는 주장에 놀랐다. 린네는 『자연의 체계*Systema Naturae*』(초판은 1736년)와 『스웨덴의 목신*Fauna Suecica*』(1746)에서 인간을 네발동물이라고 말하면서 고등한 원숭이들에 '밤의 인간homo nocturnus'이나 '숲의 인간homo sylvestris'이라는 이름을 붙여 인간의 지위를 부여했다. 루소가 『인간 불평등 기원론』의 이 대목에서 직접적으로 린네의 영향을 받았는지는 알 수 없지만, 1752년에 나온 모페르튀의 『서한』은 읽었을 것이다. "내 육체는 자기 자신을 깨닫는 정신의 자극을 받는다. 그러므로 나는 내 육체와 닮은 다른 육체들 역시 그렇다고 판단한다. […] 훨씬 더 다른 특징들, 검은 피부라 해도 아프리카 주민들에게 영혼이 없다고 할 수는 없을 것이다. 나는 더욱 다양한 다양성을 알아본다. 나는 더 기형적이고 더 털이 많은 인간 종도 본다. 그들의 목소리는 내 목소리와는 달리 분절음을 형성하지 못한다. 나는 그들은 아마 나와 함께 사회에서 살기 위해 태어난 존재가 아니라고 결론내릴 수 있을지 모른다. 그러나 나는 그들이 영혼을 갖지 않았다는 결론을 내릴 수는 없다. […] 나는 원숭이에서 개로, 그리고 여우로 넘어가고, 눈에 띄지 않는 단계를 거쳐 굴까지 내려가고, 아마 식물까지 내려갈 수도 있을 것이다. 식물은 굴보다 더 부동하는 일종의 동물일 뿐이니 말이다. 어디에서도 내가 멈출 이유가 없다."(모페르튀, 『선집』, 2권, 1756, 218–219쪽) 다른 곳에서 모페르튀는 "[일본과 아메리카 사이의] 바다의 열도에서 여행자들은 우리에게 야만인, 꼬리가 있고 털이 무성한 사람들을 봤다고 확신한다. 그들이 원숭이와 우리 인간 사이의 경계가 되는 종이라는 것이다. 나는 유럽의 가장 훌륭한 재사보다는 그들과 대화를 한 시간 나누고 싶다."(『학문의 진보에 대한 편지』, 위의 책, 350–351쪽) "눈에 띄지 않는 단계를 거쳐" 한 종에서 다른 종으로 나아가는 존재의 연쇄에 깃든 연속성의 관념은 18세기 사상에서 큰 역할을 했다. 이 주제에 대해서는 아서 러브조이의 『존재의 대연쇄*The great Chain of Being*』(Cambridge, 1936)를 참조.

라 메트리는 『영혼의 역사』(1745)와 『인간기계』(1748)에서 원숭이를 교육이 가능한 동물, 즉 인간이 될 수 있는 동물로 간주했다. 루소의 찬미자였던 제임스 버넷, 몽보도 경은 『언어의 기원과 진보*Origine and Progress of Language*』(3 vol, 1773)에서 오랑우탄이 인간이라고 주장했다. 그러나 헤르더는 이 점에서 몽보도의 의견에 동의하지 않았다. 헤르더는 몽보도의 독일어판 번역본 서문 및 『인간사의 철학에 대한 관념들*Ideen zur Philosophie der Geschichte der Menschheit*』(Riga, Leipzig, 1784)에서 자신이 그의 의견에 동의하지 않는다는 점을 분명히 밝혔다(Riga, 1784).

278. 앤드류 바텔(1565?–1640?)은 영국 여행가로 1589년 브라질 인디언들에게 생포되었다가, 다음에는 포르투갈 사람들에게 생포되었다. 그는 앙골라와 콩고에서 파란만장한 삶을 살았다. 그는 영국으로 돌아온 후 사무엘 퍼처스에게 자기가 겪은 모험을 구술했다. 『여행의 일반사』(파리, 디도, 1748, 13권,

8장, 4절, 87–89쪽)의 5권에서 이에 대한 긴 인용이 있고, 루소는 이를 직접 베껴 써두었다.

279. 『트레부 사전』(1721)은 로앙고를 "저지대 에티오피아의 왕국으로, 남쪽으로는 콩고 왕국, 북쪽으로는 가봉 왕국으로 둘러 싸여 있다"고 설명한다.

280. 뷔퐁은 나중에 퐁고와 엔조코라는 이름을 쓰게 될 텐데, 그가 가져온 출처는 루소가 참조한 출처와 동일하다. 오랑우 탄의 동의어 혹은 변종으로, 18세기에 고릴라, 오랑우탄, 침팬 지는 흔히 혼동되곤 했다.

281. 사무엘 퍼처스(1575?–1626)는 에섹스 출신의 여행기 편집 자였다. 그는 『순례자들Pilgrimes』에서 앤드류 바텔의 모험을 이야기한다(런던, 1614, 2부, 7권, 3장).

282. 올퍼트 다퍼는 네덜란드의 의사이자 지리학자로 많은 저작 을 남긴 저자인데, 여기에 인용된 저작은 『아프리카의 기술Des cription de l'Afrique』(암스테르담, 1668)이다.

283. 오라녜 공 프레데릭 헨드릭Frédéric–Henri d'Orange(1584–1647) 은 네덜란드 연방공화국의 총독이었다. 오랑우탄에 대한 위 의 묘사는 의사였던 니콜라 튤프Nicolas Tulp의 저작 『의학 고찰Observationes Medicae』(Amsterdam, 1641, 3권, 56장)에 실려 있다. 이 글은 각주282에 언급한 올퍼트 다퍼의 『아프리카의 기술』에 수록되어 있다.

284. 지롤라모 메롤라Girolamo Merolla da Sorrento(1650–1697)는 소 렌토 출신의 이탈리아 성프란체스코회 선교사로 『콩고 왕국 의 간략하고 짧은 여행기Breve e succincta relazione del viaggio nel

regno del Congo』(나폴리, 1692)에서 자신의 콩고 여행을 언급한다.

285. 18세기에 여전히 영향력을 행사하던 생각에 따르면 괴물은 "자연의 불규칙성"이고 이런 이유로 수태 능력이 없다. "괴물들은 생식하지 못한다. 이것이 왜 어떤 사람들이 노새를 괴물의 종류에 넣는가 하는 이유이다."(『트레부 사전』, 1721)

286. 루소는 퐁고와 오랑우탄을 원숭이라는 일반 명칭으로 부르고자 하지 않는다. 루소는 원숭이와 인간의 친연성을 수용하는 대신 인간 종과 동물의 엄격한 한계를 완화하는 편을 택한다.

287. 루소가 암시적으로 말하는 방법은 교배의 경험이다. 루소는 뷔퐁이 『자연사』의 중요한 한 장인 당나귀의 장에서 확신한 점을 토대로 자신의 생각을 내세운다. 두 상이한 종의 부모의 교배로 태어난 개체들은 수태는 물론 생식이 불가능하다. 인간 종이 대단히 다양하다면 "피부색과 체격이 차이가 나도 흑인과 백인, 라플란드인과 파타고니아인, 거인과 난쟁이가 함께 개체들을 낳고 그 개체들은 또 재생산이 가능한 것이다. 결과적으로 이들은 외관상으로는 대단히 상이해 보이지만 그래도 여전히 하나의 동일한 종인 것이다. [⋯] 흑인과 백인이 함께 개체들을 낳을 수 없고, 그들이 개체를 낳더라도 수태가 불가능하고, 흑백혼혈인은 노새나 다름없을 것이므로, 이 경우 두 종은 완전히 다른 것이 된다. 흑인과 인간의 관계는 당나귀와 말의 관계와 같다. 더 자세히 말하자면 백인이 인간이었다면, 흑인은 더는 인간이 아니고, 원숭이처럼

별도의 동물일 것이다."(『자연사』, t. II, 앞의 책, 417쪽)

288. [1782년 원주] 이들은 짐승도, 신도 아니라 인간이다.

289. '철학자연하는philosophesque'이란 말은 루소가 만들어낸 신조어이다(군인인 척하는 사람soldatesque이라는 단어를 참조한 것이다). 루소는 출판업자 마크 미셸 레에게 쓴 편지에서 잘못 받아들일지 모르는 부분을 제거하기 위해 주의를 기울인다. "당연히 나오리라 생각되는 오식을 막기 위해 선생님께 주석 8의 마지막 부분에 '철학자연하는 무리tourbe philosophesque라는 말이 나온다는 점을 말씀드립니다. 저는 인쇄공이 철학자의 무리troupe philosophique라고 고치는 일 없이 그대로 이 표현을 따르기를 간곡히 부탁드립니다.'(CG 2권, 163쪽) 그래서 레가 인쇄한 텍스트는 루소의 뜻을 따르게 되었다. 그러나 이 표현은 당연히도 루소의 반대자들의 비판의 표적이 되었다. 카스텔 신부는 선교사들을 무례하기 짝이 없는 투로 대하고 있는 본 대목을 인용한 뒤, 주석에서 이렇게 덧붙였다. "루소 씨가 고상하고, 섬세하고, 우아한 표현을 모른다고 해도 그는 프랑스어의 저속하고 사소하고 시대에 맞지 않은 표현은 너무 잘 알고 있다. 그가 내세운 격언으로 철학자연하는 사람의 무리와 같은 표현이 무한히 경멸에 찬 사람의 펜 끝에서, 그런 사람의 입에서 나온 것이다. 자신은 정작 스위스 사부아 사람이라고 하지 않고 제네바 사람이라고 하면서 말이다."(『R*** 씨의 자연인에 맞서는 사회인. 오늘날의 이신론을 반박하는 철학서한L'homme moral opposé à l'homme physique de Monsieur R***, Lettres philosophiques où l'on réfute le déisme

du jour』, 툴루즈, 1756, 191쪽)

290. "학식을 쌓기 위해 여행하는 학자들이 있다고들 하지만, 그것은 틀린 말이다. 학자들도 다른 사람들과 마찬가지로 이해관계에 의해 여행한다. 플라톤, 피타고라스 같은 사람들은 이미 존재하지 않고, 설령 있다하더라도 우리와는 동떨어져 있다. 우리 학자들은 궁정의 명령에 따라서만 여행한다. 그들은 이런저런 것들, 필경 도덕적인 것과는 상관없는 그런 것들을 조사하도록 파견되고, 비용을 지원받고 돈을 받는다."
(『에밀 2』, 5권, 앞의 책, 469쪽)

291. 데카르트와 뉴턴 중 누구의 입장이 옳은가를 증명하기 위해서 1736년에 수학자 샤를 마리 드 콩다민(1701-1774)과 모페르튀가 자오선의 1도를 직접 측정하기 위해 전자는 적도로, 후자는 라플란드로 각각 원정대를 이끌고 떠났다. 데카르트의 의견에 따르면 구체인 지구가 자전하면서 소용돌이 속에서 이동할 때 가장 큰 압력을 받는 쪽은 적도가 될 것이므로, 지구의 적도 부근은 극지방보다 더 납작해질 것이고, 뉴턴은 적도에서는 극보다 중력이 작으므로 극지방이 더 납작할 것이라고 예측했다.

　　루소는 라 콩다민을 개인적으로 잘 알고 있었고, 이 수학자의 『남아메리카 여행기 축약판*Relation abrégée du voyage fait à l'intérieur de l'Amérique méridionale*』(Paris, Pissot, 1745)을 틀림없이 읽었을 것이다. 루소는 이 저작에서 아마존 지역의 아메리카 "야만인"에 대한 정확한 기술을 찾을 수 있었을 것이다. "나는 이들 모두의 성격에 동일한 토대가 있음을 발견했다고 생각했다. 무감각이 그것인데, 나는 그것을 무감동apathie이라는 이름으로 영예롭게 만들어야 하는지, 우둔하다는 이름으로 가치를 떨어뜨릴지 결정은 유보하겠다. 그것은 분명 그들이 가진 관념이 적기 때문이다. 그들의 관념은 필요 이상으로 확장되지는 않는 것이다. 그들의 필요를 채울 수 있는 것을 갖고 있을 때 그들은 대식가가 되고, 탐식까지 한다. 없어서 어쩔 수 없는 경우에는 간소하게 살아간다. 아무것도 없어도 될 때까지 더는 아무것도 욕망하지 않는 것 같다. 취해서 흥분하지 않는 이상은 과도하게 심약하고 겁이 많다. 영광이든, 영예든, 감사든 전혀 바라지 않으니 노동의 적이라고 하겠다. 현재의 대상에만 몰두하고 그것만이 그들의 마음을 정하게 한다. 미래에 대한 불안이 없고, 성찰과 선견지명이 불가능하다. 마음이 편안할 때는 유치하기까지 한 즐거움을 즐겨 까불까불 뛰고 참지 않고 박장대소를 한다. 왜 그러는지 무엇 때문에 그러는지도 모르고 말이다. 그들은 생각이라곤 하지 않고 살아가며, 유아기를 벗어나지 않고 늙어가면서 유아기의 모든 결함을 그대로 갖고 있다. […] 선교사들의 인도인들과 자유를 향유하는 야만인들은 적어도 지적 능력이 한정되어 있어서 노예가 되어버린 인도인들만큼 우둔하다고 말할 수 있다. 그저 단순한 자연에 버려지고, 사회도 교육도 누리지 못하는 사람들이 얼마나 짐승과 다를 바가 없는지 바라볼 때는 그만 수치스러워진다.

나는 남아메리카의 언어들을 조금 배웠는데 이 언어들은 정말 빈약하다. 이곳 대부분의 언어는 에너지가 넘치고 우아한 표현도 가능할 것도 같지만 추상적이고 보편적인 관념들을 표현하기 위한 용어들이 태부족이다. 이는 이들 민족의 정신이 진보가 덜 됐다는 명확한 증거라 할 것이다. 그들의 언어에는 시간, 지속, 공간, 존재, 실체, 물질, 육체와 같은 말들과 다른 많은 말들에 해당하는 것이 없다. 그들에게는 형이상학적 존재들의 용어뿐만 아니라, 정신적인 존재들은 불완전하게 표현될 뿐이며, 이를 위해서는 길게 돌려 말해야 한다. 미덕, 정의, 자유, 감사, 배덕에 정확히 해당하는 말이 없다.'(51-54쪽)

292. 피에르 루이 모로 드 모페르튀(1698-1759)는 1736년에 지구 자오선의 1도를 측정하기 위해 라플란드로 원정을 갔다. 그는 『극권에서 지구의 측정에 대해 과학아카데미의 발표논문Discours lu dans l'Assemblée publique de l'Académie royale des Sciences, sur la mesure de la terre au cercle polaire』(1737)과 『라플란드 내부로의 여행기Relation d'un voyage au fond de la Lapponie』에서 자신의 여행을 언급했다.

293. 장 샤르댕(1643-1713)의 『페르시아와 동인도 여행Voyage en Perse et aux Indes Orientales』은 18세기에 대단히 많이 읽혔다. 이 책의 초판은 암스테르담에서 1711년에 세 권으로 출판되었는데, 루소는 뒤팽 부인을 위해 이를 요약한 바 있다.

294. 특별히 『유익하고 기이한 편지들Lettres édifiantes et curieuses』에 수록되어 출판된 선교사들의 보고를 가리킨다. 샤를르 르 고비앵(1653-1708) 신부는 1702년부터 출판된 것으로 보이는 이 편지 모음집의 최초의 작성자였다.

295. 엥겔브레히트 캠퍼Engelbrecht Kaempfer(1651–1716)는 독일
    의사이자 식물학자였는데 1690년부터 1692년 사이에 일본에
    체류했다.

296. 여행기들마다 파타고니아 사람들의 엄청난 키를 언급하곤
    했는데 정말 믿을 수 없다는 생각이 드는 것도 있다. 모페르튀
    는 이 보고를 믿었던 것 같다. "이 지역에 키가 우리와 너무나
    차이가 나는 사람들이 있다는 점을 이성적으로 의심할 수
    없다."(『학문의 진보에 대한 편지』, 1절)

297. 루소는 로크의 『시민정부론』(1690)의 7장, 79–80절을 인용
    하고 있다.

298. 볼테르는 『백과사전에 대한 문제들』(1771)의 「인간」 항목
    에서 이 부분을 인용하면서 "광기가 지나쳐 한계를 넘었다"고
    썼다. 볼테르는 다음과 같이 열변을 토한다. "정말 하나같이
    끔찍하다. 그러나 다행스럽게도 어느 것도 더는 거짓이 아니
    다. 이 야만적인 무관심이 자연의 진정한 본능이었다면 인간
    종은 그렇게 항상이다시피 쇠약해져버렸을지 모르겠다. 본
    능은 불변이다. 본능이 바뀌는 일은 정말 드문 일이다. 아버지
    는 항상 어머니를 버릴 것이고, 어머니는 아이를 버릴 것이다.
    지구에는 육식동물보다 인간이 더 적을 것이다. 맹수들은
    부족함이 없고 공격할 수단도 잘 갖추고 있으며, 그들의 본능
    은 더 신속하고, 그들의 수단은 더 확실하고, 그들은 인간
    종보다 양식糧食을 더 확보하고 있다.

    우리의 본성은 저 광신자가 써냈던 끔찍한 소설과는 전혀
    다르다. 전적으로 야만적인 몇몇 사람들이 있기는 하겠지만

그들이나, 아마 여전히 멍청한 철학자를 제외하고는 제아무리 거친 사람들도 지배적인 본능에 의해 아직 태어나지 않은 아이를 사랑하고, 그 아이를 배고 있는 배를 사랑하고, 그녀와 같은 사람의 씨를 그를 위해 뱃속에 받고 그에 대한 사랑을 배가하는 아내를 사랑한다.

포레누아의 숯장이들은 비둘기와 종달새가 본능적으로 새끼를 먹이지 않을 수 없도록 하는 것만큼이나 그들의 아이들에 대해 본능적으로 아이들을 위해 살라는 큰 소리의 외침을 듣고 이에 큰 자극을 받는 것이다. 그러니 저 혐오스러운 객설을 쓰면서 시간을 제대로 낭비하고 말았다."(볼테르, 『전집』, éd. Moland, t. XIX, 379-380쪽)

그렇지만 루소는 본성을 그런 식으로 거론하면서 행동 규범을 고정한다고 주장한 적이 전혀 없다. 그러니 볼테르의 분노는 지나친 것이다. 이 대목이 증명하고자 하는 것은 생식이라는 동물적인 기능이 완수되고 나면 '수컷과 암컷의 결합'은 현대 인류학자들이 '문화적 사실'이라고 부르는 것을 이룬다는 데 있다(클로드 레비스트로스, 『친족성의 기초적인 구조들Les structures élémentaires de la parenté』, Paris, 1949 참조).

299. 루소가 인용한 라틴어 원문은 다음과 같다. "Nec quidquam felicitati humani generis decederet, pilsa tot linguarum peste et confusione, unam artem callerent mortales, et signis, motibus, gestibusque licitum foret quidvis explicare. Nunc vero ita comparatum est, ut animaliu, quer vulgo bruta creduntur, melior longe quam nostra hac in parte videatur conditio, ut pote quae promptius

et forsan felicius, sensus et cogitqtiones suas sine interprete significe nt, quam ulli queant mortales, proesertim si peregrino utqntur sermone"(Is. Vossius, de Poemat. Cant. et Viribus Rythmi, 66쪽).

　　루소는 'motibus'라고 베껴 썼지만 원 텍스트에는 'nutibus'로 되어 있다. 보시우스는 리듬과 팬터마임에 원시적인 중요성을 부여하고 있는데, 루소는『에밀』,『언어기원론』,『음악사전』을 쓰면서 이를 염두에 두는 것 같다.『음악사전』에서 루소는 보시우스를「음악」과「리듬」항목에도 인용한다.

300.『트레부 사전』(1721)에서 "철학에서 연속적인 양과 이산적인 양을 구분한다. [⋯] 연속적인 양은 선, 표면, 입방체의 양으로, 이는 기하학의 대상이며, 이산적인 양은 수의 양으로 대수의 대상이 된다"는 설명이 있다.

301. "팔라메데스는『일리아드』에 등장하는 발명의 영웅이다. [⋯] 아이스퀼로스, 소포클레스, 에우리피데스는 그들의 비극에 그의 이름을 언급한다."(Léon Robin, *OEuvres complètes de Platon*, 2 vol, La Pléiade, 1950, t. I, 1,360쪽)

302. "팔라메데스는 비극에 등장할 때마다 아가멤논이 아주 가소로운 장군임을 보여주고 있네. 아니면 자네는 팔라메데스가 수를 발견하고 트로이아에서 군대 편제를 확립하고 함선과 그 밖의 모든 것을 계산해낸 것은 자신이라고 주장하는 것을 깨닫지 못했는가? 그는 마치 예전에는 그런 것들이 세어진 적도 없고 아가멤논은 자기 다리가 몇 개인지도 몰랐다는 듯이 그런 주장을 펼치고 있네. 하긴 아가멤논인들 셈할 줄을 몰랐다면 자기 다리가 몇 개인지 어떻게 알았겠나?

만약 그게 사실이었다면 자네는 아가멤논을 어떤 장군이라고 생각하는가?"(플라톤, 『국가』, 7권, 522e, 앞의 책, 399쪽)

303. 이기심과 자기애의 구분은 『에밀』과 『대화』에서도 다시 등장한다. 마송은 루소가 이 구분을 한 최초의 인물은 아니라고 본다(P.-M. Masson, 『사부아 보좌신부의 신앙고백』, 프리부르, 파리, 1914, 165쪽). 그는 먼저 자크 아바디의 『나 자신을 아는 기술L'Art de se connoître soy-même』에서 "이 점에서 우리 언어의 용례는 다행히도 이기심과 자기애를 구분해주고 있다"(II, 5, 로테르담, 1692, 263쪽)는 구절을 찾는다. 두 번째로 마리 위베르의 『인간에게 본질적인 종교에 대한 편지들Lettres sur la religion essentielle à l'homme』을 보면 "여기서 이기심 혹은 거짓된 사랑과, 제대로 이해된 자기애의 차이가 뚜렷이 드러난다. 자기애는 '선 자체'를 찾고자 노력하며 그 누구도 배제하지 않는다고 한다. 이 '선'은 본성상 '경쟁'이 없이도 분배될 수 있기 때문이다. 반면 이기심은 '진정한 선'을 무시하므로 '특별한 구분'을 받을 때 만족된다"(30번째 편지, 암스테르담, 1738, 95-96쪽)는 표현이 나온다. 또한 루소는 보브나르그의 『자기애와 우리 자신의 사랑에 대하여De l'amour de soi et de l'amour de nous-mêmes』에서 발췌하여 베껴둔 바 있다(뇌샤텔 도서관에 보존된 Ms. 7,842). "우리 자신의 사랑으로 우리는 행복을 자기 외부에서 찾는다. 우리는 자기 고유의 존재 이상으로 자기 외부에서 자신을 사랑할 수 있다. 우리는 자기 자신에 대한 유일한 대상이 아니다. 반대로 이기심은 모든 것을 자기의 편의와 안락에 종속시킨다. 그것이 자기의 유일

한 대상이요 유일한 목적이다."(보브나르그, 『인간정신에 대한 지식 입문*Introduction à la connaissance de l'esprit himain*』Paris, 1749, §XXIV) 이와 관련해서 람세, 『시민정부에 대한 철학적 시론*Essai philosophique sur le gouvernement civil*』(1721, 2장)과 『백과사전』에 실린 이봉 신부의 「사랑」 항목을 참조.

이기심에 대한 성아우구스티누스주의자 및 특히 얀센주의자들의 비판과, 이기심에 대해 디드로, 엘베시우스, 돌바크 등의 옹호에 대한 마르셀 레몽의 연구를 볼 것(마르셀 레몽, 「얀센주의로부터 이해관계의 도덕까지」, 『메르퀴르 드 프랑스』, n° 1126, 1957년 6월호, 238–255쪽).

304. 프레보 신부, 『찬반*Le Pour et le Contre*』(Paris, 1734, t. IV, 254–258쪽) 및 라 옹탕La Hontan, 『기이한 대화들*Dialogues Curieux*』, éd. Gilbert Chinard, Baltimore, Paris, Londres, 1931, 202쪽을 참조.

305. 그린란드 사람들의 덴마크 이주사에 대해서는 이삭 드 라 페레르가 쓴 『그린란드 여행기*Relation du Groenland*』(Paris, 1654)를 참조. 이 책의 1715년 판(éd. J.–F. Bernard, 암스테르담)에서는 150–156쪽에 등장한다. 이 글은 『북부 여행 선집*Recueil du Groenland*』 1권(암스테르담, J.–F. Bernard, 1715)에 수록된다.

306. 루소는 여기서 그가 명시한 대로 『여행의 일반사』를 참조하는 것이지 여기 삽입된 피에르 콜브의 글을 취하는 것이 아니다. 루소는 콜브의 『희망봉의 기술*Description du Cap de Bonne-Espérance*』의 1부 12장에서 이미 인용한 바 있다(3 vol, Amsterdam, Catuffe, 1741, t. I). 올페르트 다퍼는 "그들 중 한 명은 바타비아에 사오 년 있었는데 그동안 유럽 사람들의

생활방식을 정확하고 정성들여 공부했다. 네덜란드 사람들이 도만Doman이라고 불렀던 이 카피르caffre는 희망봉에서 돌아오는 길에 잠시 네덜란드 사람들과 함께 지냈는데, 결국 다른 것보다 조국의 사랑이 압도하게 되어서 자기 나라 사람들에게 되돌아갔다."(올페르 다퍼, 『아프리카 기술Description de l'Afrique』, trad. du flamand, Amsterdam, 1686)

307. [저자의 주석] 권두화를 보라.

308 루이 엑토르 빌라르 공작Louis-Hector, duc e Villars(1653-1734)은 프랑스의 원수로, 루소가 여기에 언급한 이 일화는 그가 쓴 『회상록Mémoires』(헤이그, 1736)에는 등장하지 않는다.

309. 이소크라테스, 『아레오파지티카Aréopagitique』 21, 22(143-144)(『논고들Discours』, t. III, éd. Budé, 68쪽).

310. 멤논 혹은 인간의 지혜는 볼테르의 콩트(1749)로 "멤논은 어느 날 완전히 현명해지고자 하는 정신 나간 계획을 세웠다"로 시작한다.

311. 몽테뉴, 『에쎄』, 1권, 25장. "현학주의에 대하여"

312. 미르미동이라는 말은 "프랑스어에서 아주 작은 사람 혹은 어떤 저항도 할 수 없는 사람을 의미하는 말이 되었다."(『트레부 사전』, 1721)

313. "로투스와 몰리는 호메로스의 오디세이아로 유명해졌다. 로투스는 신들의 양식을 제공하고 율리시스의 동료들은 정말 맛이 좋다고 느꼈다. 그래서 그들을 배로 돌아오게 하도록 폭력을 쓰지 않을 수 없었다. 메르퀴리우스는 율리시스에게 몰리를 주었는데 마법사 키르케의 주술로부터 그를 보호하는

데 적합한 것이었다."

314. 샤를 보네가 필로폴리스라는 가명으로 1755년 10월 자 『메르퀴르 드 프랑스』에 실은 공개 편지이다. 이 글은 곧바로 『주르날 데 사방』지에 다시 실렸다. 보네는 나중에 그의 『전집*Œuvres complètes*』(Neuchâtel, Fauche, 1781–1783)에서 공개적으로 이 편지를 자신이 썼음을 밝혔다. "이 편지는 1755년 10월 『메르퀴르 드 프랑스』지에 실렸다. 저자는 익명을 고집했고 '제네바의 시민' 필리폴리스라는 이름을 달아서 루소 씨에게 정확히 판단할 수 있는 것을 모두 자유롭게 답변할 수 있는 여지를 마련했다. 그때 저자는 저 유명한 저자가 제 옆에서 익명을 고집해도 아무렇지도 않게 받아들일 수 있을지 몰랐다. 그래서 그는 『메르퀴르 드 프랑스』 다음 호에서 이 편지는 제네바의 시민의 것이라고 생각할 수 없다고 선언했다. 제네바 시민은 동향인에게 모습을 감추는 일은 없다는 것이었다."(t. XVIII, 133–134쪽)

315. 루소는 1756년 8월 18일에 볼테르의 시 「리스본의 재앙에 대한 시」에 대한 답변으로 긴 편지를 보냈는데, 여기서 라이프니츠와 포프의 입장을 옹호하고 있다. "선생님께서 잔혹하기 짝이 없다고 보셨던 [라이프니츠의] 낙관주의는 선생님께서 제게 견딜 수 없는 것으로 그려 보내주신 동일한 고통에서 제게 위안이 됩니다…. 저는 자유롭고, 완벽하고, 그러므로 타락한 인간에게서가 아니라면 도덕적 악의 근원을 찾아낼 수 없다고 생각합니다. 자연적 악은 인간이 한 부분을 차지하는 모든 체계에서 피할 수 없는 것입니다. 제가 보기에는

물질이 민감하면서 무감정하다는 것은 모순이니까요. 그래서 문제는 왜 인간이 완벽히 행복하지 못한가가 아니라, 인간이 왜 존재하는가입니다. 더욱이 저는 […] 죽음을 제외한다면 우리가 겪는 자연적인 악 대부분은 여전히 우리가 만든 것이라고 생각합니다."

316. 알렉산더 포프의 『인간론*Essay on Man*』(런던, 1733, 294행)에서 발췌한 것.

317. 알곤킨족은 캐나다 북아메리카 원주민이다.

318. 북아메리카 루이지애나 지역에 살았던 야만인을 가리킨다.

319. 루소는 『메르퀴르 드 프랑스』에 있었던 오식을 지적하고 있다. 잡지에서는 '건강에 좋은sain'을 '성스러운saint'으로 잘못 옮겨 놓았다.

320. 볼테르의 비극 『마호메트』(1740)의 등장인물.

321. 크레비용의 희곡 『아트레와 티에스트*Atrée et Thyeste*』(1707)의 주인공.

322. 샤를 조르주 르 루아Charles-Georges Leroy(1723-1789)에 대한 루소의 답변이다. 르 루아의 지적을 콩디약이 루소에게 전해 준 것이다(1756년 9월 7일). 이 글은 서신의 여백에 기록된 것으로, 뇌샤텔 도서관에 보존되어 있다. 르루아는 엘베시우스, 디드로, 달랑베르의 친구로 알려져 있다.

323. 르루아가 루소의 주석 4에 대해 지적한 소견을 반박하고 있다.

324. 르루아가 루소의 주석 8에 대해 지적한 소견을 반박하고 있다.

325. 루소, 『고백 2』, 이용철 역, 나남, 2012, 189쪽.

326. 스타로뱅스키, 『장 자크 루소 투명성과 장애물』, 이충훈 역, 아카넷, 2012, 544쪽.

327. 루소, 『고백 2』, 앞의 책, 130쪽.

328. 루소, 말제르브에게 보내는 두 번째 편지(1762년 1월 12일 자), 『고독한 산책자의 몽상. 말제르브에게 보내는 편지』, 진인혜 역, 책세상, 2013, 172쪽.

329. 루소, 『고백 2』, 앞의 책, 187–188쪽.

330. 투명성과 장애물, 앞의 책, 17쪽.

331. 위의 책, 558쪽.

332. 『백과사전』의 「체계」 항목은 이 용어를 "원리들과 결론들의 결합 혹은 연쇄"로, "상이한 부분들이 서로 긴밀하게 이어지고 서로 뒤따르고 서로 의존하는 이론의 전체와 통일성"으로 정의한다. "체계의 재료는 경험과 관찰로, 자연학에서 체계를 구성하는 데 필요한 이들 재료를 사전에 갖추지 않은 채 서둘러 체계를 구성하는 것보다 더 위험하고 오류로 귀결하는 일이 없다. 어떤 결과의 원인을 예측하는 데 엄청난 수의 경험이 필요할 때가 많으며, 무한히 다양하고 반복된 경험들이 있어도 여전히 해명할 수 없는 원인들도 여럿이다." (ENC, t. XV, 778)

인간 불평등 기원론

초판 1쇄 발행 2020년 09월 01일
   2쇄 발행 2024년 03월 25일

지은이 장 자크 루소 | 옮긴이 이충훈 | 펴낸이 조기조 | 펴낸곳 도서출판 b | 등록 2003년 2월 24일 제2023-000100호 | 주소 08504 서울특별시 금천구 가산디지털2로 169-23 가산모비우스타워 1501-2호 | 전화 02-6293-7070(대) | 팩시밀리 02-6293-8080 | 홈페이지 b-book.co.kr | 이메일 bbooks@naver.com

ISBN 979-11-89898-34-2 03160
값 16,000원